"四人帮"兴亡

4 覆灭

（增订版）

叶永烈 著

当代中国出版社
Contemporary China Publishing House

2019年·北京

本卷目录

第二十一章　与邓小平对着干 // 1143

邓小平成了江青的"眼中钉" // 1143

毛泽东警告"上海帮" // 1146

江青盘算着"组阁" // 1148

江青在政治局会议上发难 // 1149

王洪文长沙告状 // 1150

毛泽东告诫江青"不要由你组阁" // 1152

毛泽东责令王洪文检查 // 1155

王洪文"接班"告吹 // 1159

"张春桥思想" // 1162

"四人帮是个客观存在" // 1169

周恩来反击张春桥 // 1175

康生也来个"反戈一击" // 1178

张天民告"老娘""刁状" // 1182

突然发动"评《水浒》" // 1184

毛远新当毛泽东的联络员 // 1190

王洪文花天酒地回上海 // 1194

"旧居"·"圣地"·大事记 // 1197

王洪文重逢"小兄弟" // 1199

毛泽东"打招呼"反击"右倾翻案风" // 1205

第二十二章　"文官"要夺华国锋的权 // 1208

王洪文从上海飞回钓鱼台 // 1208

周恩来之逝使"四人帮"狂喜 // 1210
"老实人"华国锋成为新总理 // 1213
"张春桥坚决要求当总理" // 1218
江青要做"没有戴帽子的皇帝" // 1221
江青借《园丁之歌》批华国锋 // 1226
江青高举"批邓"大旗 // 1231
爆发第三次"炮打张春桥" // 1237
天安门广场燃起反"四人帮"怒火 // 1242
丙辰天安门事件被定为"反革命事件" // 1248
《斥"秃子"》怒斥姚文元 // 1251
姚文元成了"戈培尔第二" // 1255
把成排的"纸弹"朝邓小平倾泻 // 1262
副主席王洪文成了公子哥儿 // 1272
"四人帮"再揪"走资派" // 1273
"四人帮"建立"第二武装" // 1278
上海一片刀光剑影 // 1281
毛泽东在重病中吩咐后事 // 1282
华国锋压下了"江青代表毛主席"的报道 // 1286
毛泽东之逝引起中国"政治地震" // 1290

第二十三章 末日的疯狂 // 1296

毛泽东去世后的激烈争斗 // 1296
"四人帮"以毛泽东的旗号"打击反对力量" // 1299
政治局里的斗争白热化 // 1303
"四人帮"捏造"毛主席临终嘱咐" // 1306
江青筹备"最盛大的节日" // 1311
"狄克"穷途末路 // 1314

第二十四章 抓捕"四人帮" // 1321

以"非常手段"解决"四人帮" // 1321
9月11日：华国锋找李先念密商 // 1323
9月13日：李先念突访叶剑英 // 1325

叶剑英眼中的华国锋　// 1327
"四人帮"暗中调兵遣将　// 1333
9月21日：叶剑英看望华国锋　// 1336
9月30日：天安门城楼上　// 1338
10月2日：王洪文急拍"标准照"　// 1340
10月3日：王洪文在平谷县"吹风"　// 1344
10月4日：事态严重化　// 1345
北京西山：悄然的搏斗　// 1348
"绿叶扶红花，洒上水汪汪"　// 1351
10月6日：改变中国命运的一天　// 1355
张春桥第一个落网　// 1359
王洪文被捕时挣扎了一下　// 1365
姚文元束手就擒　// 1367
毛远新拒绝交出手枪　// 1371
张耀祠将军说出"拘江"内幕　// 1373
吴德回忆粉碎"四人帮"的内情　// 1376
华国锋谈粉碎"四人帮"　// 1377
邓小平说"可以安度晚年了"　// 1379
郭沫若欢呼"大快人心事"　// 1382
"四人帮"的"地下生活"　// 1385
马天水满心狐疑飞往北京　// 1389
上海余党成了热锅上的蚂蚁　// 1390
10月8日：上海疯狂之夜　// 1393
马天水的电话解除了上海警报　// 1396
10月12日：上海又要"大干"　// 1398
"完蛋了，彻底完蛋了"　// 1402

第二十五章　押上历史审判台　// 1407

原本是由王芳审江青　// 1407
江青在被告席上依然演员本色　// 1409
"我就是和尚打伞，无法无天"　// 1413
江青在宣判时的闹剧　// 1420

唐纳的后来 // 1424
徐明清为江青吃冤枉官司 // 1427
刘志坚和秦桂贞"翻身" // 1429
江青的铁窗生涯 // 1433
女儿李讷一次次前去探监 // 1437
王洪文死于肝病 // 1439
张春桥的狱中生活 // 1444
江青以自杀告终 // 1449
姚文元刑满出狱 // 1453
张春桥因癌症病故 // 1458
姚文元的离去 // 1461

附 录

一 江青著作及报道目录 // 1464
二 张春桥著作目录 // 1476
三 姚文元著作目录 // 1480
四 王洪文著作目录 // 1495

第二十一章
与邓小平对着干

邓小平成了江青的"眼中钉"

就在周恩来病势渐重之际,邓小平重新崛起,分担了周恩来的重任,成了"周恩来第二",成了江青新的政敌。

邓小平在1973年3月10日恢复了国务院副总理职务,开始成为周恩来的副手。

只是由于他复出不久,在中共十大上,邓小平只是中共中央委员。在中共十届一中全会上,邓小平未能进入中央政治局。

中共十大结束才三个多月,1973年12月12日,毛泽东批评:"政治局要议政。军委要议军,不仅要议军,还要议政。军委不议军,政治局不议政,以后改了吧。你们不改,我就要开会,到这里来。"①

毛泽东提出,由邓小平出任军委委员、政治局委员。毛泽东说:"现在请了一个军师,叫邓小平。发了通知,当政治局委员、军委委员。""我请回来了,政治局请回来了,不是我一个人请回来的。"②

这是因为毛泽东事先跟周恩来等商议,得到大多数政治局委员的同意、支持。

于是,12月22日,中共中央发出通知:遵照毛泽东主席提议,中央决定:邓小平为中央政治局委员,参加中央领导工作,待十届二中全会开会时追认;邓小平为中央军委委员,参加军委领导工作。

这样,邓小平复出后,迈上了第二个台阶:由国务院副总理,到中共中央政治局委员,

---

① 据金冲及主编:《毛泽东传(1949—1976)》(下),中央文献出版社2003年版,第1672页。
② 据金冲及主编:《毛泽东传(1949—1976)》(下),中央文献出版社2003年版,第1673、1674页。

■ 邓小平1974年在联合国大会上发言

中央军委委员兼总参谋长。在党、政、军三方面,邓小平都担任了重要职务。

1974年4月10日,穿着中山装、留着短平头的邓小平,以中华人民共和国代表团团长的身份,出现在纽约联合国大会第六届特别会议的讲台上。面对各国的代表,邓小平侃侃而论毛泽东关于划分"三个世界"的见解。这是邓小平自从被"文革"风暴刮倒之后第一次在国际讲坛上公开露面,成为外国记者目光汇聚的焦点。

外电纷纷预测:"精力充沛的矮个子邓小平,毫无疑义将成为周恩来的接替者,中国未来的总理。"

读着内参上登载的外电评论,张春桥那黑眼珠顿时成了兔子般的红眼珠。在副主席的希望落空之后,张春桥一直把双眼盯着国务院总理的位子。显然,只要周恩来健在一天,周恩来就是总理。眼下张春桥所要力争的,是"第一副总理"。因为"第一副总理"有双重意义:第一,现在总理正病重,"第一副总理"意味着主持国务院日常工作;第二,一旦周恩来故去,"第一副总理"理所当然地成为总理。

周恩来已正式向毛泽东建议,设立"第一副总理"。毛泽东呢,也觉得需要设立"第一副总理"。不论周恩来,还是毛泽东,都深知邓小平和张春桥势不两立,同为副总理,平起平坐,倘不明确谁"第一",国务院的工作会乱套。

此前,在中共中央政治局会议讨论派谁前往联合国时,江青激烈地反对邓小平去。

这样,毛泽东在1974年3月27日,给江青写了一封信[①]:

江青:
　　邓小平同志出国是我的意见,你不要反对为好,小心谨慎,不要反对我的意见。

毛泽东
三月二十七日

[①]《建国以来毛泽东文稿》第13册,中央文献出版社1998年版,第373页。

见了毛泽东此信,江青不得不收敛了。

邓小平从联合国回来后,在中国的政治舞台上更为活跃了。他陪同周恩来,接待了一位又一位外国国家元首的来访。毛泽东会见外宾,邓小平也总是在侧。

周恩来住院之后,中共中央政治局日常工作由王洪文主持,国务院工作由邓小平主持,中央军委工作由叶剑英主持,形成新的党、政、军"三足鼎立"的局面。

不过,王洪文虽是党的副主席,职务高于邓小平,可是论政治经验、工作能力、理论水平,他怎能跟邓小平匹敌?

另外,邓小平的个性明显不同于周恩来。匈牙利记者巴拉奇·代内什对邓小平的评价是"敢于发表意见,任何时候都不追求时髦口号";"邓小平不是周恩来,他的作风不同。周恩来注意策略,使自己能够停留在水面上,但不能改变激流的主要方向。邓小平却不顺从这股激流,而是马上筑坝堵住洪水"。

周恩来对邓小平无限信赖。当年,在勤工俭学时,周恩来便与邓小平在巴黎相识。半个世纪的友谊,彼此亲密无间。正因为这样,邓小平在1980年8月回答意大利著名女记者奥琳埃娜·法拉奇的提问时说:"周总理是一生勤勤恳恳、任劳任怨工作的人。……对我来说他始终是一个兄长。"[1]

虽然周恩来不得不躺在病榻上,邓小平却在政治局里成了新的"周恩来",而且他不

■ 1974年,毛泽东和周恩来亲切握手。中为邓小平。(杜修贤 摄)

---

[1]《邓小平文选》第2卷,人民出版社1994年版,第348页。

顺从江青的那股"激流"。于是，在中共中央政治局里，又构成新的冲突：一方是邓小平，另一方是江青——江青联合了王洪文、张春桥、姚文元。

邓小平成了江青的"眼中钉"！

毛泽东警告"上海帮"

虽说江青已经几度遭到毛泽东的批评，她依然我行我素。

她以个人名义，给各处写信，送"批林批孔"材料，名曰"放火烧荒"。

1974年6月15日，江青召见"梁效"、"唐晓文"写作组。她"启发"道："现在的文章很少提到现代的儒，除了林彪、陈伯达以外，现在有没有儒？有很大的儒！不然，不会搞这样大的运动。"

6月17日至28日，江青跑到天津煽风点火。她在天津一次次发表讲话，不时提及"揪现代大儒"，鼓吹"这次运动的重点是批'党内的大儒'！"

江青所说的"现代大儒"、"党内的大儒"，不言而喻，指的是周恩来。

7月5日起，法家著作注释出版规划会在北京召开。会议贯彻江青的意图：吹"女皇"，批"宰相"，批"现代大儒"。

毛泽东在1974年春，开始患老年性白内障。他的视力明显减弱了，却默默忍受着。他的病情，只有负责毛泽东医疗组工作的周恩来、汪东兴知道。那时，连江青都不知道。

7月17日，中共中央召集政治局会议。毛泽东打破惯例，亲自出席了会议，这意味着会议异乎寻常。

会议开始不久，毛泽东当着那么多在京政治局委员的面，批评江青——在此之前，毛泽东只在写给江青的信中批评她，给她留了"面子"。

毛泽东说道："江青同志，你要注意呢！别人对你有意见，又不好当面对你讲，你也不知道。"

显而易见，毛泽东事先听到了别人对江青的意见。

毛泽东又说："不要设两个工厂，一个叫钢铁工厂，一个叫帽子工厂，动不动就给人戴大帽子，不好呢！你那个工厂不要了吧。"

见毛泽东这么说，江青只得表态："不要了，钢铁工厂送给小平同志吧！"

江青话里有话，因为她知道毛泽东说过邓小平是"内部钢铁公司"，意即表面上话不多，骨子里很硬，亦即"绵里藏针"。江青乐得顺水推舟，把毛泽东对她的批评转到邓小平头上。

毛泽东追了一句："当众说的！"

江青也不含糊："说了算！"

毛泽东转向与会者，说道："孔老二讲的，言必信，行必果。听到没有，她并不代表我，她代表她自己。对她要一分为二，一部分是好的，一部分不大好。"

会议的记录，还记述了夫妇俩以下的对话——

江:"不大好的就改。"

毛:"你也是难改呢。"

江:"我现在钢铁工厂不开了。"

毛:"不开就好。"

江:"我一定特别注意,请主席放心。"

此时,毛泽东又转向与会者:"他们都不吭声呢。"

于是,周恩来提起了这年1月25日的"批林批孔"动员大会。因为毛泽东当时批评过江青在会上的发言,指出:"现在,形而上学猖獗,片面性。批林批孔,又夹着走后门,有可能冲淡批林批孔。"

江青一听,马上插话解释。

毛泽东指着江青道:"此人一触即跳。"

江青反攻周恩来:"我没有跳。我本来不想去,后来总理说大家都要去,我没有办法,才去的。"

其实,那个大会是江青筹划的,此时她把责任朝周恩来头上推。

"我讲你的脾气。"毛泽东又朝众人说道,"总而言之,她代表她自己。"

接着,毛泽东说了一句至关重要的话:"她算上海帮呢!你们要注意呢,不要搞成四人小宗派呢!"

这是毛泽东第一次批评"上海帮"、"四人小宗派"。

毛泽东的话,使王洪文、张春桥、姚文元颇为尴尬——因为谁都知道,"上海帮"指的是这三个从上海起家的人物。

江青连忙辩解道:"现在登奎也搬进来了。"

江青的意思是说,纪登奎也搬入钓鱼台。纪登奎不是从上海来的,而是来自河南。江青想开脱"上海帮"之名。

毛泽东仍坚持对江青的批评:"你那里要当心,不要变成五人了!"

毛泽东在政治局说这番话,是因为他已察觉江青在搞"四人小宗派",也是表明他开始对王洪文——他第三次选定的接班人——失望。他当面向他们四个人指出,希望他们能够改正,"不要搞成四人小宗派",只是他的批评并未被王、张、江、姚所接受。

江青提及的纪登奎,毛泽东常常称他为"老朋友"。纪登奎本是一般干部,他怎么会成为毛泽东的"老朋友"了呢?

据纪登奎在1988年1月自述:

说起来话长,那是50年代初,那时我不到30岁在河南许昌当地委书记。毛泽东主席到河南视察,同我谈过一次话。以后他每到河南,都要把我叫到专列上谈话。

全国宣传工作会议前夕,毛泽东指定让我在会上发言,还指示让中宣部转发了我们的经验——《许昌地区的宣传工作》。……

后来,我被调到了河南省委工作,这也是他老人家亲自安排的。

"文革"开始不久,我被造反派关了起来,完全没有自由,经常挨斗。1967年毛泽东主席路过河南,跟当时省军区的负责人提出,要见我,说"我那个老朋友哪里去了"。我连忙收拾了一下,第二天即被带去见毛泽东。

他一见面就说:"纪登奎,老朋友了。"问我挨了多少次斗,坐喷气式什么滋味?我说,挨斗不少,有几百次,坐喷气式没有什么了不起,就跟割麦子差不多,还可以锻炼身体呢。毛主席听了,哈哈大笑,他老人家还亲自学坐喷气式的样子,低头、弯腰、并把两手朝后高高举起,逗得大家哄堂大笑。毛主席走后,我被解放了。"老朋友"的说法也慢慢传开去。

后来,他老人家每巡视一地,常常给有关负责同志讲我如何挨斗,坐喷气式,说跟割麦子差不多,夸我能正确对待群众运动。

以后,我被调到中央工作。包括九大选我当中委、九届一中全会选我当政治局候补委员,这都是毛泽东亲自提议的。

纪登奎是毛泽东一手提拔的"老朋友",受毛泽东信任。

纪登奎作为中央政治局候补委员,被安排住进了钓鱼台。

据陈冀德回忆[①],"萧木告诉我,毛主席提醒王、张、江、姚不要搞上海帮以后,姚文元就主动搬出钓鱼台了。"

江青盘算着"组阁"

也许是毛泽东的一种"政治习惯",每当面临一场重大的政治斗争,他往往要离开首都北京。他要让斗争的局面明朗化,才回到北京整肃。"文革"前夕是如此,他差不多在南方杭州一带住了一年;"九一三"事件前夕也是如此,他巡视大江南北,跟各地领导打招呼、"吹风"。

眼下,在亲自主持了那次批评"上海帮"的政治局会议之后,他走了,离开了北京。

他先是去湖北武汉,下榻于东湖宾馆。他的视力越来越差。在武汉,大夫确诊他患老年性白内障。虽说这是老年人常见的眼疾,手术也简单,但必须待其成熟才能动手术。这样,他就不能不暂时忍受视力日衰的痛苦。他的生活由张玉凤照料着。

1974年10月13日,毛泽东的专列驶抵长沙。他下榻于中共湖南省委大院西边的九所6号。那里原叫陈家山,是一片丘陵地,中共湖南省委在那里盖了一个招待所,叫"九所",专门接待重要的客人。九所有六幢小楼。毛泽东过去在九所3号住过,这一回住九所6号。

他喜欢长沙,因为他是湖南人,而且中共湖南省委第一书记又正是他信得过的华国锋。那时华国锋已调到中央工作,仍兼管湖南,毛泽东在湖南的一切,都由华国锋一手安排。这一回,毛泽东在长沙长住,直至1975年2月3日才离去,一共住了114天。

北京果真面临着严重的斗争。在中共中央政治局里,以江青为首的"四人小宗派"为

[①] 陈冀德:《生逢其时》,香港时代国际出版有限公司2008年版。

一方,周恩来、邓小平以及大多数政治局委员为另一方,激烈地斗争着。双方争斗,围绕着即将召开的第四届全国人民代表大会展开:自从1964年12月21日至1965年1月4日召开了第三届全国人大以来,已经十年了。按照宪法规定,四年换届一次。如今,已经逾期六年了。

四届人大已是个"老话题"了。早在1970年3月8日,毛泽东就提出准备召开四届人大。

筹备四届人大,引发了一场权力再分配的斗争。林彪争当国家主席,在庐山会议上遭到惨败,最后以"九一三"事件告终。

这一次重提召开四届人大,又面临着一场权力再分配的斗争。江青取代了当年的林彪,野心勃勃,着手"组阁",抢夺那几项重要的职务:

国家主席——刘少奇屈死已经多年,国家主席一直空缺。由于毛泽东明确反对再设国家主席,自然,谁都不敢吱声。

委员长——三届人大选出的委员长是朱德,眼下已是88岁的高龄老人。江青要让王洪文取代朱德。

国务院总理——周恩来已病重住院,来日不多。江青要让张春桥取代周恩来。

江青的如意算盘是:毛泽东已是垂暮之人,她将是未来的中共中央主席。这样,加上未来的委员长王洪文,未来的总理张春桥,中国的未来便是属于她的了!

她还着手预拟各部部长名单,让她的一批党羽、亲信去占领"要津"。

1974年10月1日出版的第十期《红旗》杂志,发表梁效的《研究儒法斗争的历史经验》一文,借古喻今,把话说得明白不过:"刘邦死后,吕后和汉文帝以后的几代,都继续贯彻了刘邦的法家路线,并重用像晁错、张汤、桑弘羊等法家人物,让他们在中央主持工作。由于中央有了这样一个比较连贯的法家领导集团,才保证了法家路线得到坚持。"

此处,倘若把刘邦换成毛泽东,吕后换成江青,晁错、张汤、桑弘羊换成王洪文、张春桥、姚文元,法家路线换成"文革"路线,那么,就成了江青"组阁"的写照。

就在此文发表不久,10月11日,中共中央就召开四届人大发出了《通知》。《通知》指出:"中央决定,在最近期间召开第四届全国人民代表大会。……根据国内外的大好形势,中央认为最近期间召开第四届全国人民代表大会是适宜的。"

《通知》以黑体字醒目标出毛泽东的一段最新指示:"无产阶级文化大革命已经八年。现在,以安定为好。全党全军要团结。"

就在这份传达了毛泽东要"安定"、"团结"的《通知》下达后的第六天,中共中央政治局爆发了一场激烈的争吵。

江青在政治局会议上发难

1974年10月17日晚,中共中央政治局会议在北京举行。周恩来抱病出席了会议,因为会议讨论四届人大的筹备事项,作为总理不能不亲自过问。

会上,江青突然提起了所谓"风庆轮事件",要邓小平当场表态,导致会议不欢而散。

"风庆"号万吨轮是上海江南造船厂建造的。建成之后,交通部远洋局担心国产的主机、雷达不过关,建议该船跑近洋。在"批林批孔"中,江南造船厂工人和该轮海员贴出大字报,要求"风庆"轮远航。1974年国庆节前夕,"风庆"轮远航归来,回到上海,上海的报纸以"自力更生的凯歌"为名做了许多文章。

10月13日,江青看了《国内动态清样》上关于"风庆"轮的报道,写了一封信给中共中央政治局。她写道:看了报道,"引起我满腔的无产阶级义愤。试问,交通部是不是毛泽东、党中央领导的中华人民共和国的一个部?国务院是无产阶级专政的国家机关,但是交通部却有少数人崇洋媚外,买办资产阶级思想的人专了我们的政。……政治局对这个问题应该有个表态,而且应该采取必要的措施。"

张春桥写了批语:"在造船工业上的两条路线斗争,已经进行多年了。发生在风庆号上的事是这个斗争的继续。……建议国务院抓住这个事件,在批林批孔运动中进行政治思想教育。"

王洪文、姚文元都批道:"完全同意。"

江青要借"风庆"轮事件,攻击国务院,攻击周恩来,特别是攻击邓小平。

江青对邓小平,恨得牙齿咯咯响,内中的原因是十几天前——10月4日,王洪文接到张玉凤的电话,传达毛泽东的指示。

王洪文亲笔记录的毛泽东指示如下:"谁当第一副总理?邓。"

毛泽东的意见非常明确,在未来的四届人大上,将由邓小平出任国务院第一副总理。这"第一"两字表明,一旦周恩来病故,继国务院总理之职者是邓小平!

当天晚上,作为"四人帮"之一的王洪文,当即从中南海打电话到钓鱼台,把张玉凤的电话内容,转告了"帮"中的另外三个人。

过了好几天,王洪文才把毛泽东主席的意见,告诉中共中央政治局和周恩来。

这下子,完全打乱了江青的"组阁"计划,她怎不恨这个邓小平!

在10月17日晚的政治局会议上,江青手里拿着"风庆"轮事件的传阅材料,以咄咄逼人的口气质问邓小平:"你对批判'洋奴哲学',究竟抱什么态度,是赞成还是反对?"

邓小平没有搭理她。

江青这"钢铁工厂"发火了,又当面追问邓小平:"你到底是什么态度?"

至此,邓小平实在忍无可忍,回敬道:"你这种态度,政治局还能合作吗?你这是强加于人,难道一定要赞成你的意见吗?"

邓小平气极,拂袖而去。

政治局会议不欢而散。

张春桥称这次政治局会议为"二月逆流";姚文元则在日记中称"已有庐山会议气息"。

王洪文长沙告状

"谁当第一副总理?邓。"毛泽东这一句话,引起"四人帮"的震惊。

幸亏,毛泽东主席的意见,还只是在电话里说的,没有正式形成文件。倘若能够使这位年迈的主席改变主意,那还可以挽救。

丹麦首相哈特林即将访华,定于10月18日到达北京。这与中国内政不相干的外事消息,使"四人帮"感到紧张:哈特林要求会见毛泽东,而毛泽东在长沙疗养,哈特林必须从北京前往长沙。负责接待哈特林来访的,是国务院副总理邓小平,邓将陪同哈特林前往长沙。显然,毛泽东除了会见哈特林之外,会与邓小平一起研究即将召开的第四届全国人民代表大会的人事安排。

事不宜迟。必须抢在邓小平之前,改变毛泽东的主意。

10月17日深夜,钓鱼台17号楼,"四人帮"一个不缺,在江青那里聚集。

江青召开紧急"帮会"。

"我们四个人之中,洪文去长沙一趟最合适。"江青说道。其实,这主意,张春桥早已与江青通过气,是张春桥出的。

"军师"是在来回踱方步之中,提出这一计谋的:要改变毛泽东的主意,必须派人火速赶往长沙,弹劾邓小平。在"四人帮"之中,江青去长沙显然不合适,毛泽东已经警告过"不要由你组阁";由"军师"出马,更不合适,因为与邓小平争夺第一副总理的,便是"军师"其人,"军师"亲自出面,显得太露骨了;由姚文元去,此事不属宣传工作范畴,也不合适;唯有王洪文是最恰当的人选。毛泽东委托他在京主持中央工作,他去长沙向毛泽东汇报、请示工作,合情合理。何况,把王洪文推出去当"马前卒",即使倒霉,也是王洪文挨骂。对于张春桥来说,王洪文虽是政治伙伴,可是心里对这位副主席也嫉妒之极。私下里,他曾对姚文元说过愤愤的话:"王洪文凭什么主持中央工作?他算老几?"

毕竟王洪文太嫩,敌不过张春桥这"老姜",居然连连点头,答应前往长沙。他蒙在鼓里,以为是江青提议要他去长沙,殊不知这是"军师"借江青之口说出来的话。

翌日,王洪文急匆匆在北京—长沙之间飞了个来回。他上午9时起飞,下午2时见毛泽东,傍晚回到北京。他所以如此仓促,如他在法庭上所言:"因为去的时候没有报告政治局,也没有报告总理。"

1980年11月24日上午,王洪文在特别法庭受审时,这么说道:

> 1974年10月17日晚上,在钓鱼台17号楼,江青召集我和张春桥、姚文元一起,主要是密谋告邓小平的状。议论邓小平对文化大革命不满意,不支持新生事物,说邓小平对四届人大提名人选上可能有不同意见。还议论了姚文元提出的"北京大有庐山会议的味道"。……去长沙,实际上是一次阴谋活动,是背着周恩来总理和政治局去的。江青提出要赶在毛泽东主席接见外宾之前去,是怕邓小平陪同外宾先到毛主席那里把事实真相说明。

江青派出王洪文去长沙"告状",碰了一鼻子灰!

在毛泽东和王洪文谈话时,毛泽东的秘书张玉凤在侧。张玉凤的回忆,清楚地说明了当时的实际情况：

> 1974年10月，王洪文背着周总理和政治局到湖南毛主席驻地，向毛主席告周总理和其他中央领导同志的状。王洪文把周总理等同志比作在九届二中全会上的林彪一伙要抢班夺权，他说："北京现在大有庐山会议的味道。我来湖南没有告诉周总理和政治局其他同志。我们四个人（王、张、江、姚）开了一夜会，商定派我来汇报，趁周总理休息的时候就走。我是冒着危险来的。"王别有用心地说："周总理虽然有重病，但昼夜都'忙着'找人谈话，经常去总理家的有邓小平、叶剑英、李先念等同志。"王洪文到湖南的目的，实际上是"四人帮"阴谋要搞掉周总理，向毛主席要权。并在毛主席面前吹捧张春桥怎样有能力，姚文元又怎样读书，对江青也作了一番吹捧。毛主席当即严厉批评了王洪文。主席说，有意见当面谈，这么搞不好。你要注意江青，不要跟她搞在一起。你回去后找总理、剑英同志谈谈。

在这次长沙谈话中，毛泽东称江青那个"四人小宗派"为"上海帮"。毛泽东直截了当地警告王洪文："你们不要搞上海帮！"

兴冲冲而去，灰溜溜而归。王洪文在夜色苍茫中，飞回北京。一脸愁容，他钻进乌亮的红旗牌轿车。

当他的轿车驶入钓鱼台，江青、张春桥、姚文元早已伸长脖子在那里等待着他。

毛泽东的态度，使"四人帮"面面相觑。

1974年10月20日，毛泽东还给江青以书面批示，要求她"务望谨慎小心，注意团结不同意见的同志。"①

毛泽东告诫江青"不要由你组阁"

一计未成，江青再生一计。

1974年10月18日夜，在钓鱼台17号楼，江青约见了王海容、唐闻生。张春桥、姚文元以及刚从长沙回来的王洪文在侧。

江青知道，丹麦首相后天飞往长沙时，将由王海容、唐闻生陪同。她要王海容、唐闻生作为"直线电话"，再为她向毛泽东传话。

1980年11月26日上午，特别法庭审问王洪文的记录中有这么一段：

问："你从长沙回到北京以后，都向谁传达了去长沙的情况？"

答："回来后即向江青、张春桥、姚文元讲了去长沙的情况。在传达过程中，江青又通知了王海容和唐闻生来参加。"

王洪文还说，他去长沙，"实际上是阻挠邓小平出来担任国务院第一副总理。"

---

① 《建国以来毛泽东文稿》第13册，中央文献出版社1998年版，第374页。

江青要王海容、唐闻生转告毛泽东："国务院的领导经常借谈工作搞串连，周恩来在医院并不真正养病，邓小平和周恩来、叶剑英他们都是一起的，周是后台。……"

王海容、唐闻生意识到事态的严重，翌日——19日，便向周恩来原原本本作了汇报。

20日，丹麦首相哈特林夫妇从北京飞往长沙，王海容、唐闻生同行。

接待外宾毕，王海容、唐闻生留了下来。王海容、唐闻生向毛泽东转达了周恩来的意见，也转告了江青的话。

毛泽东要王海容、唐闻生回北京转告周恩来、王洪文："总理还是总理，四届人大的筹备工作和人事安排问题要总理和王洪文一起管。建议邓小平任党的副主席、第一副总理、军委副主席兼总参谋长。"

毛泽东还要王海容、唐闻生转告王洪文、张春桥、姚文元，叫他们不要跟在江青后面批东西。

江青在17日发起挑战，在18日、20日连遭失败——不论是王洪文回来，还是王海容、唐闻生回来，都传达了毛泽东对邓小平的坚决支持。

就在这时候，江青遭到又一次打击：

钓鱼台18号楼是接待外国元首的国宾楼。1972年周恩来指示有关部门，从各地选来了一些丹青大师的国画，悬挂在楼里，单调的墙面有了清新高雅的点缀，显得生动活泼多了。江青经常出入18号楼，那些大幅山水画和精致的花鸟小品，江青不会视而不见，也决不会轻易赏心悦目，不挑毛病的。不久前她还为江苏老画家陈大羽画的一只公鸡大动肝火，这幅画成了她大批黑画的导火线。江青的举动搞得悬挂国画的几家大宾馆惶惶不可终日，画家们如大祸临头。

终于，厄运降临到18号楼的国画上。

10月间，江青突然要摄影记者杜修贤为她放大摄影作品。摄影师按照影展的规格，放大了78张不同尺寸的照片，并且根据以前的规定收取了江青1005元的制作费。因为影展除了有一笔门票收入外，各报刊都要选用照片，还要支付作者稿费，所以江青完全可以用这几笔收入支付照片制作费。可是摄影师将照片送给江青才知道，放大照片是为了取而代之18号楼的国画。这种别出心裁的展览欲，令人啼笑皆非。

江青见照片，兴奋地说："将这些牡丹、月季、海棠……还有这个石榴，换上去！11月5日有两个国家总统要来访问中国，要抓紧时间换上去。外面都在批黑画，我们这里是国家级宾馆还能再挂这些资产阶级情调的画？我最讨厌一成不变，老一套！"

这席话符合江青的个性。她就是借反对墨守成规，使得文艺界百花凋零，文艺家纷纷倒台。如今她又反对国家级宾馆的"墨守成规"。

她的13张20英寸花卉照片很快取代了国画，挂在主厅里。

照片只挂了三天，就神出鬼没地不见了。等人们发现时，13张国画已经原封不动地回到了老地方。

原以为江青要气得发疯，负责警卫的人心惊胆战找到江青时，竟不敢相信自己的眼睛！江青正在10号楼用自己的照片招待政治局的委员们，大照片摊了一长桌，见警卫处来人，笑眯眯地说："这些照片是我为委员们准备的，他们喜欢我照的照片。这次随他们挑，喜欢什么就拿什么。"江青这番话，令人惊奇。好像她根本不知道她的"国际影展"已经宣告破产！

其实她在掩饰自己的愤怒和难堪，勉强保持表面的镇静，以显示她大度、不与人计较的风度。

江青不是一个能够容忍反对她的人，这次怎么变了？大家议论纷纷，这事情变化得太蹊跷，除非毛泽东才能制止江青。果然，这个反对她的人不是别人，就是毛泽东！也只有毛泽东才能有效阻止江青无限扩大的欲望。毛泽东虽然远在千里之外，可是江青在北京的一举一动都瞒不过他，当他知道江青又在"照片搭台，政治唱戏"，气得训她：你有什么权力可以随便换下国宾馆的画，挂上自己的作品？夜郎自大，这样要不得！统统取下来！

江青毕竟是江青，没有几天，她发疯般地从楼里抱出剩余的照片，奔到院子里，将憋了许久的委屈、痛苦、失意和愤怒统统发泄了出来，化为熊熊烈火。那价值一千多元的照片终于成了一堆焦黑的废纸，随风纷纷扬扬在钓鱼台的草地上翻滚、飘动。等警卫人员发现，冲过来抢救照片，照片已经化为灰烬。[①]

尽管这只是小事一桩，却也深刻反映出毛泽东对于江青那膨胀的权欲的强烈反感。此后不久，江青再遭惨败。

那是11月12日，邓小平飞抵长沙。同行的有王海容、唐闻生。

毛泽东一见邓小平，就幽默地说："你开了一个钢铁公司！"

邓小平笑道："主席也知道了。"邓小平所指的，是10月17日的政治局会议。

毛泽东赞扬道："好！"

邓小平说："我实在忍不住了！不止一次了！"

毛泽东又道："我赞成你！"

邓小平说："她在政治局搞了七八次了。"

"强加于人哪，我也是不高兴的，她们都不高兴。"毛泽东所说"她们"，指的是在座的王海容、唐闻生。

邓小平说："我主要是感觉政治局生活不正常，最后我到她那里去了一下，钢铁公司对钢铁公司。"

毛泽东道："这个好。"

邓小平谈及了自己："最近关于我的工作决定，主席已经讲了，不应再提什么意见了，只是看来责任是太重了点。"

---

① 顾保孜：《样板戏出台内幕》，中华工商联合出版社1994年版，第211—213页。

邓小平说的是毛泽东提议他担任党的副主席、第一副总理、军委副主席兼总参谋长。

毛泽东说:"没办法呢,只好担起来啰。"

也就在这一天,江青托王海容、唐闻生带了一封信给毛泽东,并转达要王洪文当副委员长的提议。江青在信中提出,谢静宜任全国人大副委员长、迟群当教育部长,乔冠华当副总理,毛远新、迟群、谢静宜、金祖敏列席政治局,作为"接班人"来培养。她依然在"组阁"。

毛泽东一针见血地指出:"江青有野心。她是想叫王洪文作委员长,她自己作党的主席。"同时,在江青的信上,写下了那著名的"不要由你组阁(当后台老板)"的批示。

据汪东兴回忆,毛泽东在写这一批示时,正值他在侧。毛泽东写到"至嘱"之后,搁笔问汪东兴,对江青还有什么意见?

汪东兴答道:"她没有自知之明。"

于是,毛泽东又提笔,加上那句:"人贵有自知之明。又及。"

毛泽东的批示,给江青泼了一盆冷水。

11月19日,江青又给毛泽东写了表面上是"检讨"、实际上是要官的那封信。翌日,毛泽东在长沙复江青一短函,话说得直截了当:

江青:

可读李固给黄琼书。就思想文章而论,都是一篇好文章。你的职务就是研究国内外动态,这已经是大任务了。此事我对你说了多次,不要说没有工作。此嘱。

毛泽东
1974年11月20日

李固、黄琼都是东汉人,李固曾任荆州刺史、泰山太守,黄琼则曾任尚书令、太尉、司空,李固《遗黄琼书》是中国古文名篇。"峣峣者易折,皎皎者易污,阳春之曲,和者必寡,盛名之下,其实难副"便出于此文。黄琼曾称病不愿入朝做官,后来由于公卿推荐才前往京城。李固素来敬慕黄琼,写了与黄琼书。信中既批评了名士的孤傲,也指出名士往往"盛名之下,其实难副"。毛泽东劝江青读李固给黄琼书,意在告诫她要谦虚谨慎,力戒孤傲,而且在"盛名"之下要意识到"其实难副"。

毛泽东责令王洪文检查

1974年11月6日,周恩来给毛泽东去信,汇报四届人大的准备工作进展情况。周恩来在信中明确表示:"积极支持主席提议的小平同志为第一副总理,还兼总参谋长。"

周恩来的信中,提及了召开四届人大的具体时间。他考虑到三届人大是1964年底召开的,因此四届人大最好在1974年底召开,相隔整整十年,不要拖到来年。周恩来写道:"我的身体情况比7月17日见主席时好多了,只是弱了些,如果12月能开人大,定能吃得消。"

周恩来已意识到江青会闹事，在信中用婉转的语气写道："最希望主席健康日好，这一过渡时期，只有主席在，才能领导好。"

周恩来的信，使江青心急似火。六天之后——11月12日，江青也给毛泽东写信，再一次提出自己的"组阁"名单。

毛泽东在长沙看罢江青来信，提笔写下前面提到的分量颇重的批示。

收到毛泽东的复函，江青算是略微收敛了一点。她在11月19日又给毛泽东去信，半是"检讨"，半是牢骚，话语之中充满怨气：

> 我愧对主席的期望，因为我缺自知之明，自我欣赏，头脑昏昏，对客观现实不能唯物的正确对待，对自己也就不能恰当的一分为二的分析。一些咄咄怪事，触目惊心，使我悚然惊悟。
>
> ……
>
> 自九大以后，我基本上是闲人，没有分配我什么工作，目前更甚。
>
> 江青
1974.11.19

"闲人"不闲，江青其实是个"大忙人"。她忙着"组阁"，才一次次给毛泽东捎话、去信。

毛泽东又一次以严肃的口气，批评了她："你的职务就是研究国内外动态，这已经是大任务了。此事我对你说了多次，不要说没有工作。此嘱。"

江青两度自己出面要权，毛泽东寸步不让。江青自知再给毛泽东写信，也不会有什么效果。

权力的诱惑，毕竟是太大的。她又寄希望于王洪文。在"上海帮"之中，唯有王洪文能够再去长沙——他的借口是向毛泽东汇报工作，因为中央的日常工作是由他主持的。

又一次坐上专机，飞往长沙。这一回，王洪文捏了一把汗，再不像上一次飞往长沙那样趾高气扬。

那是1974年12月23日，两架专机飞离北京，向湖南长沙前进。

一架是王洪文的专机，他的身边坐着秘书廖祖康[1]。上一次偷偷摸摸飞往长沙时，他连秘书廖祖康也未敢带去。

另一架则是周恩来的专机。周恩来清癯瘦弱，忍受着病痛，踏上旅途。癌症正在剧烈地折磨着他。从年初起，周恩来每天出血量达一百多毫升，每隔两三天，他就得输一次血。中国正处于关键的时刻，他无法在病榻上安卧。在病魔猖獗的这一年，他工作时间超过18小时的有38天，24小时不停地工作的有6天！

为着完成四届人大的最后准备工作，周恩来决定抱病前往长沙，向毛泽东请示。周恩

---

[1] 1988年4月5日，叶永烈在上海的劳改工厂采访廖祖康。

来要王洪文同行,为的是王洪文主持日常工作,应当参加这次中国政治核心的会谈。

毛泽东住在湖南省委接待处已经两个多月了。在北京担任公安部部长的华国锋每隔几天,便给湖南省委挂一次电话,精心安排毛泽东在湖南的生活。华国锋长期担任湖南省委领导,关照湖南省委把接待毛泽东作为头等大事。听说毛泽东喜欢看电视,华国锋从北京为毛泽东专门调来了电视车。喜欢游泳的毛泽东,五次到湖南省游泳馆游泳,还冒着寒风跃入湘江,到中流击水。

自从7月17日周恩来出席中央政治局会议与毛泽东见过面之后,两位老战友已经五个多月没有见面了。对于周恩来的到来,毛泽东显得很高兴。两位老人互相询问彼此的健康状况。

毛泽东见了王洪文,头一句话便说:"不要搞四人帮!团结起来,四个人搞在一起不好!"

王洪文不好意思地赶紧说道:"以后不搞了。"

大抵考虑到"上海帮"这一概念过分强调了地域性,容易产生副作用,这一回毛泽东明确地用"四人帮"这一准确的概念,含义即他早先说过的"四人小宗派"。

毛泽东谈起了邓小平。毛泽东指着王洪文,对周恩来说:"邓小平Politics比他强。"

Politics,即政治。

毛泽东视力不好,仍用笔在纸上写着,写了"人材难"三个字。

"人材难得!"周恩来立即明白。

毛泽东点了点头。

周恩来重病在身,原本计划在长沙逗留三天,于25日返回北京。

25日,当周恩来前往毛泽东住处辞行时,毛泽东却劝他再小住几日。

翌日清晨,毛泽东的客厅里,出现了异乎寻常的气氛:桌子上放着一盘湘潭灯芯糕,一盘交切,一盘寸金糖,一盘麻花条,桌子正中的花瓶里插着飘着清香的蜡梅和纯白茶花。

毛泽东步入客厅,见到招待所工作人员如此布置,微微一笑,不说什么。他拿起一条灯芯糕,高高兴兴地当早餐。

哦,12月26日——毛泽东81岁寿辰!

这天,王洪文被毛泽东打发到韶山参观去了。

中午,毛泽东和工作人员一起吃面条,喝下一杯深红色的芙蓉酒。

晚上,周恩来在自己住处请湖南省委负责人和湖南方面接待毛泽东的工作人员一起吃面。

入夜,毛泽东邀周恩来到他的卧室,两位老人长谈到夜深。就在这个历史性的夜晚,毛泽东和周恩来一起对四届人大的人事安排作了最后的决定。

毛泽东在12月23日、24日、25日、27日跟周恩来、王洪文两人进行了四次谈话。26日那天,毛泽东和周恩来单独长谈。

毛泽东的谈话中一些意见在1975年2月18日由中共中央转发各地,并在1975年2月22

日《人民日报》公布了如下的话：

"列宁为什么说对资产阶级专政，这个问题要搞清楚。这个问题不搞清楚，就会变修正主义。要使全国都知道。"

"还是安定团结为好。"

"把国民经济搞上去。"

后来，毛泽东的这些话，被概括为"三项指示"，提出"以三项指示为纲"。

且不论毛泽东的第一项指示如何，他的第二项指示和第三项指示对于克服"文化大革命"造成的严重后果毕竟还是有一定积极意义的。

周恩来在长沙的心境是愉快的。王洪文呢，受到了毛泽东的冷落。

根据有案可查的记录，12月23日，王洪文刚到长沙，毛泽东就对他说："江青有野心。有没有？我看有。"

12月24日，借汇报工作的机会，王洪文支支吾吾，还是说出了江青要他说的话。

毛泽东极度不悦。毛泽东当着周恩来的面，批评王洪文道："你不要搞四人帮！不要搞宗派，搞宗派要摔跤的。"

毛泽东还说："总理还是我们的总理！"

王洪文不由得一震，因为江青说过，周恩来病重，已不适宜再当总理，四届人大要另外任命新总理。毛泽东的话，坚持周恩来仍为总理，而第一副总理已确定为邓小平，这么一来，张春桥充其量只能当上副总理。

毛泽东动肝火了，对王洪文说："我几次劝你，不要几个人搞在一起，你总是听不进去！这一次，你既然来了，就多住三天，好好想一想，写个书面检查给我！"

王洪文像触电似的，吃了一惊。回到住所，廖祖康跟他打招呼，他也不理睬。他闷闷不乐，往床上一躺，一句话也没说。

灯下，王洪文提起笔，又放了下来。直到第三天，王洪文才写出一份检查。

现把王洪文的检查原文照录于下：

主席：

这次来长沙向主席汇报工作，又一次聆听了主席的教导，受到了深刻的教育。特别是主席对我的批评"你不要搞四人帮"。主席的批评是完（全）正确的，我诚肯〔恳〕的接受主席的批评教育。这次主席批准在这里住三天，我应借这个机会来回忆，总结自己犯错误的经验和教训。

两天来我认真的回忆了自己所犯的主要错误。

主席发现以后曾多次指示，"你们不要几个人搞在一起"，"你们不要搞上海帮"。我没有坚决的按主席的指示办事。当工作中遇有问题时不是和政治局多数同志商量，研究解决问题，而是只找少数几个同志。虽经主席多次指示，我仍然不觉悟，脱离不开小圈子。主席在离京前的政治局会议上又指示"你们不要（搞）上海帮"。以后有同志来找议事我仍然顶不住。因此就继续犯错误。10月17日来长沙向主席汇报关于江青同志和小平同志为"风雷[庆]号"批示发生争吵一事我是犯了严重错误的。因为当时在提名总参谋长人选问题上小平同志有不同意见,这本是党内生活中允许的。但我不是依靠政治局多数同志正确的解决问题,而是只听了少数同志意见。错误的把提总参谋长人选问题和江青同志批示"风庆轮"问题同小平同志争吵联系在一起,并且乱加猜测,因而就得出结论说可能有别的什么问题。因此我就提意[议]向主席报告。

在这个问题上的是[事]实是:小平同志并不错,而是我犯了严重错误,因为总理身体不好要我主持工作,而我不是全面的听取各方不同意见,而是只听少数同志意见,又不加分析就错误的向主席报告。干扰了主席。我的错误是严重的。

12月27日,两架专机离开长沙,飞回北京。

王洪文的心境是复杂、沉重的。他已经成了那个从庐山败退的林彪,他的"接班人"的地位已经完全动摇。

王洪文"接班"告吹

王洪文的地位急转直下。

"四人帮"的地位急转直下。

周恩来和王洪文回京不久,中共中央便于1975年1月5日发出一号文件,任命邓小平为中共中央军委副主席兼中国人民解放军总参谋长;任命张春桥为中国人民解放军总政治部主任。

1975年1月8日至10日,中共十届二中全会在北京召开。毛泽东依旧在长沙休养,没有出席会议。周恩来主持会议。

按照十多天前在长沙与毛泽东商定的意见,周恩来把有关四届人大的文件,提供给全会讨论。这些文件是《中华人民共和国宪法修改草案》、《关于修改宪法的报告》、《政府工作报告》和全国人民代表大会常务委员会、国务院成员的候选人名单。

就在这次会议上,进行了重大人事变动:会议追认邓小平为中共中央副主席、中央政治局常委,批准李德生关于免除他所担任的中共中央副主席、中央政治局常委的请求。

中共十届二中全会刚刚结束,1月13日,四届人大终于揭开大幕。毛泽东仍然在长沙,但四届人大完全照毛泽东的指示进行。大会由朱德主持,周恩来作政府工作报告——考虑到周恩来病体虚弱,这次政府工作报告是历届人大会议中最为简短的。《关于修改宪法的报告》则由张春桥上台来念。

四届人大按毛泽东意见,不设国家主席。开会时,虽然王洪文坐在主席台中央,但是,候选人名单中没有他的名字。

选举结果,"四人帮"大败,四人之中唯有张春桥成为国务院副总理。这一名单,是由毛泽东与周恩来在长沙商定的:

人大常委会委员长——朱德。

人大常委会副委员长——董必武、宋庆龄、康生、刘伯承、吴德、韦国清、赛福鼎、徐向前、聂荣臻、陈云、谭震林、李井泉、张鼎丞、蔡畅、乌兰夫、阿沛·阿旺晋美、周建人、许德珩、胡厥文、李素文、姚连蔚。

国务院总理——周恩来。

国务院副总理——邓小平、张春桥、李先念、陈锡联、纪登奎、华国锋、陈永贵、吴桂贤、王震、余秋里、谷牧、孙健。

在国务院副总理的候选人名单上，原本还有李富春。不巧，他在1月9日去世——正值四届人大召开前夕。

选举结果一公布，江青气歪了鼻子。

她曾提议"王洪文任副委员长，排在朱德、董必武之后，宋庆龄之前"，被毛泽东一口否决。

她曾提议"张春桥为国务院第一副总理，排在邓小平之前"，也被毛泽东拒绝。

王洪文忍气吞声，人大常委会副委员长长达21人的名单上也没有他的份儿，他自知是毛泽东对他的冷淡。

江青则不然，她要叽里呱啦地发怒、发狠。她叫嚷说四届人大是"大复辟"，不重视"新生力量"，连"二月逆流"的"干将"谭震林都当上副委员长。

江青当着唐闻生、王海容的面骂骂咧咧，要她们在陪外宾去长沙时转告毛泽东。

唐闻生、王海容只得遵命转达。

毛泽东听罢，生气地说道："她看得起的人没有几个，只有一个，她自己。"

"你呢？"王海容追问毛泽东。

"不在她眼里！"毛泽东忿忿然答道。说罢，沉默许久，又意味深长地说："将来她会跟所有的人闹翻。现在人家也是敷衍她。我死了以后，她会闹事！"

在四届人大之后，毛泽东和周恩来委托邓小平主持党政日常工作。虽然王洪文仍是中共中央副主席，党内排名次序为毛、周、王、叶（剑英）、邓、张，不过，第三号人物实际上已是邓小平，而不是他了。

王洪文毕竟不像江青那样有恃无恐，他不得不收敛了些。1975年2月20日，王洪文给江青写信，表明了他当时的心态：

江青同志：

这份材料我已批了个意见，但我想了一下，这种材料发的范围这样广，传出去可能产生一些问题。另外这份材料仅仅是我们四个人的意见，主席已经多次教育我们了，"不要搞上海帮"，并且批评我"不要搞四人帮"，我想我们还是谨慎一些好，如果江青同志觉得发好，也可以。请参考。

洪文

2.20

就连王洪文都提醒江青"不要搞上海帮"了！这倒并不表明王洪文不愿再搞"上海帮"、"四人帮"，而是觉得大事不妙，要注意隐蔽了。

确实，"四人帮"的日子越来越难过。1975年2月3日，春节前夕，毛泽东结束了在湖南的114天羁旅生活，回到北京。邓小平在毛泽东、周恩来的支持下，主持工作，大大削弱了"四人帮"的势力。

1975年5月3日，是"四人帮"最难熬的一天。

这天，毛泽东主持召开了中共中央政治局会议。这也是毛泽东生前最后一次亲自主持中共中央政治局会议。病情日重，已经做了多次手术的周恩来，知道这是一次不寻常的中央政治局会议，抱病出席。

在这次会议上，毛泽东对于"四人帮"的批评，比一年前要严厉得多！

毛泽东说起不久前张春桥发表的《论对资产阶级的全面专政》一文，认为文章中的反经验主义的提法不妥。毛泽东说，我犯了错误，春桥的文章，我没有看出来，只看了一遍，讲经验主义的问题，被我放过了。

■ 王洪文写信提醒江青不要给人以"上海帮"的印象

接着，毛泽东对"四人帮"发出了严重警告："要搞马列主义，不要搞修正主义；要团结，不要分裂；要光明正大，不要搞阴谋诡计。不要搞四人帮，你们不要搞了，为什么照样搞呀？为什么不和二百多的中央委员搞团结，搞少数人不好，历来不好。"

毛泽东提出了要解决"四人帮"问题。毛泽东说："上半年解决不了，下半年解决；今年解决不了，明年解决；明年解决不了，后年解决。"

不过，毛泽东一方面提出了解决"四人帮"问题，一方面又并不很着急，以至"后年解决"也可以。他说道："我看问题不大，不要小题大作，但有问题要讲明白。"

这表明毛泽东既揭露、批判了"四人帮"，但又以为"问题不大"。他只是要求"四人帮"不要搞党内小宗派，并没有把"四人帮"当成一个反革命集团。

不管怎么样，毛泽东终究是当时中共的无与伦比的最高领袖。他的每一句话，都对中央政治局产生了巨大的影响。他的这一席话，给了"四人帮"以很大的政治压力。

骄横的江青不得不写下书面检讨。

刁滑的张春桥也不得不写下书面检讨。

王洪文呢？他也作检讨。

以下是王洪文1975年5月检讨提纲的一部分：

在批林批孔运动中我的错误

在批林批孔运动中，初期我对批林批孔同贯彻十大的精神对立起来，因此我对批（林）批孔是不理解的，特别是关于广州召开十万人大会问题，当时查清楚是对的，但由于我自己不理解，也说过一些错话，在政治局也进行过争论。

当主席批示了北大、清华那份批林批孔的材料以后，特别是74年1月24、25（日）两次大会（指1974年1月24日的在京军队单位批林批孔动员大会和1月25日的中央直属机关和国家机关批林批孔动员大会，是王洪文、江青、张春桥、姚文元等在未经政治局讨论、未报告毛泽东的情况下召开的——引者注）。虽然我对于两次大会的召开未经政治局讨论，未报告过主席，关于反对走后门有些提法不妥，如混淆两类矛盾的提法，扩大了打击面等，也同个别同志交换过意见，（我也是赞成反对走后门的）但我没有及时向毛主席报告。这是我原则性不强，组织观念不强的表现。

张春桥在检查中写道：

主席关于不搞四人帮的指示，一定坚决照办，并尽可能地作好团结工作。至少不给主席增加负担。

江青在检查中写道：

当我认识到四人帮是个客观存在，我才认识到有发展成分裂党中央的宗派主义的可能，我才认识到为什么主席从去年讲到今年，达三四次之多？原来是一个重大原则问题，主席在原则问题上是从不让步的。

虽说这些检查都是被迫写的，但起码"四人帮"自己承认了搞"四人帮"是错误的。

就在1975年5月3日政治局会议之后，毛泽东和周恩来明确指示，中央日常工作改由邓小平主持。邓小平取代了王洪文。王洪文的"接班人"地位，从此告吹。

王洪文从北京消失了。

"张春桥思想"

1975年2月3日，毛泽东的专列驶出了长沙。他结束了114天在长沙的生活，回北京去了。

毛泽东决定回京，因为四届人大已经召开，北京的政治局势变得稳定了。再说，2月11日是乙卯年正月初一，考虑到身边的工作人员回家过春节，毛泽东告别了长沙。

毛泽东的眼白内障越来越严重。向来是亲自阅读文件的他，只好由张玉凤代读。本来，这是机要秘书徐业夫的工作，可是徐业夫患癌症，不得不住院治疗了。

徐业夫是安徽人，戴一副金丝眼镜，能写一手漂亮的毛笔字，也擅长写文章。他是经过二万五千里长征的老革命，深得毛泽东信任。他跟毛泽东有一共同嗜好——抽烟。

毛泽东晚年患支气管炎，一抽烟，咳嗽很厉害。徐业夫让毛泽东试着抽他的四川雪茄。毛泽东看着这又粗又长的雪茄笑道："说不定是个纸老虎！"一抽，果真咳嗽减轻，此后，毛泽东便改抽四川雪茄……徐业夫病重，使毛泽东失去了一位倚重的机要秘书。

经毛泽东提议，中央同意，从1975年初起，任命张玉凤为毛泽东的机要秘书。

1975年春，在公开报刊上已经多年未发表署名文章的张春桥、姚文元出现了反常现象：邓小平1月刚刚主持中央工作，2月22日，《人民日报》、《红旗》杂志发表张春桥组织编选的《马克思恩格斯列宁论无产阶级专政》；3月号的《红旗》杂志登出署着姚文元大名的长文《论林彪反党集团的社会基础》，4月号《红旗》杂志紧接着发表张春桥的《论对资产阶级的全面专政》。

张、姚的文章，是由毛泽东的一段话引起的。

如前所述，在1974年12月，周恩来、王洪文前往长沙，向正在那里休养的毛泽东汇报关于四届人大筹备工作的情况。毛泽东在谈了四届人大的人事安排之后，又谈了另一个问题，即理论问题。

关于理论问题，毛泽东对周恩来、王洪文说："列宁为什么说对资产阶级专政，要写文章。要告诉春桥、文元把列宁著作中好几处提到这个问题的找出来，印大字本送我。大家先读，然后写文章。要春桥写这类文章。这个问题不搞清楚，就会变修正主义。要使全国知道。"

毛泽东还说："我同丹麦首相谈过社会主义制度。"

毛泽东这话，是指1974年10月20日会见丹麦首相保罗·哈特林时，曾经说过："总而言之，中国属于社会主义国家。解放前跟资本主义差不多。现在还实行八级工资制，按劳分配，货币交换，这些跟旧社会没有多少差别。所不同的是所有制变更了。"

毛泽东接着对周恩来、王洪文说：

"我国现在实行的是商品制度，工资制度也不平等，有八级工资制，等等。这只能在无产阶级专政下加以限制。"

"所以，林彪一类如上台，搞资本主义制度很容易。因此，要多看点马列主义的书。"

"列宁说，'小生产是经常地、每日每时地、自发地和大批地产生着资本主义和资产阶级的。'工人阶级一部分、党员一部分，也有这种情况。"

"无产阶级中，机关工作人员中，都有发生资产阶级生活作风的。"[1]

这就是说，毛泽东出了题目，要张春桥、姚文元做文章了！

张春桥和姚文元，先是起草了《中共中央关于学习毛主席关于理论问题的重要指示的通知》，经毛泽东圈阅，于1975年2月18日发出。这一通知，向全党公布了上述的毛主席指示。

---

[1] 据金冲及主编：《毛泽东传（1949—1976）》（下），中央文献出版社2003年版，第1713—1714页。

既然毛泽东指示"要告诉春桥、文元把列宁著作中好几处提到这个问题的找出来,印大字本送我",张春桥、姚文元就组织班子,编出了《马克思恩格斯列宁论无产阶级专政》,印成大字本,送毛泽东阅。

说实在的,自从陈伯达编《恩格斯、列宁、毛主席关于论天才的几段语录》遭到毛泽东痛斥之后,谁都不敢编什么语录了。这一回,由于毛泽东明确指示要张春桥、姚文元编语录,他们这才编出《马克思恩格斯列宁论无产阶级专政》。

《马克思恩格斯列宁论无产阶级专政》经毛泽东同意,在1975年2月22日的《人民日报》以及《红旗》杂志发表。

有了毛泽东的"最高指示",两支秃笔结束了长久的沉默,从幕后跑到台前,哇啦哇啦叫喊起来。虽说张春桥、姚文元的文章是在《红旗》杂志上发表,但全国从中央到地方的报纸都予转载,中央人民广播电台全文广播,上海人民出版社以最快的速度印出单行本。这两篇文章,列为各机关、工厂、农村、部队政治学习的必读文件。毛泽东的授命,使张、姚得以重操旧业,利用他们在宣传舆论界的优势,反攻邓小平。

1975年3月1日,张春桥在中国人民解放军全军各大单位政治部主任座谈会上,作了长篇讲话,对毛泽东关于理论学习的指示作了解释。

张春桥非常露骨地向周恩来发起挑战,针对周恩来在四届人大上所作的《政府工作报告》,说道:"我个人还有个意见,四届人大提出了一个很宏伟的目标,在本世纪内,也就是本世纪末,要把我们的国家建设得很强大,走在世界各国的前列,无非就是搞几千亿斤粮食、几千万吨钢。但是,如果我们对理论问题搞不清楚,就会重复斯大林的错误。当时他们有几千万吨钢,粮食没有我们多,他们是卫星上天,斯大林的旗帜落地。"

张春桥在讲话中,强调了"反对经验主义"。张春桥引用毛泽东1958年8月15日的讲话。毛泽东那次讲话说"现在,主要危险是经验主义"。张春桥把毛泽东1958年8月15日的讲话搬来,应用在当前,作为反对经验主义的理论依据:

> 下面我把主席关于学习问题的几次指示念给同志们听。
>
> 一个是《经验主义,还是马克思列宁主义》一书中的。主席在五九年庐山会议上讲的这段话,曾印过多次,不知道同志们记得记不得。
>
> 主席写于1958年8月15日,庐山会议时印发了,会议以后各地作了传达,在批林整风中都印了。主席要我们重视学习理论。主席说:"各位同志,建议读两本书。一本《哲学小辞典》(第三版)。一本《政治经济学教科书》(第三版)。两本书都在半年读完,这里讲《哲学小辞典》一书的第三版。第一、第二版,错误颇多,第三版,好得多了。照我看来,第三版也还有一些缺点和错误。不要紧,我们读时可加以分析和鉴别。同《政治经济学教科书》一样,基本上是一本好书。为了在理论上批判经验主义,我们必须读哲学。理论上我们过去批判了教条主义,但是没有批判经验主义。现在,主要危险是经验主义。"
>
> 在延安整风当中,主要批教条主义。全国解放以后,也批了教条主义,对经验主

义没有注意批过。

接着,主席说:"在这里印出了《哲学小辞典》中的一部分,题为《经验主义,还是马克思列宁主义》,以期引起大家读哲学的兴趣。"

主席把经验主义的问题提出来了,主席说:"尔后可以接读全书。至于读哲学史,可以放在稍后一步。"

下面一段话很重要。

主席说:"我们现在必须作战,从三个方面打败反党的反马克思主义思潮:思想方面,政治方面,经济方面。思想方面,即理论方面,建议从哲学、经济学两门入手,连类而及其他部门。"

主席说:"思想上政治上的路线正确与否是决定一切的。"

思想上正确与错误,决定于理论,理论主要是讲思想问题。比如,对唯心论和唯物论搞不懂、分不清。林彪一说天才,大家就跟着说天才。主席指示以后,确实读了一阵,《政治经济学教科书》(第三版),也办了一些读书班。我不知道在座同志当时怎么样。后来,克服经验主义的问题克服得好一点吧,那一阵有些效果。

后来林彪也犯经验主义,因为经验主义是作为教条主义助手出现的,林彪搞经验主义,不学习理论,说是自己有经验,可以上升为理论。他不但反对学习马列,也反对学习主席著作,说学习主席著作是"捷径"。林彪高举是假的。

张春桥还说:

我觉得,学习问题,对经验主义的危险,恐怕还是要警惕。如果不解决这个问题,你说学习了,但没有用。主要是领导干部不是抓得很紧。现在,我们要以主席指示当作纲,联系我们部队存在的这些问题来学习。这些问题摆在面前,要解决。这些问题解决得好,我们的社会主义革命和建设不但能够纠正一些错误,而且还会有新的前进和进步。如果不好好学习,再往前进,阻力会相当大。

而身为中国舆论总管的姚文元,此前在幕后,用各种各样的"批示",导演着幕前的一切舆论风浪:

1972年底借批判"右倾回潮"把攻击的矛头指向周恩来;

1973年8月为中共第十次全国代表大会起草一系列"左"的文章,发表一系列宣传"左"倾思潮的社论;

1973年8月10日,令《人民日报》转载《辽宁日报》的《一份发人深省的答卷》,加了"编者按",为"白卷英雄"张铁生撑腰;

1973年12月28日,又令《人民日报》转载《北京日报》刊登的北京中关村第一小学五年级学生黄帅的来信和日记,加了"编者按",在全国掀起批判"师道尊严"、"修正主义教育路线"的高潮;

1974年2月28日，令《人民日报》发表初澜的长篇文章《评晋剧〈三上桃峰〉》，在全国掀起批"文艺黑线回潮"的运动；

与此同时，为江青发动的"批林批孔"运动，发社论，登文章，批"大儒"，批"宰相"，批"周公"，猛攻周恩来；

姚文元开动舆论机器，成为"中国帽子公司"和"中国谣言公司"的总经理。

1975年1月，中国的命运有了转机。在中共十届二中全会和第四届全国人民代表大会上，邓小平复出，担任了中共中央副主席、中央政治局常务委员、国务院第一副总理、中央军委副主席兼中国人民解放军总参谋长，主持中央党政日常工作。"四人帮"的篡权阴谋遭到了最沉重的打击。

姚文元再也无法忍耐了，他从幕后跳到了幕前。1975年2月28日，新华社向全国转发了姚文元在《红旗》杂志第三期上发表的"重要文章"：《论林彪反党集团的社会基础》。一时间，全国各报全文转载。姚文元的文章又成为全国人民的"政治学习文件"。

林彪反党集团覆灭已经三年多，"批林批孔"也已经"运动"多时，作为舆论总管的姚文元怎么放马后炮，直到这时才发表署名文章批林彪呢？

弦外有音，话外有声。姚文元批的是林彪，暗中指的是什么，路人皆知：

"林彪及其死党在全党全军和全国人民中是极其孤立的，但产生出这一伙极端孤立的'天马行空'、'独来独往'的人物，却有它深刻的社会阶级基础。

"只要还存在被打倒的反动阶级，党内（以及社会上）就有可能出现把复辟愿望变为复辟行动的资产阶级代表人物。因此，要提高警惕，要警觉和粉碎国内外反动派的种种阴谋，切不可麻痹大意。"

姚文元还强调了这一点：

"由于资产阶级思想腐蚀和资产阶级法权存在而产生出来的新资产阶级分子，一般都具有两面派和暴发户的政治特点。"

正当工、农、商、学、兵各界都在学习姚文元的文章的时候，忽然，姚文元家中的院子里，发出"砰"的一声，引起一场虚惊：一枚手榴弹，越过高高的围墙，落进了院子！

不过，手榴弹着地之后，没有发出爆炸声。

警卫员奔了过去，这才发觉：那只是一枚体育锻炼用的木手榴弹！

虽说不是真手榴弹，但是扔进了"中央首长"姚文元的院子，那可非同小可。

查！

姚文元家搬到北京之后，看中了紧挨北京第八中学的一所大院。他一家五口，于1973年搬进这个大院。

为了保障姚文元这位"中央首长"的安全，四周的围墙推倒重建，上面还架了铁丝网。这么高的围墙，即便是少林寺的高僧，也未必能够飞入。不过，围墙挨着北京八中的操场，一位青年教师去那里练习掷手榴弹，一失手，手榴弹越过了围墙，落进姚文元的院子里。

警卫员来到了北京八中。那位青年教师受到了审查。虽然查了祖宗三代，没有查出什么"反革命企图"，却也把那个教师整得够呛。

在《论林彪反党集团的社会基础》中,姚文元援引列宁、毛泽东的语录,反复论述"限制资产阶级法权";而为了他的安静,不许北京八中师生在紧挨他家的操场上做广播操,校办工厂的电锯也不得发出声响。

一个孩子放学时,一边走,一边踢石子。不小心,把一颗石子踢到姚家大门上,马上惹怒了姚文元,那个孩子作了检查还不算,就连学校党支部也作了检查。

姚文元住的房子,那水汀暖气本来用煤烧热。只因姚文元嫌烧煤有味儿,马上改用烧轻柴油,一天的取暖费便达200元,一个冬天要花2.8万多元。他的五口之家的取暖费,相当于北京八中全校2000多名师生花的取暖费的4倍!

这个从墨水瓶里冒出来的政治暴发户,在恶性膨胀。

姚文元文章的"主题"是一句话:"现在,主要危险是经验主义。"他把林彪说成是"经验主义"。至于他说的"现在"的"主要危险是经验主义",不言而喻,指的是周恩来、邓小平。

张春桥的文章,除了逐段解释毛泽东的一系列关于"工资制度不平等"、"八级工资制,按劳分配,货币交换,这些与旧社会没有多少差别"等"最新指示"之外,主要便是重弹他1958年的"成名作"的老调调:"限制资产阶级法权。"

张春桥的文章说:"必须看到,我们的经济基础还不稳固,资产阶级法权在所有制方面还没有完全取消,在人们的相互关系方面还严重存在,在分配方面还占统治地位。……"

张春桥引述了毛泽东的话,说明"限制资产阶级法权"的现实意义。

张春桥提到了苏联,用"卫星上天","旗帜落地"八个字来形容。他以为,这样的"历史经验,我们任何时候都不要忘记,在决心建设强大国家的时候特别不能忘记"。

张春桥指出:

> 历史经验告诉我们,随着无产阶级专政取得一个又一个的胜利,资产阶级表面上也会装作承认无产阶级专政,而实际上干的仍然是复辟资产阶级专政。赫鲁晓夫、勃列日涅夫就是这样干的。他们一不改变苏维埃的名字,二不改变列宁的名字,三不改变社会主义共和国的名字,而是用承认这些名字作掩护,把无产阶级专政的实际内容改掉,使它变成反苏维埃的、反列宁党的、反社会主义共和国的垄断资产阶级专政。他们提出了全民国家、全民党这样公开地背叛马克思主义的修正主义纲领。但是,当着苏联人民起来反抗他们的法西斯专政的时候,他们又打起无产阶级专政的旗号来镇压群众。在我们中国,也有类似的情况。刘少奇、林彪不只是宣传阶级斗争熄灭论,当他们镇压革命的时候,也是打着无产阶级专政的旗号。林彪不是有四个"念念不忘"吗?其中之一就是"念念不忘无产阶级专政"。他确实念念不忘,只是要加"推翻"两个字,叫作"念念不忘推翻无产阶级专政",用他们自己的供词,就是"打着毛主席的旗号打击毛主席的力量"。他们有时候"顺"着无产阶级,甚至装得比谁都革命,提一些"左"的口号,制造混乱,进行破坏,经常地则是针锋相对地同无产阶级斗。你要搞社会主义

改造吗？他说要巩固新民主主义秩序。你要搞合作化、公社化吗？他说太早了。你说文艺要革命，他说演点鬼戏也无害。你要限制资产阶级法权吗？他说这可是好东西，应当扩大。他们是一批维护旧事物的专家，像一群苍蝇，一天围着马克思说的那个旧社会的"痕迹"和"弊病"嗡嗡叫。他们特别热心于利用我们的青少年没有经验，向孩子们鼓吹什么物质刺激像臭豆腐，闻闻很臭，吃起来很香。而他们干这些丑事的时候，又总是打着社会主义的旗号。有些搞投机倒把，贪污盗窃的坏蛋，不是说他在搞社会主义协作吗？有些毒害青少年的教唆犯不是打着关心爱护共产主义接班人的旗号吗？我们必须研究他们的策略，总结我们的经验，以便更有效地对资产阶级实行全面专政。

在张春桥的文章发表后，毛泽东在1975年5月3日的中共中央政治局会议上说道："春桥的文章是有理由的。因为1958年就写了文章，那时我还不认识他，好像不认识。"

张春桥答道："见过面。"

毛泽东说："没有印象，那篇文章我写了一个按语，《人民日报》登了。《人民日报》那时是邓拓管的吧？"

张春桥答："是吴冷西。"

毛泽东说："只有两篇文章是拥护的，其他的都是反对的，所以他有气。"

值得在这里提一笔的是，在陈伯达晚年，笔者曾多次在北京访问他。陈伯达曾这么谈及张春桥和张春桥的那篇《论对资产阶级的全面专政》。陈伯达说道：

> 至于张春桥"能写几篇文章"这事，我不知道他写过一些什么。我看的东西之少，这也是一证。据我所知，林彪在九大念的"政治报告"，是他写作有份的。我被"四人帮"押在监狱的时候，看到《人民日报》有一篇横贯第一版的大篇文章，题目是《论对资产阶级的全面专政》，我没有细读，似乎其中点了刘少奇同志和我的名字。这是我知道张春桥"能写文章"的唯一的、独立署名的一篇。当然，文章不在多少，有"好"的一篇，也就可独树一帜，独立千古。唐朝一个年纪轻轻的王勃一篇《滕王阁序》，不是到现在还可吸引人一看吗？但张春桥的"文章"能算得什么呢？即使他写得再多，也不过是一堆狗屎。

陈伯达虽然与张春桥同为"林彪、江青反革命集团"的主犯，但是陈伯达对张春桥的剖析，可谓入木三分！

张春桥深知，毛泽东能够成为中国的领袖，主要在于理论上的独创，形成了毛泽东思想。富有"领袖欲"的张春桥，已不再以写一本《毛泽东传》为自己的"最大愿望"了。他的手下的喽啰，很快就领会了张春桥的意图，在上海开始研究"张春桥思想"，宣传"张春桥思想"。

最热心于研究和宣传"张春桥思想"的，要算是上海的《学习与批判》杂志。真妙，这家创办于1973年9月的杂志，挂着"复旦大学学报"的牌子，不知内情者以为只是一家大学的学报而已。其实,它的真正的编辑部,设在上海市委写作组内。它实际上是上海市委写作组的机关刊物,发行全国,印数颇大,却硬要来个"障眼法","化装"成"复旦大学学报"。

《学习与批判》使劲儿地宣传"张春桥思想"。据说,"资产阶级法权无处不在论"是"张春桥思想"的核心,是张春桥早在1958年就已作出的理论上的"重大发现"。

1975年当张春桥的《论对资产阶级的全面专政》一发表,《学习与批判》一下子发表几十篇文章,对"张春桥思想"在马列主义理论上的"重大发现",加以阐述,宣传劲头真大。

张春桥给《学习与批判》的主编写了一封信,说:"看了毛选四卷,对中国现在的阶级关系还不甚了了。"张春桥提出了"阶级关系新变动论",这也被看成是"张春桥思想"的"重要内容"。《学习与批判》杂志发表了15篇文章,论述张春桥的这一"贡献"。

关于所有制、关于分配、关于生产关系,据说,"张春桥思想"都有独特的"建树"。《学习与批判》不遗余力地一一发表文章,加以"评价"。

其实,说穿了,所谓"张春桥思想"就是:在社会主义中国,由于资产阶级法权"严重存在"着,产生"党内资产阶级",出现"走资本主义道路的当权派"。因此,为了"坚持"无产阶级专政,就要一次又一次地进行"文化大革命"。

于是,"张春桥思想"被说成"创造性"地发展了"毛泽东思想"!据说,"张春桥思想"将成为继马克思主义、列宁主义、毛泽东思想之后的"第四个里程碑"!

唉,曾几何时,人们记忆犹新。还在几年之前,林彪被吹嘘成"第三个伟大助手":恩格斯是马克思的伟大助手,斯大林是列宁的伟大助手,林彪是毛泽东的伟大助手。

唉,曾几何时,人们还记得,那"第四个里程碑"并非张春桥,而被林彪"预言"为他的"虎子"林立果!

幸亏历史学家只尊重历史,从不收购"牛皮"。虽然余在海面的海蜇又胖又大,但是人们捕获后总是用盐和明矾除去它身上的众多的水分。张春桥的大名已经注定要载入中国历史,但他是作为"四人帮"之一受到历史的鞭笞,而"张春桥思想"、"第四个里程碑"全被作为水分挤得一干二净。

"四人帮是个客观存在"

自从"组阁"失败之后,屡遭毛泽东批评的江青,气恼万分。她的本性是不甘寂寞的,不愿当"闲人",总要千方百计表现自己。她仍然在伺机攻击周恩来和邓小平,极度不满于四届人大确立的"周邓体制"。1975年2月2日,周恩来在送呈毛泽东的《关于国务院各副总理分工问题的请示报告》中写道:邓小平"主管外事,在周恩来总理治病疗养期间,代总理主持会议和呈批主要文件"。毛泽东批准了这个报告。从此,实际上开始由邓小平主持中央日常工作。

江青变换着手法,攻击周、邓。

1975年4月4日,迟群传达江青的电话"指示":

我昨天接见工人同志们的讲话中，可能有不全面、不适合的地方，请同志们充分地讨论提出意见。因为完全没有睡好觉。

另外，我讲了春桥同志关于对资产阶级全面专政文章的重点。我还要补充另一个重点，就是现在我们的主要危险不是教条主义，而是经验主义，这个问题进城以后就屡次提出过，在全党没有提起应有的警惕。现在我们应该按照毛主席的教导，对经验主义的危险性，擦亮眼睛，要认识清楚，保持高度警惕。经验主义是修正主义的帮凶，是当前的大敌。共产党员、共青团员如不很好地学习马列主义、毛泽东思想、提高识别经验主义的鉴别力，就会变修。

1975年4月5日，江青在对北京大学、清华大学大批判组讲话时，再次强调："党现在的最大危险不是教条主义而是经验主义。"

她用"经验主义"影射周恩来、邓小平等富有经验的老干部。

江青毕竟在宣传部门占优势。张春桥、姚文元开动了宣传机器，《人民日报》、《光明日报》、《文汇报》等抢发批判"经验主义"的文章。

然而，就在张春桥、姚文元的两篇"宏文"成为七亿中国人的"学习文件"的时候，正在他们借助毛泽东的批示以"大理论家"的形象出现在全中国的时候，来自毛泽东的批评，使刚刚掀起的"张姚热"迅速降温。

事情的转折是这样发生的：邓小平注意到江青等人抢发批判"经验主义"的文章这一新动向。

1975年4月18日，毛泽东在中南海游泳池住处会见金日成，邓小平在座。邓小平借用这一机会，向毛泽东说明"当前的主要危险是经验主义"这一提法是完全错误的。毛泽东赞同了邓小平的意见。

一个重要的讯号，从毛泽东那里发出。

新华社的《关于报道学习无产阶级专政理论问题的请示报告》，经过姚文元审定，报送毛泽东。4月23日，毛泽东在报告上，写了批示：

提法似应提反对修正主义，包括反对经验主义和教条主义，二者都是修正马列主义的，不要只提一项，放过另一项。各地情况不同，都是由于马列水平不高而来的。不论何者都应教育，应以多年时间逐渐提高马列为好。

我党真懂马列的不多，有些人自以为懂了，其实不大懂，自以为是，动不动就训人，这也是不懂马列的一种表现。

此问题提请政治局一议。

为盼。

毛泽东
1975年4月23日

毛泽东的这段话，就是在批评张春桥和姚文元"不懂马列"。

毛泽东所说的"自以为懂了，其实不大懂，自以为是，动不动就训人"，不言而喻，指的是张春桥和姚文元。

人们并不健忘，在近五年前——1970年8月31日，毛泽东在庐山会议上写下抨击陈伯达的那篇《我的一点意见》中，有着非常相似的话："不要上号称懂得马克思，而实际上根本不懂马克思那样一些人的当。"

那时候，毛泽东指的是"理论家"陈伯达。毛泽东的《我的一点意见》，宣告了陈伯达的倒台。

如今，毛泽东又用同样的语言批评张春桥、姚文元，这不能不使张春桥、姚文元感到非常紧张。因为他们弄得不好，就要重蹈陈伯达的覆辙，成为"陈伯达第二"！

根据毛泽东4月23日批示"此问题提请政治局一议"，中共中央政治局在4月27日开会，议题便是批评江青。

江青在会上勉强作了"自我批评"。就连她自己，在两个月后写的检查中，也承认："我在4月27日政治局会议上的自我批评是不够的。"

看来，江青的问题不能不解决，"四人帮"的问题不能不解决——毛泽东在垂暮之年，力求"安定团结"，而江青恰恰最不安定。于是异乎寻常，毛泽东在从长沙回到北京之后，决定在5月3日召集在京政治局委员会议。这如同1974年7月17日他亲自召开政治局会议批评"四人小宗派"一样，表明事态已经相当严重了。对于重病在身的毛泽东，这是他最后的岁月两次亲自出席政治局会议。

毛泽东已经很久没有出席中共中央政治局会议了。这是他离京休养十个月之后回到北京，第一次出席政治局会议。

会议在毛泽东中南海住处召开。知道毛泽东召集政治局会议，周恩来也抱病前来。

毛泽东的黄昏岁月，来往的人很少，政治局委员们也难得见到他。与他经常通电话的是周恩来。据张玉凤回忆，除了周恩来之外，别人几乎没有给毛泽东去电话，生怕干扰他的养病。即便是江青，求见毛泽东，也未必允见。只有王海容、唐闻生，倒是说来就来，说见就见。

正因为这样，5月3日，毛泽东跟政治局委员们见面时，周恩来说道："大家快一年没有见到毛主席了，非常想念主席！"

屈指算来，从1974年7月17日那次政治局会议见过面之后，大多数的政治局委员跟毛泽东"阔别"十个月了！

在这次政治局会议，毛泽东不仅指名道姓地批评了张春桥，而且多次批评了"四人帮"。以下所引毛泽东的话，是会议记录原文。可能由于记录速度跟不上毛泽东讲话速度，有些地方显得前后文不接，或者断句，均照录原文。

毛泽东一到，先跟政治局委员们寒暄。毛泽东照例保持着他那不时出语幽默的风格。

毛泽东一进来，第一个是与周恩来握手："怎么样？还好吗？"

周恩来回答说："开了三刀，消化还可以，前天向主席报告过。"

毛泽东跟叶剑英握手时,说了句:"喔,老帅!"

毛泽东跟邓小平握手时,说了句:"小平呀!"

毛泽东跟吴德握手时,说了句:"哦,吴德有德呀!"

毛泽东跟谢静宜握手时,话说得最多:"小谢,你当了大官啦,不谨慎呀!"

显然,毛泽东对谢静宜紧跟江青,早有所闻。

谢静宜原本是中共中央办公厅机要员。在"文革"中到北京大学"支左","当了大官"——北京大学党委书记。

谢静宜连忙回答说:"我不想当大官,但是现在官却越当越大。"

毛泽东很干脆地对谢静宜说:"试试看吧,搞不好就卷铺盖。"

毛泽东握着陈永贵的手:"你的信好啊。三分之一在大寨,三分之一在全国,三分之一在中央。不要在钓鱼台,那里没有'鱼'可钓,你和吴桂贤都搬出来。"

毛泽东的话中,包含着对江青占领下的那个钓鱼台的反感。

江青来到会场时,比别人稍晚。她进来时,见毛泽东正在跟别人打招呼,她就在一旁坐下。

在经过一阵子寒暄之后,毛泽东宣布开会,言归正传,进入会议主题。会场一下子变得严肃起来。

毛泽东说:

"这一回跑了十个月,没有讲过什么话,没有发表什么意见,因为中央没有委托我。

"我在外面一面养病,一面听文件,每天都有飞机送。现在上帝还没要我去,我还能想,还能听,还能讲,讲不行还能写。我能吃饭,能睡觉。"

毛泽东紧接着说的几句话,清楚地表明他召集会议的目的:"好久不见了,有一个问题,我与你们商量:一些人思想不一致,个别的人。我自己也犯了错误。春桥那篇文章,我没有看出来,只听了一遍。我是不能看,我也不能写书,讲经验主义的问题,我放过了。新华社的文件,我给文元写了。对不起春桥。"

毛泽东说"对不起春桥",这话有两层含义:

张春桥文章,毛泽东"只听了一遍",没有看出问题,所以,毛泽东说"我自己也犯了错误";张春桥的文章,毕竟是经过毛泽东同意发表的,如今发现问题,毛泽东当然要负领导责任,所以说"对不起春桥"。

毛泽东发现的问题,那就是"讲经验主义的问题",亦即"当前的主要任务是批判经验主义"。毛泽东以为,这一论断是错误的。

正因为这样,毛泽东就新华社的请示报告,"我给文元写了"——也就是4月23日的那段批示。

毛泽东接着说:"还有上海机床厂的十条经验,都说了经验主义,一条马克思主义都没有,也没有说教条主义。"

上海机床厂是上海的"样板",是张春桥、姚文元的"样板",是"反对经验主义"的"样板"。

毛泽东批评上海机床厂,等于批评了张春桥和姚文元。

毛泽东又说:

"要安定,要团结。无论什么问题,无论经验主义也好,教条主义也好,都是修正主义,都要用教育的方法,现在要安定团结。"

"你们只恨经验主义,不恨教条主义,二十八个半统治了四年之久,打着共产国际的旗帜,吓唬中国党,凡不赞成的就要打。"

毛泽东用手指着周恩来说:"你一个,朱德一个,还有别人,主要是林彪、彭德怀。我讲恩来、朱德不够,没有林彪、彭德怀还没有力量。林彪写了短促突击,称赞华夫文章,反对邓、毛、谢、古。"

说到这里,毛泽东又指着邓小平说:"邓是你,毛是毛泽覃,谢是谢唯俊,古是古柏。其他的人都牺牲了,我只见过你一面,你就是毛派的代表。"

毛泽东举了个很生动的例子,批评教条主义:"教育界、新闻界、文化艺术界,还有好多了,还有医学界,外国人放个屁都是香的。害得我两年不能吃鸡蛋,因为苏联人发表了一篇文章,说里面有胆固醇。后来又一篇文章说胆固醇不要紧,又说可以吃啦。月亮也是外国的好,不要看低教条主义。"

毛泽东在批评了教条主义之后,回过头来批评"四人帮":"要搞马列主义,不要搞修正主义;要团结,不要分裂;要光明正大,不要搞阴谋诡计。不要搞四人帮,你们不要搞了,为什么照样搞呀?为什么不和二百多个中央委员搞团结?搞少数不好,历来不好。这次错误,还是自我批评。"

毛泽东再次强调"三要三不要"。他说,这三条重复一遍,"其他的事你们去议,治病救人,不处分任何人,一次会议解决不了。我的意见,我的看法,有的同志不信这三条,也不听我的,这三条都忘记了。九大、十大讲过这三条,这三条要大家再议一下。"

毛泽东接着面向王海容、唐闻生说:"教育界、知识分子成堆的地方,其实也有好的,有点马列的,你们外交部也是知识分子成堆的地方。你们两个是知识分子,你们自己也承认,臭老九,老九不能走。"

在"文革"中盛传的"最高指示""老九不能走",就"出典"于此。后来,邓小平曾传达毛泽东的这一"最高指示",江青反而说邓小平"造谣"。其实,毛泽东确实说过这话。

毛泽东接着说:"我看问题不大,不要小题大作,但有问题要讲明白。上半年解决不了,下半年解决;今年解决不了,明年解决;明年解决不了,后年解决。我看批判经验主义的人自己就是经验主义,马列主义不多,有一些,不多,跟我差不多。不作自我批评不好,要人家作,自己不作。中国与俄国的经验批判主义。列宁说:那些人是大知识分子,全是巴克莱学说。巴克莱是美国的一个大主教,你们去把列宁的书找来看一看。"

这时,江青插话问道:"主席是不是说看《唯物主义和经验批判主义》?"

"嗯。"毛泽东回答。

江青的这一句插话,把毛泽东的话题引到她这里来了。

毛泽东面对江青说："江青同志党的一大半（路线斗争）没有参加，陈独秀、瞿秋白、李立三、罗章龙、王明、张国焘，她都没有参加斗争，没有参加长征，所以也难怪。我看江青就是一个小小的经验主义者，教条主义谈不上，她不像王明那样写了一篇文章《更加布尔什维克化》，也不会像张闻天那样，机会主义的动摇。"

毛泽东又针对江青说道：

"不要随便，要有纪律，要谨慎，不要个人自作主张，要跟政治局讨论，有意见要在政治局讨论，印成文件发下去，要以中央的名义，不要用个人的名义，比如也不要用我的名义，我是从来不送什么材料的。"

"要守纪律，军队要谨慎，中央委员更要谨慎。我跟江青谈过一次，我跟小平谈过一次。王洪文要见我，我说不见，要见大家一起来，完了。对不起，我就是这样，我没有更多的话，就是三句，九次、十次代表大会都是三句，要马列不要修正，要团结不要分裂，要光明正大不要搞阴谋诡计。"

"不要搞什么帮，什么广东帮、湖南帮，粤汉铁路长沙修理厂不收湖南人，只收广东人，广东帮。"

毛泽东提到"帮"，不言而喻，指的是"上海帮"、"四人帮"。他明确地说"不要搞什么帮"。

毛泽东由"粤汉铁路长沙修理厂不收湖南人"，说起了1920年至1922年在湖南搞工人运动，讲到当时工人运动比较高涨的几个铁路、矿山。他说："湖南水口山锡矿，名曰锡矿，其实没有锡。"

毛泽东随口念了一首民谣：

无锡锡山山无锡，
平湖湖水水平湖，
常德德山山有德，
长沙沙水水无沙。

从"长沙沙水水无沙"，毛泽东又对自己所作《水调歌头·游泳》一词中的两句做了解释："我说才饮长沙水，就是白沙井的水。武昌鱼不是今天的武昌，是古代的武昌，在现在的武昌到大冶之间，叫什么县我忘了，那个地方出鳊鱼。所以我说才饮长沙水，又食武昌鱼。孙权后来搬到南京，把武昌的木料下运南京，孙权是个能干的人。"

毛泽东念了辛弃疾《南乡子》中的两句："天下英雄谁敌手，曹、刘，当今惜无孙仲谋。"

他指着叶剑英说："他看不起吴法宪。刘是刘震，曹是曹里怀，就是说吴法宪不行。"

毛泽东让叶剑英背这首《南乡子》。

叶剑英随口背道：

何处望神州？满眼风光北固楼，千古兴亡多少事，悠悠，不尽长江滚滚流。

年少万兜鍪,坐断东南战未休,天下英雄谁敌手,曹、刘,生子当如孙仲谋。

毛泽东很高兴,对大家夸叶剑英说:"此人有文化。"

周恩来见时间已晚,便对大家说:"今天就到这里结束吧,主席休息一下。"

毛泽东在政治局会议上谈笑风生,但是,他对"四人帮"的批评,使"四人帮"面面相觑。

毛泽东终究是最高权威,他的每一句话都力重千钧。当年,他一篇200多字的《炮打司令部》,导致刘少奇下台,一篇700字的《我的一点意见》,使林彪集团分崩离析;这一回,他如此尖锐地抨击"四人帮",使"四人帮"感到大难难逃。

毛泽东重提"三要三不要",尤使"四人帮"惶惶不安。因为当年毛泽东在"炮打"林彪的时候,也是说这番话的:"要搞马列主义,不要搞修正主义;要团结,不要分裂;要光明正大,不要搞阴谋诡计。"如今,在这段人人都背得滚瓜烂熟的"最高指示"之后,加上一句"不要搞四人帮",等于把"四人帮"推到了当年林彪的位置上。

邓小平紧紧抓住机会,以毛泽东对"四人帮"的批评为"强大东风",从1975年4月27日起,一连主持召开了好几次中央政治局会议,对"四人帮"进行批评、帮助。

在会上,邓小平、叶剑英、李先念面对"四人帮",作了严正发言。其他的政治局委员,也在会上批评了"四人帮"。

王洪文作了粗浅的检查。从此,中央的日常工作不再由他主持,改由邓小平主持。

政治局会议刚刚开过,新华社社长朱穆之写信请示:"主席最近对我社关于宣传学习无产阶级专政理论请示报告的批示,对今后宣传报道关系十分重要,我们准备向正在召开的分社会议(即将结束)和总社有关同志传达……"

王洪文慌了手脚,因为毛泽东的批示一旦传达,那"四人帮"就面临着倒台的危险。5月8日,王洪文赶紧在朱穆之的信上,写下"批示":"我意见暂不传达。请文元同志阅示。"

于是,"舆论总管"接下去作了"批示":"同意暂不传达。精神可以在新华社工作中贯彻执行。"

姚文元说的是滑头话。既然不让下边知道毛泽东的批示,又怎样在工作中"贯彻"呢?说穿了,他无非给自己留了一条退路:万一毛泽东查问起来,他已在"精神"上加以"贯彻执行"了。

周恩来反击张春桥

这时候,周恩来"主动出击",在5月21日写了一封致王洪文转政治局传阅后给毛泽东的信。

周恩来在信中指出,"现在主要危险是经验主义"这句话,虽然出在姚文元的《论林彪反党集团的社会基础》一文,但实际上是张春桥提出来的!

周恩来的这封信,击中了张春桥的要害。

当时,王洪文说,"现在主要危险是经验主义"这句话,出在姚文元的《论林彪反党集团的社会基础》一文,并不是出在张春桥的文章中。王洪文此言,是为张春桥遮掩——因为姚文元的文章是明摆着的,赖不掉的,就把责任推到姚文元头上。

周恩来在信中指出,实际上,"现在主要危险是经验主义"这句话,是张春桥在1975年3月1日总政治部召开的各大单位主任会上提出来的,小平同志向毛主席反映的是这个讲话,这在各大军区政治部向总政反映的讨论情况中也可看出来。

周恩来的这封信在政治局传阅时,传阅到邓小平。邓小平在信上加注:"当时还提到江青在政治局会议正式提出了这个问题。"

这就是说,"现在主要危险是经验主义"这句话,江青也说过。

周恩来的这封信传到张春桥时,张春桥意识到问题的严重性,赶紧加了一行批注:"总理的信,有些话不确切。但我不反对报主席。"

这封信在政治局经过传阅之后,又退到周恩来那里。

周恩来看到张春桥写的批注,十分气愤。5月27日清早5时,周恩来给张春桥直接写了一封信,展开正面交锋。

周恩来尖锐指出:"你在3月1日总政召开的各大单位主任座谈会上片面地强调经验主义的危险。""我这段回忆文字,不知是否较为确切,如果不确切,请你以同志的坦率勾掉重改或者批回重写。"

■ "文化大革命"中的周恩来(焦尔乔·洛迪 摄)

周恩来的信,直逼张春桥,使张春桥无法躲闪。

无可奈何,张春桥只得写道:"不再改了。"

就这样,周恩来这封信,报到了毛泽东那里。

面对毛泽东的批评,"四人帮"无可奈何,只得一一作检查。

张春桥亲笔写下这样的检查:"主席关于不搞四人帮的指示,一定坚决照办,并尽可能地作好团结工作。虽然不……"

张春桥写下"虽然不",本想在"不"字之后进行反驳的,考虑再三,他圈去了"虽然不"三个字,继续写道:"至少不给主席增加负担。"

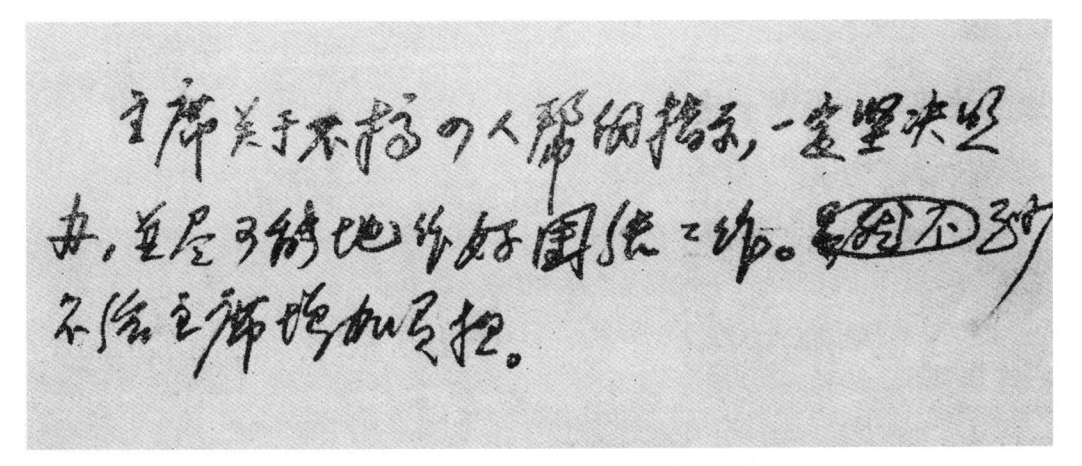

■ 张春桥阳奉阴违写下不搞"四人帮"的话

迄今,还可以从张春桥的手稿上,清楚地看出圈去的"虽然不"三个字。

江青呢? 她也在1975年6月28日,写下这样的检查:

主席、在京的政治局各位同志:

　　我在4月27日政治局会议上的自我批评是不够的。经几次政治局会议上同志们的批评、帮助,思想触动很大,但是思想上一时转不过来。经过思想斗争,我以为会议基本上开的好,政治局比过去团结了……

　　当我认识到四人帮是个客观存在,我才认识到发展成分裂党中央的宗派主义的可能,我才认识到为什么主席从去年讲到今年,达三四次之多。原来是一个重大原则问题,主席在原则问题上是从不让步的。

江青
1975年6月28日

连"一触即跳"的江青,也承认"四人帮是个客观存在",这确实是因为"主席在原则问题上是从不让步的"。

江青,跌到了"文革"以来的最低点! 她的日子,变得不那么好过了。

至于王洪文，早在1974年12月，在长沙受到毛泽东的"你不要搞四人帮"的当面批评之后，已写了"我的错误是严重的"上千字的检查。

姚文元则在政治局会议上承认，自己的《论林彪反党集团的社会基础》一文，只提批判经验主义，不提反对教条主义，是片面的。

"四人帮"全面退却，纷纷检查，而且都承认自己在搞"四人帮"——尽管江青说"我认识到四人帮是个客观存在"，也毕竟承认是个"客观存在"。"四人帮"如履薄冰，岌岌可危。

就在这个时候，发生了一个极富戏剧性的小插曲：外交部的两位年轻人，忽然接到别人转告的口信，说是"康老"要找她们一谈。

康生也来个"反戈一击"

康生要找的两位年轻人，便是王海容和唐闻生。

康生为什么要找这么两位年轻人呢？他，深知这两位年轻人非同一般，可以把他的话转告深居简出的毛泽东——她们是毛泽东的"直线电话"！

康生已经77岁了，头发和八字胡都已花白，重病在身，久未露面，他躺在家中，自知将不久于人世。

前文说过，此人与"四人帮"之中的江青、张春桥，有着颇深的渊源。

在"文革"中，康生出任中央文革小组顾问，一直是江青、张春桥的亲密伙伴。康老长、康老短，江青和张春桥叫得好甜哪。

康生在生命垂危之际，忽然约见"直线电话"，当然有要事转告毛泽东。

王海容和唐闻生坐着轿车，来到北京城北的旧鼓楼大街小石桥胡同24号，"康公馆"就坐落在那里。看上去，那小小的胡同，一点也不显眼。步入24号大门之后，嚯，却是藏龙卧虎之地。里面居然既有亭台楼阁，又有假山、喷水池。康生一家几口，占据了几十间屋。就连会客厅，也有好几个——不同级别的客人，康生在不同的会客室里会见。

"小王、小唐，你们走近点。"这一回，康生只能在病床上，用有气无力的声音对王海容、唐闻生说，无法像过去那样摆架子了。

康生要说什么呢？他的话，使这两个年轻人惊呆了："请你们转告主席，江青和张春桥，在历史上都是叛徒！"

等这两个年轻人从猛烈的冲击波中镇静

■ 康生

下来，康生这才继续说下去："你们不要用笔记，用脑子记就行了，只向主席报告——江青是叛徒，我在30年代就知道的。现在还有活着的证人，可以问王观澜。如果主席想仔细了解情况，可以派人去找王观澜调查。至于张春桥是叛徒，我是从张春桥的档案上看到的。张春桥的档案，是江青给我看的。主席不妨调阅一下张春桥的档案，也可以找吴仲超了解。我是一个快要去见马克思的人了。这算是我对党的最后一点贡献……"

这时，康生又记起了一些事，补充道："江青的叛变情况，在30年代香港、华南的报纸上也有报道，可以查一查……"

康生终于打完"直线电话"，无力地靠在床上，目送着王海容、唐闻生的离去，仿佛了结了一桩最大的心事。

比起张春桥来，康生更加刁滑。这位中央文革小组顾问，明知江青、张春桥的底细，却一直到眼看着"四人帮"大势已去，也来个墙倒众人推。他生怕毛泽东批判"四人帮"，会涉及他这个顾问，于是打个"直线电话"，以最后保全自己。

康生提到的知道江青是叛徒的王观澜，在《毛泽东书信选集》一书中《致王观澜》，曾有一注释，如下："王观澜（1906—1982），浙江临海人。第二次国内革命战争时期曾任《红色中华》总编辑，中华苏维埃共和国中央政府土地部副部长。红军长征到达陕北后，历任中央农民委员会主任、陕甘宁边区统战委员会主任等职。1948年曾到苏联治病。"①

王观澜在病中，毛泽东曾为之写信安慰："既来之，则安之……"这封信在"文革"中曾广为流传，成为慢性病患者常常背诵的"最高指示"。

王观澜本人，其实与江青的接触并不多。康生所以提及王观澜，乃因王观澜1937年底在延安与来自上海的徐明结婚，徐明深知江青1934年10月在上海被捕的情况。

前文说过，徐明，即徐明清。因为当时延安中央党校也有一个人叫徐明，王观澜为了使妻子的名字区别于那个人，加了一个"清"字。此后，她便一直叫徐明清。

1933年，当时的徐明清叫徐一冰，是上海晨更工学团的负责人，从事地下工作。这年7月，山东姑娘李云鹤来到上海，化名张淑贞在晨更工学团当一名教师。这个张淑贞，当时还曾化名李云古、李鹤，后来成为上海滩上的三流演员蓝苹，进入延安改名江青。

蓝苹1937年7月下旬，从上海经济南来到西安时，徐明清正在西安妇委工作。靠着徐明清的引见，蓝苹才受到红军驻西安联络处的接待，得以进入延安，得以认识毛泽东，得以先同居而后成为"第一夫人"。

在西安，蓝苹曾向徐明清详细谈及自己1934年10月在上海被捕后，如何写"自首书"出狱的。

确实，徐明清是深知江青历史的关键性人物。康生知道这个人，也知道江青的历史情况，但是一直守口如瓶。

至于吴仲超，乃北京故宫博物院院长。1936年4月，当张春桥参加吴成志（即宋振

---

① 《毛泽东书信选集》，人民出版社1982年版，第299页。

鼎）组织的"中国共产党上海预备党员委员会"之后，是吴仲超代表中共上海地下组织，找吴成志谈话，解散了那个非法组织。

康生对王观澜、吴仲超这样重要的线索，都一清二楚，对江青、张春桥的底细也都了解。他向来是一个擅长摸别人"底牌"的人。他把这些"底牌"捏在手心中，并不急于甩出去。他是个精于投机的政治商人，直至"行情"最为有利时，他才甩出这些"底牌"。

这次"直线电话"，确实是"绝密"的，瞒过了江青和张春桥。

就连老伙计康生都要在临死前对江青、张春桥来一个"反戈一击"，"四人帮"在1975年夏、秋已濒临日暮途穷之境。

1975年12月16日，康生结束了他云谲波诡的一生。他临终前的这一着棋，既给毛泽东留下了"忠诚感"，而又因"绝密"未曾得罪了江青和张春桥。于是，中共中央为康生举行了隆重的追悼会。这个老滑头，居然在死后骗得三顶金光璀璨的桂冠：一曰"无产阶级革命家"，二曰"马克思主义理论家"，三曰"光荣的反修战士"。

在粉碎"四人帮"之后，他这个"康老"还作为正面形象出现在中国报刊。有人说，"康老"同"四人帮"进行了"坚决的斗争"——当"四人帮"还在台上时，就向主席报告了江青、张春桥是叛徒。

直至1980年7月12日，在为中共中央组织部原部长安子文举行的追悼会上，胡耀邦在悼词中替安子文冤案平反时，点了康生的名，指出那是康生制造的冤案。这是康生在死后第一次遭到公开批判。

1980年10月16日，中共中央宣布康生是林彪、江青反革命集团的主犯，开除康生的党籍，撤销了康生追悼会悼词，把康生的骨灰撤出了八宝山革命公墓。康生一生演出了一出出精彩的闹剧，至此才在屏幕上推出个"终"字。

值得提到的是，"叛徒"这一罪名，是"文革"期间整人的"杀手锏"。康生临终前向毛泽东爆料"江青和张春桥，在历史上都是叛徒"，然而颇具讽刺意义的是，康生本人在生前也颇受"叛徒"罪名之扰。

揭发康生是"叛徒"者，是卢福坦，此人1931年在中共六届四中全会上当选为中共中央政治局委员，后来成为中共中央政治局常委。1932年12月，卢福坦被英国巡捕抓获，随即被递解到上海市警察局关押，迅即叛变，并成为国民党中统调查室的候补特务[①]：

> 卢福坦叛变期间，曾经交待了一位中共要员的"旧事"，那就是康生在1930年被捕叛变的秘密。
>
> 康生当年被捕入狱，后来是通过国民党中央要员丁惟汾的疏通得以出狱的，而这都在于一个巧合，因为丁惟汾的一个亲属同时也被捕了，这件事在当时是很少人知道的，至于康生有没有变节，这件事一直是中共党史中难以破解之谜。上海市警察局的档案在1949年被接手时有一部分丢失了，还有一部分被转移到了台湾。所以

[①] 据王学亮：《康生签署的一份秘密处决令》，《党史纵横》2008年第10期。

康生被捕后的具体细节只有在卢福坦给国民党交待事实时被提及过。而党内当时知道这件事的人只有陈赓一个人。陈赓对这件事始终没有和其他人提及，直到批判"高饶集团"时，陈赓才顺便提了一句。

后来知道康生这件事的是饶漱石。饶漱石曾专门派人到上海市公安局调查康生在上海的背景，所以最早看到卢福坦这份报告的是饶漱石，曾经向毛泽东作了详细的汇报。毛泽东听完汇报后并没有立即答复，这件事就被搁置下来。

60年代，谢富治奉命去上海公安局调阅了饶漱石当年看到的这份档案的原件，并且做了相关的记录。对调阅卢福坦的交待材料这件事情，康生本人并不知道，他唯一知道的是饶漱石在背后搞他的黑材料，而对谢富治后来的调查，康生不知情。康生更不知道卢福坦在1950年5月被捕，一直被秘密关押在上海一处不为人知的地方。

1968年，台湾情报当局抛出一份关于康生被捕叛变的资料通过香港的渠道进入北京，首先被蒯大富等人获悉，随后报告给了江青和康生。康生这时才知道卢福坦的事情，最让康生恼火的是，因为红卫兵的冲击，上海市方面没有做到足够的保密，卢福坦居然和造反派组织的几名头子在提审时谈到了一些30年代的内容，居然还上了简报。

康生通过江青等人公开宣扬自己从没有被捕，他说："如果我被捕了，我就成为烈士了，也活不到今天。"康生还找到谢富治质问这件事情的来由，并问谢富治，像卢福坦这样的叛徒为什么从50年代一直留到今天呢？谢富治要康生签字，说只要他签字就可以生效。就这样，康生和谢富治先后签署了立即处决卢福坦的命令。

看似事情就此了结，但是康生没有想到谢富治偷偷留了一份处决命令的影印件，这个影印件到了粉碎"四人帮"之后，被当时审查干部的中纪委负责人之一的王鹤寿看到，有人准备据此定论康生是叛徒。然而，主要当事人卢福坦已经不在了，所以还是没有形成结论。最后一个知道康生这件事的饶漱石也在"文革"中病故，康生因为这件事曾经做了很长时间的密调工作，被牵连的一些知情人都遭到了不同程度的迫害。不过，康生急于处死卢福坦这一举动不能不让人怀疑，或许可以带给我们一些思考。

据称，在康生签署处决卢福坦的命令之后，79岁的卢福坦是被上海市公安局用酒灌醉之后秘密执行死刑的。

康生究竟是不是叛徒，如同他所"揭发"的江青、张春桥是不是叛徒一样，后来并无定论。但是康生亲自下令秘密处死卢福坦，这表明年已79岁的卢福坦如果不死，在康生看来，确实构成了对他的巨大威胁。

1980年10月，中共中央批转中央纪律检查委员会关于康生、谢富治问题的两个审查报告，指出："党的十一届三中全会决定对康生、谢富治进行审查以后，一年多来，中央纪委做了大量工作，根据确凿证据，查明康生、谢富治两人，政治品质表现恶劣，在'文化大革命'期间，直接参与林彪、江青等人篡党夺权的反革命阴谋活动，犯下严重罪行。现在中央决定把康生、谢富治的反革命罪行向全党公布，同时撤销对这两人的悼词，并决定开除他们的党籍。"关于康生1930年前后在上海秘密工作期间，被捕和出卖同志的嫌疑，由于很多历史档案,特别是林彪、江青、康生个人历史的有关档案,被他们一伙所破坏,有关人员大都下落不明或死亡,海外书刊材料又无法查证,还不能做出结论。

张天民告"老娘""刁状"

江青处于守势,处于下风,处于退却。就连她作为"旗手"的文艺界,也冒出了"异军",对她放炮了!

种种"微词",传入毛泽东耳中。毛泽东又就文艺问题批评江青了。

1975年7月初,毛泽东在跟邓小平谈话时说:"样板戏太少,而且稍微有点差错就挨批。百花齐放都没有了。别人不能提意见,不好。""怕写文章,怕写戏。没有小说,没有诗歌。"[1]

毛泽东没有点江青的名,但用不着加任何注释,这显然是针对江青的。

1975年7月14日,毛泽东又就文艺问题发表书面谈话:[2]

"党的文艺政策应该调整一下,一年、两年、三年,逐步逐步扩大文艺节目。缺少诗歌,缺少小说,缺少散文,缺少文艺评论。"

"对于作家,要惩前毖后、治病救人,如果不是暗藏的有严重反革命行为的反革命分子,就要帮助。"

"鲁迅在的话,不会赞成把周扬这些人长期关起来。"

毛泽东关于文艺问题的谈话,在北京文艺圈里飞快地传了开来,也飞快地传向正在北京的来自长春电影制片厂的编剧张天民。由他编剧的故事片《创业》,受到江青的蛮横批评。他在7月18日,冒着盛暑,赶写了两封长信,一封致邓小平,一封致毛泽东。

他敢于斗胆给中国的两位大人物去信,是因为他的一位作家朋友拍着胸脯说:"你只管写,有人给你送。"

他知道,在那样的年月,如果把信扔进邮筒,说不定会落到江青爪牙手中,那后果就不堪设想。

那位仗义的作家,便是白桦。

白桦为张天民找到了一位热心的送信人——贺龙元帅的女儿贺捷生。

贺龙受林彪迫害,于1969年6月9日受摧残致死。"九一三"事件之后,贺龙冤案得以平反。1974年9月29日,中共中央发出了《关于为贺龙同志恢复名誉的通知》。

贺捷生揣着张天民写的两封信,把一封致邓小平的信送至胡乔木处,很快转到邓小平手中。她又去找王海容,把致毛泽东的信托王海容转给毛泽东。

7月21日,张天民怀着惴惴不安之情,离开了北京。

完全出乎意料之外,张天民的信到了毛泽东和邓小平手中之后,反应是那么的迅速,那么的强烈!

---

[1] 据《王洪文、张春桥、江青、姚文元反党集团罪证(材料之三)》。
[2] 据《王洪文、张春桥、江青、姚文元反党集团罪证(材料之三)》。

毛泽东在7月25日作了批示。邓小平迅即在7月27日以中共中央（1975）第一八一号文件形式下达。

毛泽东批示全文如下：

> 此片无大错，建议通过发行。不要求全责备。而且罪名有十条之多，太过分了，不利调整党的文艺政策。
>
> 毛泽东
> 1975年7月25日

毛泽东的批示，引起长春电影制片厂一片欢呼！引起全国文艺界一片欢呼！

毛泽东所说"此片无大错"，指的是长春电影制片厂拍摄的《创业》一片。

此片上映不久，1975年2月10日中午，姚文元那里便接到江青秘书的电话——当时姚文元正在午睡，他的秘书作了记录，原文如下：

> 遵江青同志嘱，打电话给文元同志：
>
> 今天，《人民日报》用了极大的篇幅吹捧《创业》，我建议《人民日报》和《红旗》今后不要再登这类东西。
>
> 另外，我建议，对《创业》电影组织一篇有说服力的评论文章。这种评论权力我们不能放弃。可以评好，也可以批坏……

江青的意思很清楚，要对《创业》电影"批坏"！姚文元马上照办，他给江青回话的电话记录原文如下：

> 文元同志来电话：
>
> 我完全同意江青同志的意见。中午我起床后就给人民日报打了电话，要他们以后不要登这类文章，要登要经我同意。我在电视上看了一半不到，给我的印象是很乱，不清楚……

"旗手"下令之后，"江记文化部"的部长于会泳闻风而动，给《创业》定下十条罪状，打入冷宫。

毛泽东对《创业》作了批示之后，江青召集张春桥、姚文元、于会泳等在钓鱼台17号楼开会。

江青说："张天民写了两封信，一封呈主席，主席没批。另一封给邓小平转给主席，是邓小平逼着主席批的。主席说无大错，那就是还有中错和小错，并没有说是优秀影片嘛！"

1975年9月，江青到了大寨，在那里遇上张天民，她的火气大极了。

江青用道地的"江青式"特有语言，恶狠狠地说道："张天民你多大？（张说我46岁了）那你还是个娃娃。你告我刁状，老娘今天要教训你，有谁给你出主意？（张答，没有。）你必须给主席写一检讨，你既敢给主席写信，就必须给主席写检讨，因为你说了谎，告了刁状。目前有人攻击文化部，给文化部施加压力，说文化部是大行帮，我替他们顶着，老子不怕。"

至于她为什么说张天民告的是"刁状"，1975年9月14日，江青在大寨接待站说道："张天民信上说，我看了第二天就停演了。我他妈的什么时候看过，什么时候说过停演，这告的是刁状。"

江青又急、又气、又恼，是因为"后院起火"，她的"基地"——文艺界举起反叛的旗帜。什么"老娘"、"老子"、"刁状"以至"他妈的"之类话，从这位"旗手"嘴里冒出，表明她乱了方寸！

江青不甘心于她的失败。她要反击！反击！

突然发动"评《水浒》"

江青伺机反扑。这个"机会"，终于来了！

事情的发生，颇为偶然。

那是1975年5月26日，一个44岁的女讲师，奉召进入中南海，来到毛泽东身边工作。

她叫芦荻。笔者在1990年6月22日在北京与芦荻作了长谈。据她说，她本名芦素琴，1931年出生在东北辽阳。曾就学于北京大学中文系。后来进入解放区，改名芦荻。1954年执教于中国人民大学。"文革"中调往北京大学中文系。

毛泽东患眼疾以来，虽有张玉凤为他读文件、信件，但他毕竟是个酷爱文史、手不释卷的人，要张玉凤读古籍，就勉为其难了。为此，毛泽东要中共中央办公厅遴选一位熟悉古典文学的大学教师，为他侍读古籍。中共中央办公厅派人前往北京大学，从中文系教师中初选了四位，内中有芦荻。毛泽东听了关于这四位教师的简历介绍，选中了芦荻。其原因是毛泽东曾读过中国青年出版社1963年出版的《历代文选》一书，芦荻是选注者之一，他熟悉她的名字。

芦荻以极为偶然的机缘，进入中南海。夜里，她为毛泽东侍读。读毕，毛泽东常与她谈论古典文学，有时一谈便是两三个小时。在毛泽东晚年，很少有人能够这样经常跟他长谈。

1975年8月14日凌晨2时，芦荻接毛泽东秘书电话，要她前来为毛泽东侍读，她即骑自行

■ 曾经为毛泽东侍读的芦荻（叶永烈 摄）

车,从不远的下榻处过来。

那天,毛泽东谈起了《红楼梦》,谈起《三国演义》,最后谈到了《水浒》。

据芦荻回忆,那天,毛泽东是这样谈起《水浒》的[①]:

> 主席一向关心历史、哲学史和文学史的研究工作,重视对作家作品的评论。当时,他老人家虽在病中,万机之余,仍是手不释卷;尤其爱读鲁迅的文章,读时,常常发出赞许的笑声。偶或,他也让我提些问题,然后,通过解答,亲切慈祥地给我讲点历史、文学史和鲁迅。我曾向他请教过关于一些作家作品的评价问题。(1975年)8月13日,我又请教了关于他提到过的那几部古典小说的评价问题。他先讲了《三国演义》、《红楼梦》等几部书的问题,然后谈到了《水浒》。关于《水浒》,学术界的基本评价,向来是很高的,甚至有的说,这是一部千古不朽的农民运动的史诗。但到1974年,《北京日报》到北大中文系约写一篇批判《水浒》的文章时,却透露说《水浒》是只反贪官,不反皇帝。由于不是正式消息,对精神实质理解不一,学术界在讨论时,分歧又很大,这篇文章没有发表。因此,当谈到《水浒》时,我顺便向主席请教了这件事。主席说,那两句话,是他在一次政治局扩大会议上讲的。接着我又请教他:既然如此,那么《水浒》一书的好处在哪里?应当怎样读它?……

毛泽东为了答复芦荻的问题,才谈起了自己对《水浒》的见解。

芦荻记录了毛泽东的见解[②]:

> 《水浒》这部书,好就好在投降。做反面教材,使人民都知道投降派。
>
> 《水浒》只反贪官,不反皇帝。屏晁盖于一百〇八人之外。宋江投降,搞修正主义,把晁的聚义厅改为忠义堂让人招安了。宋江同高俅的斗争,是地主阶级内部这一派反对那一派的斗争。宋江投降了,就去打方腊。
>
> 这支农民起义队伍的领袖不好,投降。李逵、吴用、阮小二、阮小五、阮小七是好的,不愿意投降。
>
> 鲁迅评《水浒》评得好。他说:"一部《水浒》,说得很分明:因为不反对天子,所以大军一到,便受招安,替国家打别的强盗——不'替天行道'的强盗去了。终于是奴才。"(《三闲集·流氓的变迁》)
>
> 金圣叹把《水浒》砍掉了二十多回。砍掉了,不真实。鲁迅非常不满意金圣叹,专写了一篇评论金圣叹的文章《谈金圣叹》。(见《南腔北调集》)
>
> 《水浒》百回本、百二十回本和七十一回本,三种都要出。把鲁迅的那段评语印在前面。

---

① 1990年6月22日,叶永烈在北京采访芦荻。
②《建国以来毛泽东文稿》第13册,中央文献出版社1998年版,第457—458页。

■ 芦荻回忆毛泽东评《水浒》谈话的原委

毛泽东说话时，芦荻按她的习惯，在笔记本上作记录。

本来，这只是毛泽东跟芦荻的谈话。由于在谈话中，毛泽东说及，今后出版《水浒》，可把鲁迅关于《水浒》的评论印在书前。张玉凤一听，出于机要秘书的本职考虑，她要执行毛泽东的这一指示。她要芦荻把毛泽东关于《水浒》的谈话记录整理出来，以便通知出版部门执行。由于出版部门归姚文元管，张玉凤把毛泽东关于《水浒》的谈话记录报送姚文元，由他转往出版部门执行——这一切，都是按正常的程序在进行着。

8月14日，姚文元见到芦荻整理的毛泽东谈话记录，如获至宝。三小时之后，姚文元的一份"请示报告"，就送到毛泽东手中。

姚文元在"请示报告"中写道：

为了执行毛主席提出的任务，拟办以下几件事：

一、将主席批示印发政治局在京同志，增发出版局、《人民日报》《红旗》《光明日报》及北京批判组谢静宜同志，上海市委写作组。附此信。

二、找出版局、人民文学出版社同志传达落实主席指示，做好三种版本印刷和评论的工作。我还看到一种专供儿童青年读的《水浒》，是根据七十一回本改的六十五回本，也要改写前言，增印鲁迅的话，否则流毒青少年。

三、在《红旗》上发表鲁迅论《水浒》的段落，并组织或转载评论文章，《人民日报》、《光明日报》订个计划。

以上可否,请批示。

姚文元
1975年8月14日

毛泽东大笔一挥:"同意。"

于是,正处于步步退却之中的"四人帮",一下子抓住了毛泽东的旗帜,神气活现起来。

《水浒》这部长篇小说,打从元末明初问世以来,六百年间,已有众多的评论。就连姚蓬子当年在上海师范学院中文系讲授古典文学时,也曾细细评论过《水浒》,称《水浒》是"农民起义的史诗性文学长卷"。

其实,就算评《水浒》吧,毛泽东那些随口而说的意见,可以算一家之言。姚文元呢,他过去评这评那,也曾评过《水浒》。姚文元对《水浒》的评论,跟父亲姚蓬子大同小异,姚氏父子可以算是另一家。

姚文元的见解,与毛泽东大相径庭:

"《水浒》,……在生动的形象中所显示的斗争策略和战术,在历代农民运动中发生过某种教科书的作用,很多农民革命领袖从《水浒》中吸取了封建时代被压迫人民向统治阶级进行武装斗争的经验。"[1]

"真正歌颂劳动人民的艺术作品,从《水浒传》,到《悯农诗》,都是不朽的。"[2]

作为"墙头草",这时候的姚文元随风倒那当然不在话下。他积极"贯彻执行"毛泽东关于《水浒》的指示,完全按"行情"行事。

《水浒》乃是中国古典小说四大名著之一,对于它的评论,已经发表过不少。怎么会由《红旗》杂志、《人民日报》出面,发出"号召"?文章指出:评论《水浒》"是我国政治思想战线上的又一次重大斗争,是贯彻执行毛主席关于学习理论、反修防修重要指示的组成部分。"

这些话,使许多读者感到费解。

"舆论总管"发起了一场空前规模的"评《水浒》"运动,起初使许多人困惑不解——用得着如此连篇累牍地去评《水浒》?

"舆论总管"导演了一幕幕舆论战:

《红旗》杂志1975年第9期发表了短评《重视〈水浒〉的评论》,又在"用《水浒》做反面教材,使人民都知道投降派"的总标题下,发表了一组评《水浒》的文章,作为"样板"。《人民日报》当即在8月31日予以转载。

9月4日,《人民日报》发表社论:《开展对〈水浒〉的评论》,文中把芦荻记述的毛泽东评《水浒》的谈话,作为"最高指示"用黑体字印出来,公之于众。

---

[1] 姚文元:《论艺术作品对人民的作用——美学笔记之五》,载《上海文学》1961年第11期。
[2] 姚文元:《歌颂劳动的诗篇是不朽的》,见《冲霄集》,作家出版社1958年版。

有了《红旗》评论，有了《人民日报》社论，有了毛泽东的"最高指示"，才短短几天，就在全国掀起了评《水浒》的"热潮"、"高潮"。

"舆论总管"发起这么个"热潮"、"高潮"，究竟干什么呢？

事情就像十年前那样，姚文元的长文在《文汇报》上冒出，忽然评起《海瑞罢官》，多少人不知道他葫芦里卖的是什么药！

江青的一次次讲话，点穿了内中的奥秘。

8月下旬，江青召集于会泳等人开会。她直截了当地说："主席对《水浒》的批示有现实意义。评论《水浒》的要害是架空晁盖，现在政治局有些人要架空主席。"

原来跟"批判孔老二"一样，江青所惯用的是"影射史学"！

9月17日，江青在大寨对北影、长影、新影、新华社、人民日报、法家著作注释组、北大和清华写作组等一百多人讲话时，更为得意："不要以为评《水浒》这是一个文艺评论，同志们不能那么讲，不是，不单纯是文艺评论，也不单纯是历史评论。是对当代有意义的大事……"

是什么样的大事呢？江青说道：

"为什么主席现在指示批《水浒》，大家考虑考虑。《水浒》的要害是排斥晁盖，架空晁盖，搞投降。宋江收罗了一帮子土豪劣绅，贪官恶吏，占据了各重要岗位，架空晁盖，不然为什么晁盖头天死了，第二天就把聚义厅改为忠义堂，所以主席谈，林彪一类如上台搞修正主义很容易。主席关于理论问题的指示中说，对资产阶级法权要加以限制，我们说这是对马列主义的发展和贡献，但是有人胆敢把它删去。批《水浒》就是要大家都知道我们党内就是有投降派。……"

"评《水浒》就是有所指的。宋江架空晁盖。现在有没有人架空主席呀？我看是有的。"

"党内有温和派、有左派，左派领袖就是鄙人！"

江青还把中共中央政治局对她的一次次批评，说成了对她的"迫害"。

江青借助于"评《水浒》"，要对邓小平进行反击！

她要求在大寨召开的全国农业学大寨会议印发她的讲话，播放她的讲话录音。

毛泽东阻止了印发她的讲话，播放她的讲话录音。

毛泽东怎么会知道江青在大寨的讲话呢？

吴冷西曾回忆了内中曲折的一幕：

1975年9月，华国锋在昔阳主持召开全国农业学大寨会议。邓小平同志按照党中央的安排，在会议上发表了讲话。谁知江青却赶到会议上大放厥词，口口声声地说她"代表毛主席向大家问好"，并且露骨地宣扬《水浒传》中"宋江架空晁盖"，以此影射邓小平同志。正在会议上采访的新华社记者，听了江青的论调后，十分气愤，立即将她的言论写成材料交给了时任新华社副社长的穆青手中。

穆青分析着这份材料，感到事关重大。便立即打电话给我，说有要事希望与我个别商量。我即乘轿车从中南海北门出来，绕到新华社的后门，将正在路边悄悄等候的穆青接上车来。

在车上，穆青把江青的那份讲话材料交给了我。我和穆青都感到江青的矛头对准邓小平同志，事态非常严重。

于是，我立即把材料交给胡乔木同志。乔木看后便和我一道来到邓小平的家中。小平提出，由我们设法把材料报告给毛泽东主席，向毛泽东揭露江青的政治阴谋。

乔木要我用车把穆青从新华社后门悄悄接出来。我们在车上仔细地商量如何才能绕开唐（闻生）王（海容）两小姐，直接把材料送到主席手中。这时，穆青建议，由他找新华社负责中央领导人活动报道的记者李琴同志想办法。我同意了这一方案。

穆青找到李琴，向她讲述了上书给主席的重要政治意义。李琴满口答应完成任务。穆青和当时任新华社社长的朱穆之便又联名给主席写了一封信。他们知道，在"四人帮"肆虐的政治高压下，写这样的信，需要承担巨大的政治风险。

毛主席很快就收到信件和江青讲话材料。他读过后，气愤地说："江青的讲话是在放屁！讲话文不对题！不见报，不广播，不复制！"

毛主席的表态，使江青等人嚣张的气焰得以遏制。江青想利用"评《水浒传》"达到打击邓小平和周恩来的阴谋，不得不暂时收敛一些。穆青等同志反映的情况，使我们的党在与"四人帮"的斗争中，赢得了一个回合的胜利。①

直到这时，人们恍然大悟：原来，批《海瑞罢官》，要害是罢官，而海瑞则是彭德怀；这一回评《水浒》，要害是排斥晁盖，架空晁盖，而晁盖是毛泽东，至于宋江是谁，不言而喻了！

难怪，宋江给扣上了"投降派"、"修正主义"之类大帽子。

幸亏《水浒》作者施耐庵早已魂归西天，要不，又得挖"三家村"、揪"后台"了。

姚文元已经有了评《海瑞罢官》的"经验"，难怪，一听说毛泽东跟芦荻聊天说及评《水浒》，马上拿来作为"令箭"，发动了一场"亿万人民"参加的"评《水浒》运动"！

"醉翁之意不在酒。"姚文元和他的伙计们哪里在研究《水浒》？他们在借助

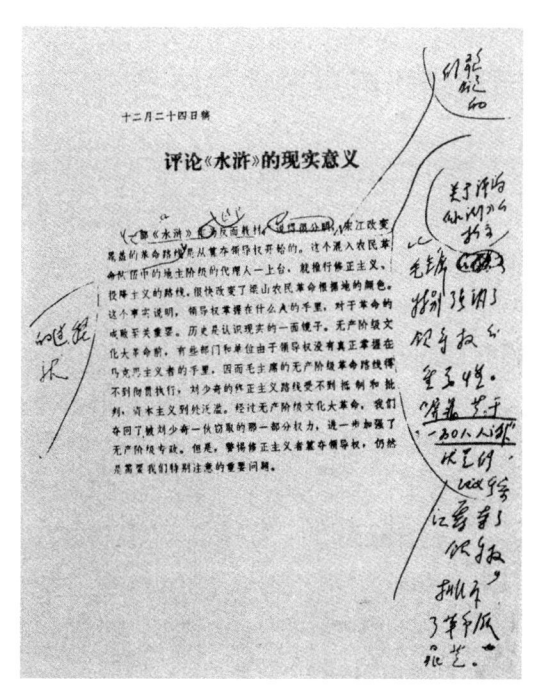

■ 姚文元亲自修改的《评论〈水浒〉的现实意义》

---

① 余熙：《吴冷西新近首次披露穆青向毛泽东状告江青始末》，1996年11月21日《文化报》。

"评《水浒》"整人。

1976年,当第一期《红旗》发表《评论〈水浒〉的现实意义》一文时,姚文元亲笔加上了几句话"点睛":"毛主席关于评论《水浒》的指示特别强调了领导权的重要性。'屏晁盖于一百〇八人之外',就是修正主义者宋江篡夺了领导权,排斥了革命派晁盖。"

"四人帮",借助于"评《水浒》",在舆论上占了上风。

姚文元得意了,他的日记透露了他的心声。

1976年1月28日,姚文元在日记中写道:"政治局继续开会,邓小平要求谈工作问题。主席指示:可以减少工作,但不脱离,即不是一棍子打死,还是人民内部问题,和刘(少奇)、林(林彪)有一些不同,他还肯作自我批评。引导得好,可以不走到对抗方面去。"

2月11日,姚文元的日记中,切齿之声可闻:"天安门有反革命传单曰:'打倒张、姚',还有什么'打倒少壮派'。'少壮派'一类是国民党、苏修的惯用语。为人民的敌人所仇恨,'打倒',不胜光荣之至。这本日记没有多少可看的东西,无非是两个阶级、两条路线相互'打倒'而已。但革命讲政策。说厉害,是远远不及反革命派的辣手的。我手无寸铁,就一支笔。且是铅笔。'打倒'除杀头坐牢之外,就是把我这支笔剥夺掉。"

在2月16日,姚文元则写下了这样的日记:"外国人都说:宣传工具在左派手中,是'宣传毛的主张''继续革命'的,但搞'经济工作的是求实派',经济工作什么时候能由真正的马克思主义者来领导呢?"

毛远新当毛泽东的联络员

就在江青起劲地掀起"评《水浒》"运动的时候,周恩来病入膏肓。

1975年9月7日,周恩来在医院里会见罗马尼亚党中央书记伊利耶·维尔德茨。这是他平生最后一次会见外宾。

周恩来说:"马克思的'请帖',我已经收到了。这没有什么,这是不以人的意志为转移的自然法则。"

周恩来颇为感慨地回首当年:"时间过得真快,就在十年前,我到布加勒斯特参加乔治乌·德治的葬礼,大衣也没穿,步行走了四个多钟头。现在,我可以告诉你,连四分钟也走不了了!"

在这次会见之后,周恩来病危,9月20日要进行第四次手术。这是一次大手术。如果发生意外,他躺在手术台上将永远不会起来。他意识到这一点,也意识到江青正咄咄逼人。为了防止后患,他在进入手术室之前,嘱令秘书调来那份他在1972年6月23日关于伍豪事件专题讲话的录音整理稿,用颤抖的手,在第一页上签了名,还写了:"于进入手术室,1975年9月20日。"病重的他,漏写了"于进入手术室前"的"前"字。他在这样的时刻,仍不忘那份讲话稿,表明他对江青的严重不安。他知道,江青会闹事,会抛出伍豪事件往他脸上抹黑!

在周恩来病情恶化的日子里,毛泽东的病情也加重了。

毛泽东的一只眼睛,由北京广安门医院眼科中年大夫唐由之施行手术。动手术的时间,据张玉凤回忆,是1975年8月中旬,而芦荻则告诉笔者说是7月29日——应当说,芦荻的回忆更准确。

手术是在毛泽东住处做的。动手术时,周恩来不顾病体,和邓小平一起在外间守候。手术很顺利。不久,毛泽东的一只眼睛复明了。

可是,毛泽东的肺气肿转为肺心病,日益严重。他的讲话变得困难,发音含混不清。有时,不得不由张玉凤根据他的口形、表情进行揣摩,说出他的意思。如果他点点头,表明揣摩对了,那揣摩的意思便成了"最高指示"。

1975年9月,毛泽东另装了一架"专线电话"。"电话"的这一头是毛泽东,另一头是政治局。政治局开会,靠此人去传达毛泽东的"最高指示";外面的情况,则靠此人来到毛泽东的病榻前汇禀。

这架"专线电话",便是毛泽东身边的联络员。

此人乃毛泽东之侄毛远新。"文革"之初,红卫兵们广为印发一份传单,标题为《毛主席与毛远新同志谈话记录》,毛远新的名字才为人们所知。借助于毛泽东的威望,这个从大学毕业不算太久的年轻人,当上了辽宁省革命委员会的副主任。

其实,这联络员比辽宁省革命委员会副主任重要得多。他,成了"最高指示"的"发布官",而"最高指示"深刻地影响着中国的命运。

毛远新充任联络员,使江青与毛泽东的联系变得密切:那时的她,与毛泽东分居。她住钓鱼台,毛泽东住在中南海游泳池旁。她屡受毛泽东的批评,毛泽东已经看出她有野心。她这"第一夫人",与毛泽东之间已隔着一堵墙。

江青在1975年1月7日写给张玉凤的一封信,已经清楚地反映出她与毛泽东之间关系已日益疏远———

> 玉凤同志:
> 　　那笔钱能否取出八千元?因为如从1968年算起,我应归还八千元,从1969年起我应归还七千元。当然,可以不归还,不过还了心安理得。这七、八千元,主要用于照像、购买灯光装制[置],灯光我送给新华社了,没有算钱。是党和国家财产,不应算钱,不能慷国家之慷[慨]。如不取,请在主席暇时,报主席,再请主席给八千钱。
>
> 　　　　　　　　　　　　　　　　　　　　　　　　　　江青
> 　　　　　　　　　　　　　　　　　　　　　　　　1975.1.7

江青找毛泽东要钱,得给张玉凤写信,而且要张玉凤在"主席暇时,报主席",这位"第一夫人"其实早已只是徒有虚名罢了。只是她每一回在公众场合露面,总是说:"我代表毛主席看望你们来了","报告大家一个好消息,我们的主席身体非常健康"……她竭力用这样的话语,在群众面前为自己树立"第一夫人"的形象。

毛远新来到了毛泽东身边，毛远新成了她的"传声筒"。

毛远新向来对江青言听计从，何况又是毛泽东的亲属，他来到毛泽东身边，充当非正式联络员，在江青看来是最佳人选。

1991年7月20日笔者在上海访问了毛远新，他抽着烟，表情深沉，和妻子全秀凤生活在一起。

毛泽东一共有两个侄子。

贺麓成（本名毛岸成）是毛泽覃之子。毛泽覃是毛泽东的小弟弟。笔者在1997年8月4日采访了贺麓成。

贺麓成的生母是贺怡，贺怡即贺子珍胞妹。所以，贺麓成既是毛泽东的侄子，又是毛泽东的外甥。

然而，也正因为贺麓成的母亲是贺子珍的胞妹，所以受到江青的排斥。贺麓成凭着自己的努力，成为中国的导弹专家。尽管他在北京工作，却无缘见毛泽东一面。直至毛泽东去世之后，经毛泽东和贺子珍所生的女儿李敏再三坚持，才把贺麓成列入毛泽东亲属名单，参加守灵。

毛远新是毛泽民之子。毛泽民是毛泽东的大弟弟。毛泽民和朱丹华（又名朱旦华）结婚，于1941年2月生下毛远新。1943年9月，毛泽民被新疆军阀杀害于迪化（今乌鲁木齐）。1945年7月，朱丹华带着年幼的毛远新来到延安。

朱丹华后来改嫁给方志敏之弟方志纯，毛远新也就随方志纯住在江西南昌。

1951年，朱丹华到北京开会，把毛远新也带往北京。会议结束后，朱丹华带毛远新进入中南海看望毛泽东。

朱丹华对毛泽东说，毛远新想在北京上学。这样，毛远新就来到毛泽东身边。

毛远新比李讷小半岁，他们一起在北京上育英小学。毛泽东、江青待毛远新如同己出。

1954年，毛远新小学毕业，考入北京101中学。

1960年，毛远新上完中学，由于学业优秀，学校打算保送他上哈尔滨军事工程学院。

毛泽东听说此事，摇头道："保送，不算本事。"

毛远新当即说："那我就去考。你说什么大学难考，我就考什么大学！"

毛泽东笑道："要么北大，要么清华。"

毛远新说："我就考清华！"

果真，毛远新凭自己的真本事，考上了清华大学无线电电子系。

毛远新在清华大学学了一个学期，对毛泽东说："我的许多同学都在哈尔滨军事工程学院，我也喜欢那里。我想转学到那里，好吗？"

毛泽东同意了。

从此，毛远新转往哈尔滨军事工程学院学习。每逢寒暑假，毛远新回到毛泽东身边。

1964年暑假，毛远新在中南海住。毛泽东和他如同父子。7月5日，毛泽东和毛远新谈话。事后，毛远新追记了这一次谈话。1964年11月9日，高等教育部转发了《毛主席与毛远新同志谈话记录》，从此毛远新闻名全国。

《谈话记录》中有毛泽东关于教育问题的意见："阶级斗争是你们的一门主课。你们学院应该去农村搞'四清',去工厂搞'五反'。阶级斗争不知道,怎么能算大学毕业？反对注入式教学法,连资产阶级教育家在'五四'时期早已提出来了,我们为什么不反？教改的问题,主要是教员问题。"

1965年,毛远新从哈尔滨军事工程学院毕业。按照毛泽东谈话的精神,他到防空导弹三营一连当兵。

不久,"文革"开始。当时规定1965年毕业的大学生可以回校参加运动,毛远新也就回校。

1968年,辽宁省革命委员会成立,毛远新出任副主任。不久,他又担任沈阳军区政委、政治部副主任。

毛远新跟江青关系不错,江青视他如自己的儿子。在家中,江青喊毛远新的小名"小豆子",而毛远新则喊江青为"妈妈"。

毛远新在政治上紧跟江青。一是在1973年各大学恢复招生时,张铁生交了白卷,却被毛远新封为"反潮流英雄"。二是创造了"朝农经验"。"朝农"即朝阳农学院（前身为沈阳农学院）,实行"开门办学",在1974年被树为全国"教育革命"的"先进典型"。

1975年9月,毛泽东病情加重,言语不清,毛远新当联络员,一下子就掌握了发布"最高指示"的大权。

1980年7月25日,姚文元在秦城监狱第一审讯室对江青和毛远新的密切关系所作的交待,说得十分清楚：

> 姚文元：另外,我再补充一点,在批邓中毛远新是起了很坏的作用的。
>
> 审判员：毛远新是怎么参加政治局的？
>
> 姚文元：毛远新是以毛主席的联络员的名义列席政治局会议的,但他又不像是联络员,他的每次发言都成了中心调子,每次传达毛主席指示之后,都有他自己的解释,而且还说毛主席同意他的看法。这就超过了联络员的职责,这也说明当时党内生活极不正常。批邓时,他经常跑到江青身边商量一些事情。江青对毛远新也是没有什么顾虑的,把他当作自己的孩子一样。听说毛远新是由江青扶养大的,感情很深,江青喜欢叫毛远新乳名"小豆子",毛远新也一直称江青"妈妈"。有一次开会时,江青得意地说："远新也当了几年省委书记了,政治局会上我叫他同志,他叫我同志,回到家里爱叫什么就叫什么。"
>
> 审判员：毛远新和江青的关系你是怎么知道的？你还知道哪些？
>
> 姚文元：江青讲毛远新是孩子一类的话,是在政治局会上说的。另外我听王秀珍说过,毛远新的妻子是王洪文介绍的,原来是上海国棉十七厂的一个工人。我觉得这都不是很正常的现象。
>
> 审判员：以江青为首的"四人帮"处心积虑地要第二次打倒邓小平同志,目的是什么？后果是什么？这是什么性质问题？
>
> 姚文元：这个,我也不知道。"四人帮"反对邓小平副主席有很复杂的历史背景,

也有各种不同的原因。当时毛主席还健在，邓小平副主席主持工作，很多问题毛主席是支持他的，怎么会在毛远新汇报后一下子转过来了？没有人解释过，我也有这个疑问，但找不到答案。我一直有个感觉，觉得毛主席是不是在培养毛远新。这完全是我的一种感觉，错了是我的一种感受，错了完全由我个人负责。

审判员：好，今天就交待到这里吧。

被审人签名：以上记录我看过，补充说明附后。

姚文元（指印）
1980年7月25日

王洪文花天酒地回上海

1975年国庆节，新华社播发的国庆照片，透露了王洪文在哪里。

那是一张在上海拍摄的照片，王洪文居中，左边坐着王秀珍，右侧坐着马天水、徐景贤，背后是一批正在鼓掌的群众。照片的说明词写道："中共中央副主席王洪文在上海和群众一起欢度国庆。"

在《人民日报》上，王洪文这张照片被安排在各地欢庆国庆的照片之中，并不十分醒目。而整整一年前，王洪文在人民大会堂宴会厅主持国庆盛大招待会，他的照片印在《人民日报》头版。如今，登在头版的是邓小平的照片。

王洪文已经许久没有在报刊上露面。他回上海去了。

是毛泽东要他下去的。

邓小平主持中央工作，党、政、军一把抓，他在大力整顿："军队要整顿，地方要整顿，工业要整顿，农业要整顿，商业要整顿，我们的文化教育也要整顿，科学技术队伍也要整顿。文艺，毛主席叫调整，实际上调整也就是整顿。"邓小平大刀阔斧地整顿一切。他的整顿，就是整顿被"文化大革命"搞乱了的各条战线，恢复中共八大的路线。他的整顿，实质上也就是彻底否定"文革"。

王洪文成了闲人。他的工作，按毛泽东的安排，只是抓抓党校的工农兵读书班，如此而已。

王洪文牢骚满腹。本来就是杜康之徒的他，此时此刻，他更借酒浇愁。三杯黄汤下肚，牢骚脱口而出：

"妈的，什么副主席，空头支票一张！"

"什么主持中央工作，权全给邓小平夺了。哼，我只落得个抓抓读书班，比弼马温还不如！"

他是个看不进书、坐不住的人，闲得无聊，无法打发那漫长的时光。他从"文艺旗手"江青那里借来一部又一部外国"参考影片"，看了起来。看罢电影，余兴未尽，有时还找来外国小说"研究"一番。

看电影，看小说，还算安安静静。实在太闲了，闷得发慌，他去钓鱼了。钓鱼还不够味，

■ 王洪文在中南海骑着玩的摩托车

他打鸟。这时候,他刚当副主席那阵子的拘谨、小心,一扫而光,露出了他的"原形"。

消息传入毛泽东耳中。毛泽东对王洪文作了安排:三分之一时间在中央,三分之一时间下基层,三分之一时间调查研究。

实行这"三三制"之后,王洪文不能在钓鱼台逍遥了。他选择了上海作为"调查研究"的场所,给毛泽东写了报告,回上海去了——为时三个半月,也就是差不多相当于一年的三分之一。

1975年8月,王洪文回到了他的"基地"——上海。

王洪文在上海是怎么"调查研究"的呢?

上海市委招待处五位负责接待王洪文的工作人员何关明、葛健、陈世章、朱友生、王珏,曾回忆如下:

王洪文,1975年夏天来上海三个半月,一家五口住在高级别墅,整天过着花天酒地的资产阶级生活。几乎每餐都要喝名酒,经常要吃山珍海味,名菜佳肴,新鲜水果,时新蔬菜。什么鱼唇、鲍鱼、干贝、海参、蛤蜊、鹌鹑、野味……他想啥就要吃啥,而且要求苛刻,非要弄到不可。一次,要吃田螺,就要农村动员农民下水摸,要吃小豆苗,到生产队组织人采摘,他要吃鲜荔枝、香蕉、菠萝,由广州用飞机带来。儿子要吃石榴,也专人到苏州去买。此外,到南通搞过蛤蜊,到宁波搞过青蟹,派人到处去买。王洪文经常设宴请他的"小兄弟"、亲信吃喝,三个多月就请了20多次。他以视察为名到工厂,到农村,到部队时,事先安排吃喝,要人家准备名酒名菜,每到一处都大吃大喝,常常喝得酩酊大醉,丑态百出。

王洪文几乎整天吃喝玩乐,钓鱼、打鸟、下棋、玩牌、打弹子、看电影,成了他每天主要活动。100多天之内,看了80多部电影。他还常常硬拉着工作人员打扑克、下军棋,玩通宵。他不仅白天去打猎,有时晚上也去打,专门让人特制了聚光搜索灯。他钓鱼,让工作人员用麻油、茅台酒和面粉作鱼饵。钓不到鱼,他就挖空心思要工作人员做两只木筐浮在水面,筐里放上青草,引鱼上钩。王洪文一贯作威作福,钓鱼时,不仅

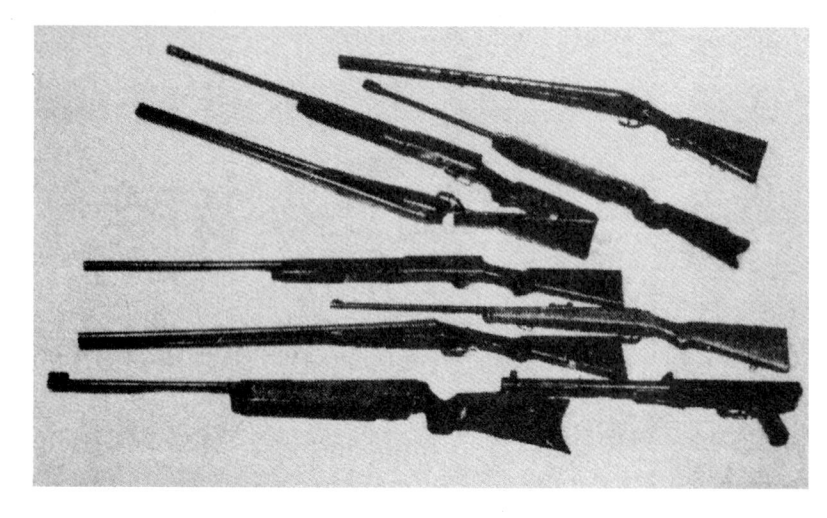

■ 王洪文在中南海打鸟用的猎枪

要为他准备烟、茶、水果、橘子汁,还要工作人员把烟递到他嘴里,为他点烟,拾鱼,装鱼饵,擦汗,扇扇子。

他在上海三个半月,穷奢极欲挥霍,据不完全统计,就花了二万余元。……

王洪文如此吃喝玩乐,半是政治失意,半是本性如此。到了上海,人们的心目中,他还是"副主席",还是"接班人"。他乐得借这迷人的光环,悠哉游哉。

他的"小兄弟"马振龙,成了他的"后勤部长"。据上海市轻工业局三位工作人员韩仁和、刘恩仁、吴行慎回忆:

王洪文非法攫取大量国家财物。他成为副主席后,串通上海市轻工业局的马振龙,利用职权,以"硬性索取"、"授意试制"等手法,巧取豪夺了大型彩色电视机、红旗牌高级照相机、高级气手枪、高级手表、石英电子表、太阳能打火机、高级香烟、啤酒、糖果等大量轻工产品。就以食品一类来说,一次就拿高级雪茄烟35条、酒心巧克力糖60盒、酱菜罐头20多瓶。

王洪文为了打猎,硬要给他仿制美国"奇异牌"的聚光搜索灯。工厂只好停止部分正常生产,日夜赶制,突击一周,造出20只,王仅选去2只,耗费国家资金1万多元。又如,为王洪文专门精制5块高级钻石牌双日历手表,调动了7个工厂、一个商店的40余名技术人员,花费国家资金11000多元。王洪文用的保温杯,也要给他特制,加工单位仅为制杯盖,花了半个多月时间,专门制了两套模具,这一项就耗费国家资金1600多元。

如果说,在北京慑于毛泽东的威望,王洪文还不得不有所收敛的话,在上海他无所顾忌了。一班"小兄弟"围着他转,捧他,吹他。就连那个"老干部"马天水,也在宴会上举起酒杯,走到他的面前,献媚道:"洪文同志,你到中央以后,进步真大啊!"

王洪文不忘"马老"在中共十大那关键时刻对他的帮助,赶紧举起酒杯,以吹还吹:

"马老,在老干部当中像你这样的精神面貌,在全国都是少见的!"

"旧居"·"圣地"·大事记

1975年9月30日午夜,僻远的上海定海路上,几辆轿车停了下来。一伙人走出轿车,在定海路上一座小屋前驻足。

"文化大革命中这里可热闹了,这是一间值得永远怀念的小屋。真快,一转眼,九年了!"王洪文满怀深情,在小屋前跟廖祖康说着。

刚刚出席了上海的庆祝国庆晚会。趁着余兴,王洪文突然来到上海国棉十七厂,来到定海路那间小屋。

有着"纪念癖",当年搞过"工总司半周年纪念"的王洪文,在他的"旧居"面前的一席话,马上被"小兄弟"心领神会。

他在韶山参观过毛泽东旧居。他希望有朝一日,他那小屋门口,也挂上红地金字横匾:"王洪文旧居"。

他的"旧居",真的被"小兄弟"们精心保护起来了,以便日后办个"王副主席纪念馆"之类。

王洪文在上海国棉十七厂保卫科的办公室,则早已被"小兄弟"作为"圣地"保留原貌。还是王洪文当年用过的那张办公桌,还是王洪文当年用过的那张木椅子,还是王洪文当年放文件的那个文件柜,玻璃板下压着一张选民证,写着"王洪文"三字——一切都保持当年的风貌。

王洪文说过:"这个办公室是有意义的,要保留下来。"他的一句话,使那个办公室成了"圣地"。

■ 王洪文在上海国棉十七厂的办公室被他的"小兄弟"作为"圣地"保存下来

王秀珍成了"朝圣"的向导。她曾亲笔写下回忆：

在十大以前，我曾把王洪文要保留这个办公室的考虑，告诉了十七棉党委负责人。他们照办了，连王洪文在"文革"前的选民证和他用过的桌椅都照原样保留着。

1975年2月初和2月15日我曾两次带领"小兄弟"去这个办公室开会，以增强对王洪文的"感情"，效忠王洪文。第一次带了叶昌明、陈阿大、黄金海、马振龙、王日初、金祖敏。我和金祖敏传达王洪文、张春桥对黄金海、戴立清的"指示"，目的是使我和这帮小兄弟更加抱成一团，效忠王洪文，为王洪文争气等。第二次是王洪文要马天水和我多关心新选进的中委和候补中委，给他们补上"文化大革命"这一课。当祝家耀（已去公安部工作）一次回上海要返京前的一个晚上，我借这个机会带祝家耀、周宏宝、张国权、陈佩珍等在上海的中委和候补中委去十七棉进行所谓文化大革命的"教育"，我介绍了所谓王洪文的"造反史"。我还要他们不要忘记这些"历史"，要为王洪文争气，为"四人帮"效忠。……

光是保留"旧居"、"圣地"还不够，王洪文还授意为他写"造反史"。

一本三万多字的《上棉十七厂无产阶级文化大革命大事记》，在王洪文的"关怀"下，历时一年多，终于写出来了。

这本大事记的基调是三条：

第一，上海国棉十七厂是上海"无产阶级文化大革命"工人运动的发源地；

第二，上海国棉十七厂是上海"无产阶级文化大革命"的红色堡垒；

第三，王洪文是上海国棉十七厂的工人领袖，该厂造反派的一切"胜利"都是在王洪文领导下取得的。

上海国棉十七厂高顺兴、王树理、曾勇同，曾揭发过王洪文炮制大事记的经过：

王洪文为了篡党夺权，亲自策划编写了《上棉十七厂无产阶级文化大革命大事记》，为自己树碑立传。

1974年1月9日，他在北京接见厂党委副书记董秋芳时，一再夸耀自己对十七厂文化大革命所起的作用。并说他"一有空就回忆这些事情"，要董"把十七厂的文化大革命好好总结一下"。董回沪后，即将王洪文的黑旨意向厂党委作了传达。同年12月，经王洪文同意，抽人着手编写大事记。①

1975年8月，王洪文来上海时，又催促此事。10月底初稿完成，即送王审查②，王看了以后，第二天立即召集董秋芳等人③，一开始就说："我昨天一连看了两遍，很受教育。"接着他又提出："大事记中人名不要太多，一般人只要一般提一下就可以了。"可是他自

---

① 1974年12月9日，董秋芳、孙一中、周彦朋、尹家龙、刘荣根等召开会议，安排三人写作班，编写大事记。
② 大事记初稿于1975年11月4日由廖祖康交给王洪文。11月5日，王洪文把大事记看了两遍。
③ 即1975年11月6日，王洪文在上海东湖宾馆召见董秋芳、孙一中、张元启。

己的名字出现了近200处却一声不响。还提出1966年6月19日他在保卫科同厂党委发生冲突"要详细记载对今后是有好处的",又说"十七厂夺权日期由1967年1月29日改为1966年11月4日",捏造十七厂是全国最早的夺权单位,拼命为把他自己塑造成"一月革命"夺权最早发起人制造"依据"。他还交待:搞大事记的事"千万不要传出去,要保密"。

王洪文在这个大事记中把自己打扮成所谓的"革命左派"、"优秀的共产党员",把他写的大字报吹成是"马列主义的大字报",推动了十七厂"群众运动轰轰烈烈的开展起来"。大事记中说什么"王洪文的一席话,使得同志们增强了斗争的信心,觉得眼前的道路又宽又亮了"。还说王洪文到了三十棉纺厂一次,这个"三十厂的文化大革命形势也发生了很大的变化"[①]等等。王洪文甚至编造了自己"为了迎接更大的斗争风暴,更加认真学习马列主义、毛泽东思想"。这样一来,这个不学无术的政治流氓一下子就变成了所谓的"工人领袖"……

这份大事记经王洪文审定,曾打印过。后来为了"保密",又一一收回,销毁,只剩下两本。

在粉碎"四人帮"的消息传来之后,王洪文的亲信曾打算把那两本大事记"塞进铁管,两头焊死,埋到地板下或黄浦江防汛墙内,永久保存"。

本书作者在上海国棉十七厂终于见到了这藏之密室的大事记。王洪文精心炮制的大事记,成了作者写作《"四人帮"兴亡》时的重要采访线索和参考资料。

王洪文重逢"小兄弟"

在上海"调查研究"的一百多天,朝朝夕夕,王洪文和"小兄弟"们"酒肉穿肠过",喜相聚,庆高升。

鸟枪换炮。今日的"小兄弟"们,来来去去,轿车进,轿车出,个个都成了"领导干部"。

当年,在"安亭事件""胜利"之际,王洪文已夸下海口:"我当上市长,你们也弄个'长'当当!"如今,王洪文成了党的副主席,"一人得道,鸡犬升天",他的"小兄弟"们怎不攀着高枝儿向上爬!

就在王洪文成为中共中央副主席之后,在四届人大召开之前,王洪文就叮嘱过王秀珍、金祖敏:"选拔一批工人出身的新干部。"

1973年10月,根据王洪文、张春桥的"指示",上海市委工农兵干部学习班开办了。这个学习班,是为了向中央"输送"干部而准备的。

1974年3月,王秀珍去北京,王洪文叮嘱她:"上海要尽快物色20名年轻干部,分别担任全国总工会、团中央、全国妇联、公安部、商业部、建材部、邮电部、中组部、卫生部以及《人民日报》的领导工作。"

[①] 指王洪文1966年11月应王秀珍之邀去上海国棉三十厂介绍赴京串连情况。

"小兄弟"们当然很起劲。王洪文说是要20名,而上海市委组织部在1974年4月底上报给王洪文的中央各部长备选名单上,开列着88名!

1974年10月,王洪文明确地告诉上海:"要准备把上海的中委都调出来!"

于是,一张由马天水、徐景贤、王秀珍拟订的名单,终于在1974年12月31日上报王洪文了。

在这张名单中,内定了"上海牌"的部长或副部长的人员:万桂红去中组部,杨佩莲去团中央,冯品德去全国海员工会,陈佩珍去商业部,秦宝芝去建材部,王东亭去邮电部,沈鸿、张秀清去文化部,吕广杰、姚福根去六机部,陈杏全去冶金部,张国富去水电部,汤凯臣去轻工部,周宏宝去人民日报社,朱栋去交通部,王桂珍去卫生部。

那个陈阿大,不仅成了中共九大代表、十大代表,而且成了四届人大代表,以至成为四届人大常委。不过,陈阿大讲究"实惠",他伸手夺走了上海全市的房屋调配大权,当上"房总统"。

自从陈阿大当上"房总统","小兄弟"们要房子,那就方便多了。这位"房总统"不断地批条子,把上海一幢幢花园洋房,批给"小兄弟"们。那些花园洋房的原主,大都是资本家,也有的是"走资派"或者高级知识分子,反正都是"文革"的对象。赶走了他们,"小兄弟"们便成了花园洋房的新主人。

关于"房总统"本人,那就甭说了:他原住上海安福路的小房子,后来迁入瑞华公园,又调到新康花园,霸占了230多平方米的花园洋房。

他跟纺织局的某人打了个招呼,他的妻子便入党了,成为上海一家棉纺针织厂的革委会副主任、厂党委副书记。

王洪文也不忘拉那些摔了跟头的"小兄弟"一把。当年,他的"副司令"潘国平,能言善辩,冲杀在前,在上海的"知名度"曾远远超过王洪文。一度,人们只知"工总司"有个"潘司令",不知有个"王司令"。

潘国平曾出尽风头:带头冲上北站列车;在安亭出面与张春桥谈判;在"上海人民公社"成立之际,担任百万群众参加的"庆祝大会"的执行主席……

用当年的习惯用语来形容,潘国平属于"昙花一现"的人物。他寻花问柳,蹂躏妇女;他成为打、砸、抢的先锋;在经济上,他也不干不净……

从1968年踏平"联司"之后,潘国平下台了。他被"下放",回到原单位——上海玻璃机械厂劳动,从此在上海政治舞台上消失了。

"造反司令"成了中共中央副主席,"造反副司令"却重新成为普通工人,"反差"未免太大了!

倒是张春桥提醒了王洪文:"'工总司'发起时的常委,现在还剩几个?连毛主席都下令查一查,'长征老马还有几匹'?你要注意保护老造反。要不,人家会说你这个'司令'下边,怎么尽是乌龟王八蛋。否定了他们,连你这光杆司令也迟早保不住!"

王洪文连声称是。他佩服张春桥看问题总是高人一筹。

1972年底,张春桥趁着回上海,突然在康平路小礼堂召见潘国平和几位"工总司"

的老造反。

张春桥的几句话,使潘国平受宠若惊:"小潘,你知道吗,主席还一直记得你小潘呢,前不久还跟我提起你!我和洪文同志,对你总是抱着希望。"

张春桥夸奖几句潘国平之后,开始"指点"他:"小潘,你别想来想去就是个谭元元(潘国平千方百计追求的女友,后来成为他的妻子——引者注),你要想想国家大事,世界大事。你要向洪文同志学习。路线斗争一次又一次,还会不断地来的。第十次,第二十次,第三十次,都会来的。主席不是说过,七八年要来一次吗?你小潘年纪轻,起码还可以活50年,经历十次路线斗争,你要想得远一点,看得远一点。"

张春桥鼓励潘国平道:"你犯了错误,只要你把尾巴夹起来做人,那就行啦!谁不犯错误?就拿马老来说,他很有体会。他对我讲起过,在1965年以前,他是不大学习的。在1965年,全国开始掀起学习毛主席著作高潮,他看了一点书。但是,真正认真开始学习,是在他犯了错误以后。犯了错误,才懂得学习的重要性。"

张春桥还说:"你不要以为自己是初中文化水平,看不懂书。其实,初中水平不算低,我也只是个初中生!当然,初中水平也不算高。字是可以认识的嘛,不认识的还可以查查字典。洪文同志的文化水平跟你差不多,他很注意学习。"

在张春桥、王洪文的关心下,潘国平在1973年4月,结束了"下放劳动",调到上海市总工会当起常委来了。

1974年1月17日下午4时半,姚文元趁回沪时在锦江饭店小礼堂接见上海市总工会的常委们。以下是当时的记录中涉及潘国平的部分:

> 姚文元:小潘同志最近还好吗?
> 潘国平:还好。
> 马天水:胖了一点。
> 潘国平:胖是胖了一点,腰不大好。
> 姚文元:你的学习怎么样?
> 潘国平:我学得不好。我是想学一点的。党的大事,国家的大事,总是关心的。最近,报上在批孔。我在加深对于文化大革命的必要性的认识。
> 姚文元:小潘,你要争气呀!你是老造反,你一定要争气!你有三十岁了吗?
> 潘国平:虚龄二十九。
> 姚文元:你以后还有几十年的路要走。你一定要沿着毛主席的革命路线走!
> 潘国平:我记住了。

张春桥的接见,姚文元的接见,使潘国平又"抖擞"起来。不过,此人如同一个扶不起来的刘阿斗,居然又干起偷鸡摸狗的事。他并不把王洪文放在眼里,对这位"副主席"说了许多不逊之词:"王洪文算什么!在'工总司'成立大会上,有人要揪他,他吓得发抖。在安亭,看到火车停下来了,别人都冲上了铁轨,他才上去!哼,他倒成了'副主席'!"

这些话，很快就有"小兄弟"向王洪文报告。潘国平攻击"中央领导"，这还得了！于是，当王洪文回上海"调查研究"时，对潘国平问题作了"指示"。

以下是1975年10月16日叶昌明关于潘国平的审查报告的原文：

天水同志：

送上洪文同志对潘国平问题的两次指示，请阅。关于我和沈涵同志报告中提出拟对潘作留置审查一事，我又请小廖同志（即廖祖康——引者注）向洪文同志请示，据小廖昨天下午电告洪文同志的意见，对潘要批判从严。可把潘的材料整理一下，向常委介绍一下。批判先在常委中进行，以后再扩大。对潘的问题的材料，虽然大部分是可信的，但可能有些部分或有不确实的地方。为防止被动，所以对潘的批判从严，形式上不要搞得太紧张（指不要在民兵指挥部留置）。小廖向洪文同志请示可否采取把潘留总工会，不让他回家去，便于他一面交待问题，一面学习，洪文同志同意这个意见。

根据这些精神，今天下午，我又找部分总工会常委研究了实施办法，经大家讨论提出下列意见：

（1）先在部分常委的小范围内与潘接触二、三次，追查他的问题，要潘老实交待自己所有的问题。拟在下星期二（21日）上午开始与潘接触，一星期内告一段落。

（2）再下星期起在全体总工会常委范围内对潘进行批判。也批二、三次。潘有一些攻击中央领导同志的言论（此处的"中央领导同志"指王洪文），不在这个范围内批判，以免扩散。

（3）与潘开始接触后，即把潘留宿在总工会。允许他自己去食堂吃饭，不允许外出，请民兵指挥部派七同志分三班看护（不以民兵名义），同时我们组织人员进行调查材料，并去潘家，在他老婆在场下作适当的检查，获取有关材料。

待对潘的审查结束时，再将情况和处理意见报市委审批，特此报告。如有不当请批示。

马天水看毕叶昌明的报告，在上面写了批示："请秀珍同志审阅。"
王秀珍在她的名字上画了一个圈儿，算是"圈阅"。
看在当年"副司令"的面上，潘国平还是被保下来了。
张春桥、姚文元对潘国平问题，说了如下的话。
张春桥说：
"小潘，我们是仁至义尽了吧！我一直劝你。直到现在，我对你还抱有希望。
"你过去没有受过严格的无产阶级教育。就是在部队里两年，也是不怎么样。这次大浪潮把你推到前面，但你没有懂得什么叫革命，就觉得了不起了。想想在安亭的时候，你是'工总司'的首席代表，来跟我谈判的。当初造反的时候，在'工总司'创立的时候，你是有功劳的。这跟陈独秀一样，主席说在写党史的时候，还得把他写上。我们是马克思列宁主义者,是尊重历史的。希望小潘也能自重,爱护自己这段历史。"

姚文元也恨铁不成钢似的说了一番话:

"小潘,你的坏习气太深了!你的旧的习性,要来一个彻底的改造。春桥同志的讲话,我是同意的。

"小潘,我们是把你当作体现政策的人。对于你自己来说,还有一个主观努力的问题。阶级斗争规律是无情的,你怎么也想不到的事却常常发生。"

张春桥意犹未尽,补充道:

"在'文革'初期,那些围攻'工总司'的人,总是集中力量攻击你们两个司令,说潘国平是阿飞,王洪文是坏人。当时,我曾一再为你们辩护过。现在,洪文同志很争气,成了党的副主席,没有谁再敢对他说三道四。你潘国平要争一口气!你的堕落,不仅仅是你个人的事情,也影响'工总司'的声誉,甚至影响洪文同志的声誉!"

又是"批判",又是劝说,张春桥、姚文元、王洪文对潘国平真的是"仁至义尽"!保这个"副司令",也就是保"工总司"的声誉,保王洪文的声誉。

对于那个"二兵团"的头头耿金章,王洪文本来就恨透了他。1967年2月25日,王洪文曾设下圈套,在上海国棉三十一厂抓捕了耿金章,在杨浦区公安分局关了两个多月。张春桥下令释放耿金章,王洪文这才不得不把耿金章放掉。耿金章在砸"联司"时出过力,一度与王洪文的关系有所改善。

不过,耿金章稍稍恢复元气,又要与王洪文为敌。于是,王洪文第二回定计捉耿金章。那是1967年秋,忽然来了两辆大卡车,坐满了"工总司"造反队员,前来接耿金章,说是"工总司"要成立党支部,王洪文要他去开会。会议地点在上海警备区支左办公室。

就在这时,王承龙打电话密告耿金章:王洪文要抓你!

支左办公室的一位处长,也把紧急情况报告了张春桥。

当耿金章来到会场,王洪文接到了张春桥电话,不许他动手。耿金章在那个处长保护下,从后门出走。

不久,耿金章又一次被王洪文派人绑架,抓到浦东去了。消息传出,耿金章那"二兵团"的常委范建华坐小轿车赶去,说是市革委要开紧急会议,耿是委员,务必出席,这才把耿拉上小轿车溜走。耿金章躲到上海漕河泾的上海第八人民医院里,伪装成病人,这才把王洪文派来追捕他的人甩掉了。

王洪文三抓耿金章的消息,传入张春桥耳中。张春桥劝王洪文对耿金章实行怀柔政策,给他一官半职,不要弄得太僵。

王洪文听从了张春桥的意见。于是,从1968年11月起,耿金章在上海市革命委员会科技组里弄到一官半职。

耿金章对王洪文毕竟耿耿于怀。到了1971年5月,王洪文把耿金章"下放劳动",让他回上海纸浆厂去。

1973年初,在落实"老造反"政策时,张春桥说了一番话:"耿金章的错误是严重的。他主要是犯了像王明、陈独秀那样的分裂主义的错误。这几年,他通过劳动、学习,对自己的错误已有所认识。他属于'知名人士',不用不行。……"

好在王洪文已在中央立足,小小的耿金章再也构不成对他的地位的威胁。于是,给了耿金章以上海市总工会委员的头衔。

这时的耿金章,早已失去当年与张春桥、王洪文对着干的那股犟劲儿。

1973年4月23日,耿金章给王洪文、王秀珍写了一封充满忏悔之意的信:

洪文、秀珍二同志:

你们好。上海市工会第五次代表大会已经胜利闭幕了,这是毛泽东思想的伟大胜利,也是毛主席革命路线的又一伟大胜利。

这次我能参加大会,并作为上海市总工会第五届委员候选人,内心感到十分激动。回顾自己在文化大革命中犯了不少错误,辜负了党和群众对自己的希望……

为了今后更好地干革命,恳切地希望洪文同志、秀珍同志在百忙中能接见我一次,并严肃地帮助我,指出我的缺点和错误,使我在今后的工作中少犯错误或不犯大错误。

战友 耿金章
1973.4.23.

人是会变的。这时候,耿金章眼中的王洪文,已是"中央首长";这时候,王洪文眼中的耿金章,只不过是条可怜虫。"胜者为龙,败者为虫。"成"龙"的王洪文,哪里还愿"接见"那虫一般的"战友"耿金章!

这年11月,耿金章又写一信:

春桥、洪文、秀珍同志:

你们好!

11月2日春桥同志的讲话,对我触动很大。有几个晚上睡不好觉,反复对照自己、检查自己,思想斗争很激烈。首先体会到毛主席和市委领导对我们新干部的关怀爱护,心里感到十分温暖。……

张春桥用红色铅笔,在耿金章的信上写下批示:"请秀珍同志告耿,信收到,希望他说到做到。"

如此这般,耿金章这位"知名人士",成了王洪文的"统战对象"。王洪文给耿金章安排了一个"七品芝麻官":上海市轻工业局基建组副组长。

此后,王洪文倒常常提到耿金章。他抽着烟,以一种傲岸的神情,谈论耿金章。王洪文把耿金章树立成一种特殊的典型,为自己的脸上贴金。因为他作为"接班人",正需要耿金章这样的特殊典型,来证明自己正是具备了毛泽东所说的接班人的条件:"不但要团结和自己意见相同的人,而且要善于团结那些和自己意见不同的人,还要善于团结那些反对过自己并且已被实践证明是犯了错误的人。"

原来,耿金章成了王洪文的"反对过自己并且已被实践证明是犯了错误的人"!

毛泽东"打招呼"反击"右倾翻案风"

"外面的情况怎么样?"毛泽东常常这样问毛远新。82岁的毛泽东,已经老态龙钟。再也无法巡视大江南北,再也不能登上天安门城楼"挥动巨手",就连会客也很少了。毛远新的汇报,成了他了解政治动向的重要途径。

毛远新来到毛泽东身旁,开始向毛泽东"吹风"。

毛远新说:"感觉到一股风,比1972年借批极左而否定文化大革命时还要凶些。""担心中央,怕出反复。"

毛泽东最看重"文化大革命"。谁想否定"文化大革命",毛泽东是寸步不让的。毛远新"吹"的"风",正是毛泽东最为担心的事。他曾说,一生只做了两件大事,一是推翻旧中国、建立新中国,二是发动"文化大革命"。他以为,"无产阶级专政条件下的继续革命",是他在马列主义理论上的重要贡献。邓小平的全面整顿,把"文化大革命"的一个又一个"胜利成果"整掉了。毛泽东无法容忍了!

毛泽东当即对毛远新说,有两种态度,要特别注意:"一是对文化大革命不满意,二是要算账,算文化大革命的账。"

"我为中央担心,怕出反复。"毛远新继续说道,把问题提到了很高的高度。

"你把那股风说得清楚一点。"毛泽东关切地问道。

"我很注意……"毛远新把声音压低,终于说出了关键性的话,"我很注意小平同志的讲话,我感到一个问题,他很少讲文化大革命的成绩,很少提批刘少奇的修正主义路线。您的三项指示,他只执行其中的一项——把生产搞上去……"

毛泽东面露愠色。"三项指示",这是当时中国妇孺皆知的"最高指示":要学习理论,弄通马列主义,反修防修;要安定团结;要把国民经济搞上去。邓小平怎么可以不执行"三项指示"呢?

一次又一次,江青通过毛远新,给毛泽东吹风。

"邓小平否定文化大革命,邓小平在翻案!"毛远新不断地在毛泽东耳边,告邓小平的状。

毛泽东要毛远新找邓小平、汪东兴、陈锡联三个人开个会,谈谈自己的看法。

毛远新这个联络员,在1975年11月2日找邓、汪、陈开会。毛远新谈了自己的看法,即"中央搞了个修正主义路线"。

邓小平无法接受毛远新的见解。邓小平对他说:"昨天(即11月1日——引者注)晚上我问了主席,这一段工作的方针政策是怎样,主席说对。"

其实,毛远新所说的"中央搞了个修正主义路线",此言颇有背景。

1975年11月26日,中共中央转发了《打招呼的讲话要点》,意味着中共又来到了一个

新的转折点。中共中央就这一转发,印了一份通知,指出:

> 遵照毛主席的指示,中央最近在北京召开了一次打招呼的会议。参加这次会议的主要是党、政、军机关一些负责的老同志,也有几位青年负责同志,共一百三十余人。会上宣读了毛主席审阅批准的《打招呼的讲话要点》,会后分组进行座谈讨论。
>
> 毛主席、党中央决定,将《打招呼的讲话要点》转发给你们,希望你们在省、市、自治区党委常委,大军区党委常委,中央和国家机关各部党委常委或领导小组,党的核心小组成员,军委各总部、各军兵种党委常委中进行传达讨论,并将讨论的情况报告中央。

毛泽东要打什么招呼呢?

《打招呼的讲话要点》全文如下:

> 一、清华大学党委副书记刘冰等人,于1975年8月、10月两次写信给毛主席,他们用造谣诬蔑、颠倒黑白的手段,诬告于1968年7月带领工人宣传队进驻清华、现任清华大学党委书记迟群、副书记谢静宜两同志,他们的矛头实际上是对着毛主席的。根据毛主席指示,清华大学党委自11月3日起召开常委扩大会,就刘冰等同志的信展开了大辩论。这个会逐步扩大,现在已经在全校师生中进行辩论。
>
> 二、毛主席指出:"清华大学刘冰等人来信告迟群和小谢。我看信的动机不纯,想打倒迟群和小谢。他们信中的矛头是对着我的。"中央认为,毛主席的指示非常重要。清华大学出现的问题绝不是孤立的,是当前两个阶级、两条道路、两条路线斗争的反映。这是一股右倾翻案风。尽管党的九大、十大对无产阶级文化大革命已经作了总结,有些人总是对这次文化大革命不满意,总是要算文化大革命的账,总是要翻案。根据惩前毖后、治病救人的方针,通过辩论,弄清思想,团结同志,是完全必要的。
>
> 三、清华大学的这场辩论必然影响全国。毛主席指示,要向一些同志打个招呼,以免这些同志犯新的错误。中央希望大家认真学习无产阶级专政理论,正确对待无产阶级文化大革命,正确对待群众,正确对待自己,同广大干部、广大群众团结在一起,以阶级斗争为纲,把各项工作做好。

这个"打招呼",归结为一句话,那就是反击"右倾翻案风"!

"打招呼"讲话中提及的给毛泽东的信,是中共清华大学党委副书记刘冰、惠宪钧、柳一安和常委吕方正四人联名,于1975年8月13日、10月13日两次写的信。他们向毛泽东反映迟群、谢静宜的严重问题,而迟、谢正是江青手下的"左派"大将,两校大批判组的头目。

迟群,山东乳山县人氏,生于1932年。1968年春节,当时迟群还只是8341部队宣传科副科长,江青对他说:"你们都是我的炮队,我把你们放出去替我放炮!你可以当8341副政委！"就这样，迟群成为进驻清华大学的解放军宣传队负责人，后来也就当上中共清华大学党委书记，成为江青的"嫡系部队"。

谢静宜，河南商丘人，生于1937年。1953年初中毕业，进入中南海，任中央办公厅机要员。在"文革"中，她成为中共北京大学党委书记以至成为中共北京市委书记。

她也是江青的"嫡系部队"。由谢静宜和迟群领导的北京大学、清华大学大批判组，是江青手下的"炮队"——林彪的"小舰队"是拿枪的，江青的"炮队"是拿笔杆子的。

毛泽东"打招呼"，保护了江青的"嫡系部队"，不仅迟群、谢静宜神气了，江青更神气了。清华大学政治部某副主任，立即在学校里贴出《论走资派还在走》，矛头直指邓小平。迟群见了，马上把这位副主任找来，说道："你的大字报提出了一个很重要的问题，就是走资派还在走。这将在今后有很大影响，你应该继续写下去，不要放弃这个题目。"[1]于是，那位副主任竟写了十篇《论走资派还在走》，其中三篇发表在《人民日报》《北京日报》上。

毛泽东"打招呼"，意味着一场反击"右倾翻案风"的运动即将兴起：江青手舞足蹈，而邓小平则成了这场新运动的靶子。

《红旗》杂志在1975年12期发表了北京大学、清华大学大批判组的文章《教育革命的方向不容篡改》："教育界的奇谈怪论就是企图为修正主义教育路线翻案，进而否定文化大革命，改变毛主席的革命路线。"这篇文章，是公开地向全国人民"打招呼"了，预告一场反"翻案"斗争即将开始。

"文革"是从批判所谓为彭德怀"翻案"的《海瑞罢官》开始的。如今，又要批"翻案"了！

从毛远新口中发布的毛泽东的"最新指示"，开始批评邓小平了。

一看风向不对，在几个月前揭发江青、张春桥是叛徒的康生，在他生命的最后两个月中，又通过"直线电话"，转告毛泽东："邓小平的实质，是右倾翻案！"

张春桥的脸上，出现了多日未见的笑容。"四人帮"从政治危机中解脱出来了。张春桥一下子变得异常活跃。

---

[1]《北京市人民检察院分院关于迟群反革命案起诉书》，1983年1月5日。

第二十二章
"文官"要夺华国锋的权

王洪文从上海飞回钓鱼台

"回上海,就像出嫁的女儿回到了娘家!"在北京闲得无聊的王洪文回到上海,心情变得舒畅。

说是"调查研究",其实,他也是为了躲避邓小平。当他回到上海的时候,正是邓小平在北京大力整顿的时候。

虽说天天烟来酒去,王洪文在上海犹如一个"快乐的王子",其实他的内心空虚、痛楚。人在上海,心在北京。他毕竟是中共中央副主席,他时时关注着邓小平在北京的一举一动,巴望着有朝一日把邓小平赶下台。

他在上海,尽量摆出中共中央副主席的架势,做出"调查研究"的姿态,不过,他也终究无法把心中的忧烦遮得严严实实。

1975年9月18日晚10时,当王洪文在王秀珍陪同下,来到上海国棉三十厂"视察",短短几句话,他吐露了自己的天机。

这家工厂正在建造新厂房。陪同参观的应五妹,对王洪文说:"等新厂房建成以后,请你再来看看。"

这本是很普通的一句客套话,却勾起王洪文对以后能否再来该厂的一番感叹:

"到时候再看吧。可能来得了,也可能来不了!"

"如果我来不了,无非是两种可能性——一种是修正主义上台,我会坐牢,来不了;也可能是我自己犯错误,给打倒了,来不了!"

这么一大堆的"可能性",是王洪文内心世界错综复杂的折光。他倒是在1975年9月18日——离他倒台前的一年,已经预料到自己可能"会坐牢"。

不过，在王秀珍和应五妹听来，愕然不知再说点什么好。也正因为这样，王洪文的那几句话被写入该厂的接待记录之中，成为从王洪文心灵中泄露出来的准确的"忧患信息"。

王洪文在上海的三个半月中，他所下榻的上海东湖宾馆与北京钓鱼台之间，几乎无日不通话。

9月，张春桥告诉王洪文"好消息"：毛远新担任毛泽东的联络员！

11月初，张春桥又把"好消息"告诉王洪文：毛远新从中南海传出信息，毛泽东已经对邓小平的整顿，产生了不信任感。

毛泽东说："一些同志，主要是老同志，思想还停止在资产阶级民主革命阶段，对社会主义革命不理解，有抵触，甚至反对。对文化大革命有两种态度，一是不满意，二是要算账，算文化大革命的账。"毛泽东的这番话，针对邓小平以及支持邓小平的一批老干部。

听到这番"好消息"，王洪文在上海坐不住了。本来，按照毛泽东的规定，一年的三分之一搞调查研究，他照理应在上海住四个月。王洪文等不得在上海住满四个月，急于要回北京——"四人帮"要对邓小平进行"反击"了。

听说丈夫要走，崔根娣忧心忡忡。在丈夫当上上海市委副书记之后，她已明显地感到夫妻之间的差距拉大了。丈夫当上中共中央副主席，文化粗浅的她更感到差距越发增大。尤其是丈夫到了北京，她孤零零地住在康平路深院之中，她又不擅长交际，在夫人群中显得格外不合拍。她很想回娘家去住，依然生活在往昔的工人姐妹之中，可是她已成了副主席夫人，怎能再住到拥挤不堪的工人宿舍？何况她的安全怎能得到保障——她已不再是一个普通的女人。

她也曾去北京探亲，住在钓鱼台。丈夫已身居要职，白天睡大觉，夜里倒要外出，她几乎无法适应这种颠倒了的作息时间。丈夫开口闭口政治，她很难插嘴。她不愿索然无味地住着，提早回上海了。

这次丈夫回上海"调查研究"，她显得开心。丈夫不那么忙了，吃、喝、玩、乐，很清闲，她总算与丈夫过着团聚的日子。

可是，丈夫又要去北京了。他说走就走，她无法阻拦。

她已经明显感到，丈夫常常唉声叹气。特别是在他酒醉之后，满腹牢骚夺口而出，连毛泽东也挨他诅咒。看得出，他当这个副主席，并不得意，仿佛随时都可能高高地、重重地摔下来。

丈夫走了。

她，只好又开始孤寂的生活。她怀念着当年作为普通工人的自由自在的生活，而那样的生活已经离得很远很远。

许多女人对她投来羡慕的目光，因为在她们看来，副主席的夫人简直像天上的星星一样难以够着。几乎很少有人知道她内心的痛楚。

其实，自从造反以来，王洪文也没有过过一天真正称得上幸福的日子。他同样是在提心吊胆之中度过那一天又一天。

周恩来之逝使"四人帮"狂喜

王洪文飞回钓鱼台，确实正是时候：邓小平正在受到"四人帮"的猛烈攻击，处境维艰，而作为邓小平的坚强支柱的周恩来，已病入膏肓。

周恩来如同风中残烛，毛泽东也已病情日重，"接班人"之争，日趋激烈。

周恩来从1974年6月1日起住进了305医院。这是一所位于北京北海公园西墙外养蜂夹道的新建小型医院。这家医院属于部队编制，按编制序列定名为"中国人民解放军第305医院"。305医院在1973年底完成主体结构，1974年春装修待用。

305医院底楼主要作为中央领导人治病、住院之用。底楼设有病房以及办公室、会见外宾的大厅。周恩来住进305医院之后，在那里办公，并多次接见外宾。

1975年3月20日，周恩来在305医院写下的致毛泽东的信中，详细谈及了四届人大以后他的不断加重的病况：

> 今年开会（指四届人大——引者注）后，大便中潜血每天都有，大便也不畅通。因此利用3月间隙，进行食钡检查，始发现大肠内接近肝部分有一肿瘤，类似核桃大，食物成便经此肿瘤处蠕动甚慢，通过亦窄。若此肿瘤发展，可堵塞肠道。灌钡至横结肠，在肿瘤下，抽出钡液无血；灌钡至升结肠，在肿瘤上抽不出钡液，待与大便齐出有血。在食钡检查时，食道、胃和十二指肠、空肠、小肠均无病变，更无肿瘤。而这一大肠内的肿瘤位置，正好就是四十年前我在沙窝会议（指1935年8月在四川省毛儿盖附近的沙窝召开的中共中央政治局会议——引者注）后得的肝脓疡病在那里穿肠成便治好的，也正是主席领导我们通过草地北上而活到现在的。由于病有内因，一说即明。好了的疮疤，现在生出了肿瘤，不管它良性还是恶性，除了开刀取出外，别无其他治疗方法。政治局常委四同志（王、叶、邓、张）已听取了医疗组汇报，看了爱克斯光照片和录相电视，同意施行开刀手术，并将报请主席批准。

作为"王、叶、邓、张"的"王"，王洪文是很清楚周恩来的病况，知道他来日已不多。"张"——张春桥，心里也很明白。

张春桥早就死死盯住国务院总理这个位子，他把第一副总理邓小平看成了势不两立的对手。他只有打倒邓小平，才能在周恩来去世之后，成为国务院新总理。

王洪文也把邓小平看作眼中钉。因为原本是他主持中央日常工作的，正是邓小平取代了他。

1975年9月7日，周恩来强支病体，在北京305医院会见罗马尼亚党中央书记伊利耶·维尔德茨所率领的罗马尼亚党政代表团——这成为周恩来一生最后一次会见外宾。

周恩来说，声调变得激昂起来："维尔德茨同志，请你转告齐奥塞斯库同志，经过半个多世纪毛泽东思想培育的中国共产党,是有许多有才干、有能力的领导人的。现在,副总理已经全面负起责任来了。"

这时,在旁陪同的一位领导同志对周恩来的话加以解释说:"他所说的副总理,就是指邓小平同志。"

周恩来点了点头,说道:"具有55年光荣历史、在毛泽东思想培育下的中国共产党,是敢于斗争的!"

就在周恩来最后一次会见外宾之后不久,9月20日,他已病危,被推进305医院手术室。

12月1日至5日,美国总统福特应周恩来之邀,访问中国。如此重要的外事活动,不见周恩来露面,这表明周恩来气息奄奄。

接班之争已经白热化。

王洪文猛烈地攻击邓小平道:"邓小平是还乡团的总团长,华国锋、叶剑英、李先念等是还乡团的分团长……"

"四人帮"已在着手发动"批邓、反击右倾翻案风"了。

风紧浪急,中国进入了动荡的时刻。

自1975年6月1日起住院至去世,周恩来在305医院共经受了大小手术13次,其中大手术6次,输血输液达100多次。然而,在这样巨创病痛的日子里,周恩来仍以惊人的毅力工作着:

同中央负责人谈话161次;

与中央部门及有关方面负责人谈话55次;

接见外宾63次;

接见外宾前后跟陪同人员谈话17次;

在医院里召开会议20次;

离开医院出席会议20次;

外出看望别人或与人谈话7次。

1976年1月8日上午9时57分,周恩来的心脏停止了跳动,在北京305医院病故。这位78岁的当代伟人的辞世,像地震震撼着中国,震撼着世界。

据当时正在毛泽东身边工作的张玉凤回忆:

> 上午10时,毛泽东正侧卧在病床上,让工作人员给他念文件。昨夜他几乎彻夜未眠。负责毛泽东身旁工作的张耀祠匆匆忙忙走进毛泽东卧室,他带来的是周恩来逝世的噩耗。
>
> 屋里沉寂得一根针掉在地上都能听见。毛泽东只点点头,一言未发。对于他来说,周恩来逝世,早已是预料之中的事了。几年来,从医生一次又一次的诊断报告中,他已预感到不妙。此时无声胜有声!

张耀祠也对笔者回忆说:

总理去世的消息,是我向主席报告的。主席听后,很久很久没有说一句话。等了许久,我见主席轻轻地朝我挥一挥手,赶紧退了出去……①

周恩来之死,使江青陷于狂喜之中,她的最大的政敌终于画上了生命的句号。她笑道:"死了,我还要和你们争到底!"

江青嘱令姚文元,控制全国报纸,压缩关于悼念周恩来的报道。

周恩来的追悼会,毛泽东是否需要出席?由谁来致悼词?姚文元曾回忆说,当时毛泽东批示,由政治局拟一个意见。叶剑英、邓小平、李先念、朱德等表态,请毛泽东出席;华国锋、陈锡联、吴

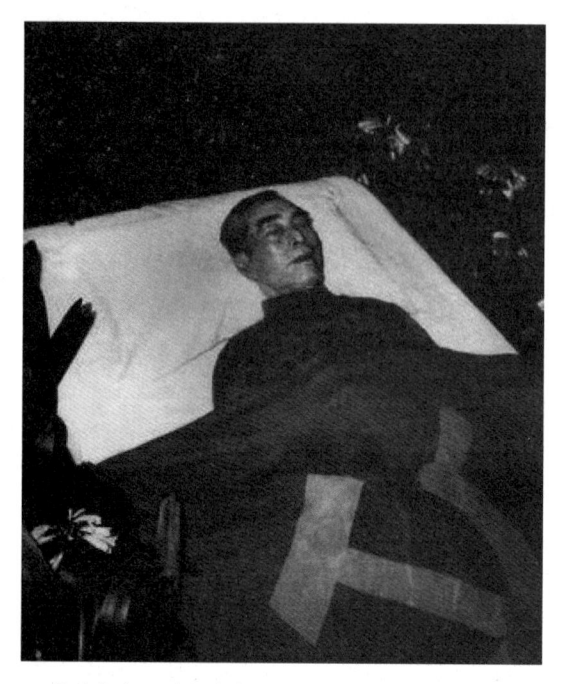

■ 周恩来去世(杜修贤 摄)

德、纪登奎、王洪文、我(姚文元)表态,请主席酌情;江青、张春桥、汪东兴表态,反对主席出席。毛泽东在政治局讨论的意见上,圈了华国锋、陈锡联等人表态的意见,批上"好"字。在决定谁致悼词时,又争持不下,请示毛泽东,毛泽东说:"争什么?还是由总理的亲密战友加同志主持好。"这"亲密战友加同志",指的是邓小平。

1976年1月15日下午3时,周恩来追悼大会在北京人民大会堂隆重举行。毛泽东没有出席。

大会由中共中央副主席王洪文主持。

中共中央副主席、国务院副总理邓小平迈着沉重的步伐,走向成排的话筒,含泪致悼词,对周恩来的一生作了正确、全面、深刻的评价。

周恩来去世不久,2月13日,《光明日报》头版刊出"高路"(即梁效)的《孔丘之忧》一文,用刻毒的字句,讽刺人们对周恩来去世的哀悼:"让旧制度的'哭丧妇'抱着孔丘的骷髅去忧心如焚,呼天号地吧。"

周恩来尸骨未寒,王洪文对他的秘书萧木发出"指示":"我应当有一个讲话。"

萧木,1961年在中共上海市委办公厅党刊编辑室,写过多部小说。在"文革"中,徐景贤向王洪文介绍了萧木②:"这是萧木同志,工人作家,曾做过铁路工人。"这"工人作家"身份很是受王洪文看重,而王洪文身边正缺"秀才",后来就被调到王洪文那里工作。

---

① 1991年5月19日,叶永烈在成都采访张耀祠将军。
② 萧木:《忆老友徐景贤》。

王洪文怎么忽然要秘书替他拟讲话稿呢?

上海市革命委员会编印的《情况汇报》,据说是道出了上海人民的"心声":"周总理死了,邓小平要打下去了。张春桥当总理我们一百个放心,王洪文当总理我们更放心。"

按照王洪文的如意算盘,他要么当总理,要么重新主持中央日常工作——眼看着邓小平非倒不可。他怎么可以不准备一个讲话——他的施政纲领!

据萧木回忆,当时王洪文"口授了一个提纲,又是文化大革命的过程,又是右倾翻案风在各方面的表现,口气都是全面性的,要我按他的提纲先写个草稿出来。我拖了几天,王还迫不及待地来催问。后来我搞了个草稿,印了个大样送给他。他说:春节期间你改一下,再送给我看。……"

王洪文变得忙碌起来,不再钓鱼,不再打猎,忙着粉墨登台了。

王洪文的长篇讲话稿,一次次地改,在1976年1月23日、1月28日、2月4日先后印了三稿。他以为,一旦由他出任总理或者主持中央日常工作,他的这个讲话稿,在《人民日报》上起码要占几个整版!

丙辰年的春节——正月初一,是1976年1月31日。

萧木忙得连春节都过不好,要替王洪文捉刀。

2月3日——正月初四,萧木把在春节期间改好的讲话稿送给王洪文审阅,王洪文刚刚派人把这第三稿送印刷厂付印,一桩意外的事情发生了。

"老实人"华国锋成为新总理

周恩来逝世,使国务院总理之职空缺。本来,理所当然应由邓小平继任总理——因为他是"第一副总理"。

然而,邓小平已处于受批判的地位,不可能继任总理。

张春桥、王洪文以为打倒了邓小平,他们就有出头之日,成为理所当然的接班人。

1976年2月2日下达的中共中央通知,却出人意料。

中共中央通知全文如下:

经伟大领袖毛主席提议,中央政治局一致通过,由华国锋同志任国务院代总理。

经伟大领袖毛主席提议,中央政治局一致通过,在叶剑

■ 毛泽东与华国锋(杜修贤 摄)

英同志生病期间,由陈锡联同志负责主持中央军委工作。

这表明,毛泽东又选定了新的接班人华国锋!

屈指算来,在刘少奇、林彪、王洪文、邓小平之后,华国锋是毛泽东亲自选定的又一名接班人。

张玉凤曾这样回忆毛泽东挑选接班人的情形:

> 关于接班人的问题,毛主席曾多次跟我说:为此事伤透脑筋,林彪是他选的,王洪文是他选的,都不行呵!
>
> 有一次,我问主席,总理这么好,你怎么不选总理当接班人?
>
> 主席伸出手掌做了一个砍刀的动作,说:总理虽好,缺少这个(指周恩来年龄大了——引者注)。
>
> 1976年1月8日,主席得知总理逝世的消息,悲痛不已,时而哭,时而要赶人。他病卧在床,一字一句地看总理追悼会和悼词的请示报告。看完后,又泣不成声。我问主席去参加总理追悼会吗?主席难过地说:"我也起不来了。"那些天,主席醒来也不先听文件了,总是在扳手指头,考虑问题,还不时问我政治局同志的名字,我就一个一个地报出当时政治局委员的名字。……
>
> 1月中旬,毛远新来见主席。他问主席,对总理的人选有什么考虑?主席想了一下说:"要告诉王洪文、张春桥让一下。"
>
> 然后,主席又扳着手指数政治局委员的名字,最后说:"还是华国锋比较好些。"
>
> 毛远新点头说是。
>
> 就这样,主席提议华国锋任代总理,主持政治局工作。
>
> 毛远新说:"好!选得好!"
>
> 主席也显得很高兴。
>
> 毛远新出来时对我说:"幸亏他先去了(指周恩来去世——引者注),主席自己把接班人选好了,这是大事。"
>
> 后来,毛远新又来向主席汇报说:他把指示向王洪文、张春桥传达了。王洪文表示同意主席的安排,张春桥则没有什么表示。在政治局传达时,大家都认为主席看人看得准,选得好。
>
> 主席听了毛远新的汇报,很高兴。
>
> 后来,江青也打电话来,让我们报告主席说:华国锋这个人,主席选得好,他两边意见都能听,她对主席这项决定很满意。
>
> 汪东兴也特意来见主席说:"主席选华国锋同志选的[得]实在好,我举双手赞成!此项决定,大家都很满意。你要吃好、睡好,其他事,我们来办。"
>
> 主席听后,非常兴奋,说:"华国锋不但有地方工作的经验,省委工作的经验,还有中央工作的经验。"

1976年4月30日，午后，毛主席接见正在北京访问的新西兰总理马尔登。华国锋同志陪见。接见后，华国锋对主席说："我把外宾送上车，还来向主席谈几件事。"主席说："好。"不多会，华国锋返回来同主席谈话，我也在场。华国锋对主席说："最近我处理了几件事，现在有几个省发生一些问题，我已同政治局的同志研究，作了处理，签发了中央文件，形势正在好转。国际上也有些事。我经验不多，有事多同政治局的同志商量，看主席有什么意见。"主席说："国际上的事，大局已定，问题不大；国内的事，要注意。"

当时，主席说话已经讲不清楚了，华国锋同志听不明白，我就把上面的话重复了一遍。

随后，主席又讲了一句，我也听不清楚。主席就要纸和笔，我扶着他，主席在纸上写道："慢慢来，不要招［着］急。""照过去方针办！""你办事，我放心！"

当时，主席写这三句话是答复华国锋同志汇报的几个问题的意见。后来传说："照过去方针办"是"临终嘱咐"，"你办事，我放心"是指定接班人，这是不符合事实的。

其实，类似的话主席不止一次地当面对周总理、邓小平同志也说过，例如：小平同志推荐赵紫阳、万里同志担任四川省委第一书记、铁道部长时，主席也十分赞扬，说："很好。你办事，我放心。"

在1月21日、28日，毛泽东先是提议华国锋任国务院代总理，然后又提议由华国锋主持中央日常工作。经中共中央政治局通过，正式向全党下达这一决定。另外还宣布，由陈锡联主持中央军委工作。

由华国锋任国务院代总理，这意味着毛泽东否定了张春桥当总理的可能性。

由华国锋主持中央日常工作，这意味着毛泽东依然冷落了王洪文。

个子比张春桥高出一头，年纪比张春桥小四岁的华国锋，讲一口山西话，不是一个显山露水的人物。论政治手腕，论笔头口才，都不如张春桥。这个山西大汉突然冒了出来，使张春桥的总理梦又一枕黄粱，化为泡影！

华国锋这人，如同他写的颜体字那样，毕恭毕正。虽说他的字写得并不算好，却从不潦草。在中国政治舞台上，他很晚才引起人们的注意。

华国锋与中国共产党同一年诞生——1921年。因此，他可以说是"党的同龄人"。28岁的毛泽东在上海出席中共一大时，他不过是个呱呱坠地的婴儿。他与毛泽东是两代人。

在他上中学的时候，离学校不远处住着两个中共地下工作者。华国锋在那里看了一些进步书刊，思想倾向革命。1938年，17岁的华国锋离开家庭，上山参加了抗日游击队。

1940年，19岁的华国锋在山西交城县，担任了工、农、青、妇、武各界抗日救国联合会主任。交城县在山西中部，太原西南，文峪河上游，是个山谷林密的地方。

这一年，华国锋加入了中国共产党。

1946年，华国锋担任了中共交城县委书记。不久，担任了中共阳曲县委书记兼县武装大队政委。"华政委"之称,便始于此时。

1949年8月,位于洞庭湖南岸的湘阴县城插上了红旗。随军南下的华国锋,被任命为这个县第一任县委书记兼县武装大队政委。从此,华国锋在湖南工作了二十多年。

1952年,华国锋被调往湘潭县,担任县委书记。几个月后,提升为中共湘潭地委副书记兼湘潭专员。

1954年,华国锋担任中共湘潭地委书记。

当时,就连华国锋自己都没有意识到湘潭县委书记、湘潭地委书记那特殊的重要性——毛泽东正是湘潭县人!

1955年7月,当毛泽东作了《关于农业合作化问题》的报告之后,34岁的华国锋写了《克服右倾思想,积极迎接农业合作化运动高潮的到来》、《充分研究农村各阶层的动态》、《在合作化运动中必须坚决依靠贫农》三篇文章。这些带有故乡泥土芳香的文章,毛泽东读来颇感亲切,华国锋的名字第一次引起毛泽东的注意。毛泽东路过湖南时,接见了留着平头、神态激动的华国锋。

1955年10月,在中共七届六中全会扩大会议上,毛泽东特邀华国锋作为列席代表,在会上介绍湘潭地区合作化运动的经验。一个地委书记,能够在中共中央全会上讲话,是很不容易的了!经过这次会议,华国锋给毛泽东留下很好的印象。

"你是我的父母官哪!"毛泽东一句戏言,说得本来就很拘谨的华国锋,很不好意思起来。

"你是个老实人!"毛泽东又夸奖了一句。

华国锋回湖南之后,不久就升为中共湖南省委统战部部长。

1959年盛夏,中共中央决定在江西庐山召开八届八中全会(也就是第一次庐山会

■ 华国锋与夫人在中南海划船(杜修贤 摄)

议）。6月下旬,毛泽东离开北京,途经长沙。当时,江青在杭州休养。毛泽东在长沙约见了华国锋。在谈话中,毛泽东透露了口风,想回故乡看看。华国锋立即安排了毛泽东的湘潭之行。

阔别故乡三十二载,毛泽东终于在1959年6月25日傍晚,回到湘潭韶山冲。

毛泽东睡在家乡的硬板床上,思绪万千,哼成了那首著名的七律：

别梦依稀咒逝川,故园三十二年前。
红旗卷起农奴戟,黑手高悬霸主鞭。
为有牺牲多壮志,敢教日月换新天。
喜看稻菽千重浪,遍地英雄下夕烟。

大抵因为在故居见到挂在壁上的亡妻杨开慧的照片,触动了毛泽东对前妻贺子珍的思念。毛泽东上了庐山之后,派车把正在南昌闲居的贺子珍接上山。别离二十多年,毛泽东终于与贺子珍重逢。不料,消息走漏,江青闻风,从杭州打来长途电话,说是马上前来庐山。贺子珍才在山上住了一夜,便被毛泽东匆匆送下山了。

在庐山会议上,毛泽东猛烈地抨击了彭德怀。中共湖南省委第一书记周小舟也受到了牵连。周小舟是毛泽东的同乡,曾担任过毛泽东秘书。

毛泽东下山之后,亲自提名华国锋担任中共湖南省委书记处书记。

此后,毛泽东一到湖南,华国锋便陪伴在侧。毛泽东总是说,华国锋是个老实人。1963年10月,华国锋带湖南干部到广东参观学习,写了《关于参观广东农业生产情况的报告》,毛泽东看了,为之写了批示,号召全党克服骄傲自满、故步自封、夜郎自大的错误思想。从此,确立了华国锋在湖南的稳固的地位。

1968年4月8日,当湖南省革命委员会成立时,华国锋出任副主任。1969年,华国锋的名字,出现在中共九大的主席团名单之中,出现在九届中共中央委员会名单之中。华国锋担任了中共湖南省委第一书记。

1970年12月18日,毛泽东和斯诺谈话时,提及了华国锋。当斯诺的文章在美国《生活》杂志发表后,华国锋第一次引起国外的注意。毛泽东是这样说的："湖南省的人物也出来几个了。第一个是湖南省委现任的第一书记华国锋,是老人。"当时,华国锋不过49岁,当然算不上是上了年纪的老人。毛泽东所说的"老人",显然是"老人马"的意思。

在"亲密战友"林彪叛逃身亡之后,毛泽东不得不另选接班人。毛泽东在从上海调来王洪文的同时,也从长沙调来了华国锋。1971年,华国锋调入国务院工作。这时的华国锋,人在北京,但仍身兼湖南省委第一书记、广州部队政委、湖南军区第一政委等职。

在公安部长谢富治于1972年病逝之后,华国锋被毛泽东提议担任这一职务。公安部长地位的重要性,是人所共知的。从此,华国锋在北京站稳了脚跟。

1973年5月,当毛泽东正式表明选定王洪文为接班人、让王洪文列席中央政治局会议的时候,毛泽东也把华国锋视为"后备"的接班人,与王洪文同时列席中央政治局会议。

在1973年8月的中共十大上,王洪文成为副主席,引人瞩目。华国锋成为中央政治局委员,只是不那么显眼而已。

华国锋言语不多,不露锋芒。在北京,他唯一的靠山是毛泽东。他既与"四人帮"没有什么瓜葛,也与周恩来、邓小平、叶剑英没有什么交情。在中央政治局尖锐的斗争中,华国锋往往保持中立。他唯毛泽东之命是从。

1974年冬,在"四人帮"组阁阴谋甚为活跃之时,毛泽东在湖南长沙住了一百多天,充分表示了他对华国锋的信赖——当时华国锋兼任中共湖南省委第一书记。

1975年四届全国人大一次会议上,华国锋被任命为国务院副总理。

张春桥和他的伙伴们费尽全力,终于扳倒了邓小平,毛泽东却把大权交给了华国锋。

挫败"四人帮"的夺权阴谋,毛泽东起了关键性的作用——他已经看出,江青和王洪文、张春桥、姚文元结成"四人帮",正觊觎着中国的最高权力。虽然这一次毛泽东选定接班人,但又一次采用了由他个人指定的这样并不恰当的方式。

"张春桥坚决要求当总理"

就在中共中央一号文件下达的翌日,王洪文的讲话提纲第三稿印出来了。一气之下,王洪文连翻也不翻,把讲话提纲扔进了抽斗。

周恩来的去世,使毛泽东黯然神伤。他已经病重,却仍在中南海书房里一次次接见外国首脑。本来是王洪文坐的那张沙发上,如今坐着华国锋。剃着短平头、穿着中山装的华国锋,看上去没有王洪文那般风流,却显得朴实,甚至还可以看出农村干部的一种气质。王洪文瞧不起这浑身"土"气的华国锋,可是,华国锋毕竟取代了他。

接见外国首脑人物时,坐在毛泽东身边的人物,由林彪变为王洪文,变为邓小平,变为华国锋,构成中国的"文革进行曲"。

王洪文又变成了"闲人"。他的钓鱼瘾、打猎瘾又发作了。

王洪文的警卫王爱清,以自己亲眼目击的情景,写下回忆:

王洪文一人在北京、上海就占用了九辆汽车。他到外地坐飞机,三叉戟还嫌小,一定要坐波音707。

王洪文的住地,本来已安排得很好,但仍不满意,大发牢骚说:厨师不给好的,理发椅子型号不对,枕头不好,床单不好,台灯不好,给的橘子也是皮厚、不甜。

他为了图舒服,差不多每天都要大夫给他推拿一两个小时。

他一起床,就得喝一杯浓咖啡,或者吃兴奋剂,睡前要喝一杯西洋参汤。

一日三餐,顿顿是鸡、鸭、鱼、肉,还嫌不够,又提出要吃燕窝。经常吃烤蛤蜊,有时还吃炸牛排、牛尾汤等法国名菜。他喝的是"茅台"、"人参"、"三鞭"等名酒。

他不读书,不看报,经常要秘书廖祖康代他划圈批文件,他把绝大部分时间和精力用来玩牌、下棋、钓鱼、打猎、打鸟、看电影。为了打猎,甚至不参加会议,不接电话。

他钓鱼有时从早上四五点钟一直钓到九十点钟,从下午三点一直钓到晚上八九点钟。他用的钓鱼竿,有的是从外国进口的,一根一百多元,他用的钓饵还要放香油、茅台酒。

他以战备为名,从部队弄来吉普车,装上专用灯光,经常深更半夜带人驱车到郊外打野兔子。白天还经常打野鸭子,要工作人员为他赶鸭子。

他还经常在住地周围打鸟玩。他共有猎枪、鸟枪12支。

他下棋一下就是四五个小时,打扑克有时长达十几小时。王洪文有时竟摔手表玩,一边摔一边说什么:反正戴手表不花钱,摔坏了再到上海去拿。

1976年,王洪文从国家体委要了一辆"佳娃"牌摩托车,一日数次骑着玩。

他的秘书沈少良说:

> 王洪文到北京后,生活上已有补贴,但他还每年数次向上海大量要钱,每次三百五百甚至上千元。……
>
> 王洪文的"小兄弟",一来北京,他立即要人用专车接到他的住地吃喝、密谈,这已成为惯例。对安插在北京的"小兄弟",也经常用请客送礼等手段,进行阴谋活动。王洪文在住地请客,用的都是高级酒、菜、烟、茶,但他感到还不阔气,就到大饭店设宴招待,中国菜吃腻了,还要做外国菜。他这些"小兄弟"经常比谁被请的次数多,吃得高级,谁最受王的信任。……

当笔者访问王洪文的贴身秘书廖祖康时[①],连他也摇头:

> 当时,我也悄悄地、转弯抹角地劝过他。我觉得,他作为党中央的副主席,弄了一辆摩托车嘭、嘭、嘭骑着玩,他在钓鱼台骑,在中南海骑,那影响多不好。还有半夜兴师动众去打猎等等。我当时是从维护他的声誉来劝他的。可是,他连我的话,也听不进去。他完全不像刚去北京时那样谨慎。他放纵自己。当然,我也知道,他当时心境不好,闲得无聊——这对于外面的人是很难理解的,以为他是副主席,一定忙得很。其实在邓小平、后来华国锋主持中央日常工作时期,王洪文很闲。他自己心中明白,毛主席对他已不信任了……

王洪文的警卫和两位秘书的回忆,翔实地勾画出当时王洪文的处境和生活。他刚进中南海的时候,连咳嗽都轻声轻气,现在已满不在乎,恣意玩乐了,完全显露了"造反司令"的本色原形!

真是历史的巧合,1975年的中共中央一号文件,是任命邓小平为中共中央副主席、

[①] 1988年4月5日,叶永烈在上海的劳改工厂采访廖祖康。

中共中央军委副主席兼中国人民解放军总参谋长,主持中央日常工作。

张春桥望着散发着油墨气味的中共中央1976年一号红头文件,嫉愤、懊恼、沮丧、报复之情交织在一起,咬牙切齿写下这样的《有感》:

> 又是一个一号文件。
> 去年发了一个一号文件。
> 真是得志更猖狂。
> 来得快,来得凶,垮得也快。
> 错误路线总是行不通的。可以得意于一时,似乎天下就是他的了,要开始一个什么新"时代"了。他们总是过高地估计自己的力量。
> 人民是决定的因素。
> 代表人民的利益,为大多数人谋利益,在任何情况下:都站在人民群众一边,站在先进分子一边,就是胜利。反之,必然失败。正是:
> 爆竹声中一岁除,东风送暖入屠苏。
> 千门万户曈曈日,总把新桃换旧符。
>
> 1976年2月3日有感

■ 张春桥"1976年2月3日有感"手迹

就在张春桥写下《有感》之际,上海发生了一桩真实的笑话:

张春桥的爪牙,如同张春桥肚子里的蛔虫,知道张春桥的心思。一号文件下达之际,有人在上海街头贴出大字标语:"坚决要求张春桥当总理!"

在那种铅云低垂、寒风刺骨的年月,上海人居然也充满幽默感。趁着大字标语糨糊未干,一位小伙子悄然把"张春桥"三个字撕下来,贴到标语前面去。于是,大字标语成了:"张春桥坚决要求当总理!"

多少行人驻足街头,看着这条妙趣横生的大字标语。虽然个个强忍着笑,可是,一回到家里,作为"特快消息"传播,个个笑出了眼泪!

其实,张春桥这么"强烈"地"要求当总理",是有"充足"的理由的。

曾经有人传说,华国锋当总理是毛远新推荐的。

据担任过江青秘书的阎长贵说[①],他在2009年曾经打电话给毛远新询问此事,毛远新说这是瞎编的。毛远新说:"我有什么资格和权力向主席推荐接班人?再说,我对华国锋一点也不了解。"

---

① 向继东:《江青秘书阎长贵眼里的江青》,2009年8月13日《南方周末》。

但是，毛远新提到了张春桥。他说："对于接班人，主席最看重的还是张春桥，认为他有思想，有能力。主席曾问过我对张春桥的看法，我也这样认为，但我说不足的是他不能团结干部，城府太深，有点儿阴。当时主席在几个副总理中翻来覆去地琢磨，最后选定了华国锋。"

毛远新还说，"主席选定华国锋做接班人，还是想叫张春桥做'军师'。"

毛远新说："主席叫我跟张春桥传达这样一句话：'从1935年遵义会议起我不是就做了十年的副手吗？'意思很明显，主席要张春桥安心做副手。我把主席这句话向张春桥传达了，也向华国锋说了。"

江青要做"没有戴帽子的皇帝"

1976年2月25日，中共中央召开了各省、市、自治区和各大军区负责人会议。这次会议称"转弯子"会议，第一次把"批邓"公开化了。

在这次会议上，传达了由毛远新整理的《毛主席重要指示》。这些指示，据云是毛泽东在1975年10月至1976年1月的多次谈话。

毛泽东说：

"文化大革命是干什么的？是阶级斗争嘛！"

"安定团结不是不要阶级斗争，阶级斗争是纲，其余都是目。"

"搞社会主义革命，不知道资产阶级在哪里，就在共产党内，党内走资本主义道路的当权派。走资派还在走。"

邓小平"这个人是不抓阶级斗争的，历来不提这个纲。还是'白猫、黑猫'啊，不管是帝国主义还是马克思主义"。

对邓小平"批是要批的，但不应一棍子打死"。"还是人民内部问题，引导得好，可以不走到对抗方面去。"[①]

华国锋代表中共中央，在会上要求人们认真学习《毛主席重要指示》，好好"转弯子"。

华国锋说："毛主席说，错了的，中央负责。政治局认为，主要是邓小平同志负责。""深入揭发批判邓小平同志的修正主义路线"，"在揭发批判过程中转好弯子"。

在"转弯子"会议之后，"批邓、反击右倾翻案风"的旗帜亮了出来。华国锋取代了邓小平，主持中共中央日常工作。

周恩来死了，邓小平挨批了，江青由"闲人"变成大忙人。

江青"麾下"的大大小小的写作组，此时集中火力在大报小报上攻击邓小平：什么《再论孔丘其人》，什么《司马光登台一年》，什么《从资产阶级民主派到走资派》，什么《批判党内那个不肯改悔的走资派》……

[①] 均引自《中国共产党执政四十年》，中共党史资料出版社1989年版，第403、404页。

江青"麾下"的电影界,先是推出了故事片《决裂》,"向修正主义教育制度决裂"。紧接着,一批"跟走资派斗"的故事片,在紧锣密鼓声中开拍,诸如《反击》、《盛大的节日》、《欢腾的小凉河》、《千秋业》等等。

在这"转弯子"的时刻,江青于1976年3月2日,召集十二省、区会议,作了长篇讲话。

江青的讲话,不遮不掩,直攻邓小平。

以下是江青讲话记录稿的部分摘录。一开头,就说邓小平"斗"她,说邓小平是"谣言公司总经理":

> 同志们好!我看望同志们。我昨天来了,同志们都睡了。所以我不敢也没法去看望同志们。……
>
> 邓小平这种事,恐怕很多同志不知道内幕。当然我知道的也不太多。不过,我是一个首当其冲的人物。他在去年4月底,不请示主席,擅自斗争一个政治局委员,4月底一直斗我到6月。
>
> 邓小平是个谣言公司的总经理,他的谣言散布得很多,据说去年查谣言,有的省查,有的省根本不查,还扩散,一查就查到北京,就查不下去。
>
> 最近,我们才开了窍门,人家揭发了,一个就是他那个政治研究室。胡乔木,这是一个坏人。这个政治研究室不仅凌驾在国务院之上,而且邓小平他们还要了一个花招,把原来的毛选委员会干掉了。他把胡乔木这样的人也凌驾在政治局之上了。主席不同意的,不赞成的。这可是一个相当大的谣言店。

江青接着谈到了文艺问题:

> 反正意识形态方面的多了,还有什么科学院呵,多了,你们陆续都会知道。我看到一个材料,说文艺也是邓小平授意胡乔木负责,有的问题还未弄出来。
>
> 有个叫李季的人,怕了,躲到医院去了,他们授意叫他写文章,这是有文件的。印了没有?
>
> 连《创业》也是他授意的,作者那封信确确实实是邓小平转的,主席的批示无比的英明伟大,主席并没有看这个电影。《创业》这个题材是我推荐的,拍得粗糙一点,当然也有一些问题。主席的指示无比的英明就在于保护了我们一系列的电影、戏剧,很多东西,不然都是毒草。
>
> 人家揭发邓小平看电影《春苗》,看了几本,就说,大毒草。他们就是重视那个《海霞》,而且下命令让中南海的放映员去抄文化部主要负责同志的家,而且下命令让所有政治局委员都要去看《海霞》。
>
> 我那时正在给主席、给政治局写一个报告,也没有吃饭,也没有睡觉,我就请假。我说,小平同志,请原谅,我可能赶不上,但我一定看。
>
> 后来我知道了这个情形,他是什么样呢?把文化部长、中央委员于会泳同志赶

到后头去，还把春桥同志也赶到旁边。他和导演谢铁骊、钱江坐到一块儿。这两个人我还是保护他们，他们过去是专门拍毒草片的。后来我拉着他们拍样板戏，结果失败了三次。……在我们党的历史上没有这样的情形，命令整个政治局看《海霞》，不只是《海霞》。《海霞》的原始底片统统看，一共24本，看多少时间？一小时看六本，四个小时，看那么长时间呀！目的是什么？就是保护《海霞》。你不许讲话，那我保留评论权。

在这儿，咱们不展开，还是个枝节问题。只有一个外国人，敢于讲话，就是斯诺的夫人。她说：《海霞》不怎么样，冲着它这样讲究服装、讲究布景、讲究美人，不大符合实际情况。

在我们全国还没有人敢批，因为政治局看了这部电影，谁敢批呀！就是一分为二也不许。

还有体委，整庄则栋整得厉害，这都是在后头的，整我在前头。

江青接着讲到了她和邓小平在政治局内的斗争，自称是"过了河的卒子"，要吃掉邓小平这个"反革命老帅"：

4月开始到主席那里告状，所谓请教，那个办法是告状。主席就批了一个文件出来。他就利用这个文件，说是学习主席的指示，不报告主席，就斗了我。

5月3日，主席召集政治局会议，会上对双方都批了，内容暂时在这儿不说。但是他又是根本不讲主席批他们的，把对我们的夸大了，特别是对我。

他在政治局是采取三种办法：一种是拉，拉得很紧；一种是欺骗蒙蔽；一种是打。打中也有分化。首先是打我。因为他知道我是一个过了河的卒子，在捍卫主席革命路线上，我就是一个过了河的卒子，能够吃掉他那个反革命老帅。所以他要首先打我。

他无组织、无纪律，不报告主席，在4月底突然袭击。因为我怕影响团结，我就都担起来了。他还不甘心，还要弄。

主席在5月3日批他们，建议要看列宁的《唯物主义与经验批判主义》，说列宁说，那是一群人啊！都是大知识分子，大反革命，要坑人。这个邓小平绝口不提。说军队要谨慎，中央委员要谨慎，这个他也不提。主席说不要搞广东帮、四川帮、上海帮，结果他只提上海帮。说是外国的月亮比中国的好。还有很多了。这些都是批他们的。

江青甩出了手中的"王牌"——毛泽东。她哭着说，邓小平"欺负主席"：

我们的主席对文化大革命都说了三七开嘛，我上一次讲了，就不重复了。我多想三，受过冲击的同志，你们多想那个七。

三也要一分为二，主席说了。至于那个三，我以前想，那根本不是我的错误。打倒一切，怀疑一切，那是陶铸的，还有国务院也有一个文件，说要层层烧透。当时王

（力）、关（锋）、戚（本禹）他们想拿出去，我写了一个报告给主席。主席说这个不能拿出去，要保护总理、副总理。全面内战我根本没份。……虽然这两个错误不是我的，但是它是无产阶级文化大革命中间发生的，我是中央文革小组第一副组长呵！这就要总结经验教训。

邓小平不仅翻文化大革命的案，他是所有的案都要翻。完全是个反革命两面派，他暴露得比林彪还快。……

邓小平欺负主席呀，造谣诬蔑主席，残忍呵！法西斯呵！去年主席害感冒，他传那些东西，有一份东西实在不像话，我不能在这儿扩散，那个东西是应该锁起来的。在不惊动他的条件下，我掌握了一点，惊动他的，那是大量的。而且为了这个，我去求过他。他不见，最后第三次我说，你一定要排出一些时间来见我，我说属于我的事，政治局见，我错了，我承认错误，改正错误，如果属于你们不理解，你邓小平同志不理解呀，我可以谅解。可以解释，解释以后你还不理解，我等待，再解释。我说你不要去干扰主席，要保护主席的健康呵。

同志们，包括一些跟他多年的老同志，我就不相信同志们会跟他走，除了个别的坚决要跟他的。如果我说了这些，广大的干部、党员、广大的指战员、广大的人民群众，能答应邓小平吗？在座的同志能够答应邓小平这样欺负咱们的主席吗？我请问，在座的同志，包括我在内，都受主席的保护呵！

邓小平这样欺负主席，这样残忍，我不能不说了。（抽泣、哽咽）同志们哪，我们都没有责任保护主席吗？我是觉得应该想一想呵！

江青居然骂起邓小平是"大汉奸"来了，而且说自己准备"杀头，坐牢"：

我今天说的不仅是这个，他是个大汉奸，现在已经走得很远了。他要是上台，像我这样的人，那是千百万人头落地。

我公开在政治局讲，我已经有精神准备，杀头、坐牢，我不过只有一个头吧，从入党的时候，就作了精神准备。不过我这头也要保护自己一点，不能随便叫他们杀头、搞死。向来我身上没有一点儿钱，现在带那么几十块。（从皮包中找钱）噢，这次又没带。弄不好，我就走。

……

我对邓小平有个认识过程。我想在座的同志可能比我熟悉他。我实在是不熟悉他。

在座的有没有他的部下，或者是老的，大概也不熟悉，因为他这个人啊，可是不接触人，不接触群众。他到大寨去，连一个中午都不住，到老百姓家里都不去。

据这次揭发，他家里的常客是什么人呢？李井泉、胡乔木、胡耀邦，还有王海容、唐闻生。还有什么人，我搞不清了。那都是无话不说，交待任务的，别人不能去。

不过据我们现在知道，去年开什么十二省委书记会，个别谈了话，有的是两个人。当然也有的没有谈。

现在的资产阶级不在于荣毅仁,那个谁都知道,而在于党内走资本主义道路的当权派,大官,在于咱们。

我资产阶级法权挺多的,我虽然老是自己限制,还有一些,有一些还必要,不然我就不能工作了。资产阶级糖衣炮弹那可厉害了,我曾经形象地说过,我是且战且走,打中了自己,擦干了血迹,包起来再上战场。要提高警惕,你看我们都住着楼房,我住宾馆,我没有住那个最好的,是因为怕爬楼梯,我住底下工作人员的房屋,我有汽车、警卫员、秘书、护士。我必须要有护士,因为我每天吃毒药——安眠药。我吃的量特别大,自己不能掌握。我没有服务员,我是女同志,不需要服务员。护士、战士,还有司机,在座的恐怕不少吧。所以咱们属于大官。

我有这么两句话:"巡抚出朝,地动山摇。"确实要小心呵!确实有这个问题。像我这样的人,不要去要,人家就送上门来了。这里有不少同志有我这种情况。我不需要走后门,别人就替我安排了。礼物给我送上门来,拒绝了。我到哪儿去,吃饭都是别人陪着吃,我后来想了个办法,每人出一份,会餐。革命化。邓小平说的挂职下放,那完全是错误的,简直是浑不讲理了。

江青自比武则天、吕后、赵太后,要做"没有戴帽子的皇帝"——"红都女皇":

邓小平干我,是有政治阴谋的,是对主席。别人造谣我是武则天。我说,在阶级问题上,我比她先进,但在才干上,我不及她。有人又说我是吕后。我也不胜荣幸之至。吕后是没有戴帽子的皇帝,实际上政权掌握在她手里,她是执行法家路线的。刘邦临去世以前,吕后请示他说:"萧何以后是谁?"刘邦答:"曹参。"吕后又问:"曹参以后呢?"刘邦说:"周勃。"你们看了这一段历史没有?吕后又问:"周勃以后呢?"刘邦说:"那我不知道了。"

"周勃厚重少文,然安刘氏者必此人也。"大概是这么个句子,你们也可查来看看。武则天,一个女的,在封建社会当皇帝呵,同志们,不简单啊!不简单。她那个丈夫也是很厉害的,就是有病,她协助丈夫办理国事,这样锻炼了才干的。武则天到晚年没有被杀掉,就是则天大圣皇帝给取掉了。现在则天大圣皇太后是……(未听清)下来,从李世民到李治的名臣,她都用,而且为她所用。她简单吗?但是那些个孔老二徒子徒孙们专门攻击这样的人。

其实,在春秋战国时期就有个很厉害的女人,赵太后。同志们知道我讲过这个历史。齐威后,那都是很厉害的。

他们就是用下流的东西诽谤武则天,诽谤吕后,诽谤我。目的是诽谤主席嘛。还有比这个还厉害的,我就不能说了。这个事情涉及到主席,你们也不要去扩散。我建议你们也看看这段历史。……像我这样的人,因为文化水平是不高的,我用工具书就可以看懂。在座的大学生也有了,有没有?我反正只是个高小学生。蹲图书馆的时间多,大概有的同志比我们还低一点儿。就这样吧,我占用同志们时间很多,我要讲错了，同志们批评我。

江青说到这里，其"女皇梦"已是"此地无银三百两"了！她要做"没有戴帽子的皇帝"！

江青借《园丁之歌》批华国锋

1976年3月2日，江青在召集十二省、区会议上讲话，在直攻邓小平的时候，也拐弯抹角给华国锋一点"颜色"看看。

在会上，江青居然当众点了中共湖南省委第二书记张平化的名，"批判"《园丁之歌》，甚至追溯到"文革"之初湖南没有转载姚文元的《评新编历史剧〈海瑞罢官〉》的旧事，对他进行了批评。

明眼人谁都知道，华国锋当时身兼中共湖南省委第一书记。江青批评张平化，实际上就是在批评华国锋。

在会上，张平化当场据理反驳，一时间会场上好不"热闹"：

江青：湖南的那个张平化来了没有？

张平化站起身：来了。

江青：你对《园丁之歌》那样积极，造了许多谣，那个信说是你支持写的，是不是你搞的？

张平化答：是。

江青：你能够造主席那么多谣，而且你安排了给主席看，是不妥当的。你还说"初烂"（即"初澜"，当时中央文化组写作班子的笔名，江青手下的笔杆子之一。——引者注）就让他"烂"了吧。你让一个服务员造那样多的谣。我已经核实了，我对这个戏两点意见，有意见我没说，就是对内容有意见。那个戏是我和春桥、会泳三个人审查的。它叫《园丁之歌》。我觉得"园丁"首先应该是主席领导的中国共产党、工人、贫下中农，怎么会成了知识分子呢？

意见最多、最深刻的是春桥同志。

你是搞反攻倒算，但是我们当时说也不要批什么，就压起来了。后来是你们湖南自己批的。那只好上演，批嘛。

初澜的文章我没有看。初澜是什么人，我也不知道。文章没看，是因为那个字太小，不看。……毒草锄掉还可以作肥料。《园丁之歌》可以上映，不是不可以，但要允许马克思主义的评论，来评它。

张平化：现在没有见谁有这个想法。

江青：你是完全搞翻案！

张平化：不是。

> 江青：你是好得不得了啊！我看你那封信了。那只是有缺点吗？那应当说是有错误。你就是独独没有登评《海瑞罢官》文章的。
>
> 我今天提出来，就是你太积极了。告状告到主席那里。叫主席看，主席从来在这一类事上是超脱的。你叫服务员来探听，找了那么一大堆，然后说，这个戏好得不得了。你在那里搞翻案，你就是执行邓小平的那一套。……
>
> 你看你气鼓鼓的，我平心地讲，你有问题，我在这儿跟你讲理哩。你不值得委屈，不要气鼓鼓的。你自己要作深刻检查。……

江青对于张平化，早就看不顺眼。前文已经述及，早在1968年3月30日，江青在接见湖南省革命委员会筹备小组的代表时，就对张平化说了一段"狠话"。江青说：

> 张平化在东北就是一贯大反林彪同志的，以后又紧跟刘（少奇）、邓（小平）、陶（铸）、王（任重）。张平化这个人可谓至死不悔改。我一想起张平化就恨，想不到张平化这个人这样恶劣，恶劣极了。他的一贯表现说明了他的本质。根据我们的经验，像这样的人，历史上不会没问题。

但是毛泽东对张平化仍留有余地，所以在1968年4月6日毛泽东批示说，在湖南省革命委员会成立时不要点名批判张平化。

正是有毛泽东的保护，张平化在1971年被重新起用，任中共山西省委书记、省革委会副主任。1973年张平化被调回湖南，任中共湖南省委第二书记。

江青在十二省、区会议上，忽然要张平化站起来，要"批判"的是《园丁之歌》，矛头则指向华国锋。

《园丁之歌》这一"公案"，说来话长……

《园丁之歌》是湖南地方戏——湘剧高腔。1972年下半年，已经晋升国务院副总理的华国锋，在湖南省文艺汇演期间看了一批文艺节目，其中的《园丁之歌》、《两张图纸》、《送货路上》反响热烈，给华国锋留下了很深印象。

《园丁之歌》最初是长沙市碧湘街小学创作的，原本是花鼓戏，剧名为《好教师》，经长沙市湘剧团柳仲甫执笔改编，改名《园丁之歌》，参加了省文艺汇演。

《园丁之歌》的剧情是这样的：

女教师俞英一心要搞好教育革命。她来到工厂征求如何搞好教育，工人们告诉她，"人从心上育，水往根上浇"，要教育好孩子，就要和孩子们交朋友，和他们交心。男教师方觉对陶利这样出身于工人家庭、调皮贪玩的孩子，不去进行耐心的思想教育，而是没收他的小玩具火车，甚至粗暴地不让他进课堂。方觉认为对陶利这样的孩子，不管怎样做都是"挑沙填海空费力"。为此，俞英与方觉之间产生了认识上的矛盾。俞英对陶利进行了耐心的说服教育。不但没有没收陶利的玩具小火车，还与他一起修理小玩具火车。她启发陶利，要学会开火车，就必须学习好功课，只有掌握了文化知识，才能更好地为人民服务。

在俞英耐心的说服教育下,陶利转变了。男教师方觉在工作中感到俞英的教育思想和方法是正确的,他决心改掉自己简单粗暴的缺点,和俞英一起把孩子们教育好,让祖国的花朵茁壮成长。

戏剧受舞台限制,影响毕竟有限。华国锋知道,在1965年,珠江电影制片厂曾把湖南的两个花鼓戏——《打铜锣》、《补锅》拍成电影,在全国产生了影响。1973年3月,华国锋对当时的国务院文化组组长吴德和负责电影工作的狄福才,说起了《园丁之歌》等节目,以为也可以拍成电影。

吴德、狄福才很快就落实了华国锋的指示,把拍摄任务交给中央新闻纪录电影制片厂。新影厂组成了以沙丹为导演的摄制组。沙丹在1972年执导过钢琴伴唱《红灯记》、钢琴协奏曲《黄河》、交响乐《沙家浜》,对于拍摄舞台剧很有经验。沙丹率摄制组赴湖南,只用了三个多月就完成了《园丁之歌》的拍摄。

那时候,电影在上映之前,要由国务院文化组审查。向来以"文艺革命旗手"自居的江青,常常对电影、戏剧横加干涉。听说《园丁之歌》是根据华国锋的指示拍摄的,江青更是要看一看。江青当时和张春桥、姚文元都住在钓鱼台国宾馆。1973年7月28日,江青在钓鱼台国宾馆17号楼的小放映室和张春桥、姚文元一起审看《园丁之歌》影片,国务院文化组陪同审查。

江青看毕,对《园丁之歌》进行了尖锐的批评。

首先,江青抨击了《园丁之歌》这一剧名:"《园丁之歌》,剧名就不合适,园丁应是共产党,怎么是教师、知识分子呢?"

接着,江青抓住《园丁之歌》中的一句台词上纲上线:"'没有文化怎能担起革命重担',这句话问题大了。什么没文化就不能干革命。简直是反攻倒算!"

江青说,影片中的女教师的表演,"简直是青衣花旦,化妆像少奶奶",而男教师"活像个油头粉面的二流子"!

从江青如此严厉的抨击,可以看出她对《园丁之歌》全盘否定。

张春桥也说,《园丁之歌》宣扬学生要受教师的摆布,是典型的"师道尊严"。

姚文元则三句不离本行,声称一定要对《园丁之歌》进行"大批判"。

江青、张春桥、姚文元狠批《园丁之歌》,那潜台词就是,你华国锋不懂文化,连这部戏的严重问题都看不出来。

四天之后,江青又对《园丁之歌》说了一番尖刻的话:

《园丁之歌》牵涉到教育革命的问题,究竟教师和共产党谁是园丁的问题。戏里的那两个一男一女的教师,到底是什么出身?有没有坚定的革命立场?为什么故意隐瞒个人成分?

培养青少年一代,是靠共产党还是靠教员?你们想把青少年培养成什么样子?是让他们规规矩矩的听教员的话而俯首帖耳?还是让他们坚定地跟着共产党走?谁说没有文化就不能挑起革命的重担?现在是读书无用,造反有理,革命无罪,戏中的主题完全与党中央背道而驰!

不言而喻,影片《园丁之歌》被江青"枪毙",打入冷宫,再也没有上映的希望。

影片《园丁之歌》在冷宫中待了将近一年,在1974年6月14日忽然获准走出冷宫,在全国上映。

《园丁之歌》怎么又可以上映了呢?那是因为江青在这天指示:"《园丁之歌》的电影应上演,在上演的同时发表批评文章"。

原来,上映影片《园丁之歌》,是为了"供批判用"!

为什么江青在将近一年之后,又记起影片《园丁之歌》呢?那是因为当时正在全国批判晋剧《三上桃峰》,要把《园丁之歌》也拿出来批判,以表明这样的"黑线回潮"现象不是单一的。

晋剧《三上桃峰》是根据1965年7月25日《人民日报》刊登的一篇通讯报道《一匹马》改编,讲"四清"时河北省抚宁县某大队,卖了一匹病马,支书知道后将病马赎回,并用好马支援友队春耕。

1974年1月23日,晋剧《三上桃峰》剧组赴京参加华北地区调演,在北京二七剧场彩排。江青手下的得力干将于会泳审看这一节目,在大幕落下之后一言不发就走出去了。显然这是一个不祥的讯号。

经于会泳向江青汇报之后,把晋剧《三上桃峰》定为"大毒草":因为《三上桃峰》初名《三下桃园》,而刘少奇夫人王光美在"四清"时正是在河北省抚宁县的桃园大队。尽管《三上桃峰》与王光美毫无关系,却被安上了为"大叛徒刘少奇歌功颂德"的罪名。

1974年2月28日,《人民日报》发表了由中央文化组写作班子以初澜名义写的《评晋剧〈三上桃峰〉》,这篇文章经姚文元修改了11处之多。姚文元称:"这个戏的炮制者完全站在地、富、反、坏、右的立场上。"此文发表之后,全国掀起揭批"大毒草"《三上桃峰》的高潮。

也就在这时,江青决定在全国也掀起批判《园丁之歌》的高潮。

1974年7月19日,国务院文化组向北京、天津、上海三市和湖南省革命委员会正式发出《关于批判〈园丁之歌〉通知》,通知内容说:"湘剧高腔《园丁之歌》,是一个内容有严重错误的坏戏。它的要害是否定无产阶级文化大革命,为反革命修正主义教育路线招魂,向无产阶级反攻倒算……"

1974年8月4日,《人民日报》发表了"初澜"的文章——《为哪条教育路线唱赞歌——评湘剧〈园丁之歌〉》,为批判《园丁之歌》定调。于是全国许多报刊相继群起攻之,发表对《园丁之歌》的批判文章近百篇。

没有想到,《园丁之歌》在遭到如此密集的"大批判"之后,居然有峰回路转之日。

那是1974年10月13日,毛泽东乘坐专列到达长沙。81岁的毛泽东的身体明显不如以往,所以他声称,这次来湖南是休养。

人在北京的华国锋,关心着毛泽东在湖南的休养。听说毛泽东喜欢看电视,华国锋特地从北京调来一部电视转播车，为九所6号楼转播电视节目——那时候中国各电视台还没有卫星电视，所以要靠专门的电视转播车为毛泽东转播各地电视节目。

中共湖南省委还为毛泽东提供电影。在1974年11月，毛泽东从省委提供的电影名单中，圈定要看湘剧《园丁之歌》。

毛泽东很高兴看了电影《园丁之歌》。看罢，毛泽东鼓起掌来。当时在场的服务员曾彩谋连忙告诉毛泽东，这是一部正在受批判的片子。毛泽东问着："受批判？错在哪里？为什么要批判？你们讲讲看。"曾彩谋回答说："听说教育界争论很大，我们是外行，看不懂。"毛泽东肯定地说："我看这是一出好戏。"

在那毛泽东的话"一句顶一万句"的年代，毛泽东这句"我看这是一出好戏"，一下子使中共湖南省委扬眉吐气，使华国锋笑了。

这消息飞快地传入江青的耳朵。江青没有想到，中共湖南省委居然借助于最高权威毛泽东来"制服"她，非常生气。

有了毛泽东那句"我看这是一出好戏"的"最高指示"，1975年8月29日，湖南省文化局向国务院文化组报送了《关于湘剧〈园丁之歌〉问题的请示报告》。请示报告中强调指出，《园丁之歌》是符合毛泽东思想的好戏"，要求继续上演、放映、出版、发行。

国务院文化组接到这个报告以后，副组长刘庆棠（江青的干将）大为震怒，斥道："这是明目张胆的翻案，气势汹汹，最后通牒！"

在江青的支持下，湖南省文化局的《关于湘剧〈园丁之歌〉问题的请示报告》被压了下来。

也正因为这样，1976年3月2日，江青在召集十二省、区会议上讲话时，就叫张平化站了起来，当众对《园丁之歌》再度进行"批判"，而且说"告状告到主席那里。叫主席看，主席从来在这一类事上是超脱的。你叫服务员来探听，找了那么一大堆，然后说，这个戏好得不得了。你在那里搞翻案，你就是执行邓小平的那一套。"

直到粉碎"四人帮"之后，《园丁之歌》才终于得到平反。

1976年12月6日，华国锋的秘书曹万贵写信给中共湖南省委书记李振军——"振军同志转平化及省委书记各同志"。他在信中说：转上《解放军报》、《北京日报》批判"四人帮"扼杀《园丁之歌》的文章，"建议省委组织一篇有分量的文章，在报刊上发表"。

12月8日，中共湖南省委召开省会批判"四人帮"扼杀《园丁之歌》的大会，省委书记李振军、省文化局长王庆章等十多人先后发了言。最后，省委第二书记张平化作总结讲话，他说："'四人帮'为什么扼杀《园丁之歌》？是为了反对毛主席。毛主席到湖南想看湖南地方戏，圈定看《园丁之歌》，看戏中鼓掌，说这是出好戏。今年3月中央'打招呼'会后，江青又召集十二省市领导开会，点名批评湖南为《园丁之歌》翻案，把状告到毛主席那里了。这就说明她已知道毛主席肯定了这个戏是好戏，她还要批判。她的矛头是指向谁，不是一清二楚了吗？"

《人民日报》发表了中共湖南省委宣传部写的文章《扼杀〈园丁之歌〉也是为了篡党夺权》，并配发了编者按指出："'四人帮'反党集团还利用他们的喉舌'初澜'评论班子,在1974年8月4日本报抛出的一篇题为《为哪条教育路线唱赞歌》的毒草文章,把《园丁之歌》一棍子打死。当他们明明知道毛主席肯定了这个戏以后,仍负隅顽抗,封锁消息,继续玩弄诡计。这充分暴露了'四人帮'明目张胆地对抗毛主席革命路线,疯狂反对毛主席,反对华国锋同志,阴谋篡党夺权的狰狞面目。"

《园丁之歌》公案,终于画上了句号。

江青高举"批邓"大旗

江青在1976年3月2日在十二省、区会议上的"长篇讲话",传到了毛泽东耳中。毛泽东于3月10日批示,对她进行批评:"江青干涉太多了,单独召开十二省讲话。"

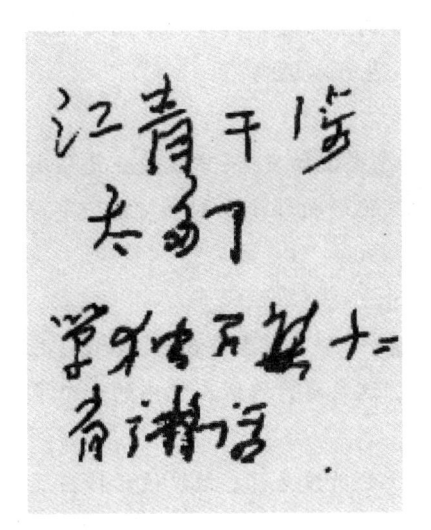

尽管毛泽东批评了江青,江青仍我行我素。在3月26日,江青又提出召开中共中央政治局会议"批邓"。

1980年7月25日,姚文元在秦城监狱第一审讯室,对1976年3月26日中共中央政治局会议作了如下交待:

审判员:姚文元,上次提的问题你考虑得怎么样了?

姚文元:这几天我仔细回想了一下,1976年3月26日政治局的确开过一次会,地点好像在中南海勤政殿,会议内容是听取清华、北大两个学校的人汇报批邓反击右倾翻案风的情况。

审判员:会议是谁主持的?

姚文元:是华国锋同志。

审判员:是谁提议召开这次政治局会议的?

■ 毛泽东批评江青的手稿

姚文元:是江青。是她提出来后经主席批准的。

审判员:你事先不知道吗?

姚文元:不知道。就是江青提出要两校来人汇报,他们一下子就来了。

审判员:他们汇报时,你们有插话吗?

姚文元:有。政治局的人都有插话,江青、张春桥讲得最多。

审判员:你有插话吗?

姚文元:我也有插话,但很少。可能在他们讲到邓小平副主席在人大的报告时,我插了一句:那个报告反个人迷信,当时效果也不好。还有一次攻击邓小平副主席的插话,是科学方面的。

审判员:在这一次会议上你讲没讲过:"社会上的许多谣言都是从政治局传出去的。邓小平就是谣言公司的总经理"这样的话?

姚文元:不是这样的,真实情况是,我讲了社会上谣言多,要追查这类的话,但诬蔑邓小平副主席那句话不是我讲的,这是江青说的。关于这一点参加会议的人都可以作证。

审判员：江青还讲了些什么？

姚文元：哦，江青的插话很多，也很杂乱，具体的我一时想不起来了。但她和清华、北大的人没有不同意见，主要是加以发挥。

审判员：张春桥、王洪文的讲话你还记得吗？

姚文元：因为都是插话，没有完整的发言，时间又太久了，准确地回忆起来很困难。

审判员：你想起多少讲多少。

姚文元：好。王洪文的插话不多，好像讲了一下1975年给老干部开追悼会太多了，贺龙的追悼会连总理也去了。张春桥的插话比较多，也非常尖刻，主要是从政治上和经济上批判邓小平副主席。我记得他好像说了邓副主席是"典型的洋奴买办"、"连托洛茨基都不如"这样恶毒的话。别人的情况我也可以说吗？

审判员：可以。

姚文元：在另一次政治局会议上，汪东兴有过一个尖锐的发言，中心论点是邓小平老犯错误老不改，这次搞右倾翻案风，是旧病复发。他还把邓小平副主席1972年写的检讨拿出来，念一句批一句。

审判员：你只交待"四人帮"诬陷邓小平的罪行。

姚文元：好的。在批邓过程中，还发生过一些事情。一个是张春桥在会上提出：毛主席过去有个讲话，说党内有一个官僚主义者阶级，这是资产阶级在党内的一个很好的说明。

后来查到了这段讲话。我把毛主席这段话在报上公开发表了，把这段话挂在反击右倾翻案风的头上，和党内资产阶级连在一起，这样又强加到一部分老干部头上，所以我发表这段话是不适当的。

审判员：是在什么样的情况下，张春桥提出这个问题的？

姚文元：是在讨论"资产阶级就在党内"的时候。我记得当时在一次政治局会议上，李先念同志用检讨的口气说：我原来搞不清楚在社会主义改造完成以后，革命的对象是什么，看不见资产阶级了。后来毛远新把李先念同志这个发言向毛主席汇报了。毛主席说："搞社会主义革命，不知道资产阶级在哪里，就在共产党内，党内走资本主义道路的当权派。"不久，毛主席的这段话经毛远新整理后，也作为"重要指示"公开发表了。

审判员：在反击所谓的右倾翻案风中，你们"四人帮"还有哪些攻击邓小平同志的言论？

姚文元：政治局开始批邓时，王、张、江、姚都没有正式发言，只有一些插话。有一天，毛远新在政治局传达：毛主席说，江青、姚文元、王洪文他们应该发言嘛。我原来想毛主席不点名，我就不发言了。我觉得当时在毛主席批评"四人帮"之后，假使我在批邓当中发言不恰当，回过头来还是要受批评，担心再犯错误。还有一件事，就是在毛远新整理"毛主席重要指示"之后,要分批向全国传达,每次来一批省委书记,由华主席给他们传达,讨论两三天就回去。有一次张春桥问我,你知道不知道江青、王洪文到省委书记会上去了?我说,不知道。张春桥说,他们还会讲出什么好话,无非惹些麻烦,让我们也跟着受牵连。后来我才知道,江青在那个会上胡讲一通,诬蔑邓小平副主席如何迫害她,打击她,搞得她生病,混不下去等等。后来毛主席知道了这件事,很生气,严厉批评了她。

审判员:毛远新传达毛主席的讲话后,你发言了吗?

姚文元:这个,在毛主席点名让我们几个人发言之后,我经过准备,也作了一次攻击邓小平副主席的发言,说反击右倾翻案风是阶级斗争、两条路线斗争,说邓副主席主要是对文化大革命的态度不端正,反对文化大革命,所以才会积极支持右倾翻案风;我还说到邓副主席这种思想有历史根源,在"人大"报告中提出反对个人迷信,效果不好等等。我攻击的话还有不少,一时想不完全,我可以再想想,以后想起来再补充交待。

审判员:江青发言了吗?

姚文元:江青也讲了一篇,她的发言是激烈的,说前一时期为什么全国刮右倾翻案风,现在搞清了,风口就是邓小平;她还说为什么去年7、8、9月谣言那么多,现在也查清了,根源就在邓小平,他是右倾翻案风的总后台,是谣言公司的总经理。

审判员:你和江青的发言是在什么时候?

姚文元:具体时间记不清了,就在毛主席点名之后不久,是在同一次政治局会上讲的。

审判员:张春桥、王洪文也发言了吗?他们都讲了些什么?

姚文元:张春桥也讲了一篇,现在记不起具体内容了。王洪文没有系统的发言,他有很多插话,也给毛主席送了好几批材料,如电影《春苗》的材料等等。

审判员:你接着讲吧。

姚文元:批邓刚开始我是没跟上去的,后来却是很积极的。这都是事实。对于我的错误,对党造成的损失,我都要继续反省。

被审人签名:以上记录我看过,补充说明附后。

姚文元(指印)
1980年7月25日

关于1976年3月26日中共中央政治局会议,姚文元从他的视角作了交待。列席会议的毛远新,在1980年8月3日,也作了交待:

1976年3月中旬,江青对我说,她找外省来参加打招呼会的人谈过(话),他们反映,清华、北大去参观学习一下效果比较好。江青说:"两校批判邓小平、反击右倾翻案风的运动搞得轰轰烈烈,政治局的会却开得冷冷清清。应该请他们到政治局会上来介绍一下运动情况,可以面对面地批判邓小平。"过了几天,在一次政治局会上,江青又提出:清华、北大是主席亲自抓的点,主席要中央机关、各省来参加打招呼会的人都去两校参观学习,他们反映效果比较好。政治局的同志都没去过,建议请两校的同志到政治局来。会后我把江青的意见报告了主席,主席也同意。

过一两天,谢静宜打电话给我,说市委通知他们作准备,中央最近要听一次两校反击右倾翻案风运动情况的汇报。我对他[她]说,这是给你们一个机会,可以面对面地批判邓小平,你们要认真准备一下。

3月下旬一天政治局会上,清华、北大来的几个人对邓小平同志进行了面对面的批判,用恶毒的语言进行了诬陷、诽谤。中间江青还作了一些插话,煽风点火,无限上纲。事后,我把这次会议情况报告了主席,我还向主席诬(告)邓小平同志的态度不好,说他一句话不说,最后连个态度也不表。

对于列席1976年3月26日中共中央政治局会议的迟群、谢静宜,中共清华大学党委在1980年8月20日作了如下揭发,从中也可以看出会议的若干情况:

2月6日,迟群在校党委常委扩大会议上第五次点名批判了邓小平同志。他还别有用心地提出一个"以邓小平为首的翻案集团"。接着狂叫:"宁可掉脑袋也要一斗到底。"

3月3日,毛主席亲自批发的中央五号文件明确指出:"不要层层揪代理人。对犯有错误的同志不要揪住不放,不要一棍子打死。"迟、谢公然对抗,叫嚷:"这是与清华唱对台戏!"并于3月22日,在校党委书记碰头会上抛出了"揪一层人"的反动口号。他们说:"搞右倾翻案不只是邓小平一个人的问题,和邓小平共鸣的,差不多的闹得凶的有一层人。""这一层人不是一般的干部。"并扬言"要通过批邓解决这些人的问题。"很明显,他们所谓的批邓其罪恶目的是要打倒中央和地方一大批党政军负责同志,推翻以毛主席为首的党中央。

正是在这样的背景下,"四人帮"及毛远新于3月24日晚,秘密指使迟群、谢静宜一伙准备到政治局,"面对面批判邓小平",狂妄叫嚣要给政治局"透点新鲜空气"。谢静宜连夜赶回清华,召集张凤瑞、荣泳霖、夏镇英、周家恕及党办副主任吴敏生进行部署。

3月25日上午,迟、谢又召集他们几个人,并加上胡健,进一步密谋策划,确定由周家恕主讲,其他人插话,并规定了每人插话的内容。迟群鼓动说:"中央要我们去汇报,就是要同邓小平一类修正主义大官们作斗争。""谁也不要怯阵,发言既要有分量,又要有质量,要讲出水平来。"迟群还授意"汇报的内容要以对外接待提纲为基础,把接待介绍的第三人称'他',一律改为'你','你是一个不肯改悔的走资派!''让你们一伙人死了心吧!'……"他还讲:"汇报时要考虑到还有一层人,要突出揭发、批判、剥画皮,重点是经济问题和经验问题。"迟群还导演说:"主要由你们讲，我们俩见机插话。……"

在3月26日的政治局会议上，"四人帮"及迟、谢一伙诬蔑邓小平同志是"谣言公司总经理"，攻击邓小平同志执行毛主席制定的经济政策、出口石油、引进必要的技术设备是"败家子"，"洋奴买办"，"全盘西化"，"转嫁经济危机"！还恶毒攻击邓小平同志1957年1月在清华大学的讲话是"一个阶级斗争熄灭论的报告"，"长了右派的威风，把右派放出来向党进攻，使得清华五七年出现了560个右派"；他们还诬蔑邓小平同志"是党内外一切新老资产阶级和一切牛鬼蛇神的总代表"；"一贯倒骑毛驴向后看，搞复辟倒退"等等，对邓小平同志竭尽诬陷打击之能事，必欲置之死地而后快。

……

"三·二六"大闹政治局之后，迟、谢一伙反革命气焰更为嚣张。他们肆无忌惮地攻击华国锋同志在会上"没怎么发言"，"被动"，别有用心地攻击叶副主席没有到会"那是可以理解的"，谩骂邓小平同志对他们的这种诽谤攻击不予理睬是"聋子不怕响雷打，死猪不怕开水烫"。

……

迟、谢一伙大闹政治局的反革命活动，受到"四人帮"的特别赏识，直到8月26日，江青来清华大学时，还称赞荣泳霖说："你们向邓小平开炮开得好！"并要迟群、谢静宜代她向大闹政治局的夏镇英、周家惢问好，鼓励他们继续向党进攻。

1979年12月3日，当年曾列席中共中央政治局会议的周家惢，这样描述他的所见：

1976年3月26日，"四人帮"指使迟群、谢静宜一伙大闹政治局、围攻邓小平同志的情况是这样的：

3月24日深夜，迟群和谢静宜在清华校部大楼党委会议室召集部分党委成员和"梁效"写作组的骨干分子开会。我记得当时去的人有张凤瑞、胡健、荣泳霖、夏镇英和党委办公室副主任吴敏生。在会上，谢静宜首先传达了毛远新的指示，大意是说：中央要听我们汇报开展反击右倾翻案风的情况，要选几个人到政治局去面对面批判邓小平，要给政治局透点新鲜空气。经过商讨，最后确定由张凤瑞、胡健和我主讲，其他人插话，并规定了每个人插话的内容。谢静宜鼓动说："中央首长派我们去参加政治局会议，就是要我们去同邓小平一类修正主义大官作面对面的斗争，是对我们最大的信任和勉励，我们决不能怯阵。发言一定要有分量，也要有质量。要讲出水平来，要给政治局一颗重磅炸弹。"迟群还详细布置说："汇报内容就以'两校'接待参观人员介绍提纲为基础，重点突出对邓小平的揭发、批判、剥画皮。"他还说："到政治局主要由你们讲，我和小谢见机插话。"

3月26日，迟群、谢静宜带我们到中南海紫光阁参加了由王洪文主持的政治局会议。在这次会议上，我当着邓小平同志的面诬蔑他是一个死不改悔的走资派，一贯倒骑毛驴向后看，一贯搞复辟倒退，我还把他七五年执行毛主席制定的经济政策，出口石油，引进必要的技术设备说成是"败家子"，是"洋奴买办"，是"转嫁经济危机"。

胡健在发言中恶毒攻击邓小平同志是"阴谋家、野心家"，"一贯反对毛泽东思想，反对阶级斗争"，"大搞物质刺激，鼓吹黑猫白猫论"；把邓小平同志1957年1月在清华大学的讲话说成是"一个阶级斗争熄灭论的黑报告"，"大长了右派的威风，把右派全放出来向党疯狂进攻，使得清华大学五七年就冒出了560个右派分子"。他还诬蔑邓小平同志是"党内外一切新老资产阶级和一切牛鬼蛇神的总代表"。

张凤瑞在发言中主要指责邓小平同志翻文化大革命的案，打击新生力量。他把电影《创业》的作者张天民给毛主席的那封信说成是邓小平同志找人谈话后写的，目的是要打倒江青，否定文艺革命；他还公然诬蔑邓小平同志是"资产阶级民主派"，"只有搞修正主义的经验，只有走资派还在走的经验"。

谢静宜在插话时说："七五年第三季度，邓小平主持中央工作，这个时期在八宝山给32名在文革中自杀的老干部开了追悼会，去参加追悼会的人很多，还有不少是坐着大红旗轿车去的。"她站起身，指着坐在对面的邓小平同志厉声责问："你是不是参加了张霖之的追悼会？"邓小平抬起眼皮看了看她，没吭声。

谢静宜气急败坏地叫道："邓小平！你为什么不回答？"

邓小平索性闭上两眼，不予理睬。

这时王洪文接话说："贺龙的追悼会，周总理也去参加了，本来政治局并没有安排他去嘛，可总理听说给贺龙开追悼会，就自己从医院跑去了。"

江青尖着嗓子喊道："他们这是向党和群众示威！是复辟翻案的典型！"

在这次会上，"四人帮"也都表现得非常疯狂、恶毒，他们不时插话，攻击谩骂邓小平同志。

张春桥阴森着面孔诽谤邓小平同志："是老牌机会主义者，连托洛茨基都不如！"

王洪文说："邓小平去年6月到上海，私自找马天水谈话，让他有事不要找市委，要直接请示他，搞得我们几个市委书记都不管用了。"

姚文元说："去年主席批给政治局的几条指示，怎么那么快就传出去了？还有那些小道消息，搅得人心惶惶，要查一下，根子到底在哪里？"

江青气冲冲地说："根子就在政治局！国务院政治研究所就是造谣总公司，邓小平你就是总经理！下面还有分公司，分经理。"

面对"四人帮"一伙肆无忌惮的攻击，邓小平始终神态自若，一言不发。搞得揭发批判的人尴尬。

迟群恼羞成怒地责问："邓小平，你不吭声就是顽固对抗！"

江青也无可奈何地说："你们是少见多怪呀！政治局每次开批邓会他都是这个样子，死猪不怕滚水烫嘛！"

在胡健发言的时候，姚文元被值班秘书叫了出去。不一会，他神色有些慌张地返回来,和王洪文、张春桥低语了一阵,没等胡健讲完,王洪文就急忙宣布散会,让我们先离去,政治局的同志留下有重要事情研究。

于是,迟群、谢静宜就带着我们离开了紫光阁。政治局又研究什么重要事情,我就不得知了。

江青高举起"批邓"大旗,在中共中央政治局会上,如此激烈地"批邓"。

爆发第三次"炮打张春桥"

真的,"凡事有三"。继1967年的"一·二八"、1968年的"四一二"两次炮打张春桥之后,忍耐了八个春秋,第三回炮打张春桥在1976年春天开始了,到了清明节那天,达到了高潮——轰轰烈烈的"四五"运动。第三回炮打张春桥,不光发生在上海,而是席卷全国,声势浩大。

说实在的,两个一号文件上,都没有张春桥的大名,明眼人都知道,毛泽东对张春桥投了反对票。要不,为什么一回提名邓小平,一回提名华国锋,偏偏不提似乎注定要当总理的张春桥?

炮口,再次对准了张春桥!

街头流传新编儿歌:

> 三人十只眼,
> 阴谋篡大权。
> 唯恐天下还不乱。
> 同志们,怎么办?
> 就是要和他们顶着干,
> 要把他们的阴谋来揭穿!

所谓"三人十只眼",谁都明白:江青、张春桥戴眼镜,两人八只眼,加上姚文元,不就"三人十只眼"了!

另一首新儿歌,也够辣的:

> 蚍蜉撼大树,
> 边摇边狂叫:
> "我的力量大,
> 知道不知道?"
> 大树说:
> "我知道,

一张报，两个校，

几个小丑嗷嗷叫。"

这里的"一张报"，指的便是上海的《文汇报》；"两个校"则是"四人帮"当时的据点北京大学和清华大学，常用"梁效"这笔名发表大块文章，攻击周恩来，批评邓小平。至于"几个小丑"，指的便是"四人帮"。

第三次炮打张春桥的导火线，就是那"一张报"。

3月5日，是周恩来的诞辰。新华社在这天凌晨播发了沈阳部队指战员学习雷锋的电讯，内中提到了周恩来对雷锋的题词："憎爱分明的阶级立场，言行一致的革命精神，公而忘私的共产主义风格，奋不顾身的无产阶级斗志。"全国各报差不多都在3月5日全文转载了这一电讯。然而，3月5日的《文汇报》与众不同：第一版醒目地刊登于会泳手下那个文化部写作组以"初澜"笔名所写的大块文章。这"初澜"是于会泳挖空心思才想出来的，取义于"青出于蓝而胜于蓝"。蓝，蓝萍也；青，江青也。"初澜"即"出蓝"的谐音。新华社那条电讯，被挤到第四版去。据说，因"版面不够"，删去了电讯中周恩来的那四句题词。可是，也就在这个版面上，居然腾出位置，刊登了吹捧毛远新在辽宁"政绩"的两部电影的广告。

3月5日《文汇报》一发行，《文汇报》社不断接到读者质询电话；"为什么删去周总理的题词？"

"三五"事件尚未平息，"三二五"事件又风波迭起。

那是20天后，《文汇报》头版刊登《走资派还在走，我们就要同他斗》的新闻稿。

文中有一句话，深深激起了读者的震怒。那句话说："党内那个走资派要把被打倒的至今不肯改悔的走资派扶上台。"

所谓"被打倒的至今不肯改悔的走资派"，是当时对邓小平的"专用代词"，谁都一看就明白。至于"党内那个走资派"，显而易见，是指周恩来。

"《文汇报》骂周总理是'党内走资派'！"这消息一传十，十传百，众多的读者反反复复琢磨着《文汇报》头版的那句话。短短几天之内，《文汇报》接到抗议信件420多封，抗议电话1000多次。

"《文汇报》如此狗胆包天，后台是张春桥！"本来，愤怒的汽油早已撒遍中国大地，《文汇报》"三五"、"三二五"事件的火花，点燃起反张春桥的熊熊烈火。

张春桥的神经，像二胡的弦，一下子拧紧了。

张春桥的眼睛，天天盯着《内参》；张春桥的耳朵，夜夜听着各地爪牙从长途电话中传来的密报。

3月11日，福建省中部并不很出名的三明市，街头突然贴出长篇大字报《论扩大共产主义思想的宣传——批判党内走资本主义道路的当权派张春桥》。作者是三明市农机公司的赵大中。大字报明确指出："张春桥是坏人！"

3月25日晚，南京大学有30个小组上街刷大标语：

"揪出《文汇报》的黑后台!"

"谁反对周总理就打倒谁!"

南京轰动了!

这时候,来往于南京站的一列列火车,成了大学生们刷大字标语最集中的地方。因为火车一开动,刷在车厢上的大字报便成了"流动标语",北上北京,东进上海沿途点火,全国轰动。

大学生们最得意的一条大字标语,便是:"谁反对周总理,就砸烂谁的驴头!"

"驴头"是谁?一想到张春桥那如驴之头,个个哑然失笑。

其实,前文已经说过,姚文元在1976年2月11日的日记中,就有预感:

> 天安门有反革命传单曰:打倒张、姚,还有什么"打倒少壮派"。"少壮派"一类是国民党、苏修的惯用语。为人民的敌人所仇恨,"打倒",不胜光荣之至。……我手无寸铁,就一支笔,且是铅笔。"打倒"除杀头坐牢之外,就是把我这支笔剥夺掉。

姚文元在3月27日的日记中写道:

> 南京冒出一批针对上海的大字报,还有"揪出赫鲁晓夫式的野心家"、"反对抢班夺权"一类标语,据说弄了一批学生(大多是高干子弟)上街。
>
> 这是阶级斗争尖锐化的表现。
>
> 每次运动发展到一定时候,反动势力都要跳出来"示威"一番。也好,让革命群众多看看。只是中央政治局太迟钝了。
>
> 又快到"四·一二"了,又要"炮打"了。
>
> 主流是好的,革命群众精神振奋地在批邓中前进。"同右倾翻案风对着干,敢挑千斤重担夺高产。"这是工人阶级的声音。朝农批资产阶级法权达到相当深度。
>
> 清明节将要到,发现南京、北京、太原都有借此搞"悼念"总理的活动而闹事的苗头。

姚文元日记中所谓"南京冒出一批针对上海的大字报",这"上海"其实应写作"上海帮"!

3月30日,王洪文对《人民日报》总编鲁瑛下达"指示":"南京事件的性质是对着中央的","那些贴大字报的是为反革命复辟造舆论"。

王洪文的话,为南京事件定性。

3月31日,南京人民对"驴头"指名道姓了。南京市中心一座大楼上,醒目地挂出大字标语:"打倒大野心家,大阴谋家张春桥!"

4月1日,南京铁路中学校园水泥地上,刷出大字标语:"打倒张春桥,清除隐患,挖出定时炸弹!"

从南京传来的每一条消息,都使张春桥惶恐不安。他无法稳坐钓鱼台了。姚文元不时

■ 张春桥与姚文元

从《人民日报》那里，把"炮打"的消息告诉张春桥。张春桥忽地问姚文元："你读《红楼梦》，最欣赏的是哪一句话？"

姚文元茫然，不知张春桥为什么突然提及《红楼梦》。

张春桥自己答复了自己的提问："赤条条，来去无牵挂！"说罢，一声长叹！

张春桥的话，倒使姚文元记起《红楼梦》中的另一句格言："一荣俱荣，一损俱损。"

姚文元在4月1日的日记中写道：

> 南京"大字报"已点了张春桥的名，是"打倒"、"揪出"、"野心家"、"阴谋家"，……还是林彪在庐山会议上那一套。
>
> 昨晚政治局开六人"紧急会议"，我坚持起草一严肃的通知。今日主席即批准此通知，发江苏并发全国。估计这几条下去，会对这股猖狂反扑的妖风起当头一棒的作用，而使人民更加认识邓小平的反动性。但斗争不会就此止歇。
>
> 有一个地下资产阶级司令部在活动，这一点更清楚了。

姚文元和王洪文给南京打电话，充当灭火消防队。

于是，南京广为张贴《"四·一"电话通知》。这一电话通知，便是姚文元起草的：

中共中央电话通知

一、据了解，最近几天，南京出现矛头指向中央领导同志的大字报、大标语，这是分裂以毛主席为首的党中央、扭转批邓大方向的政治事件。你们必须采取有效措施，全部覆盖这类大字报、大标语，对有关群众要做好思想工作，要警惕别有用心的人借机扩大事态，进行捣乱、破坏。

二、对这次政治事件的幕后策划人，要彻底追查。

三、所谓总理遗言，完全是反革命语言，必须辟谣，并追查谣言制造者。

四、任何人不准冲击铁路。

中共中央
1976年4月1日

不言而喻,所谓"矛头指向中央领导同志",亦即"炮打张春桥"的文绉绉的代用词。在4月1日晚,中共中央政治局开会,研究紧急局势。

4月2日凌晨,联络员毛远新给毛泽东写了报告,报告中共中央政治局会议情况:

主席:

4月1日晚,政治局讨论了几件事:

一、当前全国各地流传所谓"总理遗嘱""总理给主席的诗词"欺骗了一些不明真象[相]的人,干扰破坏当前反击右倾翻案风的斗争,南京已有人借故闹事,还要利用清明节(4月4日)搞什么扫墓活动,并要以纪念杨开慧烈士名义送花圈。北京等地也有很多类似的东西,这个动向值得注意。

除电话答复江苏等地外,中央可以正式发一文件,说明所谓遗嘱之类,是敌人造的谣言,干扰破坏当前的斗争大方向,要追查,不要上当。

二、今年五一节活动。

有的同志提出不搞游园活动了,应改革一下,还有见报也不好安排等。

讨论结果,五一节的活动今后可以改革,一年搞一次(国庆节)即可。但今年改变不利,当前国内外敌人都说我们乱了套,要钻空子,历年有活动,今年不搞影响太大。要利用这个机会体现安定、团结,庆祝反击右倾翻案风的初步胜利,鼓舞全国人民,今年五一节活动还是按去年的办法不变。

至于中央同志登报排列,可分三个公园分别报导,不搞通栏,只登政治局同志、副委员长、副总理,不搞过去上千人的大名单。

建议邓小平同志不出席,其它[他]政治局同志尽量都出席。

三、3月初主席指示,《毛主席的重要指示》暂时就传达到县团级,暂不扩大传达。目前干部已学习了近一个月,党员、基层干部普遍要求传达,是否可以考虑下一步再扩大传达到支部书记和各级机关的党员干部。

上述意见当否,请主席指示。

如同意,国锋同志准备正式向主席写报告。

毛远新
4月2日

张春桥陷入了第三次炮打之中。他,经历了一次又一次政治危机,已经横下一条心。1974年4月20日,张春桥在写信给儿子张旗(小名毛弟)的信中,透露过自己的心迹:"在九届二中全会上,我思想上已准备全家被杀了……"

此后,在姚文元面前,张春桥曾露出一句真言:"爬得高,跌得重哪!"

前两回的炮打,他靠江青、林彪替他解围。这一回,怎么办呢?

天安门广场燃起反"四人帮"怒火

4月3日,姚文元在日记中写道:

> 继江苏、浙江等地后,反动标语开始在北京出现。昨天天安门人群激增,用所谓"悼念"总理发泄对运动的不满,发表反革命演说和反革命口号,有的还公开反共,这是没落垂死势力的挣扎和疯狂反扑的一种表现。他们是否已用完了它的后备力量,我看还没有。资产阶级知识分子(如科学院、七机部)是它的基础。……而这一切说明:如果党内走资派得适(势),不仅是丧失社会主义革命成果,民主革命成果也会丧失。反共的"还乡团"会一起扑上来残杀、镇压劳动人民。还有一个搞匈牙利、林彪式政变的反革命口号是:"我们要民主!不要法西斯!我们要周总理,不要佛朗哥,更不要那拉氏。"还有的人煽动成立群众组织,"要坚强,要防止一个个被击破"。这也是林彪一伙的反革命口号……
>
> 中国这个国家,激烈的斗争不断,但解决矛盾(某一个方面、部分)却总是不彻底。为什么不能枪毙一批反革命分子呢?专政毕竟不是绣花。

就在姚文元希冀"枪毙一批反革命分子"的时候,南呼北应,南京的反张烈火尚未扑灭,蓦地,首都北京天安门广场烈火升腾,在丙辰年清明节总爆发了。

红色的广场,英雄的广场。1919年5月4日,3000多爱国学生在天安门前聚集,燃起了五四运动革命烈火。如今,四五运动又在这里爆发!

清明节——农历三月初五,阳历4月4日,正值星期天,涌向天安门广场的人们达200万人次!一个又一个白色花圈,郑重地放在人民英雄纪念碑前,无限哀思,一片深情,献给离世三个月的周恩来总理。据统计,从3月19日北京朝阳区牛坊小学的红小兵在纪念碑前献上第一个花圈,至4月4日深夜,共有1400多个单位献上了2073个花圈!

银花簇拥在纪念碑四周,诗如潮,歌似海。这一回,人们用一首首诗歌发出了心底的吼声,作为一发发炮弹,射向江、张、姚(当时王洪文的面目,尚未完全暴露)。

一首题为《向总理请示》的诗,在天安门广场贴出之后,飞快地流传开来,脍炙人口:

> 黄浦江上有座桥,
> 江桥腐朽已动摇。
> 江桥摇,
> 眼看要垮掉,
> 请指示,

是拆还是烧?

这里的"江桥摇",正是"江"青、张春"桥"和"摇"(姚)文元的"合称"!
一首《赠某女士》,一时间万人争相传抄:

> 某女士真疯狂,妄想当女皇。
> 给你个镜子照一照,看你是个啥模样?
> 纠集一小撮,兴风又作浪;
> 欺上瞒下跳得欢,好景终不长。
> ……

这"某女士"何人?谁都一清二楚。
还有那首《大家看看什么人》,也是传笑一时:

> 真戏子,假党员,穿戴时髦臭美脸。
> 资产阶级野心家,天天梦想当太后。

《张三李四》之诗,人们悄声附耳作"注释":

> 狐鼠幽会仙人洞,张三李四成了精。
> 乔装打扮"我独革",恶直丑正惑君听。

"张三"何人?张春桥也。"李四"呢?那《庐山仙人洞》照片的作者李进,亦即江青也。
还有那需要"注释"的诗:

> 稗草妄自称乔木,腥风岂非出青萍。
> 诡言千番难成理,八亿心红眼自明。

那"乔木",分明是张春桥的"桥"字,而"青萍"则指"江青"、"蓝苹"。
在天安门那众多的诗词中,忽地冒出许多悼念毛泽东前妻杨开慧的诗篇,颇为耐人寻味:

> 自古长江从天落,巾帼英雄有几何?
> 开慧烈士最忠贞,伴随主席鏖战多!

人们怀念杨开慧,那是因为江青是"白骨精"!有的诗颂杨贬江写在一起,更显示了人们的爱憎：

  风中青草乱俯仰，骄杨挺立壮巍巍。
  神州且为忠魂舞，高歌一曲颂开慧。

那"青草"，指的是江青，"骄杨"则不言而喻指杨开慧。

一时间，声讨"白骨精"、"女妖"、"新慈禧"的诗，铺天盖地。人们对江青的怒火，在胸中郁积多年，终于大爆发了！

一首《读3月25日〈文汇报〉有感》，斥责张春桥为"伪君子，卖国贼"：

  三月二十五，妖雾起黄浦，
  《文汇》充当马前卒。
  攻击总理真露骨，
  当用开水煮！
  伪君子，卖国贼，
  谋权篡政心太黑。
  几番梦中称王侯，
  无奈是鼠辈。
  好儿女，皆揩泪，
  总理灵前列成队。
  驱妖邪，莫慈悲，
  要以刀枪对！

令人捧腹的是一张题为《给〈文汇报〉开的诊断书》的大字报，署名"赤脚医生"。人们拥着挤着，围在大字报前。于是，不得不由一个小伙子高声朗读。一边读，人群中一边发出轻蔑的哄笑声：

给《文汇报》开的诊断书

《文汇报》负责人：

  读贵报3月25日奇闻，真为你的身体担心，让我给你检查一下吧：哦，原来发了高烧，发烧引起神经错乱。建议赶紧治疗，否则亿万人民不饶。治疗方法：

  一、把你们的意图写到题目里去，大张旗鼓地讲嘛！古云：人逢喜事精神爽，死到临头便发狂。可以再发表令人一目了然的文章。那时人们的眼睛就会闪光——红光。同时你们的眼睛也会闪光——绿光。这样会收效如神。除不如仙人之外，自然病除。以为上策。

二、停刊万年吧。大为遗憾,不能除根,引为下策也。

说得对,吃我的药;说得不对,分文不取。见笑,见笑。

赤脚医生
丙辰清明

思念总理,总是伴随着斥责奸佞之辈。一首《斩河妖》,锋芒直逼江、张、姚:

斩河妖
读3月25日《文汇报》翻案奇文,怒火满腔,挥笔疾诗。
翻案图穷匕首见,攻击总理罪滔天。
浦江摇桥闪鬼影,誓斩河妖红霞现。

诗中"浦江摇桥",指的便是"江"青、"摇"(姚)文元和张春"桥"。

悼总理,斥妖魔。人们用诗痛斥姚文元:

谁说清明是四旧?
谁说清明习惯臭?
年年奠祭我先烈,
今发禁令何理由?

又有诗道:

前番悼念,又哄又压。
今朝扫墓,变本加厉。
言称四旧,用心毒辣。

还有的诗,诅咒姚文元道:"谁言献花是旧俗,明朝他死定无花!"

更有"万万千作词,千千万抄写"的《捉妖战歌》,从南京传至北京,痛快淋漓地斥骂江青和张春桥:

妖风起处,定有妖精,
妖为鬼蜮,必显灾情。
乱党乱军,祸国殃民,
尾巴高翘,始露原形。
原名狸精(江青笔名"李进"的谐音——引者注),

化名蒋亲（江青的谐音——引者注），
年方六十,实在年轻。
奇装异服,迎接外宾,
妖态百出,不得人心。
攻击总理,手段卑鄙,
蒋帮敌特,配合密切。
欺骗主席,罪大恶极,
狐假虎威,借助钟馗。
鬼喊打鬼,贼喊捉贼,
当年武斗,她是罪魁。
有个同伙,妖法更多,
名叫蠢翘（"春桥"谐音——引者注）,最会奸笑。
两妖合作,收集喽罗,
篡权计划,有纲有目。
先夺舆论,伪装老左,
谈古论今,蛊惑人心。
侈谈什么,儒法斗争,
无非想当,封建皇帝。
自己复辟,不须放屁,
打击正直,排除异己。
滥用法权,施出诡计,
既想遮天,又想盖地。

广州半导体材料厂青年电工庄辛辛从羊城写信给《人民日报》编辑部,发出了南国人民的声音：

我们的呼声

支持邓小平！打倒张春桥！
支持邓小平！打倒姚文元！
支持邓小平！打倒江青！
敬爱的周总理,永远活在我们革命人民心中！

地不分南北,人不分老幼,发出了同一个声音——打倒江青、张春桥和姚文元。然而,却没有提到王洪文。王洪文的面目,在当时还不很暴露。副主席的光圈,周恩来追悼会的主持人,16次陪同毛泽东会见外国首脑给人们留下的深刻印象,使得王洪文还没有遭到"千夫指"。

那些日子里，王洪文显得异常活跃。在"四人帮"之中，他是唯一没有被群众点名的，他显然比江青、张春桥、姚文元的处境要主动得多。为了保护他的三个同伙，王洪文扔下钓鱼竿、鸟枪和扑克牌，打出了副主席这一王牌。

当初造反之际，张春桥为王洪文撑腰。如今，王洪文又庇护张春桥。

天安门事件爆发后，张春桥和姚文元只能躲在人民大会堂里，用望远镜观看广场上那澎湃的怒潮，捏了一把冷汗。

王洪文却坐着轿车在天安门广场东钻西窜。看了一圈之后，王洪文给从上海"选拔"、安插在公安部中共核心小组的祝家耀打电话："你还在睡觉啊！我刚到天安门去看了一下，那些反动诗词你们拍下来没有？不拍下来怎么行呢，将来都要破案的呀！要不，到哪里去找这些人呢？你们应该组织人去把它拍下来，要考虑到将来的破案！"

这时，张春桥作了重要的补充："要派便衣去！便衣很起作用，只有便衣才能深入到群众中去，了解最重要的情况。"

于是，大批穿着便衣的公安人员，混进了天安门广场那愤怒的人群。

姚文元指派一批记者，也混进了人群。

记者们编造假情况，印在《情况汇编》上，混淆视听，把正义的怒火诬为"反革命事件"。

王、张、江、姚在人民大会堂东大厅，接见了这些记者。

姚文元介绍说："他们就是搞天安门情况的。"

王洪文马上以副主席的身份，表彰道："你们有功劳呀！"

■ 1976年清明节，天安门广场上花圈如山，人潮如海。

江青的话最多,不断地说:"我们胜利了,祝贺你们!"

江青还"亲切慰问"他们:"你们挨打了没有?"

王洪文高高地举起酒杯,对记者们高喊:"干,我们为胜利干杯!"

干毕,张春桥才说出了几句至关重要的"指示":"那帮家伙写反动诗,就是要推出邓小平当匈牙利反革命事件的头子纳吉。他们的后台,就是邓纳吉。我们的报道,一定要注意把天安门事件与邓小平挂起钩来!"

丙辰天安门事件被定为"反革命事件"

中国,进入了大拼搏的时刻。

4月4日——星期日的晚上,中共中央政治局在紧张的气氛中召开会议。主持者是华国锋。谁都心中明白,要对正在天安门广场发生的事态摊牌。

华国锋两道浓眉仿佛拧在一起。往日,他出席中央政治局会议,不大开腔。眼下,他是代总理兼公安部长,是毛泽东指定他主持中央工作,把他推到第一线,他不能不明确表态,无法再保持"中立"。

1976年2月25日,在党中央召集的各省、市、自治区和各大军区负责人会议上,华国锋已经作了一次表态:"当前,就是要搞好批邓,批邓小平同志的修正主义错误路线,在这个总目标下,把广大干部、群众团结起来","对邓小平同志的问题,可以点名批判"。

会议开始不久,由北京市委第一书记吴德报告天安门广场的情况。姚文元的秘书匆匆进来,递给姚文元一张纸条。姚文元看了一下,马上就说话了:"天安门事件,究竟是什么性质?我来念一份大字报。这是刚刚在纪念碑前贴出来的,许多人围在那里看。《人民日报》记者也在现场,抄了下来,打电话传录,说是一个极其重要的情况。标题叫《大事记》……"

姚文元念起了《大事记》:

一、1974年1月,江青扭转批林批孔运动的大方向,企图把斗争矛头对准我们敬爱的周总理。

二、1974年2月,江青背着中央接见外国传记记者,污蔑中央领导同志,污蔑文化大革命,并企图在四届人大争当总理。

三、1975年1月,主席识破了江青的野心,召开了四届人大,邓小平同志重新回到了中央工作,取得了斗争的初步胜利,全国人民欢欣鼓舞。

四、1975年7月,主席严厉地批评了江青,停止其在中央的工作,周总理养病期间,中央的工作由邓小平同志主持,斗争取得了决定性的胜利,全国民心大快。

1976年4月4日

江青听罢,拍案而起,像扫机关枪似的,冲着华国锋说道:"这种大字报,贴在天安门,恶毒攻击中央首长,你管不管?中央的人身安全还有没有保证?是谁把党内的机密,泄露出去，要不要查？写大字报的人，要不要抓？天安门广场闹得这个样子，你这个代总理、公安部部长，还管不管？如果你不管，我去找主席去！"

江青从姚文元手中，夺走那张《大事记》，站起来要走。

华国锋连忙请这位"第一夫人"坐下来。

江青气鼓鼓地坐下，朝毛远新说道："远新，你好好记一记，回去向主席汇报。尤其是华代总理的话，你一句一句都要记清楚！"

华国锋一脸尴尬地坐着。

姚文元这么一煽，江青这么一问，"军师"在节骨眼儿上说话了。张春桥的话不多，他的一句却起码顶江青十句。张春桥慢条斯理地说："天安门闹事，使我想起了20年前的匈牙利，想起了那个纳吉。纳吉原先是匈牙利的部长会议主席，给赶下了台。他在1956年就煽动闹事，发动叛乱，当上总理。我看，邓小平就是今天的纳吉，中国的纳吉！"

王洪文马上附和道："春桥同志说得对。天安门闹事的总后台，就是邓小平！刚才文元同志念的大字报上，那些家伙不是说，'中央的工作由邓小平同志主持，斗争取得了决定性的胜利'。国锋同志，政治局该对天安门闹事采取强硬措施了……"

华国锋终于决定采取紧急措施。

以下是4月4日中共中央政治局会议记录，抄自毛远新的记录本，文中的错别字是毛远新记录中原有的：

华（国锋）：
今天研究一下天安门的情况。
很严重，很恶毒的，一批坏人跳出来了，写的东西有的直接攻击主席，很多攻击中央，煽动群众，打架。

吴德：
在纪念碑前送花圈的二千零七十三个，单位一千四百多个单位次，有的不写单位，有的冒充某单位，3号五百零七个单位送八百多个，4号四百二十个单位送四百五十个，大的有六米直径，一部分写人民烈士的，一部分写总理。

3号有二十万人，4号有七八万人，最多的是七机部、科学院，其次是四机部、铁道部、外贸部。

北京市：广播器材厂（761），曙光电机厂、青云仪器厂。

重型电机厂，送了个钢焊的花圈。送的比较多的单位，都是问题比较多的单位。

多数人是出于怀念总理，有的是学校到那里去宣誓，批邓、教育干部。

4月2日就开始有恶毒的，有的煽动、讲演，反动的实质很清楚。

诗词、悼词、小字报，有四十八起是恶毒攻击主席、中央的。

敌人利用这件事，性质和南京是一样的。

1. 采取的措施：

1）当场取证、拍照。向群众说这是反动的。结果有的公安人员被打。

2）看准了是反动的,有人盯着,离开人群以后再抓,拘留了十个人。

拂晓前清理一次,把花圈取走。

看热闹的人是多的。有的坏人来送,带一帮打架的人。

基层工作。主要是把中央的电话通知下去了,今天明显减少了,向群众说明是坏人利用群众的心情,攻击主席、中央、破坏批邓大方向,群众还是听的,很多人明白以后说不能去上阶级敌人的当,很多单位把花圈折〔拆〕了,大多数群众是拥护中央通知的,知道所谓"总理遗嘱"是敌人造的谣,广大工人说不能上敌人的当。

投入了五千民兵,三千公安人员,都着便衣,以民兵的身份出现,做了大量保卫、劝说工作。

对外部（地）进入北京的火车车辆,有各种大标语的都在丰台刷掉。

看来这次是一个有计划的行动。

邓小平从（19）74年——（1975）年他作了大量的与〔舆〕论准备,什么批林批孔是批周公,什么反经验主义是揪总理,并造了大量与〔舆〕论说某某人要夺总理的权,今年出现这件事是邓小平搞了很长时间准备形成的。

明显地〔的〕是拿死人压活人,是党内有走资派把矛头直接指向主席的。

性质是清楚的,就是反革命搞的事件。

文化大革命以来没有这次这样的逆流。过去是都是说想念毛主席,这次根本不提主席,敌人比过去更猖狂。

华：

这次有个迷惑人的借口是《文汇报》的3月6日、24日来骗人,说是《文汇报》实际上是攻击中央的。

这次利用清明节跳出来搞的是阶级斗争的表现,要追查谣言,深入进行批判。

……

即便在那样忙碌的时刻,姚文元仍不忘写日记。他在4月4日——清明节那天的日记中写道：

今日高潮仍是国家机关、七机部、科学院等居多。有的花圈奇形怪状,挂在吊灯上。

海燕在汹涌的波涛上迎风飞翔,共产主义战士在阶级斗争的大风大浪中锻炼成长。反革命活动会锻炼出一批革命派,这也是历史的辩证法——太顺利了不好。

晚政治局开会,我接到人民日报记者电话,告广场上有人进行反革命演说,直接点了江青的名,内容极坏,无人制止。我立即向政治局报告,激起了多数同志的愤慨和警觉,决定立即逮捕这两个反革命,清除花圈,派民兵、部队戒严、封锁道路,明天一律不准再送花圈。吴德和倪志福同志紧张地走了。不久,即听到这个坏蛋被捉住的消息。无产阶级专政总得有一点"专"的样子呵！太软了！

北京市还是努力做工作的。只是谣言一时难以全部肃清。问题还在部队中。

前两个月批邓中我曾说:如果下次再来比这次更厉害时,人们都当作只是一种可能性而已。但果然如此!从全国看,太原、西安、沈阳均有发现。凡不批邓的都在保周的口号下集合起来了。这是一次阶级阵线的鲜明划分。

《斥"秃子"》怒斥姚文元

联络员毛远新也很忙。4月5日,毛远新就中共中央政治局4月4日讨论天安门事件的情况,给毛泽东写了报告。这一报告经毛泽东圈阅。文中错别字是原件中原有的,笔者以中括号注正确的字:

主席:

4月4日晚,政治局分析了当前北京的情况:

几天来,向天安门前烈士纪念碑送了两千多个花圈,大的有六米。去的人每天有几万人,3日达二十万人次。最多的单位是七机部、科学院,其次是四机部、铁道部、外贸部,北京有的工厂在动员后仍送去钢铁焊成的花圈。多数是悼念总理,少部分有隐射攻击中央的,个别是非常恶毒的。4月2日起,有不少人当场致悼词,读诗词,有的贴小字报、标语、传单。其中不少内容是以悼念总理为名,分裂、攻击中央,有的直接攻击毛主席,还有人上去发表煽动性演说,宣读十分反动的传单,语言极为恶毒,下面有人组织鼓掌,要求再读一遍。有的人上去读反动材料,周围有一帮打手,谁去干涉就挨打。4月4日晚有人公开读一个传单,说邓小平上台是决定性胜利,反击右倾翻案风是一小撮人搞的,某某人反总理,某某人想夺权等等,大群人围着听,(还有外国人)有人帮助照明,他连续五遍,完全是攻击中央,攻击主席的。

北京市委组织民兵、公安人员在现场,这几天已发生五十来起反动的案件,民兵一起去干涉,结果被挨打,已打伤很多人,公安派出所也要冲击,天安门的卫兵干涉一个人爬上旗杆发表演说,被打伤。这样大量的在天安门前集中那么多群众场合下,公开发表反革命的演说,直接攻击毛主席,是建国以来没有的。

很显然,这是有计划有组织的,不仅北京,全国不少地方都有。这是去年以来大量散布反革命谣言,造反革命与[舆]论准备的继续和发展,去年邓小平说批林批孔就是批总理,批经验主义就是揪总理(上海马老的揭发)。他带头散布了大量谣言,社会上吹得更凶,去年一直未认真追查和辟谣。今年邓小平的名声不好,就抬出总理在群众中作文章,攻击反击右倾翻案风是反总理,利用死人压话[活]人,利用总理在群众中的威望来为邓小平效劳,编造大量所谓"遗嘱"、"诗词"、"谈话"等等东西美化邓小平,于是谁要批邓,谁就是反总理了。这种看法颇有些煽动性。

这次敌人活动如此猖狂,不足为怪,主席的重要指示,打中了资产阶级(主要是党内资产阶级)的要害,这次是反革命性质的反扑。当然送花圈的人多数是受人挑拨煽动,出于对总理的怀念,有的工厂(石景山)工人可以把"遗嘱"全文背下来,还边读边流眼泪,是上当受骗的。但是在清明节(这也是孔老二的一套)这样大规模的集中搞,显然有人在策划。

政治局的同志分析,阶级敌人猖狂跳出来是件好事,他们只能靠谣言、靠死人来煽动不明真相的人,说明他们日子实在不好过,也没有什么了不起。但是也要提高警惕,防止挑起更大的事端,这次看出存在一个地下的"裴多菲俱乐部",有计划地在组织活动。因此也要防止万一,采取一些必要措施。

在北京,第一,继续发动各级党组织作好群众的工作,揭穿谣言,教育群众不要上当。中央准备转发公安部一个报告,在全国揭露敌人的阴谋,并发动群众追查政治谣言,在"五一"前搞一次大的反击。(正起草)

第二,首都工人民兵组织好,(目前已准备了五万人)向广大群众作宣传、教育,打击暴露的反革命活动。公安机关密切配合破案。(目前已抓了十几个在天安门搞反革命宣传的人)

第三,卫戍部队要有充分的思想准备和组织准备,向干部战士讲清当前斗争的实质,防止敌人挑起更大事端。特别是8341部队,应向全体战士传达主席的重要指示,讲清当前天安门前是什么事,不能只看成是群众悼念总理的活动,而是反革命煽动群众借此反对主席,反对中央,干扰破坏斗争的大方向。否则一旦有事,战士可能同情闹事的人,甚至出现匈牙利事件那样,部队不愿意向反革命进攻。

第四,北京军区要稳定,指定一定的机动部队,以防万一。

政治局决定,鉴于纪念碑前反革命活动越来越猖狂,从今晚(4号)开始,清理花圈和标语,估计会有人捣乱,已调了三千民兵在广场周围,卫戍区三个营(尽量不用部队出面),明天开始,布置民兵围绕纪念碑,劝说阻止群众去送花圈和集会,不再允许进入这个范围。

截止[至]目前(5日晨五时)在五万民兵和三千公安人员的包围下,抓住了当众宣传反革命传单的人及其保镖。把周围保护那个反革命分子一百多人集中起来,进行教育,肃清流毒,其中二十多人身上都有反革命的传单,材料。群众基本走散,现场正在清理,花圈都送到八宝山。进行得还顺利。

估计下一步会出现两个可能:一是暂时地平息下去;一是挑起新的事端,敌人会利用"中央有人反总理,连送花圈悼念活动都不许"的借口去煽动,以致导至[致]战斗。

这样安排如有不当,请主席指示。退毛远新

4月5日晨

4月5日中午,人民大会堂。一扇玻璃窗后边,一双三角眼在望远镜后面窥视。张春桥看毕,颓然把望远镜递给站在身边的姚文元。面对从四面八方自动涌来的成千上万戴白花、挂黑纱的人们,张春桥和姚文元脸色惨白,手心的冷汗把望远镜弄得湿漉漉的。

愤怒出诗人。一首无名氏所作的题为《向总理请示》的诗,在天安门广场上贴出以后,传诵一时。

另一首题为《斥"秃子"》的诗,锋芒所向,直指姚文元。这首诗痛斥了姚文元的卑劣行径——1976年2月6日,姚文元指令《参考资料》(人们习惯地称之为《大参考》)转载香港某报一篇极其恶毒污蔑周总理的文章,往尸骨未寒的周总理身上大泼污水。

> 2月6日大参考,
> 为何举起敌人刀?
> 是疏忽吗?
> 不,是鬼花招!
> 必须老实交待,
> 是谁拍板定稿?
> 你想造谣中伤吗?
> 总理白璧无瑕,品德崇高。
> 你想借刀杀人吗?
> 总理周围有八亿人站岗放哨!
> 来吧,
> 小心你头上那几根秃毛!

又有一首《秃儿想掘坟》,怒斥姚文元:

> 神州欲变,
> 风雨已弥天。
> 昏星暗月,
> 红日当空已难显。
> 自从总理别世去,
> 灰撒锦绣江山。
> 百花痛,含悲念,
> 声泣语更咽,
> 人心皆怀念。
> 秃儿想掘坟,
> 悲剧又重演。
> 妖婆想统赤县,
> 自称武则天。
> 长江日夜向东流,
> 聚义群雄在人间。

还有一首《三人只是一小撮》,诗中暗藏"桥"、"摇"、"江",谁都明白所指何许人:

断桥飘摇春寒冷,浦江浊水走鱼精。
挥的撒下铺天网,刀下鱼精现原形。

在诗潮怒火之中,密探混迹于人群,抄来天安门广场上一首首"反诗",如利箭钻心。姚文元自知"江桥"在"摇",面临倾覆的危险。

他,用颤抖的笔,在日记本上写下他所"目睹"的"天安门广场的表演"——4月5日日记:

今天经历了惊心动魄的阶级斗争,我目睹了反革命暴徒在天安门广场的表演,并自始至终参加了镇压反革命分子的斗争。

下午2时,政治局紧急开会,人民(天安门)广场上发生了赤裸裸的反革命煽动、反革命暴动事件,打了解放军,烧了汽车,打了民警,打了革命群众,并且冲到人民大会堂东门。一批人在记(纪)念碑进行反革命煽动,号召成立反革命组织,以"悼念"总理为名猖狂地把矛头指向伟大领袖毛主席,指向中央,提出要邓小平上台,喊"总理万岁!万万岁!"一个有组织、有计划的反革命阴谋越来越露骨。

今晨,我已把人民日报一份记者手写的情况在政治局会上报告并请远新同志报主席。其中提到反击右倾翻案风是"一小撮野心家"搞的,邓小平主持工作是他们"决定性胜利"。听了这个情况,我提出此事已带有反革命政变性质,要立即采取措施,开短会,不要多议。当即决定:由吴德发表讲话,指出这是反革命性质事件,号召群众离开广场,然后立即组织民兵进行包围、分割后均(拘)留其骨干分子,予以有力打击。

3时散会,我先到人民大会堂北京厅外,看见了广场全景,四大批人拥来拥去,两堆火还在历史博物馆外燃烧。我即请政治局同志都上来看一看,在江西厅,大家都来了。这是触目惊心的反革命事件,一场匈牙利反革命事件的前奏。碑前核心部分有一批坏蛋始终不动,谁去反对就打谁,另有一伙人进行反革命演说,送花圈、贴传单。外面有好几万人,流来流去。再外面有一批骑脚踏车的人飞快地来回巡逻,看来是通风报信的。还有不少小汽车,有不少是部队的。不一会,解放军营房的小楼着火了,又一辆车着火了,火光熊熊,黑烟冲天。于是,看见楼上把被子、床单、衣服、书籍、纸张一批一批地从窗口掷了出来,掷到火中去烧。救火车无法接近。望远镜中,看见有一个家伙爬上纪念碑放了一个大花圈,用绳子把它围起来。政治局同志看到这一切,无不仇恨满腔,阶级斗争是这样尖锐,这已经是武装暴乱性质了!

大喇叭还不响,我们很急,一再查问。华国锋要求王洪文、张春桥、我留下来处理。

我同意。终于,在6时25分,人民广场的大喇叭响了,吴德同志录音讲话反复讲反复播放。大喇叭一响,立即看见广场上的人大多数人潮水一样一批又一批向北退去,不到一小时,广场上人已大为减少,看热闹的走了,核心部分就越来越暴露在面前。

9点25分,民兵开始行动。

一小撮反革命分子在无产阶级专政威力下迅速被击溃。带着棍子的民兵雄赳赳、气昂昂地开进广场,从南北两方面加以包围,敌人彻底瓦解了。

晚,政治局开会听汇报。战果辉煌。

抓住了二百多人,放了一些之外,还留下一百多人,突击审查。

强大的"革命暴力""摧毁"了弱小的"反革命暴力"。

姚文元预感到末日不远了。他,磨刀霍霍,要以笔为刀进行大讨伐了。

姚文元成了"戈培尔第二"

在"四人帮"之中,姚文元处于最前线。这位"舆论总管"每天都要发布消息,指挥舆论工具。

姚文元尤其严密控制中共中央机关报《人民日报》。当时的《人民日报》总编辑叫鲁瑛。姚文元不断给鲁瑛发出指示……

1998年11月25日,笔者在北京人民日报社采访了鲁瑛。

鲁瑛虽然年逾古稀,但是身体硬朗,居然还在上班!

据鲁瑛说,他1927年10月3日出生于山东黄县。黄县位于渤海之滨,烟台之西,招远之北。黄县当年是山东的富县。谚云:"山东一百○八县,饿死一百○七县,饿不死黄县。"

鲁瑛说,尽管如今连他的身份证上都写着"鲁瑛"这名字,其实他并不姓鲁。他原名刘殿松。现在除了档案上的记载之外,几乎很少有人知道他的原名。

■ 叶永烈采访《人民日报》原总编辑鲁瑛

鲁瑛这名字，像女性的名字。他这么个七尺男子，怎么会取了个"鲁瑛"的名字？面对我的提问，鲁瑛打开了话匣子。

他说起了"鲁珉"，我马上记起这十分熟悉的名字。在1971年的"九一三"事件中，担任空军作战部部长的鲁珉，曾是重要的人物之一：1971年9月11日晚，林彪之子林立果在北京西郊机场，向鲁珉出示了林彪的手谕，要鲁珉驾机炸毛泽东专列。鲁珉深知此事要冒天下之大不韪，故意把眼睛弄红肿了，第二天住进医院，躲避此事……紧接着，便发生了林彪在蒙古"折戟沉沙"的"九一三"事件。

我问鲁瑛：鲁珉是不是你的兄弟？

鲁瑛笑道，鲁珉其实也不姓鲁，原名刘振渊，只是他的中学同学而已，不是兄弟。

原来，鲁瑛和鲁珉在中学里，都是"展扬户"——也就是"冒尖户"。不仅成绩优异，而且体育运动也很突出。那时，不论是篮球、排球、马拉松跑、撑竿跳高、徒手跳高，鲁瑛都是全校第一；鲁珉在体育运动方面也是样样在行。

此外，班上还有一个同学，名叫曲道原，在美术方面是"冒尖户"。

当时，正值抗日战争期间，他们三人都向往中国共产党领导下的抗日根据地，想去报考设在根据地曲阜的山东大学。不过，生怕去了根据地会连累家人，他们三人决定改名换姓。

换什么姓呢？他们三人都一致同意改姓鲁，因为鲁是山东的简称。至于名字，都用"王"字旁，起好三个名字："瑛"、"珉"、"琦"。谁叫什么名字，以抓阄来定。

刘殿松第一个抓阄，抓了个"瑛"字。他很不高兴，觉得这名字像女人的名字。但是这名字已经抓在他手里了，不肯也得肯。刘振渊抓了个"珉"字，从此叫鲁珉。曲道原则从此叫鲁琦。

不过，临出发之前，鲁琦给家里拉回去了。鲁瑛和鲁珉进入了根据地，进入了山东大学……

在山东大学，鲁瑛分配在第四班。那时候，条件很差，学生们睡地铺，挤在一起。鲁瑛传染上疥疮。

就在这时候，部队来挑人进空军。鲁珉身体棒，被选中了，进入空军。照理，鲁瑛也完全可以进入空军，只是那讨厌的疥疮，使他在体检时遭到否定！

后来，鲁瑛被分配到文教部门：先是到山东《渤海日报》当记者，后来进入山东《大众日报》。接着来到上海《解放日报》，担任党委委员、党委办公室主任。

1966年6月初，上海《解放日报》总编辑、党委书记马达突然找他谈话，要他前往北京人民日报社工作。后来他才知道，当时陈伯达奉毛泽东之命，率工作组"接管"人民日报社，急需抽调一批干部充实工作组。原本是要调马达去人民日报社的，中共上海市委第一书记陈丕显不同意，于是根据中共上海市委决定，调鲁瑛和邵以华赴京。

鲁瑛以为是临时出差，翌日带了一个小包飞往北京。没有想到，这一去，竟然在人民日报社"扎根"，再也没有回上海工作。

刚去的时候，根据陈伯达的意见，鲁瑛担任《人民日报》党的临时工委秘书长，主持《人民日报》常务工作的是唐平铸，被任命为《人民日报》代总编辑。唐平铸以及《人

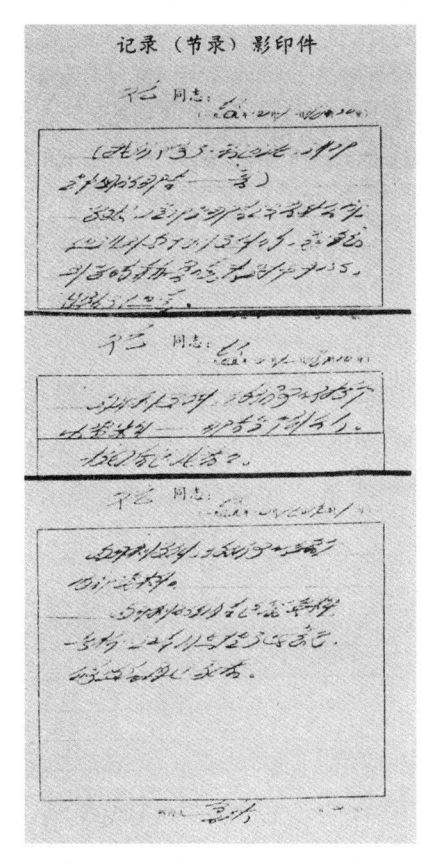

民日报》总编辑吴冷西先后被"打倒"，鲁瑛担任了《人民日报》总编辑。鲁瑛虽然论资历、水平都不及《人民日报》前总编辑邓拓、吴冷西，但是鲁瑛来自上海，对张春桥、姚文元言听计从，所以倒是坐稳了《人民日报》总编辑这个位置，直至与"四人帮"一起下台……

在电话里，姚文元一道道指令，通过鲁瑛之后，很快地就在《人民日报》上体现出来。

姚文元通过鲁瑛，还紧紧抓住内部刊物《情况汇编》。在4月5日前后不到一星期的时间里，一连出了十几期《情况汇编》。

《情况汇编》的印数很有限，可是，在姚文元看来，比《人民日报》还重要。姚文元曾说过："这个小报，比几百万张报纸的作用还要大。"

为什么呢？因为《情况汇编》直送毛泽东。卧病之中的毛泽东，无法像过去那样走遍山山水水，只能靠一纸《情况汇编》了解外面的情况，然后根据这些情况作出决策——发布"最高指示"。另外，《情况汇编》也送中共中央政治局各委员，同样也影响着这些高层政治人物的视听。

在姚文元的把持下，《情况汇编》变成了"谎报汇编"。

4月4日，《情况汇编》上原本编入了一首来自天安门广场的《满江红·敬周试作》：

千古华土，脱蛹几只新苍蝇，嗡嗡叫。得宝成精，自鸣得意。伟人光辉形象在，岂容小虫来下蛆。激起我满腔怒火烧，拍案起。

志同者，团结紧，捍卫咱，周总理。拿起火与铁，准备决战。任凭熊黑掀恶浪，摆开架势对着干，揪出藏尾巴的恶狼，斗到底！

姚文元大笔一挥，斧去上半阕。再删去"捍卫咱，周总理"以及结尾句，变成了"志同者，团结紧，拿起火与铁，准备决战"。然后，姚文元加上批语："这类反革命言论表明，幕后策划者是在言论之外，还想

■《人民日报》原总编鲁瑛所作姚文元电话记录之一

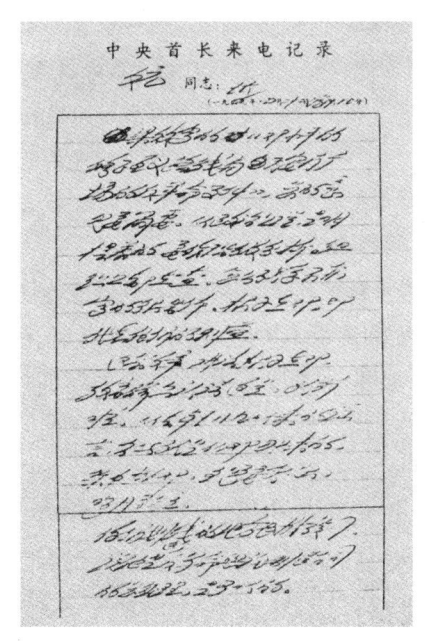

■《人民日报》原总编鲁瑛所作姚文元电话记录之二

搞行动。"本来，那首《满江红》纪念周恩来、斥骂"四人帮"是很鲜明的，经姚文元一删、一批，变成了"反党"、"反革命"。

4月5日，在人民英雄纪念碑南面，贴出一首五言诗，把"四人帮"比做"闹鬼"、"豺狼"：

欲悲闻鬼叫，我哭豺狼笑。
洒泪祭雄杰，扬眉剑出鞘。

姚文元拿到抄件之后，竟把"泪"字改成"血"字，变成了"洒血祭雄杰"。光是这么改，意犹未尽。他从探子们抄来的许多诗中挑选了一下，选出另一首，加以删节，与那首五言诗"拼接"。虽说一首五言，一首自由体，"拼缝"非常明显，"舆论总管"也不管了：

欲悲闻鬼叫，
我哭豺狼笑。
洒血祭雄杰，
扬眉剑出鞘。
中国已不是过去的中国，
人民也不是愚不可及，
秦皇的封建社会已一去不返了，
我们信仰马列主义，
让那些阉割马列主义的秀才们，见鬼去吧！
我们要的是真正的马列主义。
为了真正的马列主义，
我们不怕抛头洒血，
四个现代化日，
我们一定设酒重祭。

姚文元把这首诗编入《情况汇编》，并亲笔加了这样的按语："所谓反对'秦皇'，要真正的马列主义，完全同林彪反革命政变计划中的语言一样，是彻头彻尾的反革命煽动。这伙反革命分子把矛头指向伟大领袖毛主席，指向以毛主席为首的党中央，更加暴露了他们要在中国搞修正主义、复辟资本主义的罪恶目的。"

这期《情况汇编》送到毛泽东手中，毛泽东果真震怒了，把天安门事件定为反革命事件。

这首诗，也就被认为是天安门诗歌中"最最恶毒"的一首，定为"001号反革命诗词"，交公安部门立即作为要案加以侦查。

姚文元的造谣"想象力"异常丰富，以至达到令人惊讶的地步！他甚至说，在天安门广场发生的事件，哪里是在给周总理献花圈，那分明是在祭奠蒋介石！

怎么会扯上蒋介石呢？原来，姚文元从港台报道中见到，国民党当局在台湾举行蒋介石逝世一周年纪念典礼——蒋介石是在1975年4月5日去世的。姚文元移花接木，把与此毫不相干的天安门事件，硬跟蒋介石之死扯在一起。

其实，这位"舆论总管"，早就精熟"移花接木"术：

1973年8月，在中共十大召开之际，新华社要发出一张毛泽东与周恩来在主席台上交谈的照片，姚文元"审查"时，认为应当"加"上王洪文。于是，从别的照片上剪下王洪文，"移"入毛、周之间。

江青见到记者拍的她与许世友在一起的照片，便给"舆论总管"打来电话："我不和许世友在一起，我要和春桥在一起。"于是，姚文元下令，把照片上的许世友头像换上了张春桥的脑袋。

1976年1月8日，周恩来病逝。新华社选了1964年周恩来从苏联回国时毛泽东、朱德到机场欢迎的照片，准备发表。姚文元一"审查"，下令剪去毛泽东和朱德，顿时，变成了周恩来独自一人在机场。

当年，希特勒德国有位大名鼎鼎的"舆论总管"——宣传部长戈培尔，以撒谎、造谣著称于世。姚文元居然成了"戈培尔第二"。

在粉碎"四人帮"之后，接管《人民日报》的迟浩田将军在1976年12月10日向中共中央呈报了一份揭发材料：

中央宣传口并报
华主席、党中央：

在揭批"四人帮"控制《人民日报》搞篡党夺权的反革命阴谋活动中，报社许多同志揭露了"四人帮"在天安门广场事件中搞的欺骗毛主席和党中央的罪行。我们觉得这一问题有必要向中央反映。现将《人民日报》社运动办公室材料组整理的《"四人帮"在天安门广场事件中的阴谋活动》送上，请审阅。

迟浩田
1976年12月10日

"四人帮"在天安门广场事件中的阴谋活动

今年3月底，清明节前，许多群众陆续前往天安门广场人民英雄纪念碑前敬献悼念敬爱的周总理的花圈。群众的悼念活动，引起了"四人帮"的注意。南京事件后，姚文元两次指令鲁瑛："要注意北京的情况"，并说："要分析一下这股反革命逆流，看来有个司令部。"鲁瑛秉承姚文元的黑指示，派记者日夜轮流守在天安门广场，收集情况。根据有关记者的揭发，并查看了姚文元对这一时期《人民日报》编发的十二期《情况汇编清样》（这是专送姚文元看的，经他修改、同意后，才能印成《情况汇编》特刊，报送中央政治局。以下简称《清样》）的亲笔修改件，证实"四人帮"在处理材料中耍了许多阴谋，搞了不少假情况，蓄意欺骗毛主席和党中央。

一、扣发或删去有关群众悼念敬爱的周总理的内容。

例如：4月1日和4月4日上午的两期《清样》，除有一部分揭露"四人帮"反对周总理的内容外，主要是反映群众前往天安门广场送花圈的规模，群众在人民英雄纪念碑前深切悼念周总理的情景，姚文元全部扣住不发。……

二、对广大群众愤怒声讨"四人帮"的内容，姚文元作贼心虚，大砍大删。

4月3日的《清样》，反映了一份《倡议书》的下列内容："说共产主义的空话是不能满足人民希望的，资产阶级野心家、阴谋家、修正主义者们，凭说共产主义的空话，窃取了一部分党和国家的权力，他们最终也要穿着这种镶满空话的美丽外衣，连同他们肮脏的灵魂一起被人民扫入历史的垃圾堆。"《清样》还反映了一些诗词的内容，如："翻案图穷匕首见，攻击总理罪滔天。青江摇桥闪鬼影，反罢河桥红霞现。"这些内容，都被姚文元一笔勾销了。

4月4日的《清样》上，刊登了署名"首都几名红小兵"的一首诗："怒恨国贼，又刮黑风，正告你们，小小一撮，人民威力，不要小看。"还刊载了署名"北京地安门中学学生"写的题为《承志捉鳖》的诗："何惧寒风刺骨，誓把妖叛全消灭，敢翻怒涛下海洋，捉贼鳖！"姚文元也全部删掉。……

三、肆意删改，颠倒是非，给群众加上许多莫须有的罪名。

例如：4月3日的《清样》上，刊载了一首诗："丹心已结胜利果，碧血再开革命花。倘若妖魔喷毒火，自有擒妖打鬼人。"姚文元强加了如下罪名："所谓'再开革命花'，就是要推翻社会主义革命和反击右倾翻案风的斗争。"

4月4日《清样》刊载的一首题为《清明节呐喊》的诗写道："……'遥瞧'无罪？总理有瑕？桩桩件件，有目共察。追根寻源，海辽两家。名利熏心，欲立自家。……"姚文元在这首诗的后面加了一段话，恶毒地叫嚷："这除了上海之外，还把矛头指向辽宁，暴露了策划者的一部分意图。"

4月5日的《清样》写道："有十来个小伙子，分别被闹事的人围打。据闹事的人说，其中两个是清华大学工农兵学员，一个是解放军。他们公开说了'周总理是党内最大的走资派'。因此，他们头上都被打起了几个大血包，脸浮肿，流着血。许多人叫着：'打死他！打死他！'"姚文元别有用心地删去了"他们公开说了'周总理是党内最大的走资派'"一句。经他这样一改，是非完全颠倒，对诬蔑周总理的坏蛋表示极大义愤的革命群众，却成了无缘无故要"打死人"的"暴徒"。

4月5日的同一期《清样》说："有人看见天安门广场的花圈没有了，便聚众'抗议'。"姚文元把"有人"改成"一小撮坏人"，把"聚众"改成"煽动一伙人"。经他一改，那些送花圈悼念周总理的群众竟变成了"一小撮坏人"。

4月5日的《清样》上，姚文元把一首新体诗怒斥"四人帮"反对周总理的内容全部删去，印发《情况汇编》特刊时，把剩下的半首诗同另一首旧体诗拼凑在一起，手段极其卑劣。

四、蓄意收集邓小平与天安门事件有"联系"的材料。

天安门广场绝大多数悼词，都是悼念周总理和反对"四人帮"的，因此，4月初的几期《情况汇编》特刊上都没有反映出天安门广场事件与邓小平有"联系"的内容。4月4日晚，记者从天安门广场抄回份材料，文中写道："在周总理患病期间，由邓小平同志主持中央工作，斗争取得了决定性胜利。邓小平同志主持中央工作，全国人民大快人心。"鲁瑛如获至宝，等不及编发《情况汇报清样》，立即用电话向姚文元报告。姚文元听后说，他要立即在政治局会议上汇报，还让鲁瑛把这份材料送给毛远新看。

鲁瑛还根据姚文元要派记者到科学院半导体研究所"了解一下"的黑指示，在4月3日和4月4日连续编发两期关于半导体所的《情况汇编》特刊，反映该所的阶级斗争新动向。其中一期特地指出：邓小平的女儿邓楠所在的科技处做了什么样的花圈。其用意是说：这花圈是邓小平煽动做的。

4月中旬，鲁瑛等人又编发了一期关于天安门广场事件的"罪行"的《情况汇编》特刊，其中刊登了几张照片。姚文元看后大为恼火，责问："为什么用这些照片？杂乱无章，有打破头的，没有一张是与邓小平有联系的。"一语道破"四人帮"迫切需要同邓小平有关系的材料。

五、反映4月5日事件的几期《情况汇编》特刊，经"四人帮"一伙改编后，成为《人民日报》4月8日刊登的题为《天安门广场的反革命政治事件》的报道。在这一改编过程中，"四人帮"不仅对鲁瑛面授机宜，出了许多黑主意，姚文元还自己动手增删，塞进了不少私货。

鲁瑛在主持改编的过程中，秉承"四人帮"的黑旨意，蓄意扩大事件的严重性，把这次事件说成是"有预谋、有计划、有组织"的；把文中的"这伙人"一律改为"暴徒"；把"一小伙闹事的人"改为"一小撮反革命分子"。……

鲁瑛在张春桥、姚文元的授意下，在这篇报道中写了下面一些话："他们为邓小平歌功颂德，推出邓小平当匈牙利反革命事件的头子纳吉。他们胡说什么：'由邓小平主持中央工作，斗争取得了决定性胜利，全国人民大快人心。'还恶毒地攻击诬蔑说：'最近所谓的反右倾斗争，是一小撮野心家的翻案活动。'反革命气焰嚣张至极。"姚文元在改编过程中，还亲笔加了："吹捧邓小平反革命修正主义路线"，"这些是暴徒公然反对毛主席亲自发动和领导的反击右倾翻案风的伟大斗争"，"这是一场反革命暴乱，"……

六、在天安门广场事件期间，"四人帮"十分活跃，同鲁瑛联系密切。

4月5日凌晨5时，王洪文窜到天安门广场工人民兵临时指挥部的小楼上，对张世忠、马小六说，天安门广场事件是反革命性质，要他们坚决顶住，并大谈工人民兵的主要任务是对内反复辟，同国内走资派做斗争。鲁瑛把这当做报纸宣传的新精神。王洪文还曾专门打电话给鲁瑛，让他提高警惕，注意有人要冲人民日报社，并要鲁瑛自己也要注意安全。

"四人帮"在人民大会堂里偷看天安门广场情况时，用望远镜看不清纪念碑前人群中的情况，姚文元马上打电话叫鲁瑛派记者到纪念碑前看情况，然后回来报告。

4月7日，王洪文、张春桥、江青在人民大会堂接见鲁瑛和几个记者，赞扬他们反映了重要情况,还同鲁瑛等人碰杯,饮酒祝贺。……

1980年5月12日,原中共中央政治局委员、北京市委第一书记吴德,曾这样回忆"四五"情况:

4月4日晚,政治局在人大会堂开会。我汇报了天安门广场的情况,说:没有发生大问题。我要求把花圈多放几天,作好群众的工作,再送八宝山烧掉。大家也都同意这样做。

这时,人民日报的鲁瑛给姚文元送来一份报告,讲在纪念碑西角有人演讲骂江青。姚文元读了这个报告,"四人帮"就闹了起来,质问我知道不知道。江青还骂我是"老右倾","中邓小平的毒太深了",并通知我马上去抓这个人(演讲者),她又蛮横地说:现在清明节已过了(夜里12点),要把花圈全部搬走。我提出是否再放两天,不然群众不答应。江青说不行,闹得气氛很紧张。这时主持会议的华国锋又改变了大家原先的意见,同意了"四人帮"的意见,拍了板,让我马上执行。(当夜抓了388人)所以,5日群众就火了,提出"还我花圈","还我战友",烧了汽车、小楼。

4月5日,召开政治局会议。毛远新口头传达毛主席的指示:一,首都;二,天安门;烧、打,性质变了,变为反革命的性质。于是,政治局决定:

1.调动民兵解决问题,民兵可拿起木棍,由×××同志指挥。(原定要调十万,实际调了三万多)并指定晚八时动手。

2.先用广播的办法,动员群众离开广场,开始拟以广播电台的名义广播。后来政治局又批评了持不同意见的群众,要我广播讲话。

会未散,我和×××就赶回市里布置。吴忠同志(卫戍区司令)对我说:不要急着出动民兵和部队,要等广场上的群众走得差不多了才能下命令,不然会出大问题,我们应该采取向后拖的办法。我同意了,并让他去掌握。

晚6点半,发表广播讲话后,群众陆续散去。但我的许多话是错误的,如提出"坚决打击反革命破坏活动"、"今天,在天安门广场有人进行反革命破坏"等。我们一直等到十点多钟,广场人少了,才出动民兵。在此之前,部队已包围了纪念碑。4月8日,政治局传达毛主席的指示,仍是毛远新传达的,主要是布置抓人,追查。

天安门事件的时候,华国锋和政治局的同志都在人民大会堂,观察情况,不时用电话催促布置和出动民兵,进行指挥。我执行了华国锋和政治局的决定……

把成排的"纸弹"朝邓小平倾泻

4月6日,姚文元在日记中写道:

晚,政治局开会,毛主席听了民兵拿起武器非常高兴,说:"士气大振,好!好!好!"决定搞一文件,北京市委起草,通报全国。昨日紧急起草的一篇社论,今日已见报,毛主席批了,指出了对反革命政治谣言要严加追查,对反革命分子必须实行无产阶级专政。

姚文元在日记中所记毛泽东的话"士气大振,好!好!好!"是毛泽东在4月6日与联络员毛远新谈话时说的。

4月6日凌晨,毛远新给毛泽东写了如下的报告:

主席:
5日夜到6日凌晨,政治局部分同志听取了北京市汇报,并研究下一步怎么办。
北京市公安局局长刘传新同志首先介绍情况,要点如下:
今天(5日)敌人闹得这么凶,我们估计不足,上午很被动,下午才扭转过来。
从现场来看,有组织地活动的约有二百来人;跟着起哄或表示同情支持的有四千多人,其中有十几岁的学生、社会流氓;其他是看热闹和过路的人。
昨天晚上的行动,捉了十几个,清理了花圈,今天他们早上六点就来了,提出1.要花圈;2.要战友。碰见民兵、战士、公安人员就打,他们利用战士民兵打不还手的纪律,硬往死打。总计:
伤:一百六十八人,其中:民兵六十一人。
战士:五十二人,公安人员五十五人。
重伤:十五人,已送医院抢救。
烧毁汽车四台,砸毁汽车两台,并放火烧了历史博物馆南侧的小红楼(现场市委指挥部)。烧自行车一大堆。
查出一个地下"新造反委员会"。
下午决定只要歹徒动手打人,民兵、战士、公安人员可以还手,并配备了短木棍,敌人的气焰马上就下来了。我们的士气大振。
市委通过天安门广场的大喇叭广播以后,多数看热闹的群众都很快走散,一万民兵和五个营的战士及三千公安人员带着木棍把闹事的人全部包围,分批清理,多数教育释放,捉了最坏的三十八个人,前天捉了三十九个,大部分有证据。目前天安门前恢复正常。
刘传新同志说:这次事件有个特别明显的特点,即他们的矛头非常集中,各类演说、诗词、悼词、小字报、传单、字条、口号都集中攻击毛主席、攻击毛主席为首的党中央,这么多讲话、文章,就是不批邓,(有的公开拥护邓小平)不提走资派,不正面提毛主席(攻击的提),手法多样,朗诵诗词的,发表演说的,教唱歌的什么都有,很多不是这些年轻人写得出来的,内容既恶毒又隐晦,是白头发的人编写的。
再一个特点是法西斯,不顾后果,疯狂已极,杀人、放火无所不为,(不是抢救得快,很多人会被打死)连提出不同意见的看热闹的群众都往死里打,是地地道道的反革命事件。在天安门广场光天化日下群魔乱舞,这是历史上没有的。

够立案侦察的有三百多起,反动的东西共三百四十多件。

此外,从整个行动来看,完全是早有预谋,有组织有计划的。今天这么凶猛的反扑,出我们的意外,原以为昨夜打击了他们,得喘息一下吧,谁知趁我们拂晓调整兵力部署的时机,突然组织反扑,我们过于天真了,看简单了。

今天得了教训,准备明后天新的反扑,已组织了三万民兵,九个营的战士,只要允许民兵挨打还手,不用战士也可以对付。

估计敌人会准备明暗两手,要防止他搞暗杀、破坏活动,他们什么都干得出来。

卫戍区司令吴忠同志说:

现在已准备了三万多民兵,集中在中山公园、劳动人民文化宫待命,市区内集结九个营的部队随时机动:

历史博物馆两个营,

小红楼一个营,

中山公园一个营,

劳动人民文化宫一个营,

市委机关一个营,

人大会堂一个营,

西单招待所一个营,

市公安局一个营。

另外,还有三四个师驻扎近郊待命。

今天我们估计不足,准备也差,上午没搞好,没有集中力量,在今天上午烧汽车时就应出动,但调动不灵了,指挥部没(被)包围,冲进去放了火,在一楼浇上汽油、点火。要把楼上的全烧死。楼上有民兵指挥部的马小六、张世忠同志(中央委员),有卫戍区两个副司令,市公安局两个副局长,他们从后门跳窗才跑出来,教训太大了。

另外,打不还手是指人民内部,那样的反革命,烧汽车、打人还不还手,吃亏了,他们连外国人也打,想制造事端,我们估计不足;暴露了我们工作中很多弱点。

今天最后取得了胜利,但教训太深了。

政治局的同志一起研究分析了一下:

不要以为事情完了,天安门前大表演是在造舆论,下一步是不是在广场不一定,防止他们声东击西,准备更大的事件的发生。因此民兵明天不要轻易出动,指挥要从全市着眼,不要只注意广场,遇事要沉着,看准了,不动则已,一动就要胜利。

民兵要进行思想教育,讲清这根本不是什么悼念总理,是反革命暴乱性质。不要把民兵手脚捆得太死,"小人却动手,老子也动手"。请吴德同志代表中央去慰问受伤的同志。

公安局要侧重侦察线索,找到地下司令部,只打击了表面这些年轻人不行,要揪出司令部。

部队也要加强教育。防止敌人也拿起武器,包括枪支。要准备几个方案,徒手、木棍、不行就动枪。

市委要进一步加强宣传教育工作,使全市人民知道天安门前到底发生了什么事,明天人民日报要发社论,组织全市人民学习,批邓提高警惕,准备应付更大的斗争。

国锋同志最后归纳了大家的意见,并建议由北京市立即把这两天的情况、性质、主要罪行,采取措施写个材料,中央尽快通报全国,今天的事必然会传到全国,敌人会进一步造谣,制造混乱,挑起更大的事端,各省市不了解情况有所准备是不行的。

大家认为尽快向全国通报很有必要,起草后送主席。

主席还有什么指示,望告。退毛远新

4月6日三时

4月7日上午8时5分至9时15分,毛泽东听了毛远新汇报,作了一系列重要指示。以下是毛远新整理的谈话记录,向中共中央政治局传达:

(我汇报了4月5日、6日北京市的情况,谈到原来是打不还手,吃了亏,性质变了,应还手,并配备了木棍)

主席:谁人建议的? 陈锡联?

(我:好像不是他,他是赞成的,他说战士只能挨打不行。政治局好几个同志一直在大会堂注视广场事态变化,和北京市委一起研究解决的办法,吴德去发表演说是大家的主意,动员一般群众离开,人少了才好动手。)

主席:好。

(我:目的是区分两类矛盾,一讲事件的性质,好人都离开了,当然也有坏人聪明点的跑了,剩下人少了,我们的力量占优势再下手。)

主席:(点头)嗯。

(当我谈到政治局6日晚上研究的几件事,提到华国锋同志建议将北京发生的事通报全国,起草了北京市委的报告,中央发个文件——)

主席:公开发表。

(我:登报?)

主席:是。发表人民日报记者现场报道(指了指桌上人民日报的《情况汇编》三份),吴德讲演等。

(我:市委报告不发了?)

主席:不发。并据此开除邓的一切职务,保留党籍,以观后效。以上待三中全会审议批准。

(我:太好了!将来召开三中全会时补手续。)

主席:(点头)嗯!

(我:由中央作决议,也公开发表?)

主席:中央政治局作决议,登报。

（我：好。上次会议，春桥同志当邓小平面说：你看看天安门前的情况，人家要推你出来当纳吉。）

主席：（点头）是的。这次，一，首都，二，天安门，三，烧、打这三件好。性质变了，据此，赶出去！（用力挥手）

（我：应该赶出去了！我马上找国锋同志去。）

主席：小平不参加，你先约几个人谈一下，不要约苏振华。

（我把除邓、苏以外的政治局同志的名单列出，送主席看。）

主席：叶不找。

（我把叶剑英划掉。问：除这三人外，其他同志都参加？）

主席：好。华国锋任总理。

（我：和上面决议也一起登报。）

主席：对。

（我：我马上去通知国锋同志开会传达。）

主席：（挥手）快，谈完就来。

当时，中国的政治生活，处于极不正常的状态。

在毛泽东晚年，中国的政治生活，本来就已经很不正常。毛泽东成为说一不二的最高领袖。虽然批判了林彪所谓的"毛主席的话，一句顶一万句"，但是实际上毛泽东的话，仍处于"一句顶一万句"的地位。中共中央政治局的一切决定，以毛泽东的指示为依据。

然而，在天安门四五事件期间，毛泽东已经重病在身。他终日卧于病榻之上，与外界隔绝，甚至与中共中央政治局委员们之间也极少交流。联络员毛远新，便成了毛泽东与外界、与中共中央政治局之间的唯一通道。

联络员是毛泽东病重时出现的特殊而举足轻重的人物。

毛泽东作出"最高指示"的依据，是联络员的汇报。

联络员从毛泽东那里出来，向政治局传达的，便是"最高指示"。

由于联络员本身具有很鲜明的政治倾向，他在向毛泽东汇报时，就带有自己的政治倾向；同样，他在中共中央政治局传达时，又把自己的政治倾向带了进去。

正因为这样，联络员的出现，使得本来已经很不正常的中国政治生活，变得更不正常。

1980年10月，张玉凤在呈报中央的一份材料中，倒是十分真实地记述了这种极不正常的政治生活：

"四五"前后，主席对外面的情况一点都不知道。他病重动不了，由我们工作人员搀扶着才能走几步，就得赶快坐下来或躺下，呼吸困难，连讲话的气力也没有。根本不知道外面发生了什么事。连我们也不知道。

江青、毛远新为了控制当时的真实情况，曾给我们在主席身边工作的同志下了条规定：没事不要到外边去。毛远新还让汪东兴通知我们：现在外边很乱，最好不要到外边去，也不回家。让汪东兴在中南海找个房子，让我爱人和孩子临时到里边来见见就行了。这个安排我没同意。这期间，我也没到外面去，对外面的事也是一无所知。

这些天，毛远新随时都来，他说：政治局的同志连夜开会，认为天安门发生的事件不是孤立的，是匈牙利事件在中国的重演。还说邓纳吉这类词。政治局还决定将天安门前所有的花圈烧掉；还通过了吴德同志的那篇讲话稿。这一时期的决定都是政治局议定后，报告主席。主席也无力细问，只能点头，表示知道了。这段时期，中央作出的一系列错误决定，让一个已经长时间不能说话、不能吃饭、连呼吸都很困难、卧床不起、只有一息尚存的病人负责显然是不合适的。

1976年4月5日上午，8点左右，毛主席正重病卧床，值班医生和护士看护。这时，江青手拿一根木棍来到主席住处，问我："主席醒了没有？我有事要同主席谈。"她走到主席床前，对主席说："我来这以前，特意到天安门广场绕了一圈，一路上硝烟弥漫，一伙人烧房子，烧汽车，这是抬了死人压活人，邓小平是他们的总后台。我要控诉！我建议中央开除邓小平的党籍。"

主席睁开眼看了看她，没有说话。

江青又说："政治局已经开了会，作了安排，你放心，过一会毛远新还要来向你报告政治局开会的详细情况。"

不多时，毛远新带着华国锋主持的政治局关于"四五"的决议，让主席表态。主席听了毛远新的汇报后，用红铅笔在另一张纸上写了："同意，要保留党籍，以观后效。"后来，人民日报发的《天安门反革命事件真相》和社论，主席没有看过。据说，江青、张春桥在天安门四五运动平息后，在人民大会堂举行了庆祝酒会，华国锋同志亲自参加了。

听了毛远新所传达的毛泽东指示，"舆论总管"姚文元变得异常忙碌。他在4月7日所写的日记，是他那天在"关键时刻"所做的一系列"舆论"工作的详尽记录：

清晨刚吃安眠药不久，又来电话把我叫去开会。主席有重要指示。主席问了天安门的情况，当毛远新汇报到政治局准备发一内部通报时，毛主席说：要公开发表，在报纸上发表。不是发北京市革委会的报道，而是发人民日报记者现场报道一、二、三和吴德同志讲话。并据此开除邓小平一切职务，保留党籍，以观后效，以上待三中全会批准。1.首都；2.天安门；3.烧、打、砸这三件好，性质变了，据此赶出去！同时决定，华国锋任国务院总理，以上四件均登报。

这是在关键时刻，以果断行动实行无产阶级专政，一举粉碎了反革命事件的首脑，将动员起千百万人民起来进行斗争，表现了毛主席无产阶级革命家的伟大气魄和决心。决不犯巴黎公社放松镇压反革命的错误。我热烈拥护主席的决定。会上决定，今晚八时广播。

我提出还有份刚发出的情况，是反革命分子在民兵强大威力下被缴械的报道，应补入。

由于人民日报是内部报道,把几份合成一份,时间极紧急,我立即把人民日报的鲁瑛、新华社的解力夫、广播局的邓岗、萧木四人找来,并组织了汽车,规定这些人一律不回去,成立指挥小组,每个单位准备了通讯联络工具,有事商量应由各单位负责人立即通过汽车送回。人民日报几个记者也来了。非常高兴,几夜没有睡了,眼睛都充满了血丝,但立即投入了写稿的战斗。

不久,毛远新向毛主席汇报回来了。主席还说:决定中要加上华国锋任中共中央第一副主席,当晚8时广播,还要译成外文。当讲到人民日报还有一篇时,主席说:对呵!正在看。同意要跟省、市、大军区同志打招呼。

稿子改、排、送,花了不少时间。终于在政治局修改通过了。报主席。在两个决议、一个讲话批回来以后,此件也批回来了。当时是6时40分,离广播只有一个小时了,还要先期录音,由于预先已准备好车子,广播局同志立即带了稿子离开,我说要坚决保证及时、准确地完成任务。

7时开了一个北京各负责人会,只有十分钟,读了两个决议,要大家听广播。开完会,其他同志都走了,我决定留下来,听了广播再走。因为历次经验告诉我:这样匆忙地赶出来的东西必然在文字上会有误的,需及时校正。因而宣传单位的几个人也留了下来。一天身体已很疲乏了,但精神是十分振奋的。

一分钟、一分钟地等待着,8时来临。收音机响了!播音员洪亮的声音,十分有力地播出了四个文件,声音在大厅中如洪钟般震荡着。果然发现有个别错误,如"天安门"误写成"人民广场"等,立即进行校正。请同志们吃了饭,在这个战役取得决定性胜利后,我们这个宣传的前线指挥部解散了。各自回本单位,艰巨的、新的战斗任务在等着大家。

我怀着一种战斗的喜悦回到家时,英、三三、莉莉一起极为高兴地拥上来,都说:"好得很!""大快人心!"我很想多说几句,但这时又感到一种特别的疲劳,坐在沙发上不想多说了,一天吃了一餐,走了许多路,精神上的紧张……

这时随着一个大战役的结束而迸发出来了。英劝我躺一会,我躺了一下吃了安眠药,但始终睡不着,又爬了起来。是的,不能骄傲,不能麻痹。无产阶级专政下革命的路还很长,还有许多政治、组织问题要处理。但是今天这一切,都以鲜明的阶级斗争的事实告诉我们:必须加强无产阶级专政。一是有力的面向国内的亿万劳动人民和全世界的宣传,把反革命的阴谋煽动彻底揭穿;二是武装起群众,坚决拿起棍子(必要时机);三是果断的组织措施。千百万人民懂得了阶级斗争的真象(相)和自己的任务,敢于善于拿起武器同反革命分子战斗,用铁拳狠狠打击反革命分子,同时中央机构及时地处理内部的资产阶级代理人,叛徒,从无产阶级利益出发,打破一切资产阶级民主的框框束缚(如要开会"选举"啊,要开"人大"通过啊……)采取果断的清除坏人的组织措施,这是粉碎反革命政变的三项基本经验。

中国的社会主义革命在阶级斗争的大风大浪中胜利前进!毛主席万岁!

四期简报，均是我修改后发的，留此以作纪念。（姚文元把《人民日报》的《情况汇编》二六五期等四期简报订在日记中，留作"纪念"。——引者注）

姚文元日记中所写及的"8时来临。收音机响了"，是指4月7日晚上8时，中央人民广播电台播发了中共中央的两项决议。

那是7日上午，毛泽东听了毛远新的汇报，作出决定：撤销邓小平的一切职务（邓小平被说成是天安门事件"总后台"），保留党籍，以观后效；提议华国锋任国务院总理。

7日下午，毛泽东又补充提议华国锋任中共中央第一副主席。

当晚，中共中央政治局根据毛泽东的意见，作出两项决议，即《关于华国锋任中国共产党中央委员会第一副主席、中华人民共和国国务院总理的决议》、《关于撤销邓小平党内外一切职务的决定》。

两项决定全文如下：

中共中央关于华国锋同志担任中共中央第一副主席、国务院总理的决议

根据伟大领袖毛主席提议，中共中央政治局一致通过，华国锋同志任中国共产党中央委员会第一副主席、中华人民共和国国务院总理。

中共中央
1976年4月7日

中共中央关于撤销邓小平党内外一切职务的决议

中共中央政治局讨论了发生在天安门广场的反革命事件和邓小平最近的表现，认为邓小平问题的性质已经变为对抗性的矛盾。根据伟大领袖毛主席提议，政治局一致通过，撤销邓小平党内外一切职务，保留党籍，以观后效。

中共中央
1976年4月7日

这样，中国政局到了一个新的转折点：邓小平被打倒了，华国锋被正式定为接班人。

姚文元曾回忆说，中央政治局在讨论撤销邓小平党内外一切职务时，叶剑英不表态，朱德离开了会场。在讨论开除邓小平党籍时，叶剑英起身说：开除？把我也一起开除吧！说罢就离开了会场。李先念不表态。华国锋、陈锡联、吴德、纪登奎提出：要请示毛主席。

姚文元说，毛泽东主席在政治局讨论纪要上，圈了叶剑英，批上：是在指责我。圈了李先念，批上：还是给我面子。圈了华、陈、吴、纪，批上：意见相同，我还活着，留在党内。

姚文元还回忆道，中央政治局在讨论总理人选时，提出了三个人：华国锋、李先念、张春桥，还提出增补江青为中共中央副主席，是汪东兴提名，报送主席的。毛泽东圈了华国锋为总理，并加上"第一副主席"，圈掉李、张、江青，同时打"□"。毛泽东还召见汪东兴、江青、张春桥、王洪文和我,说:"谁提江青为党的副主席?我看不是真诚,是汪还是张提的?谁提是谁在害她,逼我早死,你们要拥江,也得等我死后。"

王、张、江、姚对中共中央关于撤销邓小平党内外一切职务的决议欢欣鼓舞,因为他们七斗八斗,总算斗倒了邓小平。马天水在上海闻讯,拿出江青所赠的用油莎豆酿成的酒,与同伙们弹冠相庆,一饮而尽。

然而,他们忧喜参半,忧的是华国锋不仅成了总理,而且成了"第一副主席"。

华国锋一下子从中共中央政治局委员提升为副主席,而且还加上了"第一"两字,分明是针对王洪文的。

中共十届一中全会选出的副主席,原是五位,依次排列为:周恩来、王洪文、康生、叶剑英、李德生。

周恩来去世之后,王洪文名列副主席中的第一位。此外,康生已于1975年12月16日病死,李德生于1975年1月的中共十届二中全会上辞去了副主席之职。因此,当时的中共中央副主席,只剩王洪文和叶剑英。眼下,华国锋突然跃入副主席之列,而且定为"第一副主席",使王洪文退至第二。

在中共党史上,从未有过"第一副主席"之称。在省委、市委,倒是设过"第一书记"。中共中央副主席,一般排名有严格顺序,但从未称"第一副主席"。在中共九大,为了突出林彪,副主席减至一人,也就无所谓第几了。这一回,毛泽东在华国锋出任副主席之际,特意加了"第一"两字,分明是考虑到身后之事。毛泽东自知病情日重,一旦有个三长两短,"四人帮"会兴风作浪。任命华国锋为第一副主席,等于明文规定了由华国锋继任中共中央主席。

根据姚文元的指示,翌日,全国各报都在头版头条地位发表中共中央两项决议。

从1976年4月8日起,姚文元开动造谣机器,在全国各报刊登《天安门广场反革命政治事件》长篇文章,对革命人民极尽污蔑之能事。

姚文元显得异常兴奋,在4月8日的日记中居然还"作词一首":

各地形势多数均好。反革命仍有破坏,这也在预料之中。邓小平一动,地、富、反、坏、右即发出嚎叫,绝望者狂跳,没有什么奇怪,镇压就是了。问题还在党内。这次事件,我看有三种因素作用:(1)党内走资派(包括要保卫资产阶级法权的高干子弟);(2)社会渣滓,从刑事犯,到没有改造好的地富反坏右到反动文人;(3)还有特务(国民党,苏修)。其中党内走资派是台柱,主心骨,凝结点。故征途尚长。

此次天下已定,作词一首,总括以记之,以待下次斗争参考对比。

水调歌头·天安门广场

巍巍雄碑立,堂堂大道通。万千烈士鲜血,化作广场宏。忽见群魔乱舞,阴火嚎风四起,恶鬼逞狂凶。工农兵齐奋起,铁拳镇爬虫。

霹雳震,怒涛涌,扫黑风。誓除阴暗丑类,旌旗耀碧空。万里征程尚远,白发红颜携手,文武追敌踪。回首火烧处,红楼倍鲜红。

4月12日,《人民日报》编辑部收到一封奇特的信。那信封正面写着:"北京《人民日报》总编辑收";信封背面却写着:"请戈培尔编辑收"。

拆开信封,里面装的是一张4月8日的《人民日报》,登着那篇《天安门广场反革命政治事件》。《人民日报》刊头,那"人民"两字被打上了黑叉,加上"造谣"两字,成了《造谣日报》。

报上加了正气凛然的批注:"令人震惊!党报堕落了!成了一小撮法西斯野心家阴谋家的传声筒!……明明是你们编造的诗词拿来说是天安门广场的,谁人不知江家小朝廷?你们演的这场'国会纵火案'实在不高明,一篇混淆视听的假报道就能骗得了人民群众吗?从今改为:法西斯党机关报。打倒野心家、阴谋家张、江、姚!!!"

这就是人民的声音!"舆论总管"见到了人民日报社作为急件送来的这封信,气得嘴唇都发紫了。

一个多月以后——5月18日,《人民日报》在第一版刊登姚文元授意的、署名"梁效"的长文《党内确实有资产阶级——天安门广场反革命事件剖析》。姚文元在审看大样时,反复琢磨了文中一句结论性的话:"天安门广场反革命事件是怎样闹起来的呢?它的根子在党内,是党内最大的不肯改悔的走资派邓小平一手造成的。"

姚文元以为,这句话还"不够深刻",拿起秃笔,圈去那个"是"字和"一手造成的",加一句,变成:"天安门广场反革命事件是怎样闹起来的呢?它的根子在党内,党内最大的不肯改悔的走资派邓小平就是这次反革命政治事件的总后台。"

"舆论总管"开足了宣传机器,把成束成排的"纸弹"朝邓小平倾泻!

姚文元以墨写的谎言掩盖血写的事实,把落日的余晖吹嘘成灿烂的朝霞。

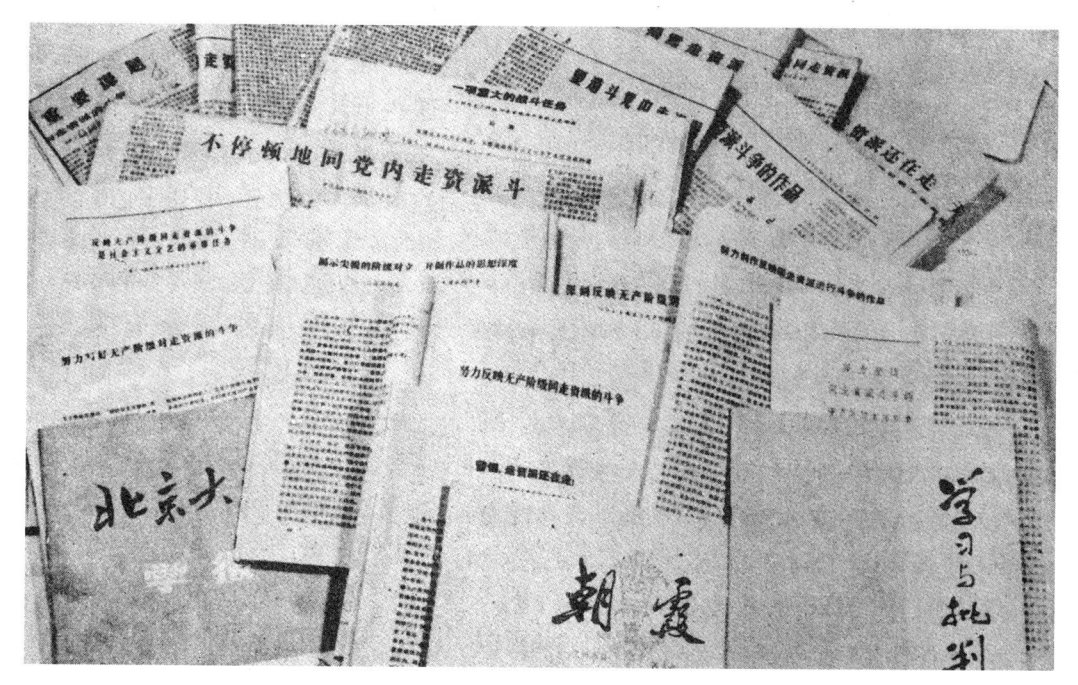

■ 在"舆论总管"姚文元领导之下各报刊所发表的"与走资派斗争"的许多文章

越近末日,这位"舆论总管"越是疯狂。在他"总管"之下的舆论,造谣惑众,欺上瞒下。张春桥在1976年4月18日写给儿子张旗的信中,谈及了自己的"四五"感想:

> 4月5日,我是中午到的大会堂,如同亲眼看到匈牙利事件一样。
> 我有幸看到这个纳吉的丑恶末日,出了一点气。(这一段,外人不知道,你们也不要吹出去。)

张春桥度过了4月4日的危机,到了4月5日便如此"神气"起来。

从政治危机中解脱出来的"四人帮",开始谋算着怎样干掉华国锋了。

副主席王洪文成了公子哥儿

天安门事件刚刚过去,毛泽东病重的消息已在报端披露。

1976年5月27日晚,毛泽东在华国锋的陪同下,会见巴基斯坦总理布托。

第二天,新华社发布的会见照片上,毛泽东的脑袋歪靠在沙发上,眼皮低垂,有气无力。

布托抵达香港,向记者透露来自北京中南海的消息:由于毛泽东健康欠佳,今后不再会见外国首脑。

布托的消息,后来被证实:他成了毛泽东一生中会见的最后一位外国首脑。

失去了周恩来,毛泽东又年迈病重,中国人民忧心似焚。就在这时,中国大地成千上万个收音机里,又传出沉痛的哀乐声:1976年7月6日,九十高龄的朱德病逝!

朱德追悼会,依然由王洪文主持,华国锋致悼词。

虽说王洪文仍在中国政治舞台上以副主席的身份进进出出,但是他在天安门广场镇压那革命的烈火,已使他的面目逐渐暴露。特别是4月7日下达的中共中央政治局决议,由华国锋出任中共中央第一副主席,那"第一"两字明确地向全国人民公开透露:王洪文已不是毛泽东所指定的继承人。

在那样愁云铅垂的日子里,中国的老百姓居然没有失去幽默感。

不能在天安门广场写诗,不能贴"炮打王洪文"大字报,老百姓们编出了一个个精彩绝伦的政治笑话,辛辣地嘲讽了王洪文。

这些政治笑话没有登过报,没有上过广播,如同链式反应一般,迅速在北京扩散,迅速传遍全国。

这些政治笑话,也许是在中央电视台播送朱德追悼会时,王洪文神气活现地主持大会,引发了老百姓们的创作灵感:

> 王洪文当了副主席,有一天,去看望朱老总。
> 朱老总对他那妄自尊大的神情默然无言。良久,用拐杖指了指天,又戳了戳地,

依然不置一词。

王洪文嚼不出滋味来，便去找邓小平。邓小平冷笑一声，答道："这还不明白？他是说你不知天高地厚！"

又有一天，王洪文去找朱老总，朱老总对王洪文的狂妄自大冷若冰霜。忽然，他要王洪文把桌子上的一个鸡蛋立起来。王洪文苦思冥想，无计可施，讪讪而走。

为此，王洪文又去找邓小平。邓小平连声说："容易，容易。"他拿过鸡蛋便使劲往桌子上一磕，鸡蛋立住了。

王洪文大惊失色，叫道："怎么把鸡蛋打破了？"

邓小平漫不经心地答曰："不破不立，这不就立住了吗？"

这些政治笑话，虽然只是中国老百姓的即兴之作，但是反映了老百姓们心中的形象：朱老总德高望重，王洪文不学无术，邓小平机智过人。

这些政治笑话，当然都是虚构的，而虚构来自现实。王洪文确实是那么个锦绣其外、败絮其中，目空一切又志大才疏的人。他的警卫员王爱清曾回忆：

朱德同志逝世第二天，王洪文继续在值班时钓鱼。

在毛主席重病期间，王洪文在中南海值班看护，根本不把毛主席的病情放在心上，不安心值班。他于1976年7月上旬就把钓鱼竿拿到毛主席住地开始钓鱼。

7月中旬，王洪文又提出要打鸟，把气枪拿到中南海，就在毛主席住地到处打鸟。在车上说，这个地方那么多鸟，没有人打，我来打。

7月20日左右，王洪文在毛主席住地值班时，又要游泳，马上从上海要来高级游泳裤，游了好几次。有一次在车上说，本来这里游泳池的水，可以加温到30度，他们不肯烧。

8月中旬，王洪文在值班时经常看电影，有时他亲自打电话给文化部的刘庆棠要电影片。有一次他在车上说，今天又看了个《基度山恩仇记》，这个片子很有意思。还说抽时间把这本书和《红与黑》这本书看一下。

8月20日左右，王洪文在值班时早晨5点钟就打电话，叫工作人员给北海公园联系，要去北海公园钓鱼。联系后，下午3点左右就去了，连钓了两次。

毛主席逝世，开了追悼会不几天，王洪文就在他自己的住地下象棋、看电影，又到八一靶场去打靶。这位副主席，已成了十足的公子哥儿！

"四人帮"再揪"走资派"

王洪文有闲有忙。在"四人帮"处境不妙的时候，他钓鱼他打鸟！一旦"阶级斗争"的弦拧紧了，他就显得忙碌紧张了。

在1976年7月1日，《人民日报》、《解放军报》、《红旗》杂志两报一刊社论中，忽然用黑体字公布了毛泽东在1964年12月12日关于社会主义教育运动的指示：

官僚主义者阶级与工人阶级和贫下中农是两个尖锐对立的阶级。

管理也是社教。如果管理人员不到车间小组搞三同，拜老师学一门至几门手艺，那就一辈子会同工人阶级处于尖锐的阶级斗争状态中，最后必然要被工人阶级把他们当作资产阶级打倒。不学会技术，长期当外行，管理也搞不好。以其昏昏，使人昭昭，是不行的。

这些走资本主义道路的领导人，是已经变成或正在变成吸工人血的资产阶级分子，他们对社会主义革命的必要性怎么会认识足呢？这些人是斗争对象，革命对象，社教运动绝对不能依靠他们。我们能依靠的，只有那些同工人没有仇恨而又有革命精神的干部。

毛泽东的这一段话，是12年前讲的。姚文元手下的秀才们，却把这些话放进了七一社论。姚文元的用意是很清楚的，提醒人们重新"警惕"那些"走资本主义道路的领导人"，亦即"走资派"。

随着"批邓、反击右倾翻案风"运动的一步步深入，"四人帮"开始第二次揪"走资派"。在他们看来，光是打倒一个邓小平，还远远不够。

邓小平虽然被撤职，他到广州去"休养"了。在那里，他得到广州军区司令员许世友的保护。叶剑英也不时与正在"休养"中的邓小平保持联系。

王洪文说过这样的话："邓小平是还乡团的总团长，华国锋、叶剑英、李先念等是还乡团的分团长……"

迟群对王洪文的话加以发挥、发展，说出了王洪文要说的意思。

迟群此人，原是8341部队（亦即中央警卫部队）的一个宣传科副科长，后来作为"军宣队"派驻清华大学，成为江青的亲信。

迟群一次次地鼓吹：

"邓小平这个还乡团团长被揪出来了，还有副团长、政委、参谋长、团员呢！"

"还有穿军装、戴帽徽、领章的走资派！""他们是中央一级的大官，现在还在台上掌握一部分权力，装模作样！"

"揪出他们只是时间早晚的问题。"

"走资派不是几个人，而是一层人。"

为了揪这"一层""走资派"，"四人帮"乘"批邓、反击右倾翻案风"，要发动"第二次文化大革命"！

王洪文散布了一系列的再揪"走资派"的言论：

"现在到处有走资派。走资派就是复辟派。这些人，也就是民主革命时期的那些民主派！民主派＝走资派＝复辟派！"

"现在的革命对象,就是旧社会里吃过糠,抗日战争负过伤,解放战争扛过枪,抗美援朝渡过江的民主派。现在要打倒的,就是爬雪山、过草地的走资派,戴红领章红帽徽的走资派,就是勤勤恳恳、清清白白,不是叛徒特务,不搞贪污腐化的走资派!"

1976年5月2日,王洪文在跟祝家耀谈到天安门事件时说道:"天安门事件是走资派挑起来的,走资派是主要危险。"

5月3日,他在接见国防科委、七机部负责人时又说:

"要通过这次把运动深入搞透。现在抓的是表面的,要把幕后策划者、深的搞出来。主席讲资产阶级就在共产党内。比较难的是在党内,领导层要追下去,千万不要手软,揪出一个拿来教育群众。"

"不要手软,该抓就抓,该批就批,该斗就斗。"

"要趁这个机会打翻身仗。"

6月23日,王洪文又对七机部负责人说:"要抓大官,抓上线。"

于是,七机部党的核心小组成员舒龙山、党的核心小组列席成员叶正光、党的核心小组成员兼副部长曹光琳在与王洪文密谈后,便向下"吹风"。

舒龙山说:

"党内资产阶级在党内形成一股政治势力,从广度上不是一个人,是一批人。"

"从深度上来看,从中央到地方,从幕前到幕后。"

"在领导权问题上不要避嫌,等了十年了,这次无论如何不能再等了。"

叶正光说:"从中央到地方,有一根又粗又长的黑线。"

曹光琳说:"一天也不能等了。要先解决司令部的问题,不要犯历史性的错误。"

在王洪文的指挥下,在1976年7月的全国计划工作座谈会上,上海市委常委黄涛放炮了,说是"批邓",锋芒所向直指华国锋。

本来,开这样的会,上海理所当然会派出马天水。不过,在1976年5月13日,马天水得了一点小病,便住进上海华东医院。徐景贤把"马老生病住院"的情况急报张春桥。张春桥作了如下批示:"天水同志,应安心治疗,工作多安排别的同志去做。"

张春桥的批示,在上海引起一阵猜疑:"为什么要马老'工作多安排别的同志去做'呢?"

很快地,传出了消息:马天水已内定为"国务院副总理兼国家计委主任"!

这消息有"可靠来源",因为王洪文曾对马天水说过:"中央考虑,你到国务院主管国家计委是很合适的。"

这"中央",是指王洪文自己,或是"四人帮",便不得而知了。

马天水既有微恙,而且王洪文已对他封官许愿。他这匹"老马"也就乐得在上海华东医院小病大养了。

于是,上海派出马天水的副手黄涛前往北京。

黄涛在会上放了一炮,在北京引起了注意。华国锋派人调阅了1976年7月16日印出的《全国计划工作座谈会简报》增刊第五期所载《黄涛同志在华东组的发言》,黄涛发言

矛头直指"上边有些人":

> 当前,广大干部和群众认真学,深入批,同邓小平对着干。但是,他们担心上边有些人"批归批,干归干,还是照老样子干"。
>
> 去年的经济工作"务虚会",在邓小平的指挥棒下,究竟务的是什么"虚"?务的是哪个阶级的"虚"?搞的是哪个阶级的政治?名曰规划国民经济,实为策划右倾翻案。
>
> 有的同志,同邓小平那一套货色,岂止是共鸣?分明是合唱了!经济领域里右倾翻案风的风源,盖出于此吧?

在会上,另一位"炮手",则是辽宁省委书记杨春甫。他是毛远新手下的大将,当时毛远新名义上为辽宁省革命委员会副主任,实际上操纵辽宁党政大权。杨春甫到北京后,王洪文向他吹过风。1976年7月20日印出的《全国计划工作座谈会简报》增刊第九期,刊载了《杨春甫同志谈务虚会等问题》,锋芒毕露:

> 国家机关的领导权,是不是都掌握在真正的马克思主义者手里啊?我看不是。
> 务虚会是资本主义泛滥,计划会议是掩护邓小平退却。
> 国务院的务虚会,务了什么虚?在邓小平路线下,能务出毛主席革命路线的虚吗?我认为,是资本主义大泛滥。这么大的一件事情,总得对大家有个交代吧!
> 杨春甫同志还提出一个质问:为什么让邓小平在周总理的追悼会上念悼词?我们不能不怀疑,是不是受邓小平影响的人搞的?

杨春甫最后提出的那个"质问",完全超越了计划工作座谈会的范畴。但是,这一"质问",却是不点名的点名,他所说的"受邓小平影响的人搞的"显然指华国锋:因为"让邓小平在周总理的追悼会上念悼词",除了毛泽东之外,便是主持中央日常工作的华国锋。杨春甫当然不会也不敢去批评毛泽东,因此,不言而喻,他的"质问"是针对华国锋的。

黄涛和杨春甫是前台的"演员",幕后"导演"便是王洪文。他要借"第二次文化大革命",借再揪"走资派",搞掉华国锋,搞掉叶剑英,搞掉李先念。

关于杨春甫发言的幕后情况,他在7月20日晚写给毛远新的一封信,说得非常明白:

> 远新同志:
> 今天下午两点十五分到三点十五分,洪文同志来宾馆将我找到上海市黄涛同志的房间,了解会议的情况。在我们汇报中,洪文同志有些插话,现整理报告如下,供参阅。
> 洪文同志说:有些人通了,有些人不通,有些人半通半不通,也有假通的。要斗,不斗就不能胜利,在这可以斗,回去还可以斗。实践证明,不斗不行。不斗,修正主义老爷就拆你的台。

……上边出了问题，不同于一个工厂、一个基层单位，一出问题就是全国性的。

杨春甫
7月20日晚

其实，王洪文来京西宾馆，找杨春甫谈话，那是他第三次去那里了。在全国计划工作座谈会期间，王洪文到京西宾馆去了四回，每一回都找黄涛。

会议还没有开始，王洪文便在电话中告诉黄涛"北京气候"情况："主席关于社教批示下来后，那些大官们这几天是惶惶然。"

王洪文所说的"大官们"是谁，黄涛心照不宣。

后来，黄涛在一份检查材料中，交待了王洪文四次找他谈话的情况：

今年7月去北京参加中央召开的全国计划工作座谈会的前一天晚上，马天水找我去，问我："都准备好了吧？"我说："做了一些准备。"

在会议期间，王洪文来京西宾馆找我四次。我向王洪文说了开会的情况，我说："谷牧同志的开场讲话，自我批评轻描淡写，是一篇官样文章，几个部的发言也很不像样。"王说："好不了，一批邓，就批判到他们头上去了。"还说："洋奴哲学，崇洋媚外要狠批，假洋鬼子要狠整。"我说："大批判再闹它两三天，就要转入讨论下半年生产计划调整。"王说："可以考虑多搞几天，批深批透，不要急，先把这个会开好。"王洪文第三次来时，把上海小组和辽宁小组的人找在一起。王说："辽宁小组的发言看到了，批得很好，问题提得很尖锐，批判就要直捅，不要不痛不痒的，怕什么！"又说："国务院务虚会的问题很值得研究，务的什么虚，'二十条'、'十八条'，同一个时间各部门都搞这种东西，搞'管、卡、压'。这些问题你们可以同杨春甫再研究一下。"我说："刮右倾翻案风同国务院务虚会有很大关系，批条条专政这个问题要点出来。"王洪文说："你们要点就点，我不管。"我按照王洪文的旨意，和杨春甫等人串连在一起，追"风源"，批"邓小平为头子的少数人对多数人专政"，把矛头指向中央领导同志。王洪文第四次来时，我对他说："当我正发言时，谷牧同志也进来参加听了，是面对面的。我在会上发言的简报看到了吗？"王说："已经送上来了。"我问他："怎么样，有什么意见？"王笑笑说："我不发表意见。"王的这个态度我是心领神会地意识到，他是完全肯定、支持、赞赏我的那个发言的。

在政治局听取会议情况汇报后的第二天，王洪文亲自打电话来说："那个发言要印发？但是有两处要修改。"后来我打电话问他："怎么改法？"王说："一处是关于'风源'问题，我同张春桥商量过了，那样提法也不大确切，关于务虚会那一段还是都拿掉，这个问题还是让别人去讲，让辽宁他们去讲。关于'以邓小平为头子的少数人'的提法也要改，这样打击面太大，不利。"这就是王洪文在政治局会议后急忙对我的那个发言打的两个补漏洞的补丁。但是，张春桥在政治局会议上还是说："有意见让人家讲嘛，要允许人家讲话嘛！"王洪文在（全国计划工作座谈会）结束时，

（作为）中央领导人接见会议代表时也说："有的同志在这次会上开了一炮，开得好！"他们的讲话都首先是支持我的那个发言的。

"四人帮"建立"第二武装"

毛泽东的病情，日重一日。

他自知不起，余日不多，而他指定的接班人华国锋毕竟声望不高。他发布"最高指示"："要造这个舆论，要宣传华国锋同志，要使全国人民逐步认识华国锋同志。"

无奈，舆论大权握在姚文元手中。姚文元对毛泽东的这一"最高指示"不予理睬。

毛泽东清楚地意识到"四人帮"对华国锋不服气，他指定的接班人可能接不了班。毛泽东在病榻上向华国锋意味深长地讲了一段历史故事：汉高祖刘邦在临终时，看出吕后和诸吕阴谋篡权的野心。

毛泽东提醒华国锋："江青有野心。""我死了以后，她会闹事。"

在1976年4月30日晚，毛泽东在会见新西兰总理马尔登之后，华国锋向毛泽东汇报工作。华国锋说及有几个省的情况不大好，流露出着急的情绪。

患帕金森症的毛泽东，用颤抖的手，给华国锋写下三句话：

"慢慢来，不要招（着）急"；

"照过去方针办"；

"你办事，我放心"。

死了周恩来、朱德，倒了邓小平，病了毛泽东，中国政局处于风雨飘摇之中。华国锋被毛泽东指定为接班人，不过几个月而已。接班人之争，愈演愈烈。

在姚文元的指挥下，大报、小报组成一支声势浩大的啦啦队，在那里歇斯底里般大喊大叫：

"邓小平的整顿就是复辟！"

"警惕还乡团！警惕党内资产阶级！"

"打倒新老走资派！"

"揪出邓小平的代理人！"

姚文元还下令组织编写《赫鲁晓夫怎样上台》、《吕后怎样各个击破诸侯王》之类"以史为镜"的材料。

不过，他们心里也都清楚——

江青说："我手无寸铁，他们要搞我是很容易的。"

张春桥说："我们只有笔杆子，没有枪杆子。"

王洪文则说："我最担心的是军队不在我们手里。"

他们不约而同，都把目光投向枪杆子。

1976年8月10日，上海的一次密谈，传来使"四人帮"万分焦虑的消息。

这天，一个穿绿军装的人物，在上海延安饭店与马天水、徐景贤、王秀珍这"三驾马车"聚首。此人名叫丁盛,原为中国人民解放军广州军区司令员,现调任南京部队司令员（与许世友对调）。

本来,丁司令从南京来沪,马、徐、王只是作礼节性的拜访。不料,这次拜会成了一次极为重要的密谈,一直到夜半才结束。

丁盛透露军内秘密情况:"我从广州调来南京,只身上任,在南京很孤立。六十军不听我的。这个军的几个师,就摆在无锡、苏州到上海一线,对上海是一个大威胁,你们要有所准备!"

马、徐、王闻言,面面相觑。上海号称"四人帮"的"基地",如今处于六十军的枪口之下。六十军连丁盛都控制不了。万一六十军有个什么行动,上海这"基地"顷刻之间便土崩瓦解!

这消息传入"四人帮"耳中,他们怎不为"基地"的安全日夜担忧?

王洪文甩掉钓鱼竿,突然出现在上海。

王洪文在上海只作短暂逗留。他的声调显得急促:

"要警惕中央出修正主义!要准备上山打游击!"

"要赶紧把仓库里的枪支拿出来,发给工人民兵——我们要建立第二武装!"

王洪文曾说过,搞民兵,他是内行——"文革"前,他在上海国棉十七厂就是民兵连长。

1967年8月4日,王洪文出任总指挥,踏平上柴"联司",这位"造反司令"就已经意识到手中要有一支"武装力量"。

张春桥也敏锐地意识到这一点。他在总结踏平上柴"联司"的"经验"时,就亲笔写下关于"武装左派"的七点意见。

1967年8月7日,姚文元从北京打电话给王洪文作了具体布置:"春桥同志和我共同表示一个明确的态度,支持成立上海民兵指挥部,建议先组织武装民兵十万人左右。"

那时候,张春桥、姚文元是王洪文的"首长"。1967年9月,在上海外滩32号,王洪文以上海市革命委员会的名义,召开会议,落实"首长"的"重要指示"。

一支上海工人武装队伍,便在"斗争"中建立起来了。

从一开始,王洪文就强调:"军队不能领导民兵,民兵的领导权要掌握在上海市委手里。"

王洪文曾直言不讳地说:"在上海民兵成立的时候,张春桥就把这个任务交给了上海'工总司'来组织,就避开了上海警备区,实际上就夺了上海警备区的民兵领导权。"

王洪文还点明了其中的奥秘:"因为上海警备区有两派。这两派中间,实权是掌握在不支持上海市委这一派手里。"

王洪文向上海两家工厂下达了制造步枪的命令。这些步枪,用来武装上海民兵,据说这叫"自力更生"。

他又向部队要来一批重武器,武装上海民兵,其中有一三〇火箭炮、一二二榴弹炮、八五加农炮以及水陆两用坦克234辆,摩托车438辆。

这么一来,上海民兵成了一支颇有战斗实力的武装。

王洪文抓民兵工作,还有所"发明"。1970年6月7日,王洪文在上海国棉十七厂的民兵工作会议上，提出了"民兵三位一体"，亦即把"民兵、治保、消防"三者结合在一起。

王洪文成为中共中央副主席之后，在1973年9月18日，他对上海国棉十七厂的代表说："厂里的'三位一体'经验，要抓一抓，总结一下，否则我在北京讲话讲不响。"

于是，上海国棉十七厂的民兵，便来了个"王副主席指示为纲"，贯彻王洪文的"三位一体"指示。1973年国务院162号文件转发上海市革命委员会的《上海城市民兵情况调查》，便介绍了上海国棉十七厂的"三位一体"经验。

当王洪文进入中共中央政治局，形成"四人帮"，上海民兵便成了"四人帮"的帮派武装。

1974年3月20日，王秀珍进京，在王洪文那里住了四天。

王洪文跟王秀珍谈起了上海民兵。王洪文说："上海民兵是我和张春桥搞起来的。上海民兵是新生事物，是两条路线斗争的产物，是有战斗力的，你们要抓好。今后打仗要靠这支队伍。军队有问题，路线不端正，是靠不住的。"

王洪文提醒王秀珍："上海民兵指挥部这个班子要配备好，要把工会常委多派进去。"

那时的上海市总工会脱胎于"工总司"。上海市总工会的常委，大都是"工总司"常委，是王洪文的"小兄弟"。

王洪文还对王秀珍说起他的"雄心壮志"："我要搞全国民兵总司令部，我亲自抓，把周宏宝调到全国民兵总司令部，打起仗来依靠群众。"

幸亏毛泽东否定了王洪文关于成立全国民兵总司令部的计划，使这支全国性的"第二武装"未能拉起来，使中国避免了一场全国性的内战。

1975年夏秋，当王洪文在北京郁郁不得志，溜到上海"调查研究"的时候，他越发觉得手中一定要有一支"第二武装"。

9月18日下午，王洪文以"上海民兵创始人"的身份，在马天水、徐景贤、王秀珍陪同下，在上海锦江饭店小礼堂接见了上海民兵指挥部领导小组全体成员。王洪文发表了杀气腾腾的讲话。

以下是根据当时记录摘引的王洪文的原话：

群众对三位一体反映怎么样？能不能设法抓一个区总结一下，这样有利于巩固无产阶级专政，为什么不能结合起来，主要是消防和治保，民兵没有多大问题，这个问题阻力好大呀！因为是我提出来的，有人不满意也不敢反，上海认识上也有阻力，其实有什么不方便。

有一点同志们要清醒，关于上海民兵是经过斗争的，今后还是有斗争的。我们要谦虚谨慎，不要翘尾巴，特别是以后是不是站得住，同志们要注意，你们要做点思想准备，人家一巴掌打过来，看我们是否站得住。实践上都能站得住脚，将来就驳不倒。如我们在政治上、思想上、理论上站得住脚了，我也可以说话了。有些材料是有说服力的，如三位一体，民兵抓阶级斗争，这些都要很好的总结。

上海这个地方要立足于自己。关于一三〇炮的问题，过去我和春桥同志商量过，还是要靠自己造，现在看来新八五站住脚了！比一〇〇的性能好。而且轻了三吨，我最欣赏的新八五是自行设计,自己制造的,比一〇〇优越得多。

上海民兵指挥部,要搞个编制,把武装部的人要考虑进去。如果上海民兵指挥部拆了,你武装部要把全部工作给我抓起来,你抓得起来?我不相信你抓得好!没有阻力不可能,就是有人把这个机构改过去了,我20年后还是要改过来。只要我不打倒,我不死,我还是要把它改过来。现在有人总是觉得过去的东西顺手,方便,还有人说民兵抓阶级斗争不正规化,还有人骂我们,上海搞第二武装集团。什么正规化呢,要服从阶级斗争的需要,要服从社会主义革命和社会主义建设的需要,反正我知道一点。

已经有人点明"上海搞第二武装集团",王洪文仍毫不在乎,仍要坚持干到底。

王洪文回到北京以后,中国的政局愈加动荡。一场大拼搏,眼看着已经无法避免。

上海一片刀光剑影

1976年4月8日凌晨,酣梦正香的王秀珍,被电话铃声吵醒。

抓过电话耳机一听,她睡意顿消。从耳机里,传出王洪文那熟悉的声音:"秀珍吗,有一件紧急的事情要告诉你。"

王秀珍连忙问:"什么事?"

王洪文说道:"天安门事件,总算过去。不过,这一次暴露了北京工人民兵的大问题,简直是'豆腐兵',连对付学生都感到吃力。这使我想到了上海民兵,一定要抓紧训练,提高应急能力,决不能像北京民兵那样!一定要做到'招之即来,来之能战,战之能胜'!"

"行,行。你放心,我马上向上海民兵指挥部传达你的指示。"王秀珍连声答应。

"注意保密,不要给人家抓住把柄!"王洪文又叮嘱了一句。

从电话耳机里传出的王洪文的"指示",像槌子一样敲响了王秀珍这面锣。

翌日清早,王秀珍那喇叭般的嗓子,在上海市民兵指挥部响了起来。

上海民兵指挥部负责人施尚英马上落实、贯彻"王副主席指示"。他们制订了代号为"反击一号"、"反击二号"、"反击三号"三个作战方案,以应付突然发生的不同事态。

上海民兵变得忙碌起来。首先是"政治挂帅",学习上海民兵指挥部印发的《民兵宣传教育》材料。那材料中,已经非常清楚地点出"要随时准备粉碎""武装暴乱":

在无产阶级专政条件下,由于党内走资派比社会上的资产阶级危险得多,所以我们民兵的主攻方向应该革党内走资派的命,这是社会主义时期的阶级斗争规律所决定的。

把同党内资产阶级斗争作为无产阶级专政条件下民兵继续革命的重要任务,不停顿地进行战斗。

要搞清楚民兵与党内资产阶级斗,既要认真对付他们搞"和平演变",又要随时准备粉碎他们的武装暴乱。

民兵们经过"学习",明确了民兵主要任务便是与"走资派"斗。

一支摩托化的民兵部队,即将举行演习。王秀珍为他们进行"战前动员"。

她的话,比《民兵宣传教育》材料更加无遮无拦:

"现在形势复杂,斗争是长期的,今后会更复杂、更激烈。

"我们要有出现反复的思想准备,无非是杀头坐牢,杀了头不过碗大的疤。

"我们要豁出命来干,不能做投降派,不当叛徒,要干到底!

"部队靠不住,要准备打仗,内战外战一起打!"

王秀珍传达了王洪文的话:"谁搞修正主义,就造谁的反!"

1976年6月,关于毛泽东主席病重的通知已由中共中央通知各省市党组织负责人。上海的民兵更加抓紧了训练,随时准备"造修正主义的反"。

如马天水所供认:

> 1976年6月27日,(上海)民兵指挥部送来一份发枪报告,7月3日我就批复同意都发下去,到8月10号我要民兵指挥部汇报时,他们提出发枪报告还未批下来,我才知道办公室压了下来。当时我把办公室有关同志找来大批了一顿。立刻批了"立即发"三个字。
>
> 为什么这样急于发枪?当时正是毛主席病重时期,担心发生内战,要赶快加强民兵这支力量。同时这也和在8月10日我和徐、王和丁盛谈话有关系。丁盛谈话也谈了打内战问题。……

《关于上海民兵装备十年规划设想意见的报告》,也急急地送到王洪文手中——

> 市委、市革委会:
>
> 根据市委领导关于装备民兵五十万件武器和总部民兵装备要搞十年规划的要求,加强以产业工人为主体的民兵建设,市现有二百六十万民兵,规划五十万件武器。
>
> 全市装备民兵十个高炮师。一百八十五个高机连,三个地炮师,一个一三〇火箭团,一个水陆坦克师,三十六个武装基干团,五百一十八个武装基干连,四千二百十二个武装基干排,一个摩托团,一个通信团,共装备民兵六十五万人……
>
> 上海民兵指挥部

上海,江青称之为"基地"的上海,已经是磨刀之声可闻。

上海,江青、张春桥、姚文元、王洪文苦心经营了十年的上海,在准备作最后的搏击。

毛泽东在重病中吩咐后事

虽说毛泽东已经明确指定华国锋为中共中央第一副主席,王洪文并不把华国锋放在眼里。在他看来,华国锋倘若作为对手,远不及邓小平厉害。

1976年7月,王洪文又叮嘱他的秘书萧木,为他起草"全面"的讲话提纲。

半年前,王洪文在周恩来去世后,以为自己会主持中央工作,要秘书萧木起草"全面"的讲话提纲,弄得萧木连春节也没有休息。

这一回,王洪文又要萧木"辛苦"一番了。那是他与江青、张春桥、姚文元商量过内容的,因为他是副主席,就由他出面草拟。

这个"全面"的讲话提纲与上一次一样,被打进了冷宫——因为他并没有能够挤掉华国锋。不过,那草稿的"全面"的口气,却清楚地反映心中的企望。

现据原文,摘引于下:

(一)积极创造条件,区别不同情况,建立和完善老中青三结合。一种是较好的,只需在斗争中逐步完善即可,不必把组织问题作为运动的一个组成部分去搞。一种是需要作些充实、调整的,主要依靠省委自己去搞。再一种是一、二、三把手都问题较多,群众已不大那么信任,需要中央直接去帮一手的。

(二)国务院各部的问题,这次铁道部让万里同志不管事,专心检查自己问题,又调了两个青年干部去当核心小组副组长运动有了生气,看来是得人心的。这个经验需要总结,并在实践中进一步完善。其他各部,也要积极创造条件,有领导地逐步参照解决。这些部自建立以来,大多没有好好触动过。现在的情况是下面变了,上面不变或有变也不大,矛盾越来越尖锐。趁这个机会变一下,广大基层干部、群众是高兴的。

(三)军队问题,基层是好的,主要问题在上面。比较起来,总参的事情更紧迫些。

王洪文除了以这样"全面"的口气准备好讲话提纲之外,还叮嘱萧木写了一封致毛泽东主席的信。

据萧木回忆,王洪文在给毛泽东写信时,是这样吩咐他起草的:

他对我说,毛主席最近指示"国内问题要注意"。我看国内问题还是要批邓。全国运动有几种情况,一种搞得好的,一种比较一般,还有一种是问题比较多的。这后面两种,占全国多数,都需要解决领导班子问题,特别是第三种不解决不行。国务院有些部,军委有些部门,也是这样。解决的办法要像有的部已经做的那样把主要领导干部换掉。他要我根据他的这些话整理一封给毛主席的信。我整理了去送给他,他准备修改、重抄,并说有机会要送毛主席看。……

王洪文还没有来得及把信交给毛泽东,毛泽东已无法视事。

"文革"中,贴遍中国大地的"敬祝毛主席万寿无疆"大字标语和响彻云霄的"毛主席万岁"呼喊声,无法使毛泽东永生。

按照大自然的规律,年迈的毛泽东还是一步步接近他人生的终点。

毛泽东的身体,一天不如一天。

周恩来去世时,毛泽东便叹道,"我也走不动了!"他无法去出席周恩来的追悼会。

1976年2月下旬,美国前总统尼克松和夫人访华。毛泽东在病中会见了这位打开中美关系大门的老朋友。

尼克松在回忆录中写道:

> 1976年我再度到中国访问时,毛泽东的健康状况已严重恶化了。他的话语听起来像是一些单音组成的嘟哝声。但是,他的思想依然那样敏捷、深邃。我说的话他全能听懂,但当他想回答时,就说不出话来了,他以为翻译听不懂他的话,就不耐烦的抓起笔记本,写出他的论点。看到他的这种情况,我感到十分难受。无论别人怎样看待他,谁也不能否认他已经战斗到最后一息了。
>
> 由于帕金森氏病的侵袭,毛泽东的行动当时已很困难。他不再是体魄健壮的人了。这位82岁的、步履蹒跚的农民,现在变成了一个拖着步子的老人。毛泽东像晚年的丘吉尔那样,仍旧非常自尊。我们谈话结束时,他的秘书们把他从椅子上扶起来,让他和我一起朝大门走去。但是,当电视镜头聚光灯对着我们,要录下我和他最后握手的镜头时,毛泽东推开他的助手,独自站在门口和我们告别。

天安门事件时,毛泽东只能吃力地、断断续续地讲话,用颤抖的手,写下几个难以辨认的字。

天安门事件后,毛泽东愈见衰老。

1976年6月初,毛泽东突然心肌梗塞,差一点去"见马克思"。经过医生护士全力抢救,这才脱离险境。

大抵自知余日不多,而且担心心肌梗塞再度突然发作,趁神志尚清楚,毛泽东在1976年6月15日,召见了华国锋、王洪文、张春桥、江青、姚文元、王海容等,作了临终嘱咐式的谈话。

毛泽东讲话已很吃力,口齿不清,但思维尚不错。

毛泽东说了这么一番深沉的话:

> "人生七十古来稀",我八十多了,人老总想后事。中国有句古话叫"盖棺定论",我虽未"盖棺"也快了,总可以定论吧!我一生干了两件事:一是与蒋介石斗了那么几十年,把他赶到那么几个海岛上去了;抗战八年,把日本人请回老家去了。对这些事持异议的人不多,只有那么几个人,在我耳边叽叽喳喳,无非是让我及早收回那几个海岛罢了。另一件事你们都知道,就是发动文化大革命。这事拥护的人不多,反对的人不少。这两件事没有完,这笔"遗产"得交给下一代。怎么交?和平交不成就动荡中交,搞不好就得"血雨腥风"了。你们怎么办?只有天知道。[1]

---

[1] 金冲及主编:《毛泽东传(1949—1976)》(下),中央文献出版社2003年版,第1781—1782页。

毛泽东这番话，对自己的一生作了总结，对"交班"作了交代。他自己也明白，对于"文革"，"拥护的人不多，反对的人不少"。但是，他把发动"文革"，视为一生干了的两件事中的一件，因此他绝不允许否定"文革"。也正因为这样，站在他床前聆听这番嘱托的，除了华国锋、王海容之外，便是他认为的"文革"派人物——王洪文、张春桥、江青、姚文元了。由于邓小平的倒台，王、张、江、姚神气起来了。

1976年6月26日，毛泽东发生第二次休克，病情转重。中共中央政治局决定，由华国锋、王洪文、张春桥、汪东兴四人在毛主席住地游泳池轮流值班，以应付紧急情况。在一般的情况下，华国锋和张春桥一班，王洪文和汪东兴一班。

1976年7月6日，朱德去世。重病之中的毛泽东叹道："'朱毛''朱毛'，不能分离。现在朱去见马克思了，我也差不多了！"

据芦荻回忆，当时毛泽东一腔深情，用极其微弱的声音，吟诵起南北朝文学家庾信的《枯树赋》[①]：

昔年种柳，依依汉南；今看摇落，凄怆江潭。树犹如此，人何以堪！

他，已是一棵枯树，"凄怆江潭"了！

中国，蒙受了十年"文革"灾难的中国，又蒙受了新的灾难——在1976年7月28日凌晨3时42分53.8秒，唐山发生了举世震惊的7.8级强烈大地震。这座百万人口的城市的众多楼房在顷刻间被夷为平地。唐山距北京只有200多公里，北京和天津也有强烈震感。就连毛泽东住处大厅门窗上的玻璃都发出哗哗声响，毛泽东的病榻也摇晃起来……

这天，在毛泽东身边值班的是王洪文和汪东兴，张玉凤也参加了值班。他们赶紧跑进毛泽东卧室，当时并不知道发生了什么事情。毛泽东的身边工作人员周福明俯下身体挡在毛泽东头部之上，以防有什么东西掉落伤及毛泽东的头部。

汪东兴走到毛泽东的床前说："像是地震，我再去了解一下，了解清楚后再向主席报告，请主席好好养病，不要着急。"

汪东兴出去一了解，得知是唐山发生大地震。

华国锋也在睡梦之中被地震惊醒，连忙赶往中南海毛泽东住处。

天亮之后，经医生同意，中央政治局常委决定：把毛泽东转移到防震的房子——游泳池南的"202"。

"202"是专为毛泽东新盖的房子。那是中共中央办公厅考虑到中南海室内游泳池的房子，原本并不是为了毛泽东居住而建造的，担心抗震等性能不好，不安全。经过再三说服，毛泽东才于1974年同意把游泳池南面几处旧的小平房拆掉，新盖一座房子。这一工程的代号为"202"。建成之后，也就用惯了"202"这一代号。

乘着毛泽东离京巡视外地的时候，"202"工程加紧施工，于1974年底完工。"202"

---

① 1990年6月22日，叶永烈在北京采访芦荻。

房间宽敞,高大明亮,而且抗震能力强。

毛泽东在长沙住了114天,于1975年2月3日离开长沙回北京。当毛泽东回到中南海的时候,"202"早已经完工。但是毛泽东仍住原先的房子,不愿意迁往"202"。

直至这次发生唐山大地震,毛泽东这才在中共中央政治局常委们的劝说下,搬到"202"去住。"202"主要是三大间,即卧室、书房、会客厅,另外还有几间附属用房。"202"有宽敞的走廊连接室内游泳池。

毛泽东一生的最后43天,是在"202"度过的。"202"是毛泽东最后的住所。倘若不是唐山大地震,毛泽东还不肯搬进新居"202"。

华国锋压下了"江青代表毛主席"的报道

一份已经拼好的大样,上面的大字标题这么印着:

中共中央政治局委员江青同志代表毛主席党中央看望首都人民
新华印刷厂、清华大学、北京大学广大革命群众决心深入批邓,抓革命、促生产,搞好抗震救灾斗争,用实际行动回答毛主席、党中央的亲切关怀。

这是一条"流产"了的消息。

消息一开头便写道:"中共中央政治局委员江青同志,于8月26日,冒雨先后到北京新华印刷厂、清华大学、北京大学,代表伟大领袖毛主席和以毛主席为首的党中央,看望和慰问广大群众和干部,参加集体生产劳动,鼓励大家认真学习毛主席一系列重要指示,深入批邓,抓革命,促生产,积极支援灾区人民。"

这条消息排好后,连姚文元都不敢批发,转到了华国锋那里,被华国锋压下,没有见报!那是因为,毛泽东早已一次次申明:"她(指江青)并不代表我,她代表她自己。""总而言之,她代表她自己。"

可是,在毛泽东病重之际,江青却硬要为自己制造舆论,要发表《中共中央政治局委员江青同志代表毛主席党中央看望首都人民》的醒目消息。在她看来,毛泽东已气息奄奄,未来的中共中央主席理所当然的是她——虽然毛泽东已指定华国锋为接班人,但是她并没有把华国锋放在眼里!

华国锋也理所当然地压下了这条消息。

江青加紧了活动。在毛泽东病重的那些天,江青显得格外活跃:

8月28日,江青来到天津小靳庄。她在那里发表讲话说:"邓小平是造谣公司的总董事,也叫总经理。"她又忽地说起"母系社会"来。她说:"在生产力中,女的是最基本的","在氏族社会,是女的当家。随着生产力的发展,将来管理国家的还是女同志","男的要让位,女的来管理。"江青还直言不讳地说:"女人也能当皇帝!"

8月30日,江青头扎白毛巾,像个陕北老农模样,出现在济南部队某团"登城首功第连"。她又是絮絮叨叨地讲话,内中有一句双关语颇为惊人:"主席不在了,我就成了寡人了!"

9月2日,江青给毛泽东写报告,说是要去大寨。起初,毛泽东没有同意。江青这次报告,毛泽东才勉强同意。这时,毛泽东病情已很重。

9月3日,江青到了山西昔阳县大寨,在那里召开"批邓会"。江青在那里发表讲话:"你知道我这次来是干什么来了,我是和邓小平斗来了!……有人要想打倒我江青,要把材料送给毛主席。结果材料落到我们手里,他们的目的没有得逞。所以,我江青还活着!"江青又说起了"母系社会":"母系社会就是女人掌权。到了共产主义社会还有女皇,也要女人掌权!"

江青在大寨拍了许多照片,内中既有骑马的照片,也有拿着青草喂鹿、逗兔的照片。

毛泽东病情转危。9月5日晚9时半,中央紧急通知江青火速返回北京。

大寨交通不便。夜11时,江青从山西阳泉上火车,两个多小时之后到达石家庄。一路上,江青跟警卫、医生一起打扑克。

一架专机在石家庄等候江青。

上了专机,飞行20多分钟,这才赶到北京。

毛泽东是在8月下旬病情加重的。8月28日,趁江青去天津,经中共中央政治局常委同意,李敏前来看望父亲毛泽东。那时,毛泽东神志尚是清醒的,他拉着李敏的手,艰难地说:"娇娇,你来看我啦。你为什么不常来看我呢?"李敏说不出话来,因为她要经过层层批准,方能进来,毛泽东哪知道这些呢?

"你今年多大了?"毛泽东问。

"三十九了。"

"不,你三十八。"这句话,表明毛泽东的记忆是很清楚的。

■ 江青在大寨骑马上虎头山(杜修贤 摄)

■ 江青在大寨打谷场

■ 江青在大寨养殖场蚕房

■ 江青在大寨养殖场喂鹿（杜修贤 摄）

不过,这一句话,似乎勾起了毛泽东对贺子珍的思念。他叹了一口气,想说什么,喉咙里发出混浊的声音。李敏听不清,只看见父亲用右手的拇指和食指连成一个圆圈。生怕会加重毛泽东的病情,李敏不敢久留,含泪走出毛泽东的卧室。她一直不明白毛泽东那手势是什么意思:会不会是要她向贺子珍问好?因为贺子珍的原名叫"桂圆"。

9月7日早上,江青从大寨回到北京,毛泽东已处于垂危之中。江青赶到的时候,毛泽东虽然神志还清醒,但是双眼紧闭,已经气息奄奄。

据毛泽东医疗组陶寿淇、吴洁、陶桓乐、周光裕、方圻、王新德、翟树职、潘屏南、朱水寿、薛世文等在1976年10月14日所写的材料,这样记述当时的情景:

> 主席刚入睡,江青不顾医生的劝阻,老给主席又擦背,又活动四肢,抹爽身粉。当日晚,江青进来就找文件,找不到就发脾气。我们主张毛主席多休息一下,江青尽送一般参考资料,硬要主席看。当时主席床头灯光已很强,主席怕热,但江青又硬加上一座灯。江青离开后我们即将灯拿走。

江青除了在毛泽东那里翻找文件之外,又为一笔钱的事,在毛泽东那里闹。张玉凤在1976年10月22日曾写下这样的揭发材料:

> 1973年10月,江青来见主席,提出要一笔钱,江青走后,主席对我说:"她看我不行了,为自己准备后路。"然后主席流着泪,从自己过去的稿费中批了三万元钱,让我去办。我把钱给江青送去。她看到钱马上对我说:"小张,这些钱对我来说是不够的。我跟你不一样,将来我是准备杀头、坐牢的,这个我不怕。也可能不死不活的养着,这个难些。"这笔钱主席批给江青已有三年。在这三年里江青变化无常,经常借着钱的事来干扰主席,一会说"让小张替我保管存单",一会又"不要小张管,要远新管",过些天又让我管,来来去去,江青无数次地打扰主席,直到毛主席去世前两天她还在闹,江青说:"我要限制资产阶级法权,这些钱我不要了。你(指主席)要是一定要给我,那就让小张代管。"……

关于这些钱的使用,张玉凤处还存有上一章讲述的江青1975年1月7日亲笔写的一张条子。

向来办事不后悔的毛泽东,却对于自己与江青结合感到后悔。然而,他又无可奈何。毛泽东曾对卫士长李银桥以及汪东兴透露自己心中的烦闷:

> 他曾经对他的卫士长李银桥说过,我办事从来不后悔。事实上,他在很多事情上是后悔的。他承认过,他同江青结婚是过于草率了,江青没大过错,不好离婚,而且按照他的身份,这样做影响也不好,只得凑合着过。这是婚姻上的后悔。而他最大的后悔是看错了一批人,用错了一批人。

汪东兴曾经介绍过毛泽东晚年的一些情形,在1971年林彪出了事,毛泽东异常痛苦,他说:"是我瞎了眼。"他的身体明显地衰老了下来。以后对张春桥、姚文元和王洪文,他都很失望,说,我看错了一批人。在延安时,毛泽东说过,我们党内有50个真正懂得马列主义的人就行了。王洪文作为毛泽东的接班人,是经过毛泽东点头的,但这个人并不真懂马列主义,甚至连马列主义的皮毛都不懂,毛泽东对于自己把他选作接班人,是很后悔的。

他对于江青,毛泽东不仅是在婚姻方面后悔,他对于这个人在文革中的行径也是很不满意的。林彪把江青抬了出来,江青是借着林彪的力量从一个无名之辈一下子上升到政治局委员。开始,她与林彪伙在一起,毛泽东要把他们扯开都扯不开。给江青从九级,提到五级,也是林彪干的。连中办主任汪东兴都不知道。以后报告了毛泽东,他很生气,明令把多发的钱都退回去。江青和林彪,是后来才分成两派的。江青等人进入中央委员会和政治局,是九大选的,那次会是两派的权力分配。

毛泽东对江青的所作所为不满意,是越来越严重,不让她插手国务院的人事安排,以至提出了"上海帮"、"四人帮"的批评,为以后中央采取行动,粉碎江青篡党夺权的阴谋,提供了依据。[①]

毛泽东之逝引起中国"政治地震"

毛泽东的生命列车,已经驶近他的终点站。

9月初,毛泽东已处于弥留状态。争夺中国最高领导权的斗争,已经进入了最激烈的阶段。

9月2日,"小兄弟"陈阿大来到北京,王洪文马上"接见"。陈阿大一回到上海,便传达了北京最新消息:"中央两条路线斗争非常激烈。这是党内的第十一次路线斗争。江青同志、春桥同志、文元同志、洪文同志是正确路线的代表。只有紧跟他们,才可能在第十一次路线斗争中不犯错误!"

大约是叶落归根之意,毛泽东在病危之际,对华国锋说,希望回到故乡韶山滴水洞静养。

华国锋当即从命,进行安排。

9月8日上午,中共湖南省委第二书记张平化[②]突然接到中央紧急通知,要他前往韶山滴水洞管理处进行检查,以尽快安排接待毛泽东回家休养的各种准备工作。

张平化当即电话通知了滴水洞管理处管理员廖时禹,做好一切接待准备工作,"北京客人"要到那里住。张平化还说,他将在当天晚上赶往韶山滴水洞检查。

在毛泽东病重的日子,江青虽没有参加值班,但她不住钓鱼台,而是住在中南海。她

[①] 据王行娟:《李敏、贺子珍与毛泽东》,中国文联出版公司1993年版,第267—268页。
[②] 当时中共湖南省委第一书记仍由华国锋兼任。

在中南海的住处,就在毛泽东住处旁边。

9月8日,毛泽东的病情已经处于非常危急之中。

据毛泽东医疗组陶寿淇、吴洁、陶桓乐、周光裕、方圻、王新德、翟树职、潘屏南、朱水寿、薛世文等在1976年10月14日所写的材料,这样记述当时的情景:

> 9月8日,江青一定要主席翻身,医护人员坚决说不能翻,翻了危险。江青硬给主席翻身,结果翻身后主席颜面青紫,血压上升,江青看情况不好,扬长而去。
>
> 8日晚我们在抢救过程中,大家分头紧张工作,江青进来大吼"不值勤的都出去",我们没有听她的。
>
> 在毛主席病重的时候,江青拉毛主席医疗组的医生给她查身体。她还要把主席正在用的心电图示波监护器拿去她自己用,我们没有同意。去天津小靳庄时,不顾主席病重,还要医疗组一些医生陪她去,我们坚决不同意才作罢。
>
> 主席生前,江青对医护人员横加指责,经常谩骂"医生是资产阶级的,护士是修正主义的",干扰治疗。主席逝世之后,我们都很悲痛,江青却说:"你们不能愁眉苦脸啦,看我现在就很高兴。"

毛泽东医疗组的这一揭发材料,载入中共中央《王洪文、张春桥、江青、姚文元反党集团罪证(材料之一)》。

9月8日下午6时多——离毛泽东去世只有五个多小时,江青却心血来潮,突然跑到北京新华印刷厂。

江青怎么会忽然跑到新华印刷厂呢?据说,江青获得"情报":有"特务"在那里搞她的"情报",搞中共中央的"情报"!江青所说的"特务",并不是国民党特务,而是"党内最大的走资派派来的高级特务"!到新华印刷厂搞什么情报呢?

这是因为当时中央领导人的一些讲话稿,在新华印刷厂排印。

江青突然跑到新华印刷厂,为的是在那里"查特务"!

据新华印刷厂连秀荣、韩致仁、李同彦、赵家玉、伊淑珍、姜信之、张世忠、葛运通、罗孟琦等九人在1976年10月30日所写的材料说:

> 江青事先没有通知,突然来厂。江青一来直奔防震棚。
>
> 当时棚里没有人等候。连秀荣同志赶来时,江对连发脾气。江说:"我就请了一个小时假,你知道我从哪里来吗?我从大寨来。"
>
> 当迟群、谢静宜来了以后,江急着问迟群:"你给我带来材料没有?"江青拿过材料批划。江与迟、谢三人低语一阵子。
>
> 后来,江突然问:"小谢,我问你的问题,你为什么不答,你知道吗?党内最大的走资派派来高级特务,监视我,搞我的情报。"
>
> 又说:"工人同志们要擦亮眼睛,提高警惕,谁是特务,站出来,自首,保护自首的。"

又问迟、谢说:"你别急,会弄清楚的。"

江又说:"我怕什么,我什么都不怕。"

这天,江青还请工人们吃文冠果。江青说:"你们知道吗?文冠果的另一个名字叫文官果,象征着'文官夺权'!"

江青的话,透露了四个"文官"——王、张、江、姚的心声。

这时候,毛泽东已经处于生命的最后时刻。

江青从新华印刷厂回来后,曾在毛泽东床前守候,夜深离去。

守在毛泽东床前的是张玉凤。

医生们忙于抢救濒死的毛泽东。

9月8日,中共湖南省委第二书记张平化忙着为毛泽东再来滴水洞做准备。当天夜里12时,张平化又电话通知滴水洞管理处管理员廖时禹,说"北京客人"不来了。

9月8日子夜,毛泽东气息微弱。

当9月9日0点刚过,才10分钟,毛泽东停止了呼吸。

张玉凤奔出毛泽东卧室,疾步走向毛泽东书房,向守候在那里的华国锋、王洪文、张春桥、姚文元、汪东兴报告噩耗。

住处不过一箭之遥的江青,迅速得到报告,马上奔了过来。

后来,姚文元曾这样描述他在现场所见:

她头发散乱,神色慌张,进门便扑在主席遗体上一面痛哭,一面呼喊:"医生呵!你们快救救主席呵!你们为什么不救救他呀!"

她嗓子都哭哑了,仍不肯离去。其悲痛之状,催人泪下。

姚文元所述,应当是真实的。不管怎么说,江青跟毛泽东从1938年结合,到1976年,毕竟有着38年的夫妻感情。

毛泽东是在1976年9月9日凌晨0时10分离世。他,终年83岁。自1935年遵义会议确立了他在中共的领袖地位以来,至1976年,长达41年。

这"83"、"41",恰巧构成"8341"——他的警卫部队的番号。尽管这是偶然的巧合,却也是太巧的巧合!

毛泽东的去世引起中国的政治大地震,其烈度甚至不是不久前发生的唐山大地震所能比拟的。

中国人崇拜龙,向来以为龙年是吉利的年头。中国人在龙年的出生率比平常年份高,因为中国人以为在龙年出生、属龙的人会是幸运的。

1976年是龙年。可是,对于中国来说,1976年却是天灾与人祸交错频降的一年:

1月8日,78岁的周恩来因患膀胱癌病逝;

3月8日,吉林地区降了一次世所罕见的陨石雨;

■ 毛泽东逝世（杜修贤 摄）

4月清明节,爆发天安门事件,广大群众遭到镇压；

5月29日,云南西部地震；

7月6日, 90岁的朱德因病去世；

7月28日,河北唐山大地震；

8月16日,四川松潘、平武大地震；

9月9日, 83岁的毛泽东因病去世。

毛泽东之逝,成为中国政治舞台上的一次最强烈的大地震。

世界各国的领袖们,纷纷高度评价毛泽东。

美国总统福特发来唁电说:"在任何时代成为历史伟人的人是很少的。毛主席是其中的一位。"

美国前总统尼克松发表声明说:"毛泽东是一代伟大的革命领导人中的一位出类拔萃的人。他不仅是一个完全献身的和重实际的共产党人,而且他也是一位对中国人民的历史造诣很深的富有想象的诗人。"

菲律宾总统马科斯发表声明道:"毛泽东主席是一位人类的领袖、历史的推动者。他是名垂史册的人物。"

法国总理雷蒙·巴尔说:"毛泽东主席将作为本世纪最伟大的人物之一而载入史册。"

英国首相卡拉汉这样评价毛泽东:"他的影响远远超出了中国的疆界,无疑他将作为世界闻名的伟大政治家而被人们所缅怀。"

巴基斯坦总理阿里·布托发表声明称:"毫无疑问,毛泽东主席是巨人中的巨人。"

巴基斯坦总统乔德里称毛泽东是"中国革命之父"。

……

毛泽东之逝,结束了一个时代,即毛泽东时代。

虽然毛泽东曾被不适当地夸大为中国共产党的"缔造者",而实际上毛泽东是中国共产党第一次代表大会13名代表之一,是中国共产党的早期重要活动家之一。中国共产党的"缔造者"应该是"南陈北李",即陈独秀和李大钊。

尽管如此,毛泽东却是名副其实的中国人民解放军和中华人民共和国的缔造者。

从1935年1月的遵义会议起,毛泽东确立了他在中国共产党内的领袖地位。毛泽东这一领袖地位,一直保持至1976年9月9日去世。也就是说,他在漫长的41年间,一直是中国共产党的最高领袖(虽说最初8年名义上张闻天是中共中央"负总责",而实际上的"负总责"是毛泽东)。

在漫长的41个年头中,毛泽东形成、充实并发展了他的理论体系。这个理论体系被誉为"马列主义与中国革命实践相结合的产物","中国的马列主义"。在1942年7月1日,由《晋察冀日报》(《人民日报》的前身)社长兼总编邓拓亲自所写的社论《纪念七一,全党学习掌握毛泽东主义》中,把这一理论体系称为"毛泽东主义"。由于毛泽东以为"毛泽东主义"有与"马克思主义"、"列宁主义"并列之嫌,未加同意。一年之后,即1943年7月1日来临之际,王稼祥提出了"毛泽东思想"这一概念,得到毛泽东的认可。

在遵义会议十年之后,即1945年,在中共七大通过的党章上,确认"中国共产党以马克思列宁主义的理论与中国革命实践之统一的思想——毛泽东思想,作为自己一切工作的指针"。从此,毛泽东思想一直是中国共产党的指导思想。

41年的中共最高领袖地位,加上毛泽东思想作为中共的指导思想,毛泽东深刻地影响了中共。随着中共成为中华人民共和国的执政党,毛泽东又深刻地影响着中国的命运。随着毛泽东国际威望的提高,特别是在斯大林去世之后,毛泽东成为国际共产主义运动的举足轻重的领袖。

这样,毛泽东成为中国的政治巨人。于是,产生了一个时代,即"毛泽东时代"。

毛泽东时代的上限,是一个模糊数字,迄今没有一个明确的说法;毛泽东时代的下限却是非常清晰的,即1976年9月9日。

毛泽东的撒手西去,意味着一个时代的结束,意味着中共41年最高领袖命运的结束。

毛泽东是一个错综复杂的人物。他的睿智和卓识,给中国人民带来了幸福和光明。他的历史功勋,永垂青史。然而,他又犯了一系列"左"的错误,从批胡风、反右派,到批判彭德怀、开展"四清",直至发动和领导"文化大革命"。由于他晚年的严重错误,"文革"把中国人民推入了混乱与灾难。然而,即便在这场深重的政治灾难中,他却又有着粉碎林彪集团、重新起用邓小平、揭露和批评了"四人帮"、保护了一批老干部这样重大的历史功绩。其实毛泽东是人,不是神。毛泽东是人中之杰,他的英名当之无愧地列入世界伟人长廊。不仅在他执政时他给了中国以不可估量的影响,在他离世后十年、百年,他的思想仍将深刻地影响着中国。

原先在党内排名于江青之前的毛泽东、周恩来、康生，在不到一年的时间里都病逝了。因此，在中共中央9月9日发布的毛泽东治丧委员会名单上，是按这样的顺序排名的：

    华国锋　王洪文　叶剑英　张春桥
    （以下按姓氏笔划为序）
    韦国清　刘伯承　江青（女）　许世友　纪登奎
    吴　德　汪东兴　陈永贵　陈锡联　李先念　李德生
    姚文元　吴桂贤（女）　苏振华　倪志福　赛福鼎……

虽说"按姓氏笔划为序"故意模糊了顺序，但实际上江青居于中共第五号人物的地位。然而，张春桥是她的"老部下"，王洪文则又是张春桥的"老部下"，因此她凭着"毛泽东夫人"这一响当当的牌子，足以越过华国锋！

江青已是野心毕露，她要和华国锋争夺最高领袖的地位。

第二十三章
末日的疯狂

毛泽东去世后的激烈争斗

毛泽东去世之后,中国各地处于高度戒备状态。

西安。中共陕西省委。省委书记李瑞山接到了中共中央办公厅("中办")的长途电话,当即亲自作了记录。

> 1976年9月12日上午十点多。
> 中办:米思(士)奇电话:
> 中央领导同志指示:
> 主席丧期发生重大问题及时报告。有重要问题不好解决及时请示。
> 找米士奇同志联系。

不光是中共陕西省委书记李瑞山接到了这样的电话,在9月11日晚、12日上午,全国各省、市、自治区负责人都接到了中共中央办公厅米士奇电话。

米士奇何许人?中共湖南省委第二书记张平化接到电话,觉得蹊跷。用当时的话来说,湖南是"毛泽东生活过的地方,华国锋工作过的地方",毕竟与众不同。张平化当即给华国锋挂了电话。

"什么?重大问题要找米士奇联系?我不知道呀!"华国锋感到吃惊。他告诉张平化,"米士奇是王洪文那里的工作人员!"

不言而喻,王洪文要米士奇向全国各地打那样的电话,显然是为了抢班夺权。

笔者在1990年7月15日访问了米士奇。据米士奇告诉笔者,在毛泽东主席病重期间,是由华国锋、王洪文、张春桥、汪东兴四人轮流值班的。其中华国锋、张春桥一班,王洪文、汪东兴一班,24小时一班。

1976年9月9日,毛泽东病逝。翌日,王洪文意欲夺取中央对各省、市、自治区党委的领导权,让秘书廖祖康带着米士奇进驻中南海值班室。米士奇来到紫光阁休息室,用那里的两部电话——一部红机、一部黑机(不是曾经传说的"17部电话机"),往全国27个省、市、自治区党委打电话。内中不包括上海和北京,因为廖祖康关照他①,上海不用打,北京也不要打。

据米士奇回忆,事情的经过是这样的:

> 9月10日晚7点多,王洪文的秘书廖祖康告诉我,王洪文让廖带我到中南海值班。廖祖康告诉我,王洪文说,中办秘书处就不来人了,就你一个人值班。廖还说,王洪文说了,有两个事,一是在毛主席吊唁期间各省市发生的重大问题,要及时报告;二是在此期间有些解决不了,需要请示的问题,要及时请示,就说是中央领导同志说的,让你给各省、市、自治区打个电话。另外,各省、市有事打电话就找你。我说:电话以咱们办公室的名义打吧。廖说:不、不、不,以中央办公厅的名义打。11日晚和12日上午,我即用紫光阁休息室的一部红机按王洪文的指示,向全国各省、市、自治区打了27个电话。

原来,米士奇电话里所说的"中央领导同志指示",就是王洪文指示!

米士奇,熟人们喊他"小米",中南海里的小字辈。他不是高干子弟,也向来没有跟中南海沾边。非常偶然的机会,使他步入中南海——中国的政治神经中枢。

那是20世纪60年代初,中南海发生了所谓"窃听器事件"。其实,那只是中共中央办公厅负责人认为毛泽东主席在一些会议上的讲话很重要,提议装个录音机录下来,以便整理、保存。那时的录音机很大,显眼地放在会议桌上,压根儿不是什么"窃听器"。②有一回开会,毛泽东看见负责会议事务工作的刘吉顺在摆弄录音机,就问:"这是什么东西?"刘答:"先进设备,给首长讲话时录音用的。"毛泽东说:"我叫安的时候安,我不叫安的时候不要安。"

这件事就一飞而逝,直至"文革"风起,被林彪、江青利用,演绎成安装"窃听器",变成了中共中央办公厅主任杨尚昆的一大"罪状"。

自从毛泽东说了"我叫安的时候安"那句话之后,中共中央办公厅意识到毛泽东不大喜欢录音。为了能够完整地记录毛泽东等首长的讲话,中共中央办公厅决定加强速记工作。

于是,着手物色八名速记员。从哪里物色呢?从北京应届高中毕业生中选八名"根正苗红"的学生。

米士奇恰恰在1961年从北京二中毕业,正准备报考北京大学历史系,意外地被中南

---

① 1988年4月5日,叶永烈在上海的劳改工厂采访廖祖康。
② 1992年11月24日,叶永烈在北京采访毛泽东机要秘书罗光禄。

海选中了！①

米士奇确实是"根正苗红"的学生。他被查过"三代"——爷爷是工人，父亲是中农，本人是学生，出身河北保定徐水农村，没有很复杂的社会关系。中学六年，他六年当选三好学生，五年当选优秀团员，两度当选北京市优秀学生。

像米士奇这样"根正苗红"的应届毕业高中生，最初选了八人，后来筛去一半，剩四人，米士奇仍在其中。这四人被送去学速记，不久调往中南海，在中共中央办公厅秘书局工作，为中央的会议当速记。米士奇还负责整理过毛泽东讲话的录音带——在征得毛泽东同意后录音，大约二三百盒录音带。

1965年8月23日，米士奇成为中共预备党员。他是四名速记员中第一个入党的。此后，他一直在中办工作。

1974年，他担任中办秘书处文件组副组长时，2月1日被调往王洪文办公室临时协助工作。这样，他成了"王办"的工作人员。

他跟王洪文，只是一般的工作关系。正因为这样，在中国历史大变动的时刻，虽然他曾奉王洪文之命"进驻"紫光阁，但他在王洪文被捕的翌日便写了揭发材料。在中共中央1976年12月印发的文件上，称他为"米士奇同志"。

如今"小米"已成为"老米"。当我来到他家，他和妻子张素花（当年在钓鱼台工作）笑谈往事，颇为感慨。

身为第一副主席的华国锋不知此事。他问另一位副主席叶剑英，叶剑英也不知此事。

于是，华国锋马上要秘书以中央名义向全国各省、市、自治区打电话，发出通知，发生重大的问题，应向华国锋请示。

王洪文不得不缩回已经伸出来的手。

也就在这个时候，"四人帮"的亲信发动了写"效忠信"的运动，各种各样的"效忠信"飞向中共中央，提出各式各样的"建议"，说出了"四人帮"不便启唇的一些话：

毛主席的中共中央、江青同志：

我以极其悲痛的心情，向党中央写这封信。我们这些小人物最担心的是毛主席逝世以后，党中央的领导权落到什么人手里？

我恳切的向党中央建议：江青同志担任中共中央主席和军委主席；增加春桥同志担任中共中央副主席和军委副主席；增加洪文同志担任军委第一副主席……

另一封信写道："江青同志：请您接受我以我个人和家属、亲友以及我单位全体工作人员的名义，深切悲痛地哀悼。您立即出来挑起这副重担！迅即宣告全党、全军、全国各族人民！时乎不待！……"

这些信完全违背了毛泽东对于"四人帮"的批判，江青却把这些信当成了"民意"。

---

① 1990年7月15日，叶永烈在北京采访米士奇。

上海的"基地"与"四人帮"保持步调一致。王秀珍和陈阿大在上海鼓吹："毛主席逝世了，主席还会有。到底是我们掌权，还是他们掌权，现在还不清楚。中央斗争很复杂。……"

"四人帮"以毛泽东的旗号"打击反对力量"

毛泽东去世之后，张春桥给江青出了一着"妙棋"："要打着毛主席的旗号，打击反对力量！"

对于江青来说，手中最重要的"王牌"，那就是"毛主席的旗号"。

毛泽东的秘书胡乔木在1985年接见美国作家、《毛泽东传》一书的作者R.特里尔时，曾这样深刻地评价毛泽东和江青的关系：

江青同林彪是完全不同的一种情况。

毛主席同江青之间的关系很复杂，我也不想再叙述他们关系的许多变化，总之，毛主席在很长时间里对江青很厌恶。他完全了解江青不道德的品质，她是一个歇斯底里，残酷无情的人，是个野心家。他们夫妻关系在绝大部分时间里只是一种表面形式。

但为什么她在"文革"中起了这样大的作用？江青并没有什么学问，思想非常极端，对各种各样的人都充满了仇恨，但她的思想投合了毛主席当时的一些极左的思想。

因为我跟毛主席是比较熟悉的，所以，我可以负责任地告诉你，他们只有很短一段时间住在一起，长时间不住在一起，有时甚至很长时间不见面。

假如要写个人传记，这是毛主席很大的不幸。

但毛主席使用林彪和江青是有责任的。

在毛泽东去世后，江青一次次去找毛泽东的机要秘书张玉凤，要翻看毛泽东的机密文件和手稿，甚至索要毛泽东保密柜的钥匙。

据曾担任过毛泽东机要秘书十年之久的高智告诉笔者[①]，往日，毛泽东的文件、手稿，一概由机要秘书保管。江青虽是他的夫人，但不能随便翻看毛泽东的文件、手稿，她只能看毛泽东批给她看的文件。这是有严格规定的。

江青在毛泽东逝世之后，想翻看毛泽东的文件、手稿，是企图了解、掌握中共中央的核心机密。

张玉凤在1976年10月20日，写了以下材料：

主席去世后，江青一反常态，每天到毛主席住处找我。多次要看毛主席的九篇文

---

① 1992年4月2日至3日，叶永烈在西安采访高智。

章的原稿及修改稿和毛主席的一些手迹。我觉得不妥,这不合组织手续。主席逝世后中央还没有决定文件怎么办,我不好随便给,没给她,我推说原稿不在我这。江青、毛远新看在我这弄不到文件,就给我安上个"偷文件"的罪名,要对我采取"紧急措施",进行迫害,以达到他们盗骗文件的目的。

追悼会后,江青又找我要,要的很紧。我很为难。江青走后,我立即通过电话报告了汪东兴同志。请示怎么办,并请他来。东兴同志来后,我报告了江青要文件事,和江青、毛远新以要看一下名义骗取了毛主席和杨得志、王六生同志的二次谈话记录稿。汪主任指示,要追回这二份文件,并向我传达了政治局已经研究,准备封存文件。

文件、手稿之争,亦即权力之争。因为只要在毛泽东谈话记录上或手稿上,有批评反对力量的字句,公布出去,"一句顶一万句",足以压倒"反对力量";当然,毛泽东也不止一次批评过江青,批评过"四人帮",这些谈话记录或手稿,又必须赶紧收起来,千万不能落到张春桥所说的"反对力量"手中。

"反对力量"是谁?

邓小平、叶剑英,不言而喻,是"反对力量"。华国锋,也被列入了"反对力量"。毛泽东去世后的第一次中共中央政治局会议,便出现了争执。

会议讨论的议题,是迫在眉睫的大事——毛泽东的治丧问题。

江青忽地打起横炮来:"今天的会议忽略一件头等大事,就是要继续批邓!这是主席临终前一再叮嘱的大事!"

江青这么一提,王洪文、张春桥、姚文元马上表示支持。

华国锋显然感到为难,只得说:"对邓小平,当然还要继续批判,但目前需要马上研究的是主席的治丧问题……"

江青一听,极为不满:"对邓小平不能手软!我建议,政治局应该立即通过一个决议,开除邓小平的党籍,以绝后患!"

这下子使华国锋更加为难,因为毛泽东生前说过,"对邓小平保留党籍,以观后效",怎么可以违反毛泽东的指示?可是,他又不便于拿毛泽东的指示,跟眼前这位毛泽东夫人顶撞——因为江青也知道毛泽东的这一指示。

毕竟叶剑英年长,富有经验,说道:"江青同志,请你放冷静一些,好不好?毛主席走了,我们都很悲痛。毛主席的丧事是国丧,一定要安排好。现在我们要办的事情很多,但是第一位是治丧。毛主席不在了,我们处在最困难最严峻的时刻,在这种时候,最要紧的是要加强团结,要团结在以华国锋为首的党中央周围!"[1]

叶剑英的话,合情合理,柔中有刚,江青无法抓住把柄,也就只得放弃了刚才的"建议"。

这次政治局会议的风波,总算暂时得以度过。

---

[1] 范硕:《叶剑英在1976》,中共中央党校出版社1990年版。

在毛泽东去世之后的第九天——9月18日，首都百万群众聚集在天安门广场，举行隆重的追悼毛泽东大会。

主持追悼大会的，仍是王洪文。对于追悼大会的程序，他已相当熟悉，因为在短短九个月间他已接连主持了周恩来、朱德追悼大会，这已是第三回了。

不过，这一次仍由他来主持大会，则是向国内外表明：在中国失去毛泽东之后，王洪文是仅次于华国锋的第二号人物。

"现在请中共中央第一副主席、国务院总理华国锋同志致悼词。"尽管王洪文的嘴里极不情愿吐出那"第一"两字，不过，好在还不是"中共中央主席"，那个最高位子仍空缺。

华国锋用一口山西话，念起了悼词。他的神态是充满自信的，因为毛泽东亲笔为他题写的"你办事，我放心"成了他的接班"证书"。

江青站在临时搭成的主席台上，在万众瞩目之下，穿一身黑衫，头披长长的黑纱，显得非常突出。据云，她这一身打扮，是学庇隆夫人，阿根廷总统庇隆（1895—1974）死于任内。

摄影记者杜修贤近距离目击了这一幕，他这么回忆道：

>1976年9月18日下午3时，毛主席的追悼会在北京天安门广场举行。沉痛悲伤的哀乐从天安门广场漫涌，滚滚飘向广袤的天际，阴沉的天空下面是臂戴黑纱胸佩白花、悲痛不止的百万群众。他们默默地抽泣，为毛主席的离去而沉痛哀悼。
>
>悲壮的礼炮鸣响了三声，将新中国27年里最高规格的葬礼推向空前的高潮。
>
>在天安门城楼下面正中央架设的追悼会主席台上，党和国家领导人站立成一排，王洪文年轻的脸上挂着和年龄不相称的沉重，今天这位最年轻的副主席要主持建国以来最高规格的追悼会。
>
>华国锋站在王洪文的右侧，他要在百万首都人民面前用他浓郁的山西口音宣读悼词。
>
>叶剑英立在华国锋的右侧，老帅此时的心里最为痛苦，短短大半年里，出生入死共同打江山的"老伙计"们说走都走了，一连走了三个，连领导人民打江山的毛主席也走了。
>
>这让他充实了半个世纪的精神世界一下变得空荡荡的……他扯着衣角，凄凉的情绪从他脸上每个纹路里自然地流泻出来。
>
>张春桥"以不变应万变"的表情依然是阴鸷古怪。他站在王洪文的左侧。他的左侧就是叫人看着别扭的江青，她裹了一身的黑色，据说这是"庇隆夫人"式的丧服，黑纱把她的脸遮小了一圈，极不协调地站在这排人里。
>
>在默哀三分钟里我就开始构思怎么拍摄追悼照片，副主席的合影要登一张，政治局常委的镜头要有一张，然后还要有一张政治局委员的合影，江青怎么办？按理她是毛泽东的夫人，应该照一张单独的，可是我不想照她单独的照片。这时我是站在城楼的东面，我等会儿到城楼的西面，将江青挂在四个常委的后面，就可以不再发江

■ 毛泽东追悼会。左起：叶剑英、华国锋、王洪文、张春桥、江青。（杜修贤 摄）

青单独的照片。

哀乐一结束，我就跑到叶剑英的西面，由西向东拍摄，这样叶剑英的人像最大，其二是华国锋，而江青的人最小。

我又拍摄了一张三位副主席的合影和其他领导人的合影。

当天晚上，我去姚文元那儿送审照片时，还担心他会指责我拍摄的"五人照片"为什么把华国锋拍得那么大，而江青那么小。

出乎意外，姚文元倒是没有关心华国锋的人像大小，而是关心江青形象。"怎么不选江青单独的照片？"

"我没有拍她单独的，你不是在开追悼会前告诉我，叫我注意突出集体领导……"我也不知什么时候开始学会了"强词夺理"。

姚文元没好气地打断我的话头："好了好了，那就这样发吧！"

9月19日，追悼会的照片就见了报，整整一版，江青就只是挂在四个常委的后面。[①]

张春桥和姚文元用嫉妒的目光注视着正在念悼词的华国锋。

大会刚刚结束——9月21日，王洪文便在"基地"上海露面。据说是为了落实毛泽东遗体的防腐保存问题，而暗中对"基地"的民兵布防作了部署。

就在这一天，徐景贤出现在北京钓鱼台。据说是来开卫生部的会议的，而暗中与张春桥密谈。

---

① 顾保孜：《红镜头》，辽宁人民出版社1998年版。

也就在这一天,上海《文汇报》头版头条刊出:《上海工人阶级坚决执行毛主席的既定方针》。

9月23日,匆匆返回北京的王洪文,给王秀珍挂了长途电话,叮嘱她:"要提高警惕,斗争并未结束,党内资产阶级他们是不甘心失败的,总有人会抬出邓小平的。"

张春桥在9月28日派萧木到上海,带去富有煽动性的口信:"老实说,上海还没有真正经受过严重考验,林彪、邓小平要搞上海,都没有搞成。林彪搞成的话,上海有大考验,要打仗"。

张春桥的言外之意,便是提醒"基地",眼下正面临"大考验,要打仗"。

张春桥通过他的亲信向上海传达"要准备打仗"的指示。亲信在信上特地注明:"阅后即毁,不然,大人苦哉! 小人苦哉! "

姚文元也以富有"启发性"的话,要上海作最坏的打算:"你们要学会当我们不在的时候,在复杂情况下独立作战。这个问题你们想过没有?"

倒是给姚文元说中了!

历史的进程,急剧地加速着。十年浩劫,终于就要到了末日。

政治局里的斗争白热化

斗争不断地加剧。

"四人帮"在加紧夺取最高权力。

江青成了"四人帮"的旗帜,谋划着夺取中共中央主席之职。

王洪文、张春桥密令"上海基地"作准备,要以"第二武装"——上海民兵发动暴乱。

姚文元则把伪造的所谓毛泽东"临终嘱咐"——"按既定方针办",在报刊上大作宣传。

前文已经交代过,其实,毛泽东的原话为"照过去方针办",是1976年4月30日晚,毛泽东答复华国锋汇报的几项工作时表示的意见。另外两句话是"慢慢来,不要招〔着〕急";"你办事,我放心"。

华国锋当时便向政治局传达了毛泽东这三句话的前两句,江青、王洪文都作了记录。

姚文元在毛泽东去世后,把"照过去方针办"改成"按既定方针办",并说成是毛泽东"临终嘱咐"。他开动宣传机器,把"按既定方针办"作为毛泽东去世后的宣传"主题"。

中共高层的幕后斗争,趋于白热化。

又一场激烈的斗争,在9月29日夜里召开的中共中央政治局会议上爆发。

会议一开始,江青就先发制人,说道:"毛主席逝世了,党中央的领导怎么办?"她的口气,俨然是中共中央主席。

她在发言中,批评华国锋工作能力差,"优柔寡断"。言外之意,华国锋够不上做接班人。

江青一席言毕,王洪文、张春桥接了上来。他们要求政治局加强集体领导,要求给江青"安排工作"。

江青已是中共中央政治局委员，还要给她安排什么工作呢？王洪文、张春桥的言外之意很明确，那就是安排江青当中共中央主席。

这当然使华国锋十分为难，不便于说话。

又是叶剑英帮助华国锋解围。他说："江青同志是中共中央政治局委员，这本身就是很重要的工作。我不知道洪文同志、春桥同志提议给她安排工作，要安排什么样的工作？江青同志身体不好，坚持做好政治局委员的工作，已是很不容易的了。"

叶剑英这么一说，王洪文、张春桥无言以答——因为他们无法直截了当地提出要江青当中共中央主席，只能"迂回作战"。

这时，江青又提出了一个新的问题："远新的工作，怎么安排？"

毛远新从辽宁调来北京，为的是担任毛泽东的联络员。如今，毛泽东已经去世，已不需要联络员。照理，他应当回辽宁去。江青视毛远新为"嫡系"，要把毛远新留在北京，以加强力量。她企图把毛远新安排为政治局委员以至政治局常委！9月19日，江青向华国锋提出，召开政治局常委紧急会议，声言讨论"重大问题"，她要求她、姚文元、毛远新出席会议（三人均非常委），却不要中共中央副主席叶剑英出席会议！

在江青的眼里，华国锋"软弱"。不料，这一回华国锋发话了，说得非常明确："毛远新同志已经完成联络员的工作，可以回辽宁。"

一听华国锋的话，江青那"一触即跳"的老毛病又发作了。她大声说道："毛远新要留下，他要参加处理主席的后事！"

华国锋此时一点也不"软弱"，反击道："江青同志，你不是说过，主席的后事，你不参加处理，毛远新同志也不参加吗？现在怎么又要把毛远新同志留下参加处理主席的后事呢？"

江青火了，一口咬定："我没讲过！"

江青说话，常常出尔反尔。她似乎忘了，她对华国锋说过她和毛远新不参加毛泽东后事处理。说这话时，王洪文、张春桥、汪东兴也在场。

此时，王洪文、张春桥装聋作哑。汪东兴开口了："江青同志，你跟国锋同志说那句话时，我也在场，我也听见了！"

汪东兴的话，简直使江青下不了台。

江青歇斯底里大发作："主席尸骨未寒，你们就这样对付

■ 毛远新在毛泽东遗体前（杜修贤 摄）

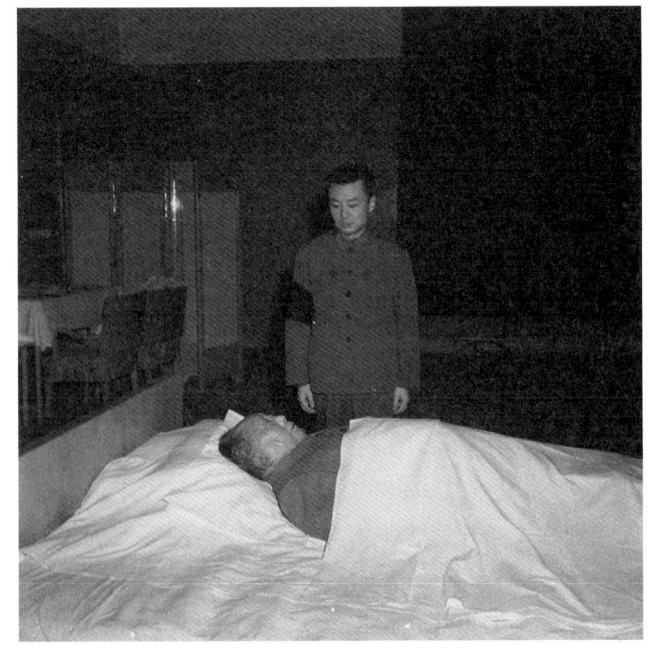

我！你们想把我赶走,赶出政治局,我偏不走！我要留下！"

这时,张春桥说话了,支持江青:"毛远新同志可以暂时留在北京。他在主席身边工作过。主席晚年的字迹,他熟悉,能够辨认。"

江青接着张春桥的话说道:"让他留下来整理主席的晚年文稿。"

叶剑英表态了:"我同意国锋同志意见,毛远新同志是辽宁省革命委员会副主任,理应回辽宁工作。"

汪东兴、李先念也深知毛泽东晚年文稿,乃是中共核心机密,绝不能落到毛远新手中,纷纷表态支持华国锋。

就这样,政治局会议为毛远新的工作问题,陷入僵局。江青又哭又闹,最后才说出,留下毛远新,要他起草中共十届三中全会的报告！此言使大多数政治局委员们吃惊,连他们都未听说要召开十届三中全会呢！会议一直开到子夜,还无法取得一致的意见。

会上当面争吵,会下更是剑拔弩张。一场政治大搏斗,在中国已经不可避免！

1984年6月15日,当时的会议参加者汪东兴在医院接受中共中央党史研究室负责人采访时,曾讲过这样一段话:"9月29日,又召开了政治局会议,争论得很厉害,研究毛主席刚逝世,国庆节怎么过。他们('四人帮')要在天安门城楼上去开学习会,我们意见在人民大会堂开纪念会,请各方面代表参加。结果按前种意见办了。"

1980年7月24日,姚文元在秦城监狱接受审讯时,曾详细回忆他1976年9月29日最后一次参加中共中央政治局会议时的情景。以下是秦城监狱的笔录:

审判员:你还有什么要讲的?

姚文元:下面我想交待一下我参加的最后一次政治局会议的一些情况和问题。

审判员:好,你说吧。

姚文元:毛主席逝世以后,除了讨论两个文件开过一次政治局会议外,就是国庆节前一两天开了一次政治局会。这次会议的主要内容是医疗小组的医生报告毛主席的病情。因为有一部分外地的政治局委员不了解毛主席的病情,医生汇报完了之后,又讨论了一个外交部的文件。

审判员:是什么文件?

姚文元:就是乔冠华在联合国的一个发言。其中有"按既定方针办"的话。我对这话,没有提不同意见,我只提出要加上中央的两个文件。

审判员:哪两个文件?

姚文元:即《告人民书》和华主席在毛主席追悼大会上的讲话。张春桥也同意,后来就加上了。讨论时,汪东兴说:现在宣传上要注意,不要多去讲"按既定方针办",还是宣传中央两个文件。还有一些别的话,语言比较激烈。我自己当时比较麻木,因为从他的发言中,我应该感觉到他对"按既定方针办"已经有意见了。但当时汪东兴也没有说这句话本身错了。

审判员:吴桂贤都讲了些什么?

姚文元：她说"按既定方针办"是华主席在计划会议上讲的。还说她是在文化大革命中成长起来的，要用生命保卫文化大革命一类激烈的话。随后，吴德、汪东兴又讲了一段强调政治局要拥护华主席的话。接着华主席宣读了一封毛远新的来信，大意是：我是作为毛主席的联络员来工作的。毛主席逝世后，我要求回辽宁。当然中央如果有新的指示要我留下来，我服从决定。李先念同志说："还是让他回去吧，有事还可以再来嘛。"张春桥说："他的事还没有完，办完了再走。"所谓事情没办完，是指整理毛主席的指示没有完。当时已经很晚了，江青又提出戴黑纱的问题。先是张春桥提出政治局委员有的戴黑纱，有的不戴，这样不统一，群众看了会有意见。江青说："黑纱统统拿掉，毛主席逝世不再戴黑纱了，我带头，我第一个把它拿下来。"她说完就把自己臂上的黑纱拿掉了。并让其他人也拿下来，还站起身一个一个把别人的黑纱给摘下来。她摘了一部分。这也太过分了。后来，张春桥提议国庆节天安门开座谈会，由吴德准备发言。江青还提议要参加象征性劳动，大家没有同意。这时已经很晚了，江青又讲了很长一篇话。

　　审判员：江青都说了些什么？

　　姚文元：她讲话的大意是，大家要团结，要同心协力，如果谁破坏团结，就让他从这里站出去。她还没有讲完，许世友同志就站起来责问她："你为什么要我们从这里站出去？"江青解释说："我并没有说你嘛。"许世友很愤慨地批评了江青一通。有些老同志就劝说。江青还在那里讲。我看到老同志很疲劳了，就说：你们先走吧，让她一个人去讲吧。叶剑英副主席就先走了，最后就剩下几个人。在那个会上，江青骄气是很大的，盛气凌人。

"四人帮"捏造"毛主席临终嘱咐"

　　1976年9月9日凌晨0时10分，毛泽东的心脏停止跳动。而"舆论总管"姚文元到了最忙碌、最紧张的时刻。这位"总管"肩负着他的伙计们的重任：利用他们在宣传上的优势，为"四人帮"夺权制造舆论。

　　1980年11月，《人民日报》原总编辑鲁瑛在所写的一份材料中，曾讲到姚文元在毛泽东主席刚去世时，就已经担心会发生"我同你电话联系不上"这样的事——言外之意，会发生突然事件！

　　鲁瑛这样写道：

　　9月9日凌晨。姚文元在怀仁堂布置宣传（毛泽东逝世）任务后，把我留下来单独密谈。

　　姚文元说："这几天如果发生什么事，我同你电话联系不上怎么办？你要有所准备，如果电话联系不上，你得独立处理问题。"

　　我听后心领神会，并为姚文元出谋划策说："毛主席逝世后，首先要注意军队，军队要掌握好。你也要特别注意安全，出入行动要小心些。"

姚文元说："是要注意军队,还有个大民兵哩！"

他还指使我说："主席逝世了,国内外阶级敌人会乘机捣乱和破坏,你们要密切注意情况,及时反映。对内部也要布置一下,做些准备,包括你们几个负责人的安全。"

根据姚文元的指令,我当即返回报社找萧泽曜、刘治平（党组成员）进行布置、传达,派出民兵昼夜加强巡逻、值班,防止发生意外情况……

毛泽东在病重之际,已不省人事,没有留下任何遗嘱。"舆论总管"姚文元居然捏造出"毛主席临终嘱咐"来！

1976年9月16日,在"舆论总管"的指挥下在中央"两报一刊"社论中,向全国公布"毛主席临终嘱咐"："按既定方针办。"

中央"两报一刊"社论《毛主席永远活在我们心中》这么写道：

毛主席与世长辞了。毛泽东思想永放光芒,毛主席的革命路线深入人心,毛主席开创的无产阶级革命事业后继有人。毛主席嘱咐我们："**按既定方针办**"。在沉痛哀悼毛主席逝世的时候,我们要化悲痛为力量,永远遵循毛主席的教导,坚持以阶级斗争为纲,坚持党的基本路线,坚持无产阶级专政下的继续革命,坚持无产阶级国际主义,把伟大的无产阶级革命事业进行到底。

按既定方针办,就是按毛主席的无产阶级革命路线和各项政策办。"思想上政治上的路线正确与否是决定一切的。"我们的一切胜利,都是毛主席的无产阶级革命路线的胜利。我们党的全部历史表明：执行毛主席的革命路线,党就发展,革命事业就胜利；违背毛主席的革命路线,党就遭挫折,革命事业就失败。在任何时候、任何情况下,我们都要牢牢记住这个最重要的历史经验,坚定地贯彻执行毛主席的革命路线、勇敢地捍卫毛主席的革命路线。在整个社会主义时期,要坚持批判资产阶级、批判修正主义,限制资产阶级法权、坚持同党内走资派作斗争。当前,要把毛主席亲自发动的批判邓小平、反击右倾翻案风的斗争继续深入地开展下去,巩固和发展无产阶级文化大革命的胜利成果,进一步巩固无产阶级专政。只要我们按毛主席路线办,我们就无往而不胜。

在这篇社论中,以黑体字印着"按既定方针办"六个字。在"文革"中,已经形成这样的惯例：在报纸上,凡毛泽东的话,均用黑体字排印。这"按既定方针办"既然是用黑体字排印,便表明是毛泽东的话。

这篇社论的原稿上,本来是"毛主席在病中嘱咐我们",姚文元审阅时删去了"在病中"三字,以造成毛泽东"临终嘱咐"之感。

"按既定方针办",也就是按"文革"方针办。"四人帮"的命运,是与"文革"休戚相关的。

从此,"按既定方针办",成了毛泽东去世之后中国的宣传总纲领。

此后,围绕着这句"按既定方针办"的真伪,在中共高层展开了一场尖锐的斗争。

姚文元一次又一次给新华社打电话,强调"按既定方针办"。他的"指示",又迅即由新华社传向全中国每一根宣传神经。

据新华社电话记录稿,查到姚文元的一系列"指示":

> 9月19日
>
> 文元同志指示:
>
> 国庆报道,强调主席嘱咐的"按既定方针办"。
>
> 9月19日
>
> 文元同志电话:
>
> 你们处理各省市在追悼会上的重要讲话、表态,不要怕重复。重要的都要写进去。比如:
>
> 1."按既定方针办"。凡有这句话的都摘入新闻,没有者,要有类似的话。
>
> ……
>
> 5.关于三要三不要(指1975年5月毛泽东批评"四人帮"时提出的"要搞马列主义,不要搞修正主义;要团结,不要分裂;要光明正大,不要搞阴谋诡计"——引者注),消息中提到的要保留,没有的也就算了。
>
> 9月20日
>
> (凌晨)二时文元同志又来电话:补充一点,以后你们要多反映如何学习毛主席著作,学习主席一系列重要指示,真正贯彻到实际行动中去,化悲痛为力量,按既定方针办,这方面的内容。
>
> 9月23日夜
>
> 文元同志告:
>
> 你们要铭记主席对我们的关怀、鼓舞,坚决按主席的既定方针办。
>
> 9月30日
>
> 文元同志凌晨三时电话:
>
> 30日晚上北京市在天安门城楼举行工农兵学商代表参加的庆祝国庆座谈会。
>
> 内容主要是学习毛主席著作,继承主席遗志,化悲痛为力量,紧密团结在党中央周围,按主席的既定方针办。

姚文元为什么如此强调"按既定方针办"呢?

1980年9月4日,姚文元接受审讯时,曾这样交待:

> 姚文元:毛主席逝世前后的一些情况,使我感到用了这句话可以至少在一段时间里保持稳定,就是说解决"四人帮"的问题可以不会马上发生。
>
> 审讯员:"既定方针"指什么?为什么你认为这条语录就能够"稳定局势"?
>
> 姚文元:我认为它表达了这样的意思,即"过去决定的东西都要照办"。具体包

括哪些,我没有想过。[1]

就在"两报一刊"社论《毛主席永远活在我们心中》发表的当天,叶剑英把《人民日报》送给华国锋。叶剑英用红铅笔在那句"按既定方针办"下面画了一根红杠,然后在旁边打了个大问号。

叶剑英的意思很清楚,他提醒华国锋注意这句话。

华国锋当时看了,却并没有在意。

然而,就在社论发表翌日——9月17日,新华社在发给各省市委、中央和国家机关各部委、各军兵种、各大军区党委的《内部参考》(第125期)上,在报道清华、北大学习两报一刊社论时,便放出了"按既定方针办"是"毛主席临终嘱咐"的空气。

报道引述清华大学政治理论组中年教师黄安森的发言:"敬爱的毛主席,您临终教导我们'按既定方针办'……"

报道又引述清华大学工宣队员王玄元的话:"毛主席在他生命的最后一刻,还在为我们党不变修、国不变色考虑方针大计。毛主席的嘱咐永远是我们行动的指南。"

其实,这些在基层工作的人,未必说得出这样的话,很可能是"四人帮"手下的那些秀才们借这些人之口,通过《内部参考》,制造"临终嘱咐"的舆论气氛罢了。

也就在9月17日,上海的《解放日报》第五版,在"遵循毛主席的嘱咐按既定方针办"的通栏标题下,用了四个醒目的标题:

"按既定方针办,就要坚持毛主席的革命路线"。

"按既定方针办,就要坚持与走资派作斗争"。

"按既定方针办,就要认真学习,深入批邓"。

"按既定方针办,就要坚持抓革命,促生产,促工作,促战备"。

《解放日报》是中共上海市委机关报,而当时的上海是"四人帮"的"基地"。正因为这样,《解放日报》紧跟"四人帮",把"按既定方针办"宣传为追悼毛泽东的最重要的主题词。

于是,叶剑英又一次提醒华国锋。

叶剑英向华国锋指出:

第一,华国锋过去在中共中央政治局会议上曾经传达过,在1976年4月30日毛泽东接见新西兰总理马尔登之后,华国锋向毛泽东请示工作,说及有几个省形势不大好,毛泽东亲笔给华国锋写了"照过去方针办"六个字。如今被改成"按既定方针办",六个字中错了三个字。

第二,有人已经在说,"按既定方针办"是毛泽东的"临终嘱咐"。其实,这不是毛泽东的"临终嘱咐"。因为4月30日距毛泽东去世还有四个多月,那时毛泽东还在会见外宾,怎么能说是"临终嘱咐"?

---

[1]《姚文元案卷》,"审讯笔录",第81卷第5页。

经叶剑英这么一提醒，华国锋开始注意这件事——本来，他以为"按既定方针办"和"照过去方针办"，意思差不多。

由于华国锋开始注意这件事，所以他在9月18日追悼毛泽东的大会上致悼词时，就没有提到"按既定方针办"。也正因为这样，站在他一侧的王洪文，显得焦躁不安。

后来，在1980年7月9日，王洪文在接受最高法庭的审讯时，作了这样的交待："在我的印象中，'按既定方针办'这句话可能是张春桥加的。因为在这之前，他曾对我说过：他最后一次见到主席时，主席拉着他的手低声说：'按既定方针办'。到底有没有这回事，我也不清楚。"

这就是说，"照过去方针办"还是"按既定方针办"，其实不是按字面解释这两句话本身的含意有多大区别的问题，而是毛泽东究竟对谁说的，亦即涉及毛泽东要谁接班的这一重大问题！

张春桥最后一次见到毛泽东，是在毛泽东去世前四天，即1976年9月5日。如果真的如张春桥所说的那样，毛泽东把"临终嘱咐"向他说了，那么毛泽东心目中的接班人不是华国锋，而是张春桥！

只是张春桥最后一次见毛泽东时，除了张春桥和毛泽东外，并无他人。所以，毛泽东如何"拉着他的手低声说"，连王洪文都说"到底有没有这回事，我也不清楚"。

张春桥不仅对王洪文如此说，对姚文元也如此说。

正因为这样，"舆论总管"姚文元对"按既定方针办"大肆宣传。1976年9月19日，新华社的电话记录上有这样的记载：

> 文元同志电话：你们处理各省市在追悼会上的重要讲话、表态，不要怕重复。重要的都要写进去。比如："按既定方针办"。凡有这句话的都要摘入新闻，没有者，要有类似的话。

经"舆论总管"一指挥，9月19日，新华社关于28个省、市、自治区和各大军区举行的追悼毛泽东大会的报道中，全部都写及了"按既定方针办"！

这么一来，中国大大小小的报纸上，印满黑体字"按既定方针办"！《人民日报》、《光明日报》甚至多次用"按既定方针办"作头版通栏标题。

"按既定方针办"是"上海一千万人民的战斗誓言"之类的话，也不断见报。

华国锋看到报纸上天天在登"毛主席指示""按既定方针办"，又风闻张春桥说是毛泽东临终"拉着"张春桥的手说的，开始意识到这句话背后的严重事态。

这样，华国锋和叶剑英商议后，在9月29日的中共中央政治局会议上，由汪东兴出面，对"按既定方针办"提出了异议。

可是，姚文元对于来自汪东兴的警告，置若罔闻。翌日——9月30日，华国锋在国庆节座谈会上的发言，根本没有提"按既定方针办"。但是，姚文元却在10月1日的综合报道中，给华国锋硬安上了这句话。

华国锋不能不说话了。

10月2日,当时外交部部长乔冠华的《中国代表团团长在联合国大会第三十一届会议上的发言》送审稿送到华国锋那里审批时,华国锋发觉,这一发言稿中多处写着"按既定方针办",就把这些话统统删去。

华国锋特地在送审稿的天头上,写了这么一段批示:

剑英、洪文、春桥同志:

此件我已阅过,主要观点是准确的,只是文中引用毛主席的嘱咐,我查对了一下,与毛主席亲笔写的错了三个字。毛主席写的和我在政治局传达的都是"照过去方针办",为了避免再错传下去,我把它删去了。建议将此事在政治局作一说明。

叶剑英和王洪文看了之后,都在自己的名字上画一个圈,写上"同意"两字。

张春桥虽然也在自己的名字上画了一个圈,写上"同意"两字,却加上了这么一段话:"国锋同志的批注,建议不下达,免得引起不必要的纠纷。"

张春桥玩弄的是口头上同意,实际上反对。因为华国锋的批示如果"不下达",报纸上天天还在鼓吹"按既定方针办",华国锋的批示不就等于零?

江青筹备"最盛大的节日"

就在大闹政治局会议之后,江青频频四出活动,发表讲话。

江青来到清华大学大兴农村分校,来到二七机车车辆厂。

她信口而说,发表这样的讲话:"什么叫生产力呢?我在政治局一次会议讲,生产力中最主要的是劳动力,劳动力都是我们妇女生的,你们在座诸位都是我们女人生的!"

她又说:"西太后你们知道吗?名为太后,实际上是女皇帝。"

她谈起了康熙皇帝,来了个"古为今用":"康熙皇帝这个人很厉害,六岁登基,身边有个大臣叫鳌拜,不让他掌权。他到了十六七岁的时候,就要求选一些少年进宫一起踢球、栽跟斗,这些人都会武术。有一天,鳌拜一人进宫,康熙就指使这些青年把鳌拜抓起来杀了。"

讲这番话时,江青显然以康熙皇帝自命。

9月28日,江青来到清华大学大兴分校的试验化工厂。

据国家外国专家局退休干部时友人先生1996年3月28日给笔者来信说:

9月29日(应为28日——引者注),江青到昌平县南口镇附近的清华大学试验化工厂(俗称清华200号,即现在的清华大学核能技术设计研究院——引者注)。因当时我正在该厂工作。江青那天来时兴师动众、戒备森严,迟群、谢静宜亲临现场组织全厂教职工夹道欢迎江青,又选少数人陪她到该厂附属的果园散步、摘苹果,后又到办公楼听汇报和休息,听说原打算晚上还安排了活动,后因中央通知晚上开会才提前返城。

在清华大学大兴分校,江青来到苹果园。在秋天的阳光下,苹果正熟。有人要给江青摘苹果,她话里有话地说:"苹果留着吧,留在最盛大的节日时吃吧!"

江青的"最盛大的节日"是什么?她笑而不言。

当人们给她拍照时,江青又借题发挥:"胶卷留着吧,留着照最重大的政治事件吧!"

江青的"最重大的政治事件"是什么?她又笑着不愿道破。

当天离开清华大学大兴分校时,她神秘地说:"你们等着特大喜讯,准备学习公报!"

什么"特大喜讯"?什么"公报"?江青在葫芦里卖的什么药!

10月1日,活动频繁的江青又在清华大学发表讲话,大骂邓小平:

> 我们主席非常英明,说文化大革命七分成绩,三分缺点。三七开你们是不是都同意?文化大革命揪出了刘少奇、林彪,其实是他们自己跳出来的。邓小平也是自己跳出来的,4月4号他还参加了政治局会议。今年2月,他说洪文同志回来了(王洪文曾回上海"调查研究"一段时间——引者注),我就不干了,主席还是让他工作。天安门事件给他做了总结。主席是宽大为怀的。主席让我们选王明当中央委员,我们都不愿选他,主席做了很多工作,说当反面教员也要选。主席体格是非常好的,但刘少奇、林彪,特别是邓小平迫害主席。我在主席逝世后的第一次中央会上(指中央政治局会议——引者注),就控诉了邓小平,要开除他的党籍,没有开除,要以观后效,还会有人为他翻案。

江青还说:

> 主席非常英明,说文化大革命三七开,我是不属于有怨气的,是属于执行主席路线的,是中央文革小组第一副组长嘛。[1]

10月2日,叶剑英从沈阳军区得到异常动向:毛远新通知孙玉国,把沈阳部队一个装甲师调来北京!

孙玉国,1969年3月2日,在保卫珍宝岛战斗中一举成名。一个月后,他跃为中共九大代表。28岁的他,做梦也没想到,会在中共九大上作为部队代表发言。不久,中央军委授予他"战斗英雄"称号。1973年,32岁的他,飞快地被提升为黑龙江省军区副司令。翌年,调任沈阳军区副司令,跟毛远新交往密切。王洪文当面向他许诺,将来提升他为中国人民解放军副总参谋长。于是,孙玉国也就成了江青麾下一员战将。

---

[1]《"文化大革命"研究资料》(下),中国人民解放军国防大学党史党建政工教研室,1988年。

叶剑英急电沈阳军区,命令那个装甲师返回原地!

10月4日上午,江青带着三十来人上北京景山上摘苹果。中午,在北海仿膳用餐。江青一边吃着,一边向同席者说:"我一定要对得起毛主席,要加强锻炼。走资本主义道路的当权派是最危险的敌人,斗争是长期复杂的……"

也就在这一天,《光明日报》以头版头条的地位,发表了"梁效"的文章《永远按毛主席的既定方针办》,内中发出了不寻常的充满杀气的讯号:"篡改毛主席的既定方针,就是背叛马克思主义,背叛社会主义,背叛无产阶级专政下继续革命的伟大学说。""任何修正主义头子胆敢篡改毛主席的既定方针,是决然没有好下场的。"

■ "四人帮"炮制的《永远按毛主席的既定方针办》

"梁效"所称"修正主义头子",明白无误地指华国锋:10月2日,华国锋在审阅乔冠华在联合国大会的发言稿时,删去了原稿中"按既定方针办"这句话。华国锋的批语指出,"按既定方针办"的原话是"照过去方针办",六个字中错了三个字! 华国锋还说,我有毛泽东主席的原稿为证。张春桥得知,急忙以"免得引起不必要的纠纷"为理由,阻止华国锋的批语下达。

"梁效"的文章强调:"'按既定方针办'这一谆谆嘱咐,是伟大领袖毛主席对我们党和整个国际共产主义运动历史经验的高度概括和深刻总结。"

在华国锋对"按既定方针办"作了批语之后,"梁效"仍然"对着干",而且倒打一耙,说华国锋"篡改毛主席的既定方针"!

10月5日,迟群在给毛远新的信中,声称:"前途是光明的,道路是曲折的。"

10月6日,据摄影师杜修贤回忆,江青那天下午是这么度过的:

> 6日上午江青打电话找我,从我的家找到办公室,又从办公室顺藤摸瓜找到了国务院的办公室,当别人告诉我是江青处的电话,我还不相信。她怎么可能知道我在这里? 可是电话千真万确是找我的,叫我下午一点到毛泽东的故居——游泳池。
>
> "老杜,你迟到了……"江青一进门就冲着我没头没脑来了这么一句。明明我来得最早! 下一句才明白江青所谓"迟到"的含义,"我们在这里学毛选已经学了好几天了,你今天才第一次来学。"
>
> ……
>
> 终于,江青讲够了讲累了,发泄欲和宣讲欲得到了满足,她愉快地宣布:"今天就

学习到这里,和大家合影。明天继续学习。"此时她的心里还装着明天和更多的明天……

合影时她理所当然地站在大家中间。我的镜头里出现了戏剧性的变化,哪个镜头里有江青的身影哪个镜头里的人物表情就异常严肃,双足立正,两臂僵直,肌肉紧绷,活像木偶荟萃。如果镜头里没有江青,人物表情就活泼自如,嬉笑轻松,其乐融融。

……

游泳池拍摄后,我以为没事了,提着摄影箱悄悄地溜走了事。江青兴致勃勃叫住我,"老杜别走!我们一起去景山公园摘苹果,还要照一些照片。"然后她笑眯眯地坐进"大红旗"里"呼"地先走。①

江青在景山公园拍完摘苹果的照片,回到中南海,天色已晚。

就在江青吃过晚饭之后,总决战终于在北京打响。

■ 江青末日——1976年10月6日傍晚,江青还摘苹果。(杜修贤 摄)

"狄克"穷途末路

张春桥在覆灭前夕,频繁地通过萧木,发出对上海的指示。

1980年9月10日,张春桥的机要秘书严忠实在"证言"中这样写道:

我叫严忠实,1971年以前在中办机要局工作,1971年12月至1976年10月6日由组织指派张春桥的机要秘书。现在中办机要局工作。

1976年9月10日晚,张春桥让我打电话找萧木(王洪文处工作人员)到钓鱼台住,大约谈了三个来钟头。

1976年9月27日晚饭后,萧木打电话给我,说他要回上海,问张春桥有没有什么要交待的。我当即报告张春桥。张对我说:"叫萧木来吧。"我下楼后,又给萧去电话,大约是晚上八点多钟,萧木到张春桥住处(钓鱼台9号楼)办公室,一直谈到11点多钟,后回王洪文处。

---

① 顾保孜:《杜修贤谈"四人帮"在政的最后镜头》,载《知情者说》之四,中国青年出版社1998年版,第271、273页。

两次谈话（我）均不在场,谈话内容我不清楚。

1976年12月14日,被隔离审查中的王知常作了如下揭发交待:

"四人帮"覆灭前,我是原上海市委写作组负责人之一。1976年9月23日,萧木派机要员从北京送来一封密信,信中写的主要是张春桥9月18日晚同他谈话的内容。因原件已被烧毁,现根据当时的笔记和回忆,恢复原状如下:

朱、王、王、陈、顾、章:

9月18日晚,春桥同志找我谈了一次话,内容主要有以下几点:

一、我对春桥同志说:毛主席逝世后,处处都感到毛主席不在了,有一种失落感。春桥同志说:毛主席处处不在又处处在,毛主席虽然逝世了,但是他老人家的路线、制度、政策都留下来了。春桥同志又说:毛主席的身体是被邓小平搞坏的。邓小平欺骗主席,大搞翻案,被主席察觉,只好带病领导和发动了反击右倾翻案风的斗争,硬是把身体累垮了。光凭这一点,邓小平的罪也就够重的了。

二、我劝春桥同志要为人民多保重自己的身体。春桥同志说:毛主席逝世,我心中难受得受不了,胸中时常感到气闷,守灵时用手摸了一下胸口,哎呀!谁知被电视台的记者拍摄进镜头里了,引起好多人的不安。第二天,我看见春桥同志在院子里散步了。

三、我对春桥同志表示担心目前的形势,特别是军队不在这边。春桥同志说:现在的形势不能同马克思逝世时比,也比列宁逝世时的形势好得多,当年托洛茨基是红军总司令,威信比斯大林高得多。邓小平虽被打倒了,但资产阶级还有力量,问题在于谁挂帅。目前资产阶级的力量还没有集结起来,缺少挂帅的人物。

四、我问春桥同志:中央今后会出现怎样的局面?春桥说:主席不在了,看来今后中央只可能是靠集体领导了。如果今后要出修正主义,还是在上层,在中央,在党内的资产阶级。要吸取苏联的教训,警惕修正主义上台。苏联现在变修了,将来还是会出列宁的。中国即使修正主义上台,将来也还会出列宁。

五、我讲到主席逝世后,外地有些坏人关门饮酒,引起群众气愤,上门惩罚。春桥同志说:我倒担心这方面搞得太过分了,当然群众的心情是可以理解的。人民是好的。有这样好的八亿人民,一定会涌现出自己的领袖。目前最困难的就是现在这一段时期,只要把这一段时期度过去就好了。现在要出邓小平这样一个人是不可能的,人民一定会起来反对的。

六、我对春桥同志说:广大群众普遍希望能尽快出版《毛泽东选集》五、六卷。春桥同志说:毛选五卷的书稿已被胡乔木搞得面目全非,目前要出有困难。还是考虑出单篇,一篇一篇出的好。国庆前争取选出毛主席论接班人五条标准的。

七、春桥同志对我说:主席逝世时,苏修也发来唁电。这样大的事外交部也不请示报告,竟然收下了,最后是我从外电消息中发现了这一情况,才让他们把苏修的唁电退了回去。

八、我谈到现在人们普遍对形势感到担心。春桥同志说：要树立信心，今后还是要强调批邓，要讲团结，这是大方向。你转告上海的同志们，要振奋精神，努力工作，准备斗争。

此信阅后即毁，不然，小人苦哉，大人苦哉！

萧木
1976年9月18日夜

几点说明：

一、朱、王、王、陈、顾、章：朱永嘉、王知常、王绍玺、陈冀德、顾澄海、章树焜。这六个人都看了此信。徐景贤也看了，是朱永嘉给他送去的。章树焜是最后一个看的，他看后我就将此信烧毁了。

二、此信的要害是第三点和第六点。这暴露了"四人帮"想通过抱成一团控制中央，来篡党夺权。同时，他们想在毛主席逝世后的这段时间里，加快篡党夺权活动的步伐，还企图利用出《毛选》五卷单篇来配合他们进行这一阴谋活动。

三、章树焜在看信时将原文抄录在笔记本上。这次我说要到北京揭发"四人帮"的罪行，章树焜将笔记本上的抄页撕下来交我。所以，萧木来信的恢复件是准确的。

王知常
1976年12月14日

在如此紧锣密鼓的时刻，张春桥居然还给徐景贤挂了长途电话，说是需要一个秘书。

张春桥早已配有秘书。接到电话，徐景贤以为，一定是张春桥在北京的事情太多，忙不过来，要增加一名秘书。

徐景贤真是"聪明一世，糊涂一时"，竟然"拎不清"。他从复旦大学物色了一位男教师，以为各方面的条件都不错，准备推荐给张春桥当秘书。徐景贤把此人的档案寄往北京。

几天之后，张春桥便把档案退回，附有一信给徐景贤。徐景贤看信之后，方知自己实在糊涂，怎么不知张春桥的用意。

张春桥的信，用铅笔写的，寥寥数语，说自己在北京太寂寞，想找一个伴：

景贤同志：送来的材料收到了。老实说，我要的不是一般意义上的秘书，而是想找个伴。关于我的情况，你是知道的。这几年来，有时想，反正说不定什么时候就杀头了，何必去想这些事情呢？但有时连个说话的人都没有，于是又想起了这件事。你看，有没有合适的人呢？祝好！春桥

信纸下方还有一行小字："请阅后烧掉，免得引起不愉快的事。"[1]

---

[1] 徐景贤：《十年一梦》，香港时代国际出版公司2004年版，第402—403页。

徐景贤恍然大悟：张春桥要的是女秘书，为的是"做个伴"！只是徐景贤没有遵嘱烧掉来信，而是把它保存下来了。

文静，已成为张春桥的累赘：每一回"炮打"，文静的历史问题都成了攻击张春桥的炮弹。

张春桥几次打算提出与文静离婚。可是，细细一想，又打消了离婚的念头。因为张春桥已是"大人物"了，一旦"休"了糟糠之妻，又会成为"炮打"的"炮弹"……唉，真叫张春桥左右为难。

据文静在1976年12月10日接受审讯时说：

> 1967年张曾提出离婚，但同时又说，你还可以好好工作，有事可以写信给我。1968年上海"炮打张春桥事件"以后，张春桥去北京回来，就不再提离婚问题，而是想办法把我包庇下来。后来，姚蓬子死了，张春桥找姚文元的老婆金英谈姚母的安置问题，他叫我一起听听。他说：还是接来，住在一起好，免得住在外面，被人家揪住更不好。我当时意识到对我也可能采取这个办法。有一次他又对我说："也不会为这个问题打倒我。"在整党期间，张春桥又包庇我，叫我请假休息，逃避整党。有一次王洪文对我说："你的问题拖着吧，反正没有开除党籍。"

在1968年之后张春桥不再提与文静离婚之事，其中还有一个原因：在筹备中共八届十二中全会时，张春桥曾经向江青透露了要跟文静离婚的打算，但是江青的那句话"你以为离了就干净了吗？退一步就没法收拾了？"使张春桥又暂时打消了与文静离婚的念头。江青对于文静的叛徒问题，一清二楚，因为据徐景贤在1977年2月7日称，"据马天水说，他早就看过文静写给江青的一封长信，交代文静自己的严重政治历史问题。"

1971年1月6日，当时在上海主持工作的王洪文，曾经致信姚文元，请示如何安排文静工作问题：

> 文元同志：
> 　　前天向你请示，到你那里去一次有一件事当面请示汇报，主要是趁你来上海向你请示一下关于文静同志的问题。
> 　　就是文静同志的工作问题，我有个想法：文静同志能否继续到市革会调研组工作。因为这些问题不便向春桥同志请示。对这个问题如何处理，请文元同志指示。
> 洪文6/1

随着张春桥的地位不断升高，为了保全自己的地位，张春桥越来越疏远文静。张春桥独自住在北京。即便回到上海，也不回家，不与文静见面。他不再给文静去信，去电话，一切信息通过儿女"中转"。

即便如此，文静仍享受着高级干部待遇。据中共上海市委办公室工作人员秦根富在

1977年1月29日说：

> 上海市革委会成立后，由于张春桥、姚文元、王洪文的包庇，文静先后在市委机关革命造反联络站材料组（后改为市革委会材料组、专案办）、市革委会办公室联络组（后称调研组）工作，她虽没有职称，实际上是这些组的负责人，并享受着相当于市委常委的政治待遇，发给她中共中央文件，市委、市革委会文件，市革委会各组办、报社和各区、县、局的情况报告、简报等重要文件、材料。有的不发给市革委会副主任的，而由徐景贤提出，经张春桥同意，也照发给她。1968年，文静的叛徒、特务问题被群众揭发后，王洪文、马天水、徐景贤等人，秉承张春桥的旨意，为了掩人耳目，让文静称病不工作，长期躲在家里，但仍照发给所有文件，由专人送到家里。直到1976年10月14日，上海传达党中央关于粉碎"四人帮"的打招呼会议精神后，才停发。
>
> 多年来，市委召开党员负责干部会，文静有时坐在后台听，有时给她放会议录音，或者给她看会议文件。

给张春桥莫大刺激的是在1973年9月20日。

那是法国总统蓬皮杜访华，上海是最后一站，周恩来夫妇陪同蓬皮杜总统来到上海。在送走法国总统之后，9月20日邓颖超抽空到上海康平路看望中共上海市委领导人的家属。邓颖超走访了王洪文、姚文元、徐景贤、王少庸几家，却没有去张春桥家看望文静，虽说张春桥家就在王少庸家隔壁，何况文静又称病在家。

邓颖超不去看望文静，知情者心里明白。

姚文元在1973年9月20日的日记中写道：

> 20日，小红（姚文元的女儿——引者注）告诉我说，邓妈妈去了我们家，还去了徐叔叔（指徐景贤——引者注）、王叔叔（指王洪文——引者注）的家，没有去毛弟（毛弟即张春桥之子张旗——引者注）的家。我就想这一定是因为她的历史问题，邓所以没有去。

姚文元日记中所说的"她的历史问题"，不言而喻是指文静的叛徒问题。

康平路是中共上海市委所在地。邓颖超没有看望张春桥妻子文静，这消息在中共上海市委不胫而走，震惊了文静，更震惊了身在北京的张春桥。

已经成为中共中央政治局常委的张春桥，下决心要跟文静离婚。张春桥的离婚报告，得到中央的同意。

1974年，王洪文陪外宾来到上海时，就张春桥离婚之事向中共上海市委的三位书记马天水、徐景贤、王秀珍打了招呼：

> 这件事已经定了，春桥同志的考虑是有道理的，什么原因你们也了解，我就不多

说了。文静曾经提出,离婚以后她从康平路搬出去,另外找地方住。我和文元同志商量,暂时不必动了,文静仍旧住在康平路,这里是她和孩子们的家,这样对孩子们更好些。这个消息对外不必宣布,要考虑到影响。

与文静离婚之后,张春桥虽然身居高位,然而在北京却孤身影只。他口中念叨道:"赤条条,来去无牵挂。……"无奈,他的心也是肉长的。

在庆祝《五一六通知》发表十周年——亦即"文革"十周年的那些日子里,59岁的张春桥常常感叹不已:十年前,他节节上升,欢天喜地;眼下,总理梦一次又一次化为幻影,已预感到末日的来临。

风雨飘摇之际,独居钓鱼台。偌大的房间,反而使张春桥觉得空虚、寂静。这时,他强烈地产生了一个念头:需要一个伴!

"徐老三"明白了张春桥的意图之后,便悄然在上海张罗起来。自然,张春桥的这个"伴",必须政治历史干净,不可再有任何把柄落到别人手中。此外,还要年轻、漂亮、有文化、有政治头脑,而且女方要愿意做这个"伴"。

徐景贤毕竟头脑灵活,派人在上海医学院物色对象,借口是给"中央首长"挑选一名贴身护士。

"对象"总算找到了。

9月21日,徐景贤带着上海的医学专家飞往北京,出席保存毛泽东遗体研讨会。徐景贤趁此机会在北京当面向张春桥介绍了"对象"情况。张说:"这件事今天先不定,我再考虑一下。以后再告诉你。"徐说:"如果需要,我把她的档案材料调出来,那上面还有照片,一起送你看看。"

10天之后——10月1日,张春桥在圈阅一封关于电影《反击》的信后,退还给徐景贤,在信的右上角写了一行字:"你上次提到的某某单位那位女同志的材料,能否送来一阅?"[1]

10月6日,徐景贤把这位"对象"的档案袋套上大信封,密封,写上"北京中央办公厅张春桥同志亲启",让中共上海市委机要交通员送往北京。

当晚,张春桥就在怀仁堂就擒。任凭徐景贤一次次给张春桥挂电话,一直没有人接电话。后来,1978年7月24日,徐景贤在证词中这样说:

> 过了几天,就是9月28日,张春桥派萧木到上海,向市委直接传话,这是从来没有过的。我认为这是张春桥听了我9月21日的当面汇报后,经过进一步思考,给我们作出的交底的指令。
>
> 张春桥给我们指出:有人要搞"四人帮",要搞上海,这样的时候,大考验就到来了。
>
> 张春桥在这里向我们发出了要打仗的动员令。萧木从北京到上海,一下飞机就直接从机场赶到康平路市委常委学习室。把在家的六名市委常委全找来,详细传达

---

[1] 徐景贤:《十年一梦》,香港时代国际出版公司2004年版,第408页。

了张春桥9月27日晚同他的谈话。当时,我把张春桥的这些指令在笔记本上作了记录。到了(19)76年10月8日,当我得知"四人帮"被粉碎的消息时,我就认为张春桥的预言应验了,大考验的时刻到来了。

我们根据张春桥9月27日关于要打仗的指令,在上海策划了反革命武装叛乱……①

毛泽东去世之后,张春桥对形势分析了一番,托萧木向上海传话:"毛主席去世了,要有像毛主席那样有威望的领袖是不可能了……现在比列宁去世时好,那时斯大林威信不高,托洛茨基做过红军总司令,威望比斯大林高……"

张春桥的话,需要"翻译"方能明白:他,自比斯大林,而把华国锋比做托洛茨基。他以为自己的威信比华国锋要高,因此取华国锋而代之仍大有希望。

张春桥仍把上海视为"基地"。在徐景贤的笔记本上,亲笔记下了1976年9月28日张春桥派萧木传达的口信:

阶级斗争形势要经常研究,一方面要提高警惕,一方面要提高信心。马克思主义刚出来时,中国这么一个大国还没有人知道。后来到了列宁,中国懂得马列的也很少。现在毛泽东思想在中国在世界传播了,比起那时候来懂得的人不知道有多少,所以要建立信心。当然要看到曲折,看到资产阶级还有力量,问题是谁挂帅。

上海的工作,转告上海不要急,不要多出头,许多事让外地去搞,我们要把工作做得扎实一些。上海不搞,别人还会拿出几条来讲你。老实说,上海还没有真正经受过严重考验,林彪、邓小平要搞上海,都没有搞成,林彪搞成的话,上海有大考验,要打仗。

张春桥的这段话,同样需要"翻译"。他警告徐景贤,上海正面临着"大考验","要打仗"。

10月初,在张春桥亲笔写下的提纲中,有着这样的句子:"革命与专政。怎样革、怎样巩固政权。杀人。"

上海在准备着"打仗"、"杀人"。

箭在弦,弹上膛,剑出鞘。

风闻,10月7、8、9日,北京将有"特大喜讯"。王洪文一口气拍了一百多张照片,以供登台时用。上海的红纸头被抢购一空,准备庆贺"大喜之日"。

毛泽东在病重之际,曾说过:"这笔'遗产'得交给下一代。怎么交?和平交不成就动荡中交,搞不好就得'血雨腥风'了。你们怎么办?只有天知道。"

已经蒙受十年浩劫的中国人民,怎么还受得了新的一场"腥风血雨"?

10月6日晚,不费一弹、不开一枪,狄克和他的伙伴,"和平"地进入了监牢。

---

① 据青野、方雷:《邓小平在1976》下卷,春风文艺出版社1993年版,第212页。

第二十四章
抓捕"四人帮"

以"非常手段"解决"四人帮"

在毛泽东去世之后，首要的问题是"四人帮"必须解决。

解决"四人帮"有两种方式：一是正常的党内斗争方式；二是采取"非常手段"，又称"特殊手段"。

第一种方式，那就是召开中共中央政治局会议，以少数服从多数的原则作出罢免"四人帮"所担任的一切职务的决定；

第二种方式，那就是采取"非常手段"，把"四人帮"先抓起来，"先斩后奏"，然后召开中共中央政治局会议，得以确认。

关于这两种解决"四人帮"的方式，华国锋在1976年9月26日与吴德、李先念密商时，做了这样的分析：解决"四人帮"的办法，无非是两种，一是抓起来再说，二是开会投票罢免。开会又分两种方式：一是召开中央政治局会议投票决定，"四人帮"顶多有四张半票，而华国锋这一派占有多数；二是召开中共中央全会投票决定。由于"四人帮"在"文革"中提拔许多造反派进入中共中央委员之列，因此华国锋能否在中共中央全会占上风还很难说。华国锋与李先念、吴德全面分析和权衡了各种情况，认为：解决"四人帮"的问题，政治局开会投票，我们有把握；中央全会开会投票，我们无把握。他们经过反复分析，认为"采取隔离审查的办法才是上策"。

叶剑英机要秘书曾回忆说：

> 1976年9月21日杨成武前来看望叶帅。当时，这是很机密的事情，谈话内容不可能让秘书知道。

后来,在粉碎"四人帮"之后,叶帅告诉我们,他对杨成武说,考虑到江青什么事都做得出来,所以要采取非常手段。用党内正常斗争手段,解决不了问题。

叶帅叮嘱杨成武同志要注意安全。

又据《解放军报》报社原副社长姚远方回忆[1],叶剑英曾说:"这次拘捕'四人帮',是在特殊的时候不得不采取的特殊的手段。这将是我们党的历史上最后一次采用这样的特殊的手段。"

这一"非常手段",理所当然高度机密。就像挤牙膏一样,关于这一"非常手段"的内幕,是随着时间的推移,一点点、一点点"挤"出来的。

1976年10月6日那个夜晚的绝密军事行动,确实是由华国锋、叶剑英、汪东兴三人决策的。

但是,筹划粉碎"四人帮",却在毛泽东去世之后,叶剑英便已经在进行了。

笔者在《叶剑英传略》一书中,见到以下描述:

(1976年)9月21日,聂荣臻从城里派杨成武转告叶剑英,"四人帮"的问题一定要设法解决,请他赶紧拿主意,早下决心。否则,"四人帮"这伙反革命要先下手,把叶帅搞掉了,把小平给暗害了,那就不得了,中国要倒退几十年。叶剑英对杨成武说:聂帅的想法跟我考虑的一样,你回去告诉他,请他放心。这时,叶剑英经过同一些老同志的接触、交谈,对于解决"四人帮"问题,心里更有了主意。他正在继续做华国锋的工作。华国锋是毛泽东生前选定的接班人,是党中央第一副主席、国务院总理。叶剑英经过观察思考,觉得粉碎"四人帮"这样的大事应当取得他的支持,要争取他、团结他,不能撇开他、越过他。因此,多次试探,主动接近,耐心地同他交谈,逐渐使他明确态度,坚定信心,从而共同采取行动。

叶剑英继续约请一些老同志探讨解决"四人帮"的办法。不久,李先念来看望叶剑英。叶剑英说:我们同"四人帮"是你死我活的斗争,彻底解决他们的问题,非有严密周全的部署不可。"天下之事,虑之贵详"。后来,叶剑英为了不受"四人帮"的监视,从容不迫地转移到玉泉山。在这里,叶剑英等同志,再次审慎研究了解决"四人帮"、挽救党和国家于危亡的重大决策和具体部署。[2]

另一本《叶剑英光辉的一生》中,透露了华国锋曾想通过召开扩大的中共十届三中全会来解决"四人帮"问题,叶剑英根据自己丰富的政治经验,明确告诉华国锋,那样做根本行不通:

---

[1] 1996年5月27日,叶永烈采访姚远方于北京。
[2] 军事科学院《叶剑英传略》编写组:《叶剑英传略》,军事科学院出版社1987年版,第289—290页。

面对"四人帮"咄咄逼人的攻势,华国锋进一步感到了问题严重性,他开始想召开扩大的三中全会来解决"四人帮"问题。叶剑英等则认为,同"四人帮"的斗争,早已超出了党内正常斗争的范围,用正常手段是不能解决问题的。后来,华国锋同意了叶剑英等同志的意见。他到了李先念家里,同李先念交换看法,接着,写了一张纸条,请李先念送给叶剑英。

李先念来到叶剑英住地,探讨如何对付"四人帮"的问题。叶剑英机警地打开收音机,在广播声的掩盖下,同李先念密谈起来。叶剑英说:我们同"四人帮"的斗争是你死我活的斗争,要当机立断!李先念点点头。两人经过交谈,取得了一致的意见。

10月初的一个夜晚,叶剑英与华国锋等同志在玉泉山共同商议粉碎"四人帮"的大计。这是一次非常特殊的、绝对秘密的商谈,经过反复研究,决定了"以快打慢"的方针和对"四人帮"采取隔离审查的断然措施。①

按照《叶剑英传略》的说法,拘捕"四人帮"是叶剑英主动找华国锋而得到华国锋支持。

9月11日:华国锋找李先念密商

然而,曾经在李先念身边工作十年之久的秘书程振声不同意这样的看法。程振声说:"为了弄清楚李先念在事件中所起的作用,华国锋同志在世时,我们曾三次去他家访问过。"

《中共党史研究》2002年第1期刊登程振声的《李先念与粉碎"四人帮"》一文,指出:

9月11日,华国锋以到医院检查身体为由,突然来西皇城根9号李先念临时住处,华向李表示:解决"四人帮"的时候到了。李问:"你下决心了吗?"华答:"下了,现在不能再等待了。问题是什么时候解决好,采用什么方式好,请你考虑。如果你同意,请你代表我去见叶帅,征求他的意见,采取什么方式、什么时间解决'四人帮'的问题。"李先念以惊喜的心情接受了华国锋交办的任务。两人谈话不到十分钟。

从这篇文章中可以看出,是华国锋先下决心,通过李先念找叶剑英,得到叶剑英的支持。请注意9月11日这个日子,那时离毛泽东去世只有两天!也就是说,华国锋在毛泽东刚刚去世的时候,就着手解决"四人帮"。

然而据华国锋的老朋友张根生1999年3月9日上午访问华国锋②,华国锋说是9月10日找李先念谈粉碎"四人帮"问题。也就是说,毛泽东去世的翌日,华国锋就开始着手解决

---

① 《叶剑英光辉的一生》,解放军出版社1987年版,第345页。
② 张根生:《华国锋谈粉碎"四人帮"》,《炎黄春秋》2004年第7期。

"四人帮"!

华国锋所以找李先念,有双重原因:一是华国锋在湖南担任省委书记处书记的时候,主管财贸,而他的顶头上司正是在中央主管财贸工作的李先念。华国锋担任国务院总理时,李先念则是副总理。华国锋与李先念有过很多接触,深知李先念与"四人帮"势不两立。二是李先念与叶剑英有着多年深厚的友谊。

吴德的回忆录《吴德口述:十年风雨纪事》[1],也写及此事,跟程振声所谈大致相似,只是吴德说,华国锋去李先念家之前,给李先念打过电话,约定见面。

笔者在写作陈云长篇传记时,注意到陈云在1992年7月21日所写的《悼念李先念同志》一文中,提及李先念在粉碎"四人帮"的斗争中,也起了重要作用:

> 在粉碎"四人帮"这场关系我们党和国家命运的斗争中,先念同志同叶帅一样起了重要作用。由于叶帅和先念同志在老干部中间很有威望,小平同志暗示他们找老干部谈话。我到叶帅那里,见到邓大姐谈完话出来。叶帅首先给我看了毛主席的一次谈话记录,其中有讲到党内有帮派的字样,然后问我怎么办?我说这场斗争不可避免。在叶帅和先念同志推动下,当时的中央下了决心,一举粉碎了"四人帮",使我们的国家进入了新的历史发展时期。[2]

陈云的文章表明,除了李先念之外,邓小平、邓颖超和陈云本人,也都参与了粉碎"四人帮"的斗争。

1998年8月6日晚,中央电视台播出文献纪录片《共和国元帅——叶剑英》第六集,内中有陈云之子陈元的回忆,谈及叶剑英和陈云见面的情形:

> 我父亲多年从事地下工作,他是一个很仔细的人。他出门的时候,把保险柜的钥匙,还有一些重要的文件,交给了我。还有他万一回不来,一些需要说的事情,他也都向我交代了。
>
> 他到叶帅那里去,正好碰上邓颖超同志从那里出来。他非常高兴跟她打招呼。他说,老同志们多年不见,现在的情况,大家都很关心。
>
> 他跟叶帅谈话的内容,据他对我讲:叶帅给他看了毛主席关于"四人帮"的一些讲话的内容,然后叶帅跟他讨论了如何处置"四人帮"的问题,是采用党内斗争的方式,还是采用特别的非常手段的方式?
>
> 当时,我的父亲和叶帅深入地交换了意见。他明确地表示,对"四人帮"的斗争,这是一场关系党和国家命运的大事。
>
> 回家之后,他显得很兴奋。

---

[1] 吴德口述、朱元石整理:《十年风雨纪事——我在北京工作的一些经历》,当代中国出版社2004年版。
[2] 原文载1992年7月23日《人民日报》,收入《陈云文选》第3卷,人民出版社1995年版,第379页。

此外，王震也直接参与了"联络"工作，奔走于叶剑英、邓小平、陈云之间。

由于陈云提到了李先念的重要作用，笔者注意到《李先念文选》第157条注释：

> 1976年10月6日，中共中央政治局执行党和人民的意志，毅然粉碎了这个反革命集团。在这一斗争中，华国锋、叶剑英、李先念等起了重要作用。是年9月，毛泽东逝世，江青反革命集团加紧夺取党和国家最高领导权的阴谋活动，许多老同志对此深感忧虑并酝酿解决办法。9月21日，华国锋到李先念住处，商讨解决"四人帮"问题，认为同他们的斗争不可避免，并请李先念代表他去找叶剑英，请叶剑英考虑以什么方式、在什么时间解决为好。9月24日，李先念到叶剑英住处，转达了华国锋的意见，并同他研究此事。

《李先念文选》注释中所说的"9月21日，华国锋到李先念住处"，按照2004年出版的吴德回忆录，则应是9月11日，依据华国锋的回忆应是9月10日。而李先念到叶剑英处，也不是"9月24日"，应是9月13日。

从以上种种对于当事人的采访以及权威性的《陈云文选》、《李先念文选》中的文章，大致上使云遮雾障的"中国的十月革命"变得透明起来。

9月13日：李先念突访叶剑英

吴德是粉碎"四人帮"的重要当事人，应当说，他的回忆更加准确，而且充满细节：

> 9月11日，华国锋借口身体不好，要到医院去检查。"四人帮"当时对华国锋的行动是很注意的，是紧紧盯住的。华国锋离开治丧的地方给李先念同志打了电话，说："我到你那里，只谈五分钟。"李先念说："你来吧，谈多长时间都可以。"
> ……
> 华国锋到李先念家，他一进门就很紧张地说："我可能已被跟踪，不能多停留，说几句话就走。现在'四人帮'问题已到了不解决不行的时候了。如果不抓紧解决，就要亡党、亡国、亡头。请你速找叶帅商量此事。"华国锋说完后即匆匆离去。……
> 李先念受华国锋委托后亲自给叶帅打电话说要去看他，叶剑英在电话中问："公事、私事？"
> 李先念说："公私都有，无事不登三宝殿。"
> 叶剑英说："那你就来吧。"
> 9月13日，李先念到叶帅处转达华的委托。为了避免被"四人帮"发现，李先念同志也采取了跟华国锋相似的办法，他先到香山植物园游览，发现没有异常情况后才去见叶帅。
> 华国锋同志告诉我，当时叶剑英同志非常谨慎，他没有与李先念同志商量如何

解决"四人帮"的问题。华国锋同志还对我说过，他还在11日找了汪东兴同志商量此事，汪东兴的态度很明确，表示了坚决支持华国锋解决"四人帮"问题的意见。

华国锋告诉我，叶剑英同志为了商议解决"四人帮"的问题，曾两次到他的家里。①

不过，吴德回忆之中，也有出入。吴德所说，李先念受华国锋委托后亲自给叶帅打电话说要去看他，叶剑英在电话中问："公事、私事？"……其实，李先念担心电话受到监听，事先并没有从城里给叶剑英打过电话。

据云，李先念在1976年9月13日"参观"北京西山植物园时，"顺道"去了西山15号楼，看望叶剑英。

据叶剑英身边的工作人员王守江和马锡金回忆，当叶剑英得知李先念卫士从西山突然打来的电话，说是李先念要登门拜访，叶剑英起初还犹豫着是否见面，后来还是答应了。这清楚表明，李先念事先没有给叶剑英从城里打过电话。吴德回忆李先念、叶剑英在电话中的对话，其实是他们见面之后的对话。

李先念之女李小林的回忆，相对比较准确：

两人坐定后，叶剑英问父亲："你是来公事奉命，还是老交情看望？"父亲回答："都有。"这时叶剑英打开收音机，以防有人窃听。叶帅耳背，又加上收音机干扰，父亲说的话他听不清楚。两人商议用笔写，然后烧掉。

李先念写："这场斗争是不可避免的。"

叶剑英："这是你死我活的斗争。"

李先念："请你考虑时机和方式。"

叶剑英点头表示同意，随后叶帅写了陈锡联的名字，打了一个问号。

李先念写："完全可靠，请放心。"并简要介绍陈锡联两次同他谈话的情况。两人连写带谈不到30分钟。告别前，他们还特别小心地烧掉了纸条。②

不过，叶剑英的警卫参谋马锡金回忆说："没有外面传说的什么写了个小纸条，然后又烧掉的细节，因为我回来收拾时，清清楚楚地记得那个烟灰缸是干净的。"

李小林提及，叶剑英在陈锡联的名字上打了个问号，是因为陈锡联的政治态度。

陈锡联上将当时是中共中央政治局委员，国务院副总理，中共中央军委常委，北京军区司令员，党委第一书记。

叶剑英虽然是中国人民解放军元帅、中共中央军委副主席，在部队享有崇高的声望，但是军队的实际领导权掌握在陈锡联手中。

---

① 吴德口述、朱元石整理：《十年风雨纪事——我在北京工作的一些经历》，当代中国出版社2004年版，第235—236页。

② 李小林：《借口要去香山植物园散心，半途突然转道——父亲与叶帅在西山有次特殊"笔谈"》，载张黎明主编《我的父辈》，上海人民出版社2009年版。

叶剑英对陈锡联打问号,是在于不清楚陈锡联与"四人帮"的关系:到底是支持"四人帮",还是反对"四人帮"?

李先念敢于向叶剑英打保票,陈锡联"完全可靠",是因为李先念跟陈锡联交情非同寻常。据李先念之女李小林说,李先念、陈锡联是同乡,都是湖北红安人,两人的老家只相距两里路。李先念母亲的前夫姓陈,丈夫去世后才嫁到李家,说起来与陈锡联还有点远房亲戚关系。

李小林提到的陈锡联两次同李先念的谈话,其中一次是在毛泽东去世后,李先念与陈锡联一起守灵。有一次,李先念去洗手间,陈锡联跟随其后。在洗手间里,陈锡联对他说:"那几个人可能要动手,要当心。"李先念急忙摆手不让他说下去……

陈锡联所说的"那几个人",指的就是"四人帮"。

李先念看望叶剑英,最重要的是转达了华国锋的意见……

叶剑英向来谨慎。他当时并没有明确表态,诚如吴德后来回忆所说:当时叶剑英非常谨慎,没有与李先念商量如何解决"四人帮"的问题。回来当天,李先念即向华国锋汇报了叶、李谈话内容和叶的态度。

种种文献以及当事人的回忆表明,扫除"四害",最初是华国锋提出的,而华国锋通过李先念向叶剑英转达这一重要信息。

华国锋能够在毛泽东去世的翌日,就着手粉碎"四人帮"的行动,充分显示了华国锋在历史的转折关头的魄力。须知,在那样"黑云压城城欲摧"的日子里,能够做出那样果断、充满风险的决策,是华国锋重大的历史性贡献。

叶剑英眼中的华国锋

华国锋找叶剑英,表明他对叶剑英是高度信任的。

据华国锋自述,在"文革"中,叶剑英曾经被"疏散"到长沙,那时候主持湖南工作的华国锋开始与叶剑英有了直接的交往。

华国锋听说,在1967年所谓"二月逆流"中,在京西宾馆,叶剑英和谭震林、陈毅、李富春、李先念、徐向前、聂荣臻、余秋里、谷牧等老干部,同江青、康生、陈伯达等中央文革小组的"文革派"进行面对面的斗争,叶剑英一怒之下拍桌子,把左手小拇指都拍骨折了。①

华国锋还听说,在"文革"中造反派、红卫兵贴叶剑英的大字报铺天盖地,办公室连窗户上都贴满了,白天还得开灯照明。在叶剑英的子女之中,先是女儿叶向真和女婿刘诗昆被抓,后来儿子叶选平、叶选宁、女儿叶楚梅与女婿邹家华都相继被逮捕。

不言而喻,叶剑英对于"文革"、对于"四人帮",深恶痛绝。

给华国锋留下深刻印象的是,9月8日毛泽东在去世几个小时前,曾示意叫叶剑英单独进屋见面,但无奈当时毛泽东已说不出话来。当时华国锋正守在毛泽东卧室那里。他深

---

① 这常常被传说成右手手指骨折。其实叶剑英是"左撇子",是用左手拍桌子。

知,毛泽东在生命的最后的时刻,仍是那样看重叶剑英。

据吴德回忆:

> 9月8日深夜,毛主席处于弥留状态时,政治局委员分组去向他告别。我和叶帅、先念同志是一组,毛主席当时还有意识,我们报上自己的姓名时他还知道。我记得当时毛主席的手还在动,好像要找眼镜或什么东西。向毛主席告别后,我们刚退身到门口,毛主席又让叶帅回去一下,我和先念同志也没有再往外走,就站在门口了,我看见叶帅到毛主席身边和毛主席握手,毛主席好像要说什么话,但已经说不出来。叶帅停了一会儿就出来了。这个夜晚,我们谁也没有离开⋯⋯我们在极大的悲痛中意识到毛主席永远地离开了我们。①

毛泽东在弥留之际,要对叶剑英说什么,已经成为历史之谜。

叶剑英对华国锋的了解,则是有一个过程的。因为华国锋毕竟不是像邓小平、陈云、李先念、王震那样的几十年的老战友,华国锋是从湖南上来的新干部(虽说华国锋的资历也不算浅),叶剑英只在中共中央政治局开会时跟华国锋有所接触。

1976年1月8日,周恩来总理逝世。张春桥以为新总理非他莫属。1976年2月2日,中共中央发出一号文件通知全党,经毛泽东主席提议,中共中央政治局通过,由华国锋任国务院代总理;在叶剑英生病期间,由陈锡联负责主持军委工作。所谓"在叶剑英生病期间",是因为在"批邓、反击右倾翻案风"之中,叶剑英也受到"批判",打报告给毛泽东主席"请病假",获准之后"称病不出"。

中共中央一号文件的发出,虽然打破了张春桥的总理梦,但同时也使叶剑英失去主持军委日常工作之权,在政治上形成半靠边状态。

果然在1976年2月16日,亦即中共中央一号文件下发后的第14天,中共中央又发了第三号文件,经毛泽东主席同意,批转中央军委2月6日"关于停止学习贯彻叶剑英、邓小平在1975年军委扩大会议上的总结报告和讲话的通知"。这个第三号文件,等于对叶剑英进行点名"批判"。

正因为这样,叶剑英不能不怀疑陈锡联究竟是不是跟"四人帮"坐在一起的?当然,叶剑英对于华国锋也产生是不是跟"四人帮"一伙的怀疑。尤其是经毛泽东主席提议,1976年4月7日任命华国锋为国务院总理(不再是"代总理"),同时又成为中共中央第一副主席,成为毛泽东指定的接班人。华国锋如此迅速的擢升,出乎绝大部分人的意料。加上华国锋为人稳重,凡事不轻易表态,所以老干部们一时摸不清楚华国锋的政治态度,到底是倾向"四人帮",还是反对"四人帮"。

为叶剑英与华国锋之间牵线搭桥的人,是熊向晖。

---

① 吴德口述、朱元石整理:《十年风雨纪事——我在北京工作的一些经历》,当代中国出版社2004年版,第228—229页。

熊向晖是一个充满传奇色彩的人物。他在周恩来的秘密安排之下，居然担任国民党第三十四集团军总司令、第一战区司令长官胡宗南将军的侍从副官、机要秘书长达13年，为中共中央提供了重要战略情报，使国民党"闪击延安"的计划破产。当胡宗南发现他是"匪谍"的时候，他已经去美国留学了。所以毛泽东曾经说，熊向晖"一个人可顶几个师"。周恩来则称赞说："我党打入国民党内部的情报人员工作卓越，李克农、钱壮飞和胡底属于前三杰；解放战争期间，又有三位突出的情报人员（熊向晖、陈忠经和申健），同样一人能敌万千军，创造了情报工作的奇迹。他们是后三杰。"

熊向晖于1949年从美国回国，他的"人生轨迹"也是令人眼花缭乱：他先是出任中华人民共和国外交部新闻司副司长，接着担任中华人民共和国驻英国代办。在"文革"中出任中国人民解放军总参谋部二部副部长。1971年，任周恩来总理助理，参加与美国总统国家安全事务助理基辛格的访华会谈以及美国总统尼克松的访华会谈。1972年8月，他担任中华人民共和国驻墨西哥首任大使。当了一年多大使之后，于1973年末回国，出任中共中央调查部副部长，依旧是做老本行——情报工作。中共中央调查部是新中国一个时期以来情报工作的具体组织者和实施者。他为叶剑英、华国锋牵线时，正是任职中共中央调查部副部长的时候。

熊向晖在"文革"之后的"人生轨迹"也耐人寻味。他在1978年后，任中共中央统战部副部长兼中国人民外交学会副会长，接着任中国国际信托投资公司副董事长、党组书记。他还兼任欧美同学会副会长、名誉会长。熊向晖于2005年9月9日去世。

熊向晖跟叶剑英有多年的交情。在周恩来总理去世不久，1976年1月21日下午，叶剑英约熊向晖到他那里谈心。①当时，叶剑英已经成为"四人帮"攻击的主要对象。江青几度扬言，她有两个敌人，一个是四川——指邓小平，一个是广东——指叶剑英。她要先打四川，再打广东。现在四川已经不在话下，就剩广东了。叶剑英不愿在政治局开会时老是遭到"四人帮"的纠缠，他告诉熊向晖，家里人劝他回广东休息，而他自己则打算到广西去住一段时间。这时候，熊向晖力劝叶剑英不能离开北京。熊向晖建议叶剑英"称病不出"，可以避免出席政治局会议，但是目前形势多变，你坐镇北京，可以静观其变。

2月8日，叶剑英又约见熊向晖。叶剑英告诉熊向晖，已经按照他的建议，向毛泽东请了病假，从此"称病不出"（但是在毛泽东去世前后的重要会议，叶剑英就"出"来了）。

4月2日晚，叶剑英约见熊向晖，谈起当下的形势。叶剑英说，聂荣臻元帅以为，跟"四人帮"的决战是不可避免的，但是决战在什么时候发生，以什么形式发生，现在还不知道。熊向晖建议，现在该用毛泽东主席当年给隐蔽战线制定的方针："精干隐蔽，长期埋伏，积蓄力量，以待时机。"

不过，熊向晖一次次去见叶剑英，毕竟目标太大。叶剑英对熊向晖说，还是让侄子叶选基去他那里更加方便些。

---

① 熊蕾：《1976年，华国锋和叶剑英怎样联手的》，《炎黄春秋》2008年第10期。

于是，叶选基开始充当叶剑英与熊向晖之间的联络人。据叶选基告诉笔者[1]，他曾经在中共中央调查部工作，而熊向晖是副部长，原本就跟熊向晖熟悉，所以叶剑英让叶选基充当联络人。

在5月底，叶选基来到熊向晖家。由于华国锋在4月7日被任命为国务院总理，同时又成为中共中央第一副主席，所以这次熊向晖跟叶选基着重谈及华国锋。熊向晖说，根据他跟华国锋的接触，华国锋不是极左派，跟"四人帮"不是一伙人。

熊向晖从两件事向叶选基谈起对华国锋的印象。那是美籍科学家杨振宁来访，由熊向晖负责相关接待事务。

第一件事是4月16日，华国锋的秘书打来电话，要熊向晖当晚去向华国锋汇报杨振宁来访的情况。熊向晖对华国锋说起来杨振宁在上海的时候，上海市委书记、市革委会副主任徐景贤跟他大谈"批邓"，还送他上海复旦大学"批邓"大字报选。杨振宁不收，说自己的箱子满了，装不下。华国锋听到这里，说道："何必送那些东西呢，不能强加于人嘛！"熊向晖从华国锋这句不经意的话中，听出华国锋并不热心"批邓"。

第二件事是4月17日晚，华国锋在北京人民大会堂新疆厅会见杨振宁，谈了将近两个小时，从头至尾没有谈及"批邓"。

做过多年情报工作的熊向晖，善于从细微处判断人。他以为，在"四人帮"高调"批邓"的时候，华国锋如此跟"四人帮"不协调、不同调，足见华国锋跟"四人帮"并非一伙。

叶选基回来之后，向叶剑英汇报了熊向晖对华国锋的评价，引起叶剑英的关注。于是在6月7日晚，叶剑英让叶选基把熊向晖接来，详谈华国锋。

叶剑英如实地对熊向晖说，他跟华国锋只是在开会时点个头，对他不摸底啊！

熊向晖有备而来。熊向晖给叶剑英带来两个文件：一个是4月17日华国锋接见杨振宁的谈话记录稿；另一个是1975年9月26日当时还只是国务院副总理的华国锋，在邓小平等听取胡耀邦关于科学院工作的《汇报提纲》时的插话记录稿。熊向晖说，这两份材料表明了华国锋的政治态度，明显有别于"四人帮"。

熊向晖还讲了一个关于华国锋的故事：在华国锋主持国务院工作之后，有一次华国锋和熊向晖结束了在人民大会堂的会议，一起往外走。华国锋叫住了熊向晖，问道："怎么好久不见老罗了？"华国锋所说的"老罗"，指的是罗青长，曾任周恩来总理办公室副主任、中央调查部部长，熊向晖的老战友。

熊向晖回答说："他病了。"

华国锋问："住在哪里？"

熊向晖说："在阜外医院。"

华国锋问："怎么不住北京医院？"

熊向晖说，"文革"调整了他们的医疗关系，只能到阜外医院就医，想住北京医院，可住不进去。

---

[1] 2009年5月31日，叶永烈采访叶选基于上海安亭宾馆。

熊向晖向叶剑英讲述了感人的一幕——

> 华国锋站住,说,要住北京医院。说着,就在人大会堂外面的台阶上坐下来,从公文包中拿出一张纸,写了个条子:北京医院并报(卫生部)刘湘屏部长,安排罗青长同志住院。①

就这样,罗青长住进了北京医院。

由于熊向晖向叶剑英力荐华国锋,叶剑英也在8月15日向熊向晖讲述了自己对华国锋的观察。

7月1日晚上,中共中央政治局开会研究毛泽东主席病况。考虑到会议重要,叶剑英接到通知之后去出席会议。

叶剑英说及,极左派们,主要是江青,起草了一个下发各省部委关于毛主席病情的通知,其中说,毛主席病情比较稳定,不久就可以康复,主持工作。汪东兴反对写这句话,叶剑英也认为不能用这句话。这就和江青他们发生了争论。争到凌晨1点,一直没吭声的华国锋说话了:"争得差不多了吧?散会。"叶剑英有些纳闷。可等到叶剑英看到那天凌晨2点钟发出的电文,乐了。他不同意写进去的那句话,电文里没有。②

正因为这样,7月28日下午,叶剑英通过叶选基来告诉熊向晖,叶剑英主动跟华国锋见了一次面,彼此谈得很融洽。

那天,叶剑英给华国锋打来电话,说是要去看望他。华国锋喜出望外,立即说:"叶帅,我去看你!"

叶剑英年长华国锋24岁——当时叶剑英79岁,而华国锋只有55岁,何况叶剑英正"托病请假"。正因为这样,华国锋坚持他去看望叶剑英。

可是叶剑英却坚持他去看望华国锋。叶剑英在电话中说华国锋工作忙,还是应当由他来看望。由于叶剑英的坚持,华国锋只得说,有劳叶帅。

当时华国锋在东交民巷15号的住处,轿车无法进院。叶剑英的轿车到达时,华国锋已经早早在大门口等候了。当叶剑英的轿车到达之后,华国锋为他开车门,扶他下车,走进院子,走进家中。华国锋充分显示了对叶剑英的尊重。

叶剑英在华国锋家的客厅落座之后,对华国锋说:你现在担子重啊!我年老有病,帮不上你什么忙,很惭愧。

华国锋则回答说:您是九亿人民的元帅,怎么能这样讲啊。主席让我挑这个担子,我负担很重,推辞不了,只有兢兢业业。因为怕影响叶帅养病,所以没有打搅。今后还望叶帅指点。

接着,叶剑英与华国锋首次进行深层次的谈话。叶剑英试着向华国锋提出两个重大

---

① 据熊蕾:《1976年,华国锋和叶剑英怎样联手的》,《炎黄春秋》2008年第10期。
② 据熊蕾:《1976年,华国锋和叶剑英怎样联手的》,《炎黄春秋》2008年第10期。

的问题,而华国锋的答复使叶剑英感到满意。熊向晖之女熊蕾记述了叶剑英后来对熊向晖谈及的这次见面的情况,并加以解说:

> 第一个问题是:你现在治国的方针是什么?
> 华说:举一纲抓两目。
> ——举一纲,是阶级斗争为纲,抓两目,就是把国民经济搞上去,安定团结。在那个阶级斗争要"年年讲、月月讲、天天讲"的年代,提出"阶级斗争为纲",是势在必然;而提把国民经济搞上去和安定团结,却常常被认为是右倾。
> 听华这样讲,叶帅说,好。
> 第二个问题是:周总理逝世了,董老、朱老总也都逝世了,中央人事安排你怎么考虑?
> 华说:除非主席有指示,人事问题一概不动。
> 叶帅说,好。
> ——要知道,当时极左派们正在紧锣密鼓,要从上海向中央各部委的领导岗位安插人员,人事问题是个非常敏感的问题。华明确提出人事问题一概不动,叶帅说好,是由衷的。

接着,华国锋向叶剑英请教:

> 华国锋向叶帅请教应该注意的问题。叶帅告诉他,要注意民兵。解放军的传统是,指挥只能是一个,不能多中心。
> ——当时军委还在老帅们的掌握之中,"四人帮"动不了军队,正在抓紧搞民兵。
> 叶帅对他和华国锋的这次见面和谈话,非常满意。他觉得华说话做事很得体。他对老爹(指熊向晖——引者注)说,毛主席一下子把华国锋提为中央第一副主席,这是"非常之时,非常之人","还是毛主席巨眼识英雄啊!"
> ——叶帅原话就是"巨眼",而且他不止一次说过这话。①

通过这次见面,叶剑英对华国锋投了信任票。

叶剑英称赞熊向晖:"说得对,看得准。"

正因为叶剑英在毛泽东去世前夕去看望过华国锋,彼此建立了信任感,所以华国锋在毛泽东去世的翌日,就通过李先念向叶剑英转达,要采取措施解决"四人帮"的问题。

然而,在叶剑英看来,这是一个非常重大的问题,必须认真、周密地加以研究。正因为这样,叶剑英没有当场答复李先念,也没有很快回答华国锋。

向来谨慎、缜密的叶剑英,在思索着。

---

① 据熊蕾:《1976年,华国锋和叶剑英怎样联手的》,《炎黄春秋》2008年第10期。

其实，华国锋、汪东兴也在思索着。

汪东兴后来也曾经这样回忆说："叶帅与我和华国锋谈这个问题（指解决'四人帮'问题），一开始不是直截了当地提出来，而是比较含蓄的，逐步试探。"

另外，他们在谈及"四人帮"的时候，大都用代号：称江青为"三点水"，称张春桥为"眼镜"，称姚文元为"文痞"，而王洪文则没有代号。偶尔也会用"上海帮"来称呼他们四个。

"四人帮"暗中调兵遣将

针尖对麦芒，"四人帮"也在暗中调兵遣将。

1980年7月12日，王洪文在审讯中供认：

> 我得到许世友儿子的信后，首先找到毛远新，把这封信给他看了。
> 我担心地说："看来他们真的要动手了，我们没军队怎么办？"
> 毛远新想了想说："北京军区和卫戍区全靠不住，真的要有人闹事，我们就被动了，最好的办法，是尽快从沈阳军区调两个师来。"
> 我说："调动部队要有军委命令才行。不然，李德生会听你的？"
> 毛远新说："我给孙玉国打个电话，让他直接下命令，以拉练的名义把部队调到北京附近。"
> 我点头表示同意，又担忧地说："远水解不了近渴，关键时刻还得靠民兵。"
> 于是，我又找到北京民兵指挥部的马小六和张世忠，让他们连夜调集三千名武装民兵，秘密驻进中南海东侧的中山公园里，待命行动。同时，我又向北京公安局长刘传新和公安部副部长祝家耀通报了这个情况，指令他们派出大量便衣警察和巡逻车，对钓鱼台、中南海、人大会堂等几个重要场所进行重点守卫……

王洪文所说的"许世友儿子的信"，是他以非正常手段，截获许世友儿子写给北京朋友的一封信。信中说：

> 前几天我见到爸爸，他对我说，主席逝世后，中国可能要发生内乱，主要是争夺最高领导权。如果北京有人闹事，他就率部队北上，占领北京城，控制中南海和钓鱼台，把那几个人全抓起来，统统杀掉。
> 爸爸说，这些"上海帮"坏透了，靠着有主席撑腰，恃权仗势，横行霸道，干尽了坏事，现在主席没了，他们也快完蛋了。
> 爸爸还说，别看王洪文是军委副主席、张春桥是总政治部主任，军队没人听他们的，枪杆子全抓在我们手里，他们只能调动几个民兵师，成不了大气候。
> 爸爸说，他只用一个军，就能把上海民兵吃掉。他把六十军摆在无锡，就是盯着

上海的。①

这封被截获的信,使王洪文心惊肉跳。他不仅把信给毛远新看了,而且还给张春桥看了。

无独有偶,姚文元也收到一封信,使他坐立不安。不同的是,他不敢把这封信在"四人帮"中传阅。

在1980年7月17日姚文元的《审讯笔录》中,他便谈到这封来信:

问:继续交待向你提出的问题。

姚:好,今天交待我政治生命的最后一天,我的思想状况。

先从1976年7月下旬说起,新华社的解力夫转给我一封河南分社记者写给我的亲启信,并要求我把此信转给毛主席。这封信对我的思想有很大的影响。

问:信里写的是什么内容?

姚:这位记者写信反映河南省委组织部一位负责人,1976年初在北京养病期间,纪登奎的儿子去看他时讲的一番话。这封信写得很露骨,给我印象比较强烈的有:一、用很坏的语言攻击毛主席的病,意思是说毛主席活不了几天了;二、攻击华国锋总理没有能力,说他现在虽然担任了总理,但在工作上一边向李先念问问,一边向张春桥问问,这样把两边的意见凑起来做工作,还特别攻击他在外事工作上没有经验;另外,还有许多吹捧纪登奎的话,说他父亲如何有能力,现在不高兴多管事,不高兴出主意了;四、他还说现在政治局是新派、老派之争,说那些老派现在不开口,因毛主席还活着,只要毛主席一死,他们是要大干的,他们已经秘密串联,做了准备,到时候立即宣布张春桥为叛徒,实行全国军管,接下去就是血雨腥风之类的话;他还说老派、新派无论谁上台都要流血;上海是新派的地方,死了多少人呀!老派上台也要流血,但比较起来还是老派上台好一些。纪登奎的儿子还对这个组织部长说:要他回去给省委打个招呼,对将来的事情要做好准备。这位记者还反映河南省委在听到这个组织部长传达后的情况,如刘建勋(河南省委第一书记)等人的态度。总之,给我的印象是写信人了解了很多的秘密。

当时毛主席已经病重,江青、张春桥、王洪文和华国锋主席已搬进中南海。我看了这封信百感交集,一方面我不大相信,因为信中有些情况不确实,比如信中说毛主席患了喉头癌,就不对。另方面,又觉得是不是有某种根据。这里根据文化大革命的经验,就是有些小道消息常常夹杂些内部情况。我觉得不管怎么样,毛主席逝世后,我的确有垮台的可能。

这封信收到后,我思忖再三觉得不能转给毛主席,因毛主席已经病重了。我又不愿转给毛远新。也没有送给华国锋主席,因为信里有些话是说他的。我更没有想到送

---

① 据青野、方雷:《邓小平在1976》下卷,春风文艺出版社1993年版,第86页。

给江、张、王。这封信就一直压下来了,像一块大石头一样压在我的心里。

那封来信,使姚文元预感末日的来临。
面对审问,姚文元继续答复:

> 姚:当时,正是毛主席病危的时候,华主席、张春桥找我谈话,要我和纪登奎负责准备文件,以我为主。我接受了这个任务,和纪登奎一起找了办公厅的周启才、李鑫等几个人。在中南海准备文件,包括《告人民书》等一整套计划,搞好后封存在那里。毛主席逝世那一天早晨,在中南海,我找了几个宣传单位负责人布置毛主席逝世后的宣传工作。
>
> 问:你都找了哪些人?
> 姚:有新华社的朱穆之,《人民日报》的鲁瑛,《光明日报》的莫艾,《红旗》杂志的许健生,中央电台的邓岗。
>
> 谈完话后,我又单独把鲁瑛留下来,我对他说:"这几天要是你们到处找我,突然找不到我这个人了,你要继续做好报纸出版工作,现在阶级斗争形势还是很复杂的,要提高警惕,到底怎样,还要看一看。"我想利用这种暗示的形式和他说我可能出事,但又不便讲明,也不能把那封信的内容告诉他。我当时看他的样子好像并不懂。不管我这话对他产生什么影响,我都要负责。
>
> 问:仅仅是纪登奎的儿子谈话内容的一封信,就使你那么震惊吗?还有什么其他原因?
> 姚:没有这封信,我也会感到自己会被批判的。过去毛主席一直是保护我的。毛主席逝世后,我就联想到毛主席说过的"四人帮"的问题上半年解决不了下半年解决,今年解决不了明年解决,我就担心要解决到自己头上了。但没有这封信,我不会对鲁瑛讲那番话。

姚文元在1976年9月13日的日记中,写及自己矛盾的心境,也写及人们已经开始"疏远"和"不满"江青,还写及张春桥"心情很不好,人也瘦了许多"。但是,姚文元声言,他要"战斗":

> 上午同国锋、洪文守灵;接待朝(鲜)、阿(阿尔巴尼亚)、罗(罗马尼亚)等国使节,许多外宾在主席遗体前失声痛哭,表现了各国人民对毛主席的深厚感情。
>
> 不知为什么,江青没有参加会见。后来她提出政治局开会,在会上,因为遗体问题和华吵起来。她的言词很激烈,大家都不满意,这样下去会很危险。主席不在了,有些人已开始疏远她。我不能这样做,要努力帮助她,支持她,要对得起主席。
>
> 下午审新华社稿和电视台的录像,没有江青的镜头,已让邓岗补上。《人民日报》社论又改了一稿,已送春桥同志。他,似乎有什么话要对我讲,过几日应找他谈一谈。

晚上，同英长谈，重点国内形势和党内斗争。她的政治嗅觉很敏锐，和我有同样的预感。主席逝世，一些人可能会趁机闹事，要提高警惕，要有所准备。我和英最担心的是孩子，他们尚小，不谙世事，能经受得住残酷斗争的考验吗？

孩子，又是孩子，我近来为什么老想到孩子，为什么变得这样多愁善感，这是意志消沉和怯弱的表现。我要振作起来，要充满信心，为了孩子，也要勇敢地投入战斗。

记住马克思的一句名言："我喜欢的生活——战斗！"

"四人帮"都预感末日的来临。王洪文和毛远新都把希望寄托在孙玉国身上。

后来，孙玉国在检查中这么写道："'四人帮'为了拼凑资产阶级帮派体系，搞封官许愿，让我到总参当副总长。1974年3月，在中央读书班期间，王洪文在读书班负责人会议上利用集体封官许愿的阴谋手段，拉帮结伙说：'在座的先给你们打个招呼，现在了解情况，将来调你们来工作方便，到时候调你们来，不来可不行。'"

此后，王洪文几度提议孙玉国担任中国人民解放军副总参谋长。

孙玉国与毛远新、王洪文过从甚密。正因为这样，王洪文和毛远新把孙玉国看成在军队系统中能够"调得动"的人……

9月21日：叶剑英看望华国锋

华国锋也在积极准备，跟"四人帮"对着干。

华国锋开始做中共中央政治局委员们的工作。

9月16日，华国锋召集李先念、吴德、陈锡联、纪登奎、陈永贵等人在国务院会议厅开会。在会议中间，华国锋试探性说："毛主席提出的'四人帮'的问题，怎么解决？"华国锋刚说完，纪登奎就说，对这些人恐怕还是要区别对待。这么一来，别的政治局委员就不便说下去了。

从那以后，华国锋改变了策略，即对中共中央政治局委员们进行个别串连，分头做工作，而不是一起开会。另外，华国锋把纪登奎也排斥在外。

华国锋当时着急的是，自从9月13日李先念去看望叶剑英之后，一天天过去，没有来自叶剑英的回复。华国锋深知要对"四人帮"采取行动，必须得到叶剑英这位中共中央副主席、中央军委副主席的支持。华国锋很想去看望叶剑英，当面深谈，但是在叶剑英没有明确答复之前，华国锋不便于给叶剑英打电话。

9月21日，对于华国锋来说，是重要的一天。叶剑英打破沉默，亲自来看望华国锋。叶剑英很谨慎，让司机开着轿车兜了几个圈子，然后从华国锋家运煤的后门进去。

叶剑英明确表示支持华国锋的计划，与华国锋联手共同粉碎"四人帮"，这对于华国锋来说，是至关重要的。

华国锋与叶剑英初步确定对"四人帮"采取隔离审查的方案，并决定把这个方案在可靠的高层同盟者中秘密征询意见。

华国锋还倚重吴德,因为吴德是中共北京市委第一书记、北京军区政委,可以掌控首都局势。

华国锋不知北京卫戍区司令吴忠的政治态度如何。吴德告诉华国锋,北京卫戍区司令吴忠"绝对可靠"。对于华国锋来说,有了北京卫戍区司令吴忠的支持,这一点非常重要。

华国锋秘密召见了吴忠,向他进行了政治交底。吴忠当即表示:绝对听从党中央、华总理指挥,赴汤蹈火,在所不辞。

在华国锋之前,叶剑英也通过吴忠的老上司、中共中央政治局候补委员、海军政委苏振华做通了吴忠的工作。吴忠请苏振华转告叶帅:只要我吴忠在,除了来自华总理和叶帅这个渠道的命令,任何人都休想调动卫戍区的一兵一卒。

有了北京卫戍区司令吴忠作为后盾,华国锋的信心倍增。

9月22日,张春桥给上海市委书记马天水写信:

马天水同志并市委有关同志:

伟大领袖毛主席的过早逝世,给我们造成的损失是无法估量的。只有时间的推移,才能够使我们深刻地感受到,失去毛主席究竟意味着什么。

上海是具有光荣革命传统斗争的城市,是毛主席发动文化大革命的起源地,也是一月风暴的发源地。毛主席始终认为,上海大有希望。现在,毛主席和我们永别了。你们要特别警惕党内出修正主义,主要是中央,在上层。像林彪那样的人物,确实大有人在的。

希望你们切实准备好对策。

张春桥视上海为"基地"。他把信交给王洪文的秘书萧木带给马天水,提醒马天水要做好准备,要"特别警惕党内出修正主义,主要是中央,在上层"。

1976年9月26日晚,在国务院小礼堂审查关于纪念毛泽东的电影之后,华国锋把李先念和吴德留下,在中南海武成殿会议室一起商议解决"四人帮"的实施方案。华国锋指出:"早比晚好,越早越好。"这一次,华国锋明确地说,要对"四人帮"实行隔离审查。李先念说,我们想到一块了,这正是我想说而未说的话,无论怎么样先把"四人帮"抓起来再说。吴德也表示赞成。他们商定,在国庆节之后,花十天时间做充分准备,然后就伺机动手,把"四人帮"抓起来隔离审查。

华国锋请李先念把他的意见转告叶剑英。华国锋请吴德在北京做相关的准备。

9月27日,张春桥在给上海"基地"的指示中说:一、要警惕中央出修正主义;二、今后中央搞集体领导;三、《毛泽东选集》第五卷不出了,可出单行本,先出接班人五项条件。

9月28日,张春桥再度向上海市委常委传话:

阶级斗争形势要经常分析,一方面要提高警惕,一方面要提高信心。马克思主义刚出来时,中国这么一个大国还没有人知道;后来到了列宁,中国懂得马列的人也很少。现在毛泽东思想在中国在世界传播了,比起那时候来懂得的人不知道有多少,所以要建立信心。当然要看到曲折,看到资产阶级还有力量,问题是谁挂帅。

老实说,上海还没有真正经受过严重考验,林彪、邓小平要搞上海,都没有搞成。林彪搞成的话,上海有大考验,要打仗。

现在批文件与过去不同了,没有人把关了。现在比列宁去世时好,那时斯大林威信不高,托洛茨基做过红军总司令,威望比斯大林高。

9月30日:天安门城楼上

1月8日,失去了周恩来。

7月6日,失去了朱德。

9月9日,失去了毛泽东。

三颗巨星的陨落,使1976年的国庆节黯然失色。人民的共和国在沉闷的空气中度过自己的第27个生日。天安门城楼上的观礼台空空荡荡。天安门广场一片萧索,金风吹落一片片枯叶。人民大会堂前的停车场,连一辆小轿车也看不见。

没有浩浩荡荡的游行,没有嘉宾满座的国庆招待会,没有火树银花般的灿灿焰火,没有撼天动地般的欢呼声……

唯一的庆祝国庆的仪式,是于国庆的前夜,9月30日,在天安门城楼上的大厅里,举行了首都工农兵学商群众代表国庆座谈会。

7时整,当时中国政治舞台上的核心人物,依照极为严格的顺序,鱼贯步入天安门城楼上的大厅,工农兵学商各界代表纷纷起立致意。

领头的是当时中国的一号人物华国锋,留着平头,壮实的身躯,一身中山装。他是中共中央第一副主席、国务院总理。

紧跟在华国锋之后,便是当时中国的二号人物——中共中央副主席王洪文。他不过41岁,留着小分头,在这支高层领导人的队伍里显得格外年轻。在人们的心目中,他的接班人的地位,也是不言而喻的。尤其是1976年那三次举世瞩目的追悼大会,充分显示了他在中国政治生活中的地位:

1月15日,首都举行追悼周恩来大会,由中共中央副主席王洪文主持,由中共中央副主席、国务院副总理邓小平致悼词。

7月11日,首都举行追悼朱德大会,由中共中央副主席王洪文主持,由中共中央第一副主席、国务院总理华国锋致悼词(邓小平已在4月7日被撤职)。

9月18日,首都天安门广场举行百万群众追悼毛泽东大会,站在天安门城楼中央主持大会的依然是王洪文,致悼词的是华国锋。

此刻,当他步入天安门城楼大厅时,不知因踌躇满志,还是年轻心急,竟快步疾行,走到步履稳缓的华国锋旁边,并排而行,眼看着要超前一步。突然,王洪文意识到在这种气氛严肃、讲究顺序的场合超前一步会招惹一场风波,他赶紧减缓步频,缩短步幅,跟华国

■ 1976年9月30日，在天安门城楼，首都各界国庆座谈会在紧张的气氛下举行。

锋拉开了一段距离，保持着"第二号"的位置。

在王洪文之后，是一位身穿军装、戴一副眼镜的长者——叶剑英元帅。叶剑英当时的职务是中共中央副主席、中央军委副主席兼国防部长，中国军界的最高领导人。

叶剑英在出席这次会议之前，曾致电汪东兴，了解当晚会议警卫工作情况。当叶剑英得知城楼上的警卫是由汪东兴亲自掌握的中央警卫团的部队担当时，叶剑英才最后决定参加会议。

在叶剑英之后，那长长的队伍依次为：张春桥、江青、姚文元、李先念、陈锡联、纪登奎、汪东兴、吴德、陈永贵、吴桂贤、苏振华、倪志福、徐向前、聂荣臻、陈云、谭震林、李井泉、乌兰夫、阿沛·阿旺晋美、周建人、许德珩、胡厥文、李素文、姚连蔚、王震、余秋里、谷牧、孙健。

在毛泽东的巨幅画像前，中共中央政治局委员、中共北京市委第一书记、北京市革命委员会主任吴德宣布开会。

按照事先审定的稿子、事先排好的发言顺序，工农兵学商代表一个个念着稿子。没有掌声，没有笑声，没有口号声，每一个与会者都端端正正地坐着，脸上毫无表情。

王洪文板着面孔，正襟危坐，摆开一副"领袖"的架势。江青穿着大衣，戴着帽子，不时闭目养神。张春桥那双三角眼，透过眼镜片，悄悄朝叶剑英脸上"扫描"，观察着对方的一举一动。姚文元则低着头在看稿子——因为这个座谈会的报道要在明天所有的中国报纸上以头版头条地位登出，作为"舆论总管"，他不能不把报道细细地推敲几遍。

大厅里响起尖锐的女声。那是以反对"师道尊严"而闻名全国的黄帅作为学生代表在发言。她已从小学生成为中学生了。

黄帅念完发言稿之后，吴德站了起来，对着话筒说道："现在请中共中央第一副主席……"

顿时，王洪文转过头来，江青睁开了眼睛，张春桥的目光离开了叶剑英，姚文元也不再看清样了，他们都注视着走向话筒的华国锋。"中共中央第一副主席"出现在这特殊的历史时刻，包含着复杂的政治含义：它表明在毛泽东去世之后第20天，中共中央主席依然空缺。谁当主席,还不得而知——是华国锋,还是江青、王洪文?然而,第一副主席这"第一"两字,又似乎表明华国锋是名正言顺的主席的继任人。

作为中共中央副主席的王洪文,双眼一直紧盯着在那里念发言稿的55岁的华国锋,对那"第一"两字恨得直咬牙……

在历年来中国首脑发表的国庆讲话中,华国锋这一回的讲话最简短,几乎磨平了所有的棱角:

> 同志们,今天,在伟大的领袖和导师毛主席创建的中华人民共和国成立二十七周年的前夕,我们参加首都工农兵学商代表举行的座谈会。我们向同志们学习,向同志们致敬。在庆祝中华人民共和国成立二十七周年的时候,我们更加怀念伟大的领袖和导师毛主席。我们要化悲痛为力量,继承毛主席的遗志,把毛主席开创的无产阶级革命事业进行到底。毛主席永远活在我们心中!马克思主义、列宁主义、毛泽东思想万岁!中国共产党万岁!中华人民共和国万岁!

当华国锋结束了一分多钟的国庆讲话之后,座谈会也随之结束了。在那非常时刻、特殊时期,人民共和国的生日没半点欢乐的气氛。

王洪文坐上红旗牌轿车,突然,他对身边的秘书说:"明天,把摄影师喊来,给我拍几张标准照!"

秘书茫然,但又不好问"为什么",只得点头道:"好。一定照办。"

10月2日:王洪文急拍"标准照"

刮脸。吹风。对着镜子照了几次,直到满意了,王洪文才去换衣服。

在10月2日,王洪文忽然急于拍摄"标准照"。

据1977年3月25日《光明日报》第三版发表的新华社记者述评《清算"四人帮"利用新闻照片反党的滔天罪行》一文披露:在1976年10月2日,王洪文总共拍了114张照片,其中穿便服、中山装的53张,穿军装的16张,办公照片21张,室外单人相24张!

一口气拍了114张照片之后,王洪文叮嘱摄影师:"今天就给我把照片送来!"

"这么急?"摄影师满脸惊讶。

"只争朝夕!"王洪文用毛泽东的诗句

■ 王洪文准备上台用的标准照(杜修贤 摄)

答复摄影师。说毕,笑了一下,补充说道:"先是各印一张八寸的送来,我挑选一下。选中的,要仔细修版,要大量地冲印!"

"大量冲印?"摄影师又感到困惑。

"你去冲洗吧!"王洪文挥挥手,不作任何解释,把摄影师打发走了。

这位奉命为王洪文急拍标准照的摄影师,便是杜修贤。

二十多年之后,杜修贤作了如下真切的回忆:

> 10月2日上午,王洪文叫我立即去钓鱼台那里一趟,也没详细交代是什么事情。反正我也习惯了几十年不分节假日的工作日程,别人安睡休息的时候或许正是我紧张工作的开始,别人工作的时候没准我缩在那呼噜声正浓哩。
>
> 我们的汽车离王洪文的住宅楼还有百米远的时候,就看见王洪文穿一身深藏青色的中山装,笔挺地站在楼房外面。见我们的汽车开来,他朝着我们的方向迎了几步,我心里微微地波动了一下,他难道是在等我?又是重要拍摄?因为这几天王洪文几次叫我为毛泽东遗体拍摄重要照片,我一听是他的电话就条件反射想起重要拍摄。
>
> 王洪文和我握了一下手,就带我大步往楼里走。走进楼里,他才站住对我说:"老杜,今天请你来是为我照几张相。"
>
> "噢……今天?"我一愣,"我没有做准备啊,没带灯光。"
>
> 王洪文笑笑,不以为然,"没关系,就用自然光拍。"
>
> "自然光拍摄当然比较好,可是今天老天不太帮忙,光线不好啊。"我望望门外的天气,觉得没有把握。
>
> "问题不大,今天可以照。"王洪文态度很坚决,俨然是摄影行家。
>
> ……
>
> 今天王洪文一反常态急切地要拍标准照,这能不叫我纳闷吗?再说主席才去世,就迫不及待要照标准像也不太合适呀!我不由得好奇地问:"怎么这个时候照,是不是有急用?"
>
> 王洪文嘿嘿笑了一声,隐秘的眼神飞快地望我一眼,头扭向一边,用似乎开玩笑的轻松语调说:"开追悼会用啊!"
>
> "啊呀,追悼会用也太年轻了嘛。"我也用开玩笑的口气回敬了一句,但是心里暗暗吃了一惊,这话什么意思?多叫人胆寒!
>
> 王洪文带我走到二楼,他没有正面回答拍照片有什么急用,只是问我楼上的光线是不是比楼下好一些。我连测光表都没有带,大体目测了一下,怎么办呢?事到如今不行也要行,就点点头。
>
> ……
>
> 那天王洪文的标准照拍了好几种,先是穿中山装的,后又换上军装照了几张。
>
> 这次拍摄,我觉得我差不多被折腾得散架了。因为我拍摄从来不用三脚架,又没有带闪光灯,每张照片我必须按动四分之一秒的快门,才能保证彩色胶卷的感光色

度。四分之一秒,这几乎是快门档次里最慢的瞬间了,按快门时人的手是很难端得纹丝不动,稳如泰山。只要有一丝摆,照片就虚了。等将王洪文的半身照片拍完,我的手臂已木然僵硬快没知觉了。

王洪文一反常态急着要拍标准照的内幕,是在粉碎"四人帮"以后才逐步披露出来,真相大白于天下的。

"开追悼会用"道出了他篡党夺权而不惜破釜沉舟的决心。[①]

当摄影师杜修贤忙于冲印照片的时候,王洪文忙着给上海挂长途电话。他用"洋泾浜"的上海话说道:"小廖吗?侬勿要'热昏'!"[②]

小廖,王洪文的贴身秘书——廖祖康,二十几岁的小伙子。"文革"前,王洪文担任上海国棉十七厂的基干民兵连长时,廖祖康便是王洪文手下的"兵"。那时的廖祖康,是上海国棉十七厂技校学生,基干民兵。廖祖康的养父廖士元,是上海国棉十七厂的木工。

在"文革"中,当王洪文在上海国棉十七厂揭竿而起的时候,廖祖康在技校也发起成立了"革到底"造反组织。他们同造反,共"战斗",建立"火线"之谊。

廖祖康头脑灵活,颇有社会活动能力,被王洪文所看中。当王洪文成为"工总司"的"司令"之际,需要"配备"秘书,他点名要了廖祖康。

王洪文青云直上,廖祖康一直紧随左右。王洪文调往北京,成为中共中央副主席,廖祖康也就成了副主席的秘书。

前些天廖祖康请假回上海,因为他要在上海结婚了,婚礼定于10月7日举行。

王洪文预感到总摊牌的时刻已经不远。在如此关键的时候,他本来是不会让心腹廖祖康离开身边的。然而,他却爽快地同意了廖祖康回沪。

喜糖和鲜花掩盖了廖祖康此行的特殊使命。上海毕竟是王洪文的"基地"。军机不可泄,无法用长途电话或信件传递。

离京前,王洪文给廖祖康面授机宜……

十年的"战斗友谊",使王洪文对廖祖康绝对信任。但是,他担心这个小伙子被女人迷住而"热昏",耽误了军机大事。正因为这样,他迫不及待地给廖祖康挂了长途电话……

也就在10月2日王洪文忙于拍摄"标准照"的时候,这一天对于华国锋、叶剑英来说,也是至关重要的。

下午3时左右,叶剑英来到中南海南船坞一栋汪东兴家。叶剑英已经从政治局的多次会议上,看出汪东兴鲜明地站在"四人帮"的对立面,何况叶剑英对汪东兴早在延安就认识,有着多年的了解。

汪东兴曾经再三向叶剑英表示,应当是由他去看望叶帅,但是叶剑英说,还是中南海南船坞这个地方比较隐蔽,他去汪东兴那里比较好。

[①] 顾保孜:《杜修贤谈"四人帮"在政坛的最后镜头》,载《知情者说》之四,中国青年出版社1998年版,第263—264页。

[②] 1988年4月5日,叶永烈在上海劳改工厂采访廖祖康。

叶剑英非常细心,他叮嘱警卫参谋马锡金,到中南海汪东兴家,进、出不能走同一个门。比如从中南海西门进,出去时就要走中南海东门。

叶剑英与汪东兴商议扫除"四人帮"的行动计划。

据原中央警卫局副局长、8341部队政委武健华后来在回忆文章中记述:

> 叶帅对汪东兴说:"最近形势很紧张,这也是我们意料之中的。中国人常拿'庆父不死,鲁难未已'来比喻首恶不除,祸乱不止。我看'四人帮'不除,我们党和国家是没有出路的。"汪东兴说:"为了继承毛主席的遗志,挽救党的事业,我们有责任粉碎'四人帮'这个反革命集团。"叶帅探着身子,压低声音问汪东兴:"你考虑好了吗?"汪东兴用肯定的语气说:"我认为形势逼人,不能再拖,到了下决心的时候了!"叶帅坚定地说:"对!我们要立即找华国锋同志谈,要加速采取果断措施!"①

紧接着,叶剑英又看望了华国锋,告诉他重要动向——汪东兴支持粉碎"四人帮",希望华国锋能够尽快联合汪东兴,解决"四人帮"。

据武健华后来回忆:

> 送走叶帅之后,汪东兴召集中央办公厅副主任张耀祠、李鑫和时任中央警卫局副局长、8341部队政委的我来到南楼办公室,指示说:"中央已经下了决心,对'四人帮'要采取行动。……你们先琢磨出一个行动方案。我要到华国锋那里去,等我回来后,咱们详细讨论行动方案。"我们在汪东兴的办公室一直研究到10月3日凌晨4时,提出了粉碎"四人帮"的初步行动方案。这个方案设想,在中南海怀仁堂采取行动拘押"四人帮",以在怀仁堂召开中央政治局常委会研究《毛泽东选集》第五卷出版问题和建造毛主席纪念堂选址问题的名义,通知王洪文、张春桥参加会议。在怀仁堂解决王洪文和张春桥的问题之后,再依次分别处置江青和姚文元的问题。毛远新与"四人帮"区别对待,对他采取就地"保护审查"。②

当天晚上,汪东兴来到华国锋在东交民巷的住地。华国锋要求汪东兴尽快制定解决"四人帮"的行动计划。

也就是说,在10月2日这天,形成了华国锋、叶剑英、汪东兴这"金三角"。这个"金三角"的形成,意味着解决"四人帮"的行动已经箭在弦上了。

在10月2日这天,华国锋还来到吴德住处。吴德与华国锋同住东交民巷,来往很方

---

① 武健华:《我在参与逮捕"四人帮"前后的经历》,《党史博览》2007年第1期。
② 武健华:《我在参与逮捕"四人帮"前后的经历》,《党史博览》2007年第1期。

便。吴德提出在解决"四人帮"时,应同时解决"四人帮"在北京市的爪牙如迟群、谢静宜、金祖敏等人,华国锋表示同意,并委托吴德、吴忠这"两吴"对"四人帮"在北京市的爪牙采取行动。

这样,华国锋手中有了两支至关重要的可靠的力量:汪东兴掌控的中央警卫团,吴忠掌控的北京卫戍区部队。

10月3日:王洪文在平谷县"吹风"

10月3日,红旗牌轿车东行。

王洪文在北京东郊的平谷县露面。

在天安门城楼大厅上,王洪文没有捞到讲话的机会。此刻,他借平谷县的话筒说出心里的话。

他学着毛泽东当年的口吻,提出了一个四座皆惊的问题:"中央出了修正主义,你们怎么办?"

鸦雀无声,无人敢于回答这样的"尖端"问题。王洪文捏紧了拳头,挥了挥,大声地喊出了两个字:"打倒!"

王洪文自问自答之后,借这个话题加以发挥:

"别人搞修正主义,我要打倒他;我搞修正主义,你们也来造反。"

"最好是不出修正主义,但这只是个人愿望,实际上是不可能的。"

王洪文扳着手指头,数了起来:

"建国以来,中国就出了高岗、饶漱石、彭德怀、刘少奇、林彪、邓小平,不出是不可能的。"

说到这里,王洪文提高了声调,把话讲得明白不过,如同一层窗户纸一般,一捅就破,谁都可以听清楚他的话的真正含义:

"今后还可能出什么唐小平、王小平之类,要警惕!"

"不只是邓小平搞修正主义,出是可能的,不出是奇怪的。"

"要把眼睛睁得大大的,看着修正主义!"

王洪文一边说着,一边把眼睛睁得大大的!

堂堂的中共中央副主席,怎么忽地来到一个小县城说这番话呢?

这里用得着当时流行的名词,叫做"吹风"。所谓"吹风",就是给下边透点口风。因为是在基层"吹风",话就可以讲得很随便、很明白。只要在一个基层单位说了一番话,很快就会通过种种"内参"渠道把漏出的口风"吹"遍全国。

就在王洪文平谷"吹风"的前两天,江青在清华大学吹起一阵风:

"我在主席逝世后的第一次中央会上,就控诉了邓小平,要开除他的党籍。没有开除,只是'以观后效',以后会有人为他翻案。"

"我也要向你们年轻人宣誓,一定要锻炼好身体,和他们斗……"

王洪文、江青毕竟是"中央首长",在"吹风"中只能透露一点风声而已。那个"交白

卷的英雄"张铁生,毫无顾忌,在辽宁"吹风"时直截了当地说出了王洪文、江青的心里话:

"现在,我们的国家好像一个大家庭一样,父亲去世了,家里有老大、老二、老三,只能靠老大领着过日子。现在的问题是,老大是不是可靠?我说的充满着担心就在这里。

"华国锋现在是第一号人物了,国家的一把手,已经是很显赫了,但不知他到底要干什么?他在计委会上的讲话,与洪文的讲话就不一样……华的讲话对右字号的人是个鼓舞。

"总之一句话,目前,我对国家的领导人,对国家的命运和前途很担心,尤其是对军队充满了担心。"

骂邓小平,骂华国锋,骂军队,王洪文和江青、张春桥、姚文元结成了"神圣同盟"。人民共和国在27岁生日之际,处于最危险的时候。

在那些特殊的日子,"四人帮"活动频繁。除了王洪文去平谷县活动之外,9月28日,江青在迟群等陪同之下,去了昌平驻军某部,张春桥去了通县驻军某部,王洪文还去了河北保定驻军某部。

张春桥还曾两次从钓鱼台到中南海江青住处长谈。

叶剑英还提醒华国锋,张春桥之弟张秋桥经常去昌平坦克六师活动,如果这个部队的某些人支持"四人帮",在关键时刻把坦克开进北京怎么办?华国锋意识到问题的严重性,马上找来吴德、吴忠商量对策,分析各种可能发生的意外,并做好了应付最坏情况的充分准备。

10月3日,汪东兴向华国锋汇报了行动方案,得到了华国锋的同意。

10月4日:事态严重化

10月4日,事态严重化了。

这天清早7时,正在熟睡的华国锋,被秘书喊醒,告知中共中央办公厅副主任李鑫骑自行车赶来,有急事报告。在诸多关于粉碎"四人帮"的报道、回忆文章中,都回避、"屏蔽"李鑫的名字。李鑫曾任康生秘书,后来又犯了错误,但是笔者认为不应抹杀李鑫在粉碎"四人帮"行动中的重要作用。

李鑫紧急求见华国锋,就是把刚刚出版的《光明日报》送给华国锋。

李鑫给华国锋送来当天的《光明日报》,是因为在9月29日下午,华国锋曾经约李鑫到国务院会议厅个别谈话。

李鑫说:"现在形势很紧迫,'四人帮'一伙要夺权,"李鑫建议中央要对他们"采取果断措施"。

华国锋最后表示同意,说:"你的意见很好,我要再同几个同志商量一下。"华国锋接着又说:"我很忙。我没有时间看很多材料。你注意一下报纸舆论动向,有什么情况,马上报告。"

李鑫正是根据华国锋的指示,马上赶来向华国锋报告报纸舆论重要动向。

华国锋一看这天的《光明日报》在头版发表署名"梁效"的重要文章《永远按毛主席的既定方针办》[1]，便明白形势相当紧张。

所谓"梁效"，也就是"两校"的谐音。"两校"，北京大学、清华大学也。这两个大学的"大批判组"是受"四人帮"及其手下的干将直接指挥的写作组，是"四人帮"的喉舌，人称"帮喉舌"。从这"帮喉舌"开张到垮台的三年之中，竟然炮制了219篇"帮文"。

这一回，"帮喉舌"在《光明日报》上用咄咄逼人的口气写道：

"按既定方针办"，就是按毛主席无产阶级革命路线和各项政策办，坚持以阶级斗争为纲，坚持党的基本路线，坚持无产阶级专政下的继续革命，坚持无产阶级国际主义，永远沿着毛主席指引的道路走下去，走到底。这是保证我们的党永不变修，我们的国家永不变色的战略措施。篡改毛主席的既定方针，就是背叛马克思主义，背叛社会主义，背叛无产阶级专政下继续革命的伟大学说。

此前，在10月2日，华国锋已在批语中指出，"按既定方针办"的原话是"照过去方针办"，六个字中错了三个字。

10月3日，姚文元把鲁瑛找到他家密谈。

1980年11月，《人民日报》原总编辑鲁瑛在所写的交待材料中，讲到姚文元与他密谈的情况：

10月3日，姚文元又把我找到他家中对我说：

"按既定方针办出了问题，有人要借社论引用主席这句话大作文章，攻击《人民日报》。"

"你不要小看这件事，从最近情况来看，表面上还是比较平静的，但是千万不要忘记阶级斗争，今后还是要继续批邓，反击右倾翻案风还是要继续同走资派作斗争。现在批邓、反击右倾翻案风有些反不起来了，有的可能要翻案。斗争是长期的，复杂的。"

为了对抗华国锋同志的批评，姚文元还指使我：一方面采取措施，在报上逐步减少"按既定方针办"的提法，并让我通知新华社的解力夫和《光明日报》的莫艾把好关；一方面又让我派人搞反调查。

按照姚文元的旨意，我回到报社就直接打电话给刘湘屏（卫生部长、谢富治夫人）等人核对，同时派出崔奇、张沛四下活动，调查华国锋同志在计划会议上传达的毛主席原话，阴谋嫁祸于华国锋同志……

---

[1] 根据1981年12月28日中共光明日报社编辑委员会对原光明日报社临时领导小组负责人莫艾的审查做出的结论：《永远按毛主席的既定方针办》一文的发表与"四人帮"阴谋篡党夺权没有组织关系，没有阴谋关系。也就是说这篇文章的发表，不是受"四人帮"的指使或授意的。另外，莫艾专案组成员王忠人先生也于2005年12月9日给笔者来信，说明这一点。

本来，篡改毛泽东指示的明明是"四人帮"，但是10月4日《光明日报》那篇"帮文"却颠倒黑白，矛头指向华国锋，声称华国锋"背叛马克思主义"、"背叛社会主义"、"背叛无产阶级专政下继续革命的伟大学说"。

这篇"帮文"还杀气腾腾地写道："任何修正主义头子胆敢篡改毛主席的既定方针，是绝对没有好下场的。"

不言而喻，这"修正主义头子"，指的就是华国锋。

在10月4日清早，李鑫还向华国锋报告一个重要信息：昨天，江青几个人在钓鱼台吃饭，把他也请去。席间，江青问起毛远新，从东北调来的部队已经到达哪里……

由于李鑫在这关键时刻向华国锋通风报信，所以后来李鑫受到华国锋的重用。

关于李鑫在粉碎"四人帮"时曾出过力，中共中央党校理论研究室原主任吴江也曾这样谈及：

> 在毛泽东逝世后，叶剑英实际上负有"特殊使命"的重任，他身居西山，不露声色，伺机而动。华国锋与"四人帮"则是你死我活的关系，火并迟早要发生，除非华国锋甘愿臣服于"四人帮"，但华国锋并不想臣服而想有所作为。在华国锋左右，此时首先向华国锋建议"先下手为强"的是一个名叫李鑫的人……[①]

华国锋立即给叶剑英打电话，说是有要事商量。

其实，叶剑英虽然住在玉泉山，也已经接到部下的电话，报告今天《光明日报》上异常动向。

"四人帮"不光是从东北调动部队向北京靠近，而且"四人帮"的"基地"、中国最大的城市——上海，不知道从哪里吹起一阵风：10月10日是"中华民国"的"国庆节"，蒋帮预定要在这一天"反攻大陆"。

尽管海峡风平浪静，可是，上海的民兵已开始集结，加强值班——理由是"名正言顺"的，为了"备战"，为了粉碎来自海峡彼岸的突然袭击。

令人费解的是，上海民兵并没有杀向海防前线，却在东海舰队机关附近修筑工事。

坐镇东海舰队司令部的，是一位年逾花甲、目光炯炯的军人。他和士兵一样，穿着没有军衔的蓝色制服，而在21年前——1955年，他被授予上将军衔。他，原名苏七生，湖南平江人，1930年入党。如今，他名唤苏振华，为中国人民解放军海军第一政委。他在天安门城楼上出席了那个国庆座谈会之后，知道上海情况异常，奉叶剑英元帅之命，急匆匆飞回了黄浦江畔。

10月4日，苏振华上将给叶剑英元帅打来电话，报告上海民兵的不正常的集结。

"注意他们的动向！"叶剑英马上意识到，这表明上海的民兵在准备动手。

两天前——10月2日，东北方向已发现异常行动：身为辽宁省革命委员会副主任的毛

[①] 吴江：《十年的路》，香港镜报文化企业有限公司1996年第2版，第9页。

远新,曾通知孙玉国把沈阳部队一个装甲师调往北京。

叶剑英获悉之后,立即去电,命令该装甲师停止前进,返回原地……

眼下,刀光剑影在上海闪动。

对于华国锋来说,10月4日是活动频繁的一天,也是至关重要的一天。

由于李鑫报告了"四人帮"的重要动向,华国锋意识到必须先下手为强。

那天下午,华国锋约了吴德商议行动计划。下午5时,吴德刚从华国锋那里回家,又接到华国锋的电话,要他马上再来一趟。吴德随即赶去,原来是汪东兴来到华国锋家。

汪东兴说,叶剑英接到华国锋的电话之后,在下午又一次来到中南海,在汪东兴家进一步商量了拘捕"四人帮"的方案。

汪东兴提出,动用8341部队解决问题。叶剑英向汪东兴详细询问了8341部队的情况,完全赞同依靠这支部队来解决"四人帮"问题。汪东兴谈了具体行动方案之后,得到叶剑英的支持。

汪东兴随即来到华国锋家,转达了叶剑英的意见之后,与华国锋、吴德细细商讨。这样,10月6日晚上动用8341部队解决"四人帮"的行动方案浮出水面。

正因为这样,后来汪东兴回忆说,10月6日粉碎"四人帮""这件事是10月4号下午决定的"。

当天深夜,华国锋又悄然来到汪东兴家,密商10月6日行动方案的种种细节,谈了四小时之久。他们甚至连拘捕"四人帮"之后关押的地点都商量好了。通常,在北京关押重要犯人之处是秦城监狱,但是且不说秦城监狱远在昌平,而且在拘捕"四人帮"之后押往那里,那里还弄不清楚是怎么回事,所以必须就近在北京城内找一个安全、可靠的关押场所。华国锋和汪东兴不约而同地认为北京一处地下工程是最合适的关押"四人帮"的场所……

汪东兴说,10月4日上午,他已经让武健华和中央警卫局副局长毛维中、人民大会堂管理局局长刘剑,随同他以检查战备为名检查了拟作为隔离"四人帮"地点的地下工程,并进行了安排布置。

也就是说,在10月4日,连关押"四人帮"的地方都准备好了,足见华国锋、叶剑英、汪东兴计划之周密。

北京西山:悄然的搏斗

10月5日,叶剑英案头的红色电话机里,又传来苏振华急促的话音:"上海民兵闯入吴淞口炮台!"

"他们奉谁之命?"叶剑英用广东口音的普通话问道。

"奉王洪文的手令!"苏振华说道,"上海城里的红纸被抢购一空,据说,准备庆祝'盛大的节日'!"

"没有我的命令,任何人不许进入吴淞口炮台!"叶帅对着电话话筒,大声地吼道。

"是,坚决执行您的命令!"苏振华非常干脆地答道。

挂上电话,叶剑英愤愤地说了一声:"又是这个王洪文!"王洪文,已是叶剑英的老对手了。9月9日,毛泽东去世之后,就是这个王洪文,忽然离开了北京城里,搬到离市区40公里的西山住了下来。

说实在的,西山之美在深秋和严冬,向来以"香山红叶"和"西山晴雪"而著称。这时,叶子未红,天上没有一片雪花,王洪文搬来干什么?

哦,王洪文把足球场上的"盯人战术"用到这儿来了! 9月23日,他在紧挨着西山脚下叶剑英那座宽大的15号庭院的一座25号高楼里,住了下来。从早到晚,可以清清楚楚看见院子里的一举一动,就连进进出出的轿车的号牌都可以准确无误地记录下来。

王洪文虽然对第一副主席华国锋横竖看不顺眼,然而他心目中的头号威胁,却是手握重兵、与"四人帮"有着切齿之仇的叶剑英。何况,叶剑英也是中共中央副主席,而且是中共中央政治局常委,兼中共中央军委副主席。尽管王洪文常常穿着军装在公众场合露面,以表示他也是军人,可是,他怎能与叶剑英在军内的影响相比?1927年"八一"南昌起义前,汪精卫企图借开会之机逮捕叶挺、贺龙,正是叶剑英得讯急告叶挺、贺龙转移,使南昌起义顺利进行,从此才有了中国人民的军队。那时候,这个世界上,还没有王洪文其人⋯⋯

确实,在北京西山,酝酿着扭转中国命运的大计。

六年之后——1982年,《人民日报》高级记者纪希晨为此专门采访了叶剑英。纪希晨这样写道:

> 这是一个难忘的日子:1982年11月24日上午9时多,我们走进西山脚下一座幽静宽大的庭院。院内果园茂密,青松挺拔;院外群山起伏,枫叶红漫,天高地阔,气象万千,雄伟的气势,使人感到心胸开阔。
>
> 稍停,叶帅来了,尽管他坐的是轮椅,但气色很好,穿一套蓝色海军便服,被人推进会客室。叶帅坐在轮椅上,他那安然的神态,红润的脸容,稀疏如雪的银发,宽阔而突出的前额,白眉下炯炯发光的眼睛,显示出一个将帅刚强的性格,果断、机智的气质。我们拥上前去,向这位86岁的老帅问好,祝他健康长寿。
>
> 叶帅仰靠在轮椅上,拉着我的手,用浓重的广东口音说:"人民日报的同志,日夜辛劳!"
>
> 记者问:"叶帅在粉碎'四人帮'的斗争里,为党为人民立下了大功,中国人民永远不会忘记。"
>
> 叶帅笑了,谦虚地说:"我没有做什么。"
>
> 记者问:"叶帅曾讲过,粉碎'四人帮'如同下一盘棋,请叶帅谈谈您是怎样走这一盘棋的?"
>
> 叶帅听了秘书小张的"翻译",脸微微向上仰望,雪白的长眉下,他那两只深深的眼睛,在珐琅质眼镜下闪动着熠熠的光亮。这双善于观察风云的眼睛,看去显得特别机

敏、刚强,蕴藏着深沉博大的思想,烈火似的力量。他闭目想了想,神情激动地回忆道:

"那个时候李先念同志来咧,讲现在的形势是你死我活。那时候确实是你死我活。敌人也是一样,只有我们死,他们才能活。(叶帅感情激动,声带泣音)所以王洪文直接从城里搬到西山,住在我的隔壁。王洪文住25号楼,我住15号楼。我感到我们危险时刻到了。王洪文把我当作跟踪对象,他来是专门对付我的。……

"那时候,我经常朗诵《放鹤亭记》:'归来归来兮,西山不可久留。'后来,我就搬到玉泉山。过了一天,王洪文又质问汪东兴:'汪东兴!你为什么让叶剑英搬到玉泉山?'汪东兴说:'那是他自己的房子,主席给他的。'有一次,我病了,要清静环境,主席在机场对我说:你搬到玉泉山。

"我搬到玉泉山9号楼,王洪文很警惕,对我很注意。我到玉泉山后,得到我们自己的情报,说上海的红纸已经卖光了。他们在迎接伟大的节日。

"这是说瞎话。有些找他(王洪文)的人,也向我汇报。当时我没有讲什么话,只讲了一句:哎呀!我不知道他们来得这么快呀!我想:要快打慢!一下决心就干,就把他们抓起来。抓王洪文的时候他说了一句话:'没想到你们来得这么快。'对他们的活动我早有察觉,但没料到他们要在十号搞政变。

"'归来归来兮,西山不可久留。'当时我念这一句诗,我的机要秘书张燕还没有什么体会。她后来说:'我这会儿才知道你为什么老念这一句。'因为王洪文来了,我不可久留呵!"

张燕在一旁帮助解说,引起一阵笑声……

李先念的轿车,出现在北京西山。

聂荣臻的轿车,也出入于北京西山。

据聂荣臻在1986年11月1日《人民日报》发表的文章回忆:"在西山,剑英多次与我议论,党和国家的命运危在旦夕,必须解决'四人帮'的问题,否则我们几十年流血牺牲得来的革命成果将会逐步丧失,但由于江青的特殊身份,只能等待适当时机,采取非常措施解决。……"

王震也来了,他的话,直来直去,半点拐弯都没有:"为什么不把他们搞下去呢?一搞下去不就解决问题了吗?"这位"王胡子",还像当年在延安时一样爽快。

陈云、邓颖超,也找叶剑英轻声商议大事……

"诸葛一生惟谨慎,吕端大事不糊涂。"毛泽东曾用这样的诗句,称赞过叶剑英。叶剑英在西山陷入缜密的思维运筹之中。摆在他面前的难题,不仅仅是如何对付"四人帮",还有同样牵涉全局的一步棋:怎样对待华国锋?

王洪文在北京西山给上海的王秀珍打电话,强调说:"你们要提高警惕,斗争并未结束,党内资产阶级是不会甘心失败的,总有人会抬出邓小平的。"王洪文要上海搞40万民兵,而且还要用大炮武装民兵。

不久,杨成武的轿车出现在西山。

杨成武此行的使命,聂荣臻这么叙述过:"我通过杨成武同志,将我对'四人帮'问题的担心和必须先下手的意见转告给剑英。……"

"狡兔三窟哟,我要立即搬家。你告诉聂总,也要注意安全。"那天,叶剑英悄然附在杨成武耳朵边,说了这句话。不久,叶剑英就从北京西山消失了!

叶剑英搬到了玉泉山9号楼。

王洪文的眼睛,不时"扫描"着叶剑英院子。

抽着烟,王洪文也踱起方步来。他在猜度着:叶剑英下一步棋是什么?

就在这时,王洪文得到一份"迟到"的情报:叶剑英在几天前已经搬到玉泉山9号楼去了!

王洪文气急败坏,质问汪东兴:"为什么让他搬到那里去了?"

汪东兴告诉王洪文,玉泉山9号楼是周恩来总理住过的。他生前交代让叶剑英住那栋房子。

王洪文无法"盯梢"叶剑英,无可奈何。

"绿叶扶红花,洒上水汪汪"

在叶剑英离开了西山之后,"盯人"的王洪文讨个没趣,也离开了西山,搬回钓鱼台。这时,叶剑英却又不声不响回到西山!

10月5日,是粉碎"四人帮"的前夜,也是华国锋、叶剑英、汪东兴三人最后拍板10月6日行动方案的日子。

此前,先是叶剑英与汪东兴研究行动方案,然后是汪东兴与华国锋商讨行动方案,虽然方案已经大体决定,但是华国锋、叶剑英、汪东兴三人尚未当面一起确认行动方案。

最初商定是在国庆节之后经过10天的准备然后动手,由于时势紧迫,在10月5日华国锋、叶剑英、汪东兴决定提前到明天——10月6日晚上行动。

这天上午,先是汪东兴来到华国锋家商谈,确定行动小组的分组名单以及行动纪律等。

这天下午,华国锋在汪东兴陪同之下,来到秘密的地下工程视察。按照事先商定的行动方案,在拘捕"四人帮"之后,要把"四人帮"关押在这里。细心的华国锋,连关押"四人帮"的地方都要亲自过目,看看是否安全,能否做到万无一失。

检查了地下工程之后,华国锋对汪东兴说,经过这五天的准备,如果不出意外,成功是有把握的。

另外,在10月4日、5日,汪东兴还与武健华一起,对实施拘捕"四人帮"的怀仁堂会场及其大小门出入口、停车场进行了细致检查。

10月5日下午3时,正在唐山指挥抗震救灾的陈锡联,突然接到华国锋要他立即回北京的电话。下午3时45分,陈锡联乘飞机抵达北京。

陈锡联匆匆回到家里,然后直奔离他家不远的华国锋家。华国锋正在等他,告诉他:"四人帮"已经发出了篡党夺权的信号,因此他们也要赶紧动手。华国锋还说:叶帅也来找过他，他已经决定明天晚上行动。说着，华国锋做了一个抓的手势。陈锡联一听就明白是怎么回事，赶紧去做相应的准备工作。

接着，华国锋、汪东兴分别乘车前往西山叶剑英住处。

在极端秘密的气氛中，华国锋、叶剑英、汪东兴聚首在西山，作出了历史性的决定：在10月6日晚上逮捕"四人帮"，挽救党，挽救人民，挽救人民共和国！

"要快打慢！快打慢！"叶剑英提出了"快打慢"战略决策。

尽管在毛泽东去世后，要对"四人帮"采取"非常手段"早已在中共高层开始酝酿，但是，作出在1976年10月6日对"四人帮"采取"非常手段"的决定是三个人，即中共中央第一副主席华国锋、中共中央政治局常委叶剑英和中共中央政治局委员汪东兴。"中央的决定"，实际上就是由他们三个人作出的。

笔者采访过叶剑英之侄、当时生活在叶剑英身边的叶选基。

叶选基说，叶剑英为人刚直，敢作敢为。在与张国焘的斗争中，叶剑英便在关键时刻不顾一切挺身而出。这次，在与"四人帮"的斗争中，又一次显示了他的刚强性格。叶剑英又是一位"儒将"，有勇有谋，运筹帷幄。

叶选基说，华国锋、叶剑英、汪东兴这三人，在当时"三足鼎立"，构成"金三角"，缺一不可。

华国锋是中共中央第一副主席，当时的最高领导人，毛泽东指定的接班人。没有华国锋的参加，拘捕"四人帮"很难以中央的名义进行。

叶剑英德高望重，在老干部中广有影响，而且当时是中共中央军委副主席、国防部长，手握军权。没有叶帅的参加，军队不支持，也无法成功。

汪东兴则掌握着中南海的控制权。在中南海拘捕"毛的遗孀"，没有汪东兴的参与是很难进行的。

正因为这样，华国锋、叶剑英、汪东兴三者缺一不可。

也正因为这样，人们说："绿叶扶红花，洒上水汪汪。"绿叶之"叶"，叶剑英也；红花之"花"，即"华"，华国锋也；"水汪汪"，汪东兴也。

汪东兴说，在拘捕"四人帮"行动中，叶剑英和华国锋是"导演"，他是"主角"。

在当时的中国政坛上，汪东兴是个不显山露水的人物。其实，他的资历

■ 粉碎"四人帮"后华国锋（右）与叶剑英在天安门城楼上

颇深，早在延安时期便已在毛泽东身边工作，多年负责毛泽东的机要和安全保卫工作，中南海在他的掌握之中。

就汪东兴政治道路而言，有三次重要的升迁：

一是1965年11月10日，那篇揭开"文革"大幕的"宏文"——姚文元的《评新编历史剧〈海瑞罢官〉》发表于上海《文汇报》。也就在这一天，从1949年10月中共中央办公厅建立起就担任主任的杨尚昆，被作为"彭（真）、罗（瑞卿）、陆（定一）、杨（尚昆）反党集团"成员之一，撤销了中共中央办公厅主任之职。原本是中共中央办公厅副主任的汪东兴接替了他。从此，汪东兴担任这一重要职务达13年之久，直至1978年12月由姚依林接替了他。汪东兴在1977年曾说，现在了解"文化大革命"全过程的就只有我一个，毛主席的指示手稿我都有。汪东兴此言，道出了他多年担任中共中央办公厅主任（以及后来进入中共中央政治局）而深知的中共高层内幕，尤其是"文革"内情。

二是在1969年的中共九届一中全会上，汪东兴当选为中共中央政治局候补委员。从此，汪东兴进入中共中央高层领导核心圈。

三是在1973年8月的中共十届一中全会上，汪东兴当选为中共中央政治局委员。这样，他的政治地位益发显得重要……

关于拘捕"四人帮"，汪东兴与中共中央党史研究室有过两次谈话，一次是1984年6月15日在医院里谈话，另一次是在1985年6月。这两次谈话的内容，有重复之处，又有互相补充之处。为了读者阅读方便，现根据两次谈话的原文，调整顺序，删去重复，加以整理。下面所引汪东兴关于拘捕"四人帮"的谈话，均出自这两次谈话，不再另注。

汪东兴说：

这件事是10月4号下午决定的。

逮捕"四人帮"的方案，是10月4日晚上11时至5日凌晨3时，华国锋来我家，与我反复讨论后，由华国锋批准的。

我们设想的行动方案，即：以在怀仁堂正厅召集政治局常委会的名义解决（华、叶、王、张四人是常委）。当时我发了文件（通知）：一是审议毛选五卷的清样；二是研究毛主席纪念堂的方案和中南海毛主席故居的安排。

姚文元不是常委，就在文件上特定写明请他来做会议的文字工作，把姚文元也从钓鱼台或住地调到怀仁堂。

江青、毛远新本来就住在中南海，迟群、谢静宜等人由卫戍区负责解决。

5日上午9时30分，我只身来到华国锋的中南海秘密住处，向他汇报了这次行动的人选名单和具体部署。吃罢午饭，稍作休息，我和华国锋便分别乘车驶出中南海，直奔玉泉山9号楼叶帅家，最后共同研究行动方案，以便取得统一认识。

为了避人耳目，华国锋驱车来到北京医院，在院子转了一圈，又从后门出来，直奔城外。在西山脚下第一道哨卡处，华国锋追上了正在路旁等候的我，在我身旁还站着一位体魄魁梧的年轻军官。我介绍："这是张参谋，是叶帅派来接我们的。"

张参谋向华国锋敬个礼,也不言语,转身上一辆车窗上贴着张白纸红字"特别通行证"的吉普车上。华国锋和我的车紧随其后,沿着岗哨森严、蜿蜒寂静的山路徐徐而上,不一刻,便来到9号楼前。

华国锋下车,见穿着军装的叶帅手持竹杖,站在台阶上迎候。

华国锋忙上前,一面握手,一面关切地问:"听说叶帅病了,要紧吗?"

叶帅说:"山上风大,昨夜着了点凉,体温有些高,医生不许乱动,只好劳你跑一趟。"

华国锋笑容满面,真诚和恭敬地说:"叶帅是老前辈,我来看你也应该的。"

接着,我们一起走入客厅。

叶帅入座后,问华国锋:"你来这里别人知道吗?"

华国锋说:"叶帅放心,我是秘密行动,绕道而来。"

叶说:"那伙人眼睛多得很,只怕你是绕不过他们的哟!"

这样,5日下午4时,华国锋和我带着行动方案,一起上玉泉山9号楼叶剑英家,与叶帅反复讨论后,三人作出决定明天(6日)晚上8时就动手。

叶剑英所说的"昨夜着了点凉",恐怕是遁词。这次谈话极度机密,把华国锋和汪东兴请到玉泉山,相比来说,比北京城里安全。

关于这次三人会谈的具体内容,汪东兴所说不多。

笔者还曾与《人民日报》老记者纪希晨交谈[①]。纪希晨曾在1982年11月24日采访过叶剑英。纪希晨后来在《十月春雷》中这样写及华国锋、汪东兴在1976年10月5日下午前往北京玉泉山与叶剑英密谈的情形:

叶剑英深谋远虑地说:"这是一步险棋,是关系党和国家命运的决战。行动要果断,更要周密,必须万无一失。"

华国锋完全同意叶剑英的意见。他说:"我们这是执行党和人民的意志,执行毛主席的遗志。对解决'四人帮'的问题,毛主席早就有交代。"

汪东兴谈了他准备好的具体行动方案。从执行人员的挑选、隔离审查的地点、时间,以及每个细节的详细安排。他神情严肃地说:

"这件事,要绝对保密,行动要越快越好。时间拖得越久,越危险!"

命运的决战,需要有果断的决策,这既需要智谋,更需要胆略和魄力。他们原定10号左右动手解决,后来,考虑到拖得越久越危险,越容易走露风声,于是,三人当机立断,一致决定:明天动手!

就这样,叶剑英、华国锋、汪东兴在玉泉山决定了改变中国命运的日子——1976年10月6日。

---

① 1990年7月16日,叶永烈在北京采访《人民日报》老记者纪希晨。

10月6日：改变中国命运的一天

改变中国命运的一天终于到来。

10月6日下午，当时国务院科教组副组长、"梁效"写作小组主要负责人之一、"四人帮"手下干将迟群，在清华大学说："形势大好"，"肯定在某一历史阶段，可能出现反复，无非进行第二次文化大革命就是了。""我们很有希望，大有作为，因为有年轻一代。""如果邓小平还在挂帅，主席逝世了，那不更复杂吗？"

就在迟群吹嘘"形势大好"的时候，"四人帮"的末日来临了。

汪东兴回忆说："6日上午，经过华国锋签字同意，我用中央办公厅名义发出了开会通知。"

汪东兴是中共中央办公厅主任，对于发这类会议通知，可以说是驾轻就熟。这一回，汪东兴发出的通知全文如下：

> 根据华国锋同志的建议，兹定于10月6日晚八时在怀仁堂一楼召开政治局常委会，主要议程：
> 一、审议《毛泽东选集》第五卷的清样；
> 二、研究毛主席纪念堂的方案和中南海毛主席故居的保护措施。
> 因部分文献需要改动，请姚文元同志列席会议。
>
> 　　　　　　　　　　　　　　　　　　中共中央办公厅　汪东兴（签字）
> 　　　　　　　　　　　　　　　　　　　　　　　　　1976年10月6日

发出会议通知，只是诸多准备工作中的一项。汪东兴依靠中共中央办公厅的三位副主任，即李鑫、张耀祠、武健华，完成一系列绝密的工作：

调兵遣将，宣布纪律——挑选绝对可靠中央警卫团的干部，内中大都是团以上干部，参加行动。进行战前动员，宣布纪律，进行宣誓。

人员分组，明确任务——负责抓捕王、张、江、姚各一组，每组三四人；拘捕江青小组特地配备两名女警卫。这一小组还负责拘捕毛远新。

踏勘现场，模拟练习——有关小组对怀仁堂的地形进行实地踏勘，比如捕人时走廊要突然关灯，灯的开关在哪里，都要一清二楚。捕人时如何格斗，也进行了模拟练习。

这四个行动小组的成员是：

第一组：组长李广银，组员霍际隆、吴兴路、王志民，负责解决王洪文；
第二组：组长纪和富，组员蒋廷贵、徐金升、任子超，负责解决张春桥；
第三组：组长高云江，组员黄介元、马盼秋（女）、马晓先（女）[①]，负责解决江青；

[①] 马晓先是江青那里的护士，参加了拘捕江青的行动，但是没有参加汪东兴召见第三行动小组的活动。

第四组：组长滕和松，组员康海群、张云生、高凤利，负责解决姚文元。

另有李连庆小组负责就地隔离毛远新。①

为了保密，汪东兴在中南海南楼分四批召见行动小组成员，各个小组互不见面，互不知道。

汪东兴分批向各行动小组下达任务，并宣布三项纪律：

第一，要绝对保守机密，万一泄密，败坏了党的大业，那就非同小可，要给以最严厉的制裁。

第二，要坚决服从命令，听从指挥。任何人不得擅自开枪。我们要争取不响枪、不流血、解决问题。这是上策。

第三，明确任务，严守纪律。从现在起，以行动小组为单位活动，组长负责，任何人不得擅自对外联系，包括家人、亲人在内，随时做好战斗准备。

据武健华回忆：

> 10月6日中午，经汪东兴同意，我到中南海内外观察动静，察看有无可疑征候。我先从南海走到中海，着重看了中南海大西门到怀仁堂一带；又骑上自行车环绕中南海外围转了一圈，特别对中南海周围的几个制高点，如电报大楼、景山、白塔等处进行了观察，一切如常。回来后，我报告汪东兴："没有发现异常情况。"汪东兴说，按照计划进行。②

汪东兴后来回忆说：

> 具体工作我做得多一点，因为我情况熟悉一点，又管一些军队和办公室，方便一点。应该由我做，应该做好。
>
> 在做具体工作时，我主要依靠了办公厅的三个副主任李鑫、张耀祠、武健华。如果说我做了一点工作的话，没有这三个人是不行的。
>
> 当时我没有考虑自己的危险，不应该考虑这些了……

一位在叶剑英身边担任多年贴身卫士的张参谋，参与了这次行动。在1982年11月24日上午，他回忆10月6日的准备情形：

> 我是执行具体任务的。是叶帅派我去的。那时叶帅决心大，行动快，"四人帮"准备10号搞政变，我们提前在6号晚上8点（行动），名义是开政治局常委会，地点（选）在中南海怀仁堂。

---

① 《中央警卫：我们参与抓捕"四人帮"的全过程》（记录整理者辛恕翰、姜晓），2010年7月19日《北京日报》。
② 武健华：《我在参与逮捕"四人帮"前后的经历》，《党史博览》2007年第1期。

事先都做好了准备。因为是突击任务，要绝对保密。早上把我从家中叫来，集合到中南海一所院子里。临走时，我对爱人说：我有任务，要到外地出差，时间可能长一些，几个月，半年说不准。我不能给你们打电话，也不能给你写信，你不要找领导打听，也不要告诉孩子们。我这次是秘密行动。

等我赶到指定地点，一看在场的都是一些熟悉的同志。每个人都带着武器，神情也特别严肃。虽然我们还不知道执行什么任务，但已预感到要发生一件大事。所有到场的人，都立即断绝同外界的一切联系，也不许到别的屋子随便走动。

不一会，汪东兴来了。他数了数到场的每一个人，宣布了几条纪律，接着就对我们进行动员，说江青一伙坏蛋要搞资本主义复辟，要搞垮我们的党，我们都是共产党员，要坚决听从党的指挥，要用鲜血和生命保卫党中央，保卫毛主席开创的无产阶级政权。

随后，他就领着我们宣誓。誓词很短，大意是我们都是共产党员，要服从命令，保守机密；要勇敢战斗，不怕牺牲；要誓死保卫党中央；中央叫我们怎么干，我们就怎么干！

宣完誓，汪东兴又进行了具体分工，把我们分成几个小组，按人头四个人抓一个，还在大厅里作了演习。

汪东兴布置完工作，问道："你们还有什么问题？"

这时候，有人问："如果有人开枪怎么办？"

汪东兴非常明确地回答："如果有人开枪，你们就往死里打，打死了你们没有责任！"

为什么有人会提出这一问题呢？

这主要是针对王洪文来说的。张春桥、姚文元是"秀才"，不会动手开枪。但是，王洪文那时身边常带短枪。他经常到靶场练枪，据说枪法还可以。

另外，还考虑到毛远新。那时候，毛远新也身上带着短枪。

江青、张春桥、姚文元、王洪文、毛远新都有警卫，警卫都带枪。

各个行动小组除了配备手铐之外，还都带了毛巾。那是防备拘捕的对象倘若叫喊，就用毛巾堵他们的嘴巴。

根据汪东兴的命令，警卫们分三批秘密开进了怀仁堂，悄悄埋伏下来。

叶剑英那天在玉泉山9号楼。尽管叶剑英是当天的行动的"导演"，但是他不露声色，连他的机要秘书、警卫参谋都不知道这一绝密行动计划。

10月6日上午，叶剑英的工作一切照常。他像平常一样听秘书汇报，批文件，读书，看报，甚至还照常学英语。

在这大决战前夕，叶剑英守口如瓶，处之泰然。

据叶剑英的机要秘书王文理回忆，约13时，华国锋总理办公室曹秘书打来电话通知，晚上8时在怀仁堂开政治局常委会，请叶帅提早一些时间到达。王文理当即向叶帅作了汇报并告警卫参谋马锡金准备。

在10月6日下午3时半，红机电话响了，意味着有重要的电话进来。

电话是汪东兴打来的。他以中共中央办公厅主任的身份通知"叶办":"晚上8时召开政治局常委会,请叶副主席提前一个小时到达。"

当机要秘书向叶剑英报告了这一电话内容之后,叶剑英说:"准时赴会!"

这时候,"叶办"才开始着手晚上赴会的准备工作。

下午3时多,司机赵绍贤开来"红旗"牌大轿车,叶剑英动身从玉泉山的住地来到他的办公室所在地——军事科学院2号楼。

6时一刻,警卫参谋"马头"护送叶剑英上车。"马头"就是马锡金,是从中央警卫局调到军委警卫局担任叶剑英的贴身警卫。刚来的时候,大家都喊他"小马",后来因为又来了一个姓马的女护士,于是叶剑英就喊他"马头"。叶剑英喜欢取绰号,叫他身边工作人员"old王"[1]、"老和尚"、"teacher-蛐蛐"等等。"马头"也是叶剑英给马锡金取的绰号。

红旗轿车驶出军事科学院,坐在后排的叶剑英问道:"'马头',你看看,机场的飞机还都在吗?"

那时候,从西山可以清清楚楚看见西郊机场停机坪。"马头"数了一下,整整18架三叉戟飞机。叶剑英一听就明白,所有的飞机都在那里,没有人乘坐飞机外出。因为那里原本有20架三叉戟飞机,自从1971年林彪叛逃时乘坐一架三叉戟飞机摔在蒙古温都尔汗,另外还有一架出了事故,所以从20架减少到18架。

叶剑英怎么会关心起西郊机场的飞机呢?"马头"不明白。

据"马头"回忆:

> 车子开到木樨地的时候,叶帅问:"'马头',你注意一下,钓鱼台方向,有没有红旗车过来?"
>
> 开到六部口的时候,叶帅又问:"'马头',你对中南海熟不熟?"
>
> 我说:"熟呀!"
>
> 他问:"怀仁堂有没有后门?"
>
> 我说:"有后门!"
>
> 他又问:"能进车吗?"
>
> 我说:"能进车!"
>
> 我当时觉得,今天怎么啦?叶帅怎么提出这么一大堆的问题来?[2]

怀仁堂地处中南海的西侧,距中南海西门不过200米。怀仁堂有两扇大门,进入正南面的大门,迎面是一幅特大雕花屏风,屏风之后便是前厅。前厅东西狭长,从前厅两头转弯向后,分别是东、西休息室。前厅和东、西休息室中间,是舞台和大礼堂。在大礼堂北头,

---

[1] "old王"即老王,"teacher"即教师。
[2] 文献纪录片《共和国元帅——叶剑英》第6集,中央电视台1998年8月6日播出。

是怀仁堂正厅，正厅有一扇大门。会议通知的中共中央政治局常委会议，将在正厅召开。

晚7时20分，叶剑英到达怀仁堂。

平常叶剑英来怀仁堂开会时，总是华国锋的车停在左边，叶剑英的停在右边。这一次叶剑英的车尚未停稳，便立即被门口的警卫人员指定到另一处停放。

叶剑英在下车时，他关照司机赵绍贤说，他在怀仁堂开会的时候，务必坐在车内等候，不要离车。叶剑英如此仔细的关照，使司机老赵觉得有点不同平常。

这时候，怀仁堂里早已森严壁垒。三个行动小组已经各就各位。

在叶剑英步入怀仁堂时，发生了一个小插曲：

警卫参谋"马头"按照惯例，在叶剑英下车之后，手持叶剑英的公文皮包，紧随其后，步入会场。

往常，"马头"随叶剑英进入会场，待叶剑英坐定，他把公文包放在叶剑英面前，然后退出会场。"马头"随叶剑英到过各种会场，都是这么个"程序"。不光叶剑英如此，其他中央首长也是如此。因为首长几乎不自己拿公文包的，总是由警卫参谋、警卫或者秘书持包。持包者护送首长进入会场，给首长放好包之后退出会场。这也是出于对首长安全的考虑，出于对公文包中重要文件的安全的考虑。会场往往设有专门的警卫、秘书休息室。当首长们在会场开会，警卫们、秘书们便在休息室里恭候……

然而，今天的怀仁堂却有点反常：当"马头"随叶剑英步入怀仁堂时，却被守在门口的中央警卫局的丁志友挡住！

原来，汪东兴作了特殊规定，除了首长本人之外，任何警卫、秘书不得入内。不言而喻，这一规定出自今天这一特殊情况的安全考虑。

正因为这样，连"马头"也被拒绝入内。

"马头"并不知道今晚的特殊情况。他坚持要进入怀仁堂，便与警卫科长发生争执。"马头"无奈，只得把公文包递给叶剑英，而叶剑英怕耽误时间，没有接过公文包便径直往怀仁堂正厅走去。公文包一滑，从"马头"手中掉下，啪的一声落地，顿时惊动了里面执行埋伏任务的人。

这时，丁志友只得随机应变，让拾起公文包的"马头"进入会场，并叮嘱他一放好包马上退出会场。

"马头"照办了。他意识到今天的怀仁堂情况异常，但是他并不知道即将发生什么样的大事……

张春桥第一个落网

就在"马头"悻悻地退出怀仁堂的时候，在门口遇见中央警卫局副局长、8341部队政委武健华，便对他说："今天是怎么了？车也被调走，人也被赶了出来！"武健华当即对"马头"说："你的位置在里面，进去吧！"

于是，武健华带着"马头"进入怀仁堂的正厅，把他交给汪东兴安排。

■ 逮捕"四人帮"的地方——中南海怀仁堂

武健华回忆说：

怀仁堂正厅是一个多功能大厅，南向木门打开可与大礼堂成为一体，北向木门敞开又与后花园贯通。往日的正厅独具风韵，但今天这里的布置却与往常不同。汪东兴亲自指示对厅内布置进行了调整。正厅的北侧原来设有一扇大屏风，为了便于隐蔽，利于行动，又在正厅的中门以东由南而北增加了几扇中小型轻便的屏风。沙发一律搬掉。场内摆了一张不大的长条会议桌，在桌子北面为华国锋、叶剑英准备了两把扶手椅。桌子上原有的茶具、文具等全部被撤掉。[1]

早早在怀仁堂正厅等候并指挥现场警卫的是汪东兴。
在叶剑英到达怀仁堂之后20分钟——7时40分，华国锋抵达怀仁堂[2]。
当华国锋、叶剑英先后来到怀仁堂正厅坐定，他们请汪东兴也坐下来，汪东兴摇了摇手说："我不是常委，我就不坐了。"
那天晚上，挂帅是华国锋、叶剑英，做具体工作的是汪东兴。
汪东兴隐蔽在屏风后面，观察着动静。
"马头"与另外两个警卫秘书、华国锋的一个秘书、两个警卫跟汪东兴一起，隐蔽在

---

[1] 武健华：《我在参与逮捕"四人帮"前后的经历》，《党史博览》2007年第1期。
[2] 武健华回忆说是叶剑英先到，华国锋后到。叶剑英的警卫参谋"马头"说："后来很多文章里写，是叶帅先到，起身迎接后来赶到的华国锋，这是不准确的。"

屏风后面。

7时55分,第一个来到的是张春桥[1]。他一进入怀仁堂正厅,顺顺当当,立即被捕……

就在这天上午,一份从上海送来的"张春桥同志亲启"的"绝密"件,到了张春桥手中。那是徐景贤派交通员乘飞机送来的。那"绝密"件与当时的剑拔弩张的政治形势无关。那是张春桥飞黄腾达之后,他的有"历史问题"的妻子文静便成了他的政治包袱。张春桥决定与文静秘密离婚,并委托徐景贤在上海为他遴选才貌双全的女秘书。这天送到张春桥手中的,便是一位被徐景贤选中的女秘书的档案。后来徐景贤说道:"一幕我为张春桥'找伴'的戏剧,刚刚开场,就落下了帷幕。"

据叶剑英秘书王文理回忆,在10月6日上午,他一上班,就接到张春桥办公室严某电话,称张春桥要来看叶帅,经请示叶帅之后婉言回绝了。[2]

就在这天下午,姚文元前去钓鱼台看望张春桥,作了长谈。

1980年7月17日,姚文元在秦城监狱面对审判员的提问,谈了10月6日下午去钓鱼台看望张春桥时的情况和谈话内容:

> 我问张春桥,你在这一段时候(间)和国锋同志相处,你觉得怎么样?
>
> 张说:"我觉得一般还是能合作的,就是不大交心。"
>
> 他还说:"我对国锋同志讲了,我有主意尽量向你提出来,我的主意可能是错误的,但我绝不会出坏主意。"
>
> 这是张春桥的自我表白。
>
> 他还说,他曾多次劝华主席要和江青搞好关系。
>
> 当时我也劝张春桥说:"对华主席还是要帮,这是大局。"
>
> 他冷冷地说了一句:"尽量帮吧。"
>
> 现在我认识到:我当时找张春桥是错误的。
>
> 当时张春桥还讲了一件事,他说:那个批邓的小册子,华主席压了很长时间没有批,是他催了几次才批下来,还说那几本东西他(华国锋)根本没有看。张春桥讲这番话是攻击华主席批邓不积极。这正说明了华主席对批邓采取了抵制的态度。
>
> 另外,我们还谈到江青。
>
> 问:你们都谈了什么?
>
> 答:张春桥问我最近和江青的关系怎么样了?我说:还好,比较缓和了,内参的问题做了新的处理。张春桥希望我主动去看看江青,和她搞好团结。
>
> 问:内参是怎么回事?
>
> 答:毛主席逝世后,新华社有篇内参,把江青怎么找手工艺工人做花圈(是给毛

---

[1] 笔者这里所依据的是汪东兴的回忆。但是2010年7月19日《北京日报》发表的《中央警卫:我们参与抓捕"四人帮"的全过程》(记录整理者辛恕翰、姜晓),认为第一个落网的是王洪文。另外,武健华也称第一个被捕的是王洪文。武健华还说,王洪文是7时55分被捕,张春桥是7时58分被捕。

[2] 王文理:《叶帅与粉碎"四人帮"》,《时代潮》2000年第12期。

主席送的），怎么讲文冠果是"文官国"，说得比较具体。不知哪些话江青不满意，对我发了很大的脾气，又把新华社记者找到她家里，要他们重新写了才算完事。

问：张春桥还说些什么？

答：张春桥还谈到出版毛选五卷的事，他说："已找李鑫谈过了，我对出版毛选的具体意见给华国锋写了信。"随后，张春桥又攻击叶副主席。

问：他说些什么？

答：张春桥说："最近叶剑英接见了一个美国人，有个外事记者，你见到了吗？"我问："是9月27日他会见美国前国防部施莱辛格那一次吗？"张春桥点点头说："他把杨成武也叫去了，讲的还是过去那一套。这些人，要改变观点也难呢？"我附和着说："那个记录我看过了，强调的还是海军。"

问：这是什么意思？

答：叶帅过去（1973年）接见基辛格时谈过海军问题，表示愿意和美国合作，为此他受到了毛主席的批评。我的意思是说叶帅太强调海军的作用了。最后张春桥说："我想总要开三中全会吧，但还没有考虑好，你有什么想法？"我说："华国锋当主席，应当在三中全会上正式通过，现在政治局办事的人太少，工农都有了，能不能增加一些革命知识分子的干部。"但我并没有提出具体对象。现在看来，我的后一个意见是非常错误的，因为当时政治局首先应该增加老同志。张春桥对我提的这两条没有什么反应。我当初还想谈社论问题，但他总是谈别的事情。后来我把那封信（指纪登奎的儿子的一封信，见后文——引者注）中的一句话告诉了张春桥，我说："我接到一封信，里边说毛主席逝世后，可能立即宣布某某某是叛徒。这种问题并不一定是真的，但应提高警惕。"我没有告诉他名字（那封信中是说张春桥——引者注）。他听了后，也没有什么反应。这次我同张春桥的议论是"四人帮"的帮派活动，是违反组织原则的。当天晚上，华主席为首的党中央就一举粉碎了"四人帮"。

张春桥和姚文元谈毕，吃过晚饭，前往怀仁堂。

张春桥和往常一样，慢条斯理地走下车，朝怀仁堂走去。他的警卫"大熊"，紧紧跟随在张春桥后面。

在研究抓张方案的时候，人们的注意力并不在张春桥本身，却是在反复琢磨如何对付张春桥身边的这只"大熊"。

"大熊"是跟随张春桥多年的贴身警卫。此人人高马大，腰圆臂粗，会几套拳脚，三五个人难以对付。另外，此人双枪，左右开弓，枪法娴熟，十发九中。

"大熊"对张春桥忠心耿耿。

据云：

在1967年春天，张春桥被数万造反派围在一幢小楼里，两天两夜出不来。他闻讯带领一班侦察兵连夜赶去，将张春桥往披下一夹，从二层楼破窗而跃，只身杀出重围，救了张春桥一条性命。从此，他深得张春桥的信赖和宠爱，成为张春桥的警卫参谋，日夜不离左右。他对张春桥也是忠心耿耿，唯命是从。

据说1970年中央在庐山开会时，有一天晚上林彪找张春桥谈话，久去而不归。他不知听谁说林彪有暗算张春桥之心，一时性急，挥拳击倒四个卫兵，硬是破门而入，冲进客厅，搞得宾主好不尴尬。张春桥嘴上虽严厉痛斥，心中却大加赞许。

十大以后，张春桥升为政治局常委。汪东兴几次提出要给他调换两个年轻、英俊的警卫，张春桥都坚决不同意，一直将"大熊"留在身边。

国庆节前夕，汪东兴经与华国锋、叶剑英多次密谋，决定采用武力手段除掉"四人帮"。为保证这一计划顺利实施，汪东兴主动批准"大熊"回老家探亲。

不料，"大熊"才离开几天就被张春桥秘密调回来。显然，张春桥已经预感到某种危险，暗中加强了戒备。

这只"大熊"的意外出现，不能不引起汪东兴的忧虑，如果出手不利，被他察觉，后果不堪设想。[①]

当张春桥的轿车一到，负责抓张的第一行动小组，马上开始行动。

张春桥走进怀仁堂大门，第一行动小组负责人纪和富就迎了上去，恭敬地朝他行个礼："首长好！"

据纪和富回忆，当时张春桥上下打量着他，冷冷地问："国锋同志和叶帅都到了吗？"

纪和春说："到了，正在会议室等您。请随我来。"

这时候，"大熊"紧跟在张春桥后边，想跟着进去，被两名卫兵拦住了。

1982年11月24日，叶剑英的警卫参谋这样讲述道：

> 汽车响了。张春桥第一个走进怀仁堂大门，在他身后紧跟着警卫员"大熊"。
>
> 张春桥好像察觉有点不太对劲，两眼盯着纪和富警觉地问："怎么回事？"
>
> 纪和富解释说："首长的随行人员都在外面大厅里休息。"
>
> 张春桥迟疑了一下，对"大熊"摆摆手："你就在这里等我吧。"说完，就随纪和富朝里走去。

这样，终于把"大熊"甩开了。

张春桥失去了"大熊"的保护，抓他就易如反掌。

当张春桥走进怀仁堂正厅的东侧门，进了小门，刚拐了两个弯，走廊的灯便突然灭了。

在黑暗之中，徐金升、纪和富从左、右两侧立即扑上，把张春桥两臂扭住，把头按下。蒋廷贵、任子超也上前帮忙。张春桥一见势头不对，没有反抗，也没有大叫，只是惊恐地连声喊道："你们要干什么？干什么？"一只大手把他的嘴也捂住了。还没

[①] 青野、方雷：《邓小平在1976》下卷，春风文艺出版社1993年版，第285页。

等他明白怎么回事,就被行动小组的纪和富、徐金升两人把他左右双手挽起,架到大厅里。

据青野、方雷:《邓小平在1976》下卷(春风文艺出版社1993年版)所载行动小组的回忆是这样的:

> 我们把张春桥架到里面,华国锋和叶剑英同志坐在那里。
>
> 张春桥眨巴眨巴眼睛,只见华国锋和叶剑英坐在沙发上,目光威严地逼视着他;汪主任握着手枪站在屏风后,乌黑的枪口正对着他。
>
> 张春桥明白发生了什么事,脖子一梗,恶狠狠地问:"你们凭什么抓我?"
>
> 华国锋起身,手里拿着一张事先写好的《决定》大声念道:
>
> "张春桥你听着:最近一个时期,王洪文、张春桥、江青、姚文元趁毛主席逝世之机,相互勾结,秘密串联,阴谋篡党夺权,犯下了一系列反党、反社会主义的罪行,中央决定对以上四人进行隔离审查。中共中央。1976年10月6日。"
>
> 华国锋念完,纪和富就给张春桥戴上手铐,把他从后门押走了。

又据2010年7月19日《北京日报》发表的《中央警卫:我们参与抓捕"四人帮"的全过程》(记录整理者辛恕翰、姜晓)一文,参加拘捕张春桥的徐金升(当时任中央警卫团一大队三中队中队长),蒋廷贵(当时任中央警卫团二大队大队长)回忆说,华国锋当场向张春桥宣读的命令是这样的:

> 张春桥,你不顾中央的一再警告,继续结帮拉派,进行非法活动,阴谋篡党夺权,对党对人民犯下了不可饶恕的罪行。中共中央决定,对你实行隔离审查,立即执行!

武健华回忆华国锋当时对张春桥所宣读的决定,与徐金升、蒋廷贵的回忆一致。

就这样,张春桥第一个落网。张春桥被从怀仁堂东门押出,坐上了红旗轿车,押送到地下工程的隔离室。这是临时关押处,是汪东兴想出来的主意。

汪东兴对中南海了如指掌。他知道,在20世纪60年代初,随着中苏关系的紧张,在毛泽东所住丰泽园后门,秘密地建造了一个防空洞。这样,在面临特殊情况之际,可以把毛泽东安全地转移到这里。

这是一个长期空置而又人们所知甚少的地下室。把"四人帮"临时关押在这里,可以说是绝好的去处。即便江青大喊大叫,外面也听不见。何况把"四人帮"关进去之后,插翅难逃。

张春桥第一个被押进了地下室。

就在顺利地解决张春桥之后,差一点出了大娄子!这娄子便出在张春桥的警卫"大熊"身上。

1982年11月24日,叶剑英的警卫参谋这样讲述道:

就在抓张春桥的同时,在前大厅还发生了意外的情况。张春桥的警卫员"大熊"被拦后,有人把他领到一侧耳房休息。

他进去后,见屋里还有几个警卫团的同志,因为彼此都是老熟人,他也没介意,随便打个招呼,就坐在门口的椅子上一面喝茶一面闲聊。

这个"大熊"别瞧他长得五大三粗,人还特别机警。他嘴巴哼哼哈哈应酬着,耳朵却紧听着外面的动静。可能是抓张春桥时有些响动,他忽地站起身就要往外走。

在座的一位警卫团副团长见时机已到,便朝众人使了个眼色。几个小伙子刚要扑过去缴"大熊"的枪,没想到这家伙眼疾手快,抢先拔枪在手,猛转身把枪口对准了众人:"不许动!谁要过来我就打死谁!"

大伙一下全愣在那了,谁也不敢动。

副团长就说:"大熊,你放下武器,中央已决定要逮捕张春桥。"

"大熊"说:"我只听汪主任的,他让我交枪我才交。"

副团长只好给汪东兴打电话,把情况简单报告了一下,然后把话筒递给"大熊"。

只听汪东兴大声说:"现在张春桥已被抓起来了,我命令你,立刻把枪交出来,听候组织安排。"

"大熊"立正回答:"是!我服从命令。"

随后,"大熊"就把手枪放在了桌子上。

倘若当时"大熊"开了枪,后果就不堪设想:这枪声马上会惊动正朝怀仁堂赶来的王洪文和姚文元,而且会惊动住在中南海的江青和毛远新。一旦他们有所戒备,那就会发生流血事件了……

顺利解决了张春桥,士气大振。

王洪文被捕时挣扎了一下

在张春桥之后,第二个到来的是王洪文。

1990年7月15日,笔者在北京曾采访了"王办"工作人员米士奇。

米士奇,常被人说成是"王洪文秘书"。他再三向笔者声明,他当时只是"王办"的工作人员。据他回忆,王洪文在落入法网之前在干什么?他在看电视!

米士奇说:

10月6日晚上,王洪文在北京钓鱼台住处。电视室在王洪文办公室旁边。本来,我一个人在看。王洪文从办公室里出来,看了一下手表说还早,就坐下来跟我一起看电视。

看了一会儿,快8点了,警卫员王爱清对王洪文说:"王副主席,该走了!"

王洪文站了起来,我看着他走出去……

就这样,王洪文坐着轿车前往中南海怀仁堂,出席中共中央政治局常委会议。

从米士奇的回忆可以看出,王洪文在来到怀仁堂之前,一点也没有想到,在那里等待他的是什么……

比起张春桥来,王洪文年轻力壮,而且身边可能带枪,不那么好下手。所以,行动小组在对王洪文下手之前,做了充分的准备。

据汪东兴回忆:

关于行动的情况是这样的:

1976年10月6日下午8时,我们在怀仁堂正厅召开政治局常委会。

当时,华国锋、叶剑英同志就坐在那里,事先我已写好一个对他们进行"隔离审查"的决定,由华国锋宣布。我负责组织执行。

张春桥先到,宣布决定就顺利解决了。

接着来的是王洪文,他有一点挣扎,当行动组的几个卫士在走廊里把他扭住时,他一边大声喊叫:"我是来开会的!你们要干什么?"一边拳打脚踢,拼命反抗。但很快就被行动小组的同志制服了,扭着双臂押到大厅里。

华国锋同志把"决定"又念了一遍。

还没等他念完,王洪文突然大吼一声,挣脱开警卫人员扭缚,像头发怒的狮子伸开双手,由五六米远的地方向叶帅猛扑过去,企图卡住叶帅的脖子。

因为双方距离太近,我也不能开枪。就在他离叶帅只有一两米远时,我们的警卫猛冲上去把他扑倒,死死地摁住,给他戴上手铐。

随后,几个人连揪带架把他抬出门,塞进汽车拉走了。

武健华回忆,华国锋当时对王洪文所宣读的决定,与对张春桥所宣读的决定一样:"王洪文,你不顾中央的一再警告,继续结帮拉派,进行非法活动,阴谋篡党夺权,对党和人民犯下了不可饶恕的罪行。中共中央决定,对你隔离审查,立即执行。"

又据文献纪录片《共和国元帅——叶剑英》一片中,行动小组成员面对摄像机回忆:"到了7点半,粉碎'四人帮'的战斗就开始了。王洪文来了,和我正好相遇。我扫了他一脚,把他压在地上。"

王洪文的警卫,被挡在怀仁堂正厅之外。

王洪文的警卫刚被领到警卫休息室,还没有等他坐下,就被下了枪……

这样,王洪文第二个被押进了中南海地下室。

王洪文被捕之后,钓鱼台并不知道怀仁堂里的剧变,"王办"还以为王洪文正在怀仁堂开会呢!

据米士奇告诉笔者,到了夜11时左右,他吃了夜宵,洗过澡,正准备回家。这时,他忽然见到中央警卫局副局长邬吉成来了。往常,邬吉成跟"王办"没有什么工作联系,他来干什么?

邬吉成发出通知:"王洪文办公室全体人员,集中在钓鱼台16楼,出席紧急会议!"

等到"王办"人员到齐,邬吉成宣布中共中央办公厅命令,米士奇才知道王洪文已经被捕。

命令说:"王办"工作人员要参加学习班进行学习。全体留在钓鱼台,不准回家,不准对外联系。

米士奇当即表态:"拥护中办命令,执行中办命令。"

就这样,米士奇度过了那个难忘的夜晚……

第二天,米士奇就写了一份揭发"反党分子王洪文"的材料,交给中共中央办公厅。

姚文元束手就擒

在张春桥、王洪文被捕之后,最后一个在怀仁堂落网的是姚文元。

为了拘捕姚文元,事先制定了两套方案:一是通知姚文元来怀仁堂开会,现场解决;二是姚文元如果不来怀仁堂,就让北京卫戍区吴忠司令员带领行动小组去他的住地解决。姚文元当时住在北京西城区按院胡同,住地警卫是北京卫戍区某部担负。

在两套方案中,力争用第一套方案,因为在怀仁堂解决比较方便。考虑到姚文元不是政治局常委,所以汪东兴在起草会议通知时,特地加了一句:"因部分文献需要改动,请姚文元同志列席会议。"

由于不知道姚文元是否会到怀仁堂出席会议,所以解决姚文元的小组和北京卫戍区司令员吴忠一起隐蔽在中南海交通科南面流水音小桥处待命[1],做好两手准备。

很多人以为,姚文元是与张春桥、王洪文同时收到汪东兴奉华国锋之命发出的关于10月6日晚8时在怀仁堂正厅举行中共中央政治局常委会议的通知,只不过姚文元的身份是列席会议。

然而,武健华回忆,那是在10月6日晚上拘捕了张春桥、王洪文、江青之后,才由华国锋亲自给姚文元打电话,通知他马上来怀仁堂列席中共中央政治局常委会议,参加研究出版《毛泽东选集》第五卷的问题。姚文元接了电话,当即说:"好的,我马上就到。"

这是姚文元一生中最后一次赴会!

姚文元是怎样度过他"政治生命的最后一天"——1976年10月6日的呢?

在1980年7月17日姚文元的《审讯笔录》中有这样一段记录:

问:主席去世后,你和江青有什么接触?

姚:除了几次在会议上的接触外,我同她没有单独接触过。哦,就是主席的灵(遗

---

[1]《中央警卫:我们参与抓捕"四人帮"的全过程》(记录整理者辛恕翰、姜晓),2010年7月19日《北京日报》。

体）从中南海移到大会堂的那天晚上，江青打电话通知我去，在主席的遗体前照了张相。

问：去照相的都有哪些人？

姚：有江青、张春桥、王洪文、毛远新、陈锡联，还有华国锋主席。

问：有汪东兴吗？

姚：我记得没有汪东兴。

问：你是怎么知道要去照相？

姚：先是江青打电话叫我找新华社的杜修贤，因杜是摄影记者，我想找他就是要照相。江青让我找到杜修贤后一起到中南海去。到那里后，几个人就一块照了相。后来，江青又和毛远新单独照了几张。

问：江青找你去照相说明了什么问题？

姚：如果是为了加强团结，应当找全体政治局委员一起照，或是政治局常委一起照。江青叫我、毛远新、陈锡联去参加，这几个既不是全体常委，也不是全体政治局委员，这是不正常的。

问：10月6日下午，你同张春桥谈完话还有哪些活动？

姚：我从张春桥那里出来已经很晚了，就直接回到家里。我的情绪很不好，总有一种恍惚不安的感觉。吃晚饭时，我对小女儿说："如果爸爸死了，你们不要难过。"当时孩子吓坏了，不懂我这话的意思，我便安慰她说："活着的人都是要死的，爸爸也不例外。"孩子说："你思想反动了。"我当时也没有多做解释。今天回忆起来，我的这些话，我的这种不安的想法，虽然是受了那封信的影响，但如果我自己思想上坚决相信党，相信人民，同"四人帮"彻底决裂，就不会说这种话的，由于我没有彻底决裂，所以我觉得自己的前途很危险，生命也不行了。尽管想把毛主席逝世后的工作做好，因为有这种心情，就不能不出错误。那天晚上，我就是带着这种心情离开家的。

就这样，10月6日晚上，姚文元离家时，连帽子都忘了戴。当妻子金英拿着帽子赶出去的时候，姚文元已经上车走了。

获知姚文元离家的消息，隐蔽在中南海交通科南面流水音小桥处的第四行动小组的滕和松、康海群、张云生、高风利，立即驾车到达怀仁堂东厅埋伏。吴忠司令员则回北京卫戍区。

当姚文元在晚上8时25分来到怀仁堂时，张春桥和王洪文已经落网，但是姚文元全然不知。

姚文元一下车，第四行动小组的康海群就跟随姚文元进了怀仁堂，而滕和松则在怀仁堂里示意他到东休息室。姚文元一进东厅的门，埋伏在门的两侧的张云生和高风利立即上前把姚文元的双臂扭起，下压双肩，押到中央警卫局副局长兼中央警卫团政委武健华面前。

比起张春桥、王洪文来，姚文元的"待遇"差了些，不是由华国锋亲自向他们宣读隔离审查的命令，而是由武健华代为宣读中共中央的决定。这是因为在解决了张春桥、王洪文之后,华国锋对叶剑英说:"还要我们出面吗?"叶剑英说:"免了吧。"于是,华国锋、叶剑英、汪东兴决定,此事由在场的武健华来代为宣布华国锋手令。

华国锋的手令全文如下:"中共中央决定,对姚文元实行隔离审查,立即执行。华国锋。"

姚文元一听,大声喊道:"谁让你们干的?谁让你们这样做?"

武健华置之不理,很干脆地说:"押走!"

第四行动小组员架着姚文元朝东厅的北门走去,姚文元依然大喊:"我有话要说,我有话要说!""你们是哪个部队的?""谁指使你们干的?""你们为邓小平翻案!"

姚文元还喊他的秘书兼警卫:"小朱快来呀!"

第四行动小组的高凤利掏出事先准备好的毛巾塞进姚文元的嘴巴,这位"舆论总管"才没了声音。这时是1976年10月6日晚8时30分。

出了怀仁堂之后,姚文元同样被押上一辆红旗牌轿车,驶向那个地下室,隔离起来。

汪东兴是这样说起抓姚文元的过程的:

> 姚文元住在家里,他那地方是由卫戍区管的。因此,我事先请吴忠同志在我办公室等着,如果他不来怀仁堂,就让吴忠带人去他家里解决。
>
> 结果,姚文元也来了。
>
> 我怕再发生意外,经请示华国锋和叶帅同意,没有让他进正厅,只让人把他领到东廊的大休息室,由警卫团一位副团长向他宣读了中央决定。
>
> 他听完后好像很镇静,没有争辩,也没有反抗,只说了声"走吧",就随行动小组的几名卫士出了门。
>
> 姚文元解决后,我就打电话给吴忠,让他回家去了。

就这样,姚文元也被顺利解决了。

"舆论总管"在覆灭前夕,一边指令全国各报转载《光明日报》在10月4日发表的"帮文"《永远按毛主席的既定方针办》,一边又在一篇经他三次审改的更恶毒的黑文上,写了如下"批示":"10月8日《人民日报》头版头条见报。"

可是,这一回"舆论总管"的指挥失灵了。10月8日,《人民日报》并未在头版头条发出那篇文章。因为就在姚文元写完那条"批示"不久,他成了阶下囚。

据武健华回忆,1976年10月6日晚上在中南海怀仁堂,从7点55分抓捕张春桥,到8点30分拘捕姚文元,前后只用了35分钟,就干脆利落地解决了"四人帮"中的二个。

姚文元这位"舆论总管"刚刚被捕,叶剑英便选派了他最信得过的将军——耿飚,去夺取中央人民广播电台和《人民日报》的领导权。

1984年6月,耿飚在接受中共中央文献研究室的采访时,回忆了1976年10月6日那个不平常的夜晚的不平常的经历:

> 我正在家等着,华国锋果真来电话了,要我马上到怀仁堂去。我知道开始行动

了，放下电话就往怀仁堂赶。大概是9点左右到的。一看叶帅也在那里。我问："解决了吗？"叶帅点点头："已经解决了。"我高兴地说："太好了！"华国锋走过来说："斗争刚开始，还不能太乐观。"于是，他就让我去占领中央广播电台。叶帅伸手指着我，严肃地叮嘱道："快去！一定要赶快控制直播室！"我望了望四周，问："人呢？我带谁去呀？"华国锋说："我这里没人，等一会儿卫戍区的邱卫高同志和你一块去。怎么接管，你俩想办法。"说完，他又俯在桌上写了张条子，递给我说："你把这个交给邓岗，就说这是中央的决定。"我接过纸条看了看，上面写的大意是：邓岗同志：为了加强广播电台的领导，现派耿飚同志前来负责电台工作，你们要服从他的领导。最后是华国锋的签名。仅仅就这么几句话，向我交代完任务，华国锋和叶帅就出去了。不一会儿，北京卫戍区副司令邱卫高来了。我把中央决定接管电台的事简单说了一遍。随后我问："你带武器没有？"他说："没有。"我说："不带枪不行，你马上找两支手枪，咱俩一人一支。"他答应一声出去了。工夫不大，就拎着两支手枪回来。我俩把枪挎在身上。邱卫高有些担心地问："就咱们俩人行吗？"我问："你下面有部队没有？"他说："卫戍区在电台大楼有一个营。"我又问："这个营属于哪个团？"他说："三团。"我说："你马上把这个团的团长找来，让他跟我们一块行动。"于是，邱卫高又立刻打电话把一个姓王的团长找来了。我一看时间不早了，就带着他们两人乘一辆吉普车，直奔中央广播电台。在车上，我把考虑好的行动方案说了一下，他俩都同意。

近10点钟，我们赶到了电台大楼。那个王团长先把警卫营的营、连、排干部全部召集起来，下令听从我指挥。我就说中央最近得到情报，有一伙特务要破坏电台大楼，我们要提高警惕，加强保卫。从现在起，没有我签发的通行证，谁也不许出入电台大楼。大伙一听，情绪都很高。我挑选了20名战士，10名由邱卫高带着控制直播室；我带着另外10名战士直奔党委值班室，那晚正好是邓岗在值班。这个人我认识，在延安的时候曾一起在抗大学习过。文化大革命中，他也被打成走资派，我们又一块到"五七"干校劳动改造。七四年四届人大召开以后，由周总理提名他才出任广播事业局局长。虽然他工作兢兢业业，谨慎小心，唯恐出一丝差错，但姚文元对他仍很排斥，公开声称要"撤换"他。我走进办公室来。邓岗站起来吃惊地望着我。我就把华国锋写的那张纸条交给他。他仔细看了看，仍然愣愣地看着我，似乎仍不明白发生了什么事。我就说："派我来这里主持工作是华总理和中央的决定，你要不相信想打电话向姚文元请示也可以。但不许出去，电话就在这里打。"他扭头看了看守在门口的两名卫兵，勉强笑笑说："我不打电话，没有什么要请示的，我服从中央的决定。"我说："那好，那你就把电台的党委成员，各部室主任全部找来，先开个紧急会议。"邓岗照我说的办了。等把这些人都召集到会议室以后，我又在会议室门口放了两名卫兵，任何人只许进不许出。我对他们别的没有讲什么，只宣布说，我和各位一起在此办公。至少在三天三夜之内，你们谁也不许离开这间屋子。吃饭、喝水，部队的同志会给送来。你们都明白了？这些人都忙不迭地连声说："明白了！明白了！"

就这样过了三天。一看情况还不行，我说：还要加两天。一共关了五天。到第六天，我就允许一部分党委委员回家了。临走之前，我对他们说："这几天这里发生的事，你们出去以后一个字也不准说，谁要是到外面泄露了被查出来，什么后果我不说你们也该懂得。"这些党委委员都点头表示："我们懂！我们懂！"

从10月6日晚上开始，我和电台的同志一起共同搞了十多天。在这十几天内，我鞋袜不脱，瞌睡了就在地板上打个盹。

与此同时，第三行动小组在中南海拘捕了江青以及毛远新。

就这样，不费一弹，未流一滴血，四颗"灾星"被一举扫落！

毛远新拒绝交出手枪

至于江青，她不是政治局常委，没有通知她前来开会，对她实行单独解决。

第三行动小组在中共中央办公厅三位副主任李鑫、张耀祠、武健华的率领下，直扑毛远新和江青在中南海的住处。武健华是在怀仁堂拘捕张春桥、王洪文之后，奉命赶去参加执行拘捕江青的任务，在拘捕江青之后又返回怀仁堂拘捕姚文元。

1984年4月，汪东兴在接受中共中央文献研究室的人员采访时，曾讲了这样的话：

……中央能顺利地解决了"四人帮"反党集团，有一个人是立了大功的，那就是中央办公厅副主任李鑫同志。当时，张春桥、江青密谋篡党夺权，采用封官许愿的手段拉拢他，妄图控制中央警卫团，搞反革命政变。李鑫同志冒着危险，及时把"四人帮"的阴谋告诉了我；我又连夜报告了华国锋同志。促使华国锋下了最后决心，采取断然措施，一举粉碎了"四人帮"。10月6号那天晚上，李鑫亲自带着几名战士冲进中南海"201"号，强行逮捕了江青和毛远新……

除了李鑫之外，完满执行拘捕江青这一重大任务，张耀祠也是立了大功的。

张耀祠，早在他16岁——1932年，便已在红都瑞金为毛泽东站岗。后来，他在毛泽东身边工作多年，直至毛泽东去世。1953年5月，张耀祠出任中央警卫团团长、中共中央办公厅警卫局副局长（局长为汪东兴），负责北京中南海等中共中央首脑机关的安全保卫工作。虽然名为中央警卫团，实际上是师的编制，他是师长。1955年，他被授予大校军衔。1964年，升为少将。2010年10月30日，张耀祠在江西南昌因突发心脏病抢救无效不幸逝世，享年95岁。

张耀祠将军是8341部队负责人。海外称8341部队为中国的"御林军"，因为中南海以及北京重要党政机关是由8341部队负责保卫的。

笔者曾于1991年5月、1992年10月、1994年5月三度飞往四川成都，采访了调往那里工作的张耀祠将军。

据张耀祠告诉笔者[①]，他是在1976年10月6日下午3时，接到汪东兴的电话，要他马上去一下。

汪东兴作为中共中央办公厅主任，是张耀祠的"顶头上司"。他和汪东兴都在中南海办公，他很快就来到汪东兴那里。多年来，他一直是汪东兴的副手，常到汪东兴那里。这一回，汪东兴的神情严肃，意味着有重大的任务下达。奉命来到那里的，还有中共中央办公厅警卫局副局长武健华。

果真，汪东兴以命令式口吻对张耀祠说："中央研究决定，粉碎'四人帮'！"

张耀祠一听，感到颇为振奋。他早就知道，毛泽东主席曾多次批评过王、张、江、姚"四人帮"。

■ 张耀祠将军（叶永烈 摄）

汪东兴继续说道："分四个小组行动，对'四人帮'实行隔离审查，你负责江青小组。你准备一下，今天晚上8时半行动——你顺便把毛远新也一起解决！"

就这样，张耀祠接受了这一历史性的使命。

张耀祠作为8341部队负责人，对于中南海了如指掌。当然，他对江青和毛远新的住处，也极为熟悉。那时，江青虽然长住钓鱼台，但近来住在中南海春藕斋西侧万字廊201号，而毛远新则住在中南海颐年堂后院，离江青住处很近。

第三行动小组事先隐蔽在春藕斋后院东门外。

张耀祠向笔者回忆说，他是在晚上8时30分[②]，带领着几位警卫前往毛远新住处。

当时，张耀祠穿便衣，连手枪都没有带。警卫们则穿军装，但也没有带手枪。笔者问张耀祠，执行这样重要的使命，怎么不带手枪？他笑道，四周站岗的警卫们，全是我的部下，还怕毛远新、江青闹事？抓他们易如反掌！

在毛远新那里，张耀祠遇上了小小的麻烦。

那时，毛远新和他的两位从沈阳带来的警卫一起，住在中南海丰泽园的颐年堂。那本是毛泽东接待客人以及开会的地方。他是毛泽东的侄子，所以住在这个外人难以涉足的地方。

在毛泽东病重期间，毛远新担任毛泽东的联络员。这联络员名义上只是联络联络而已，实际上权重一时，因为联络员成了重病中的毛泽东与中共中央政治局之间唯一的联

---

① 关于拘捕江青的情况，主要依据张耀祠将军1992年10月9日、10日接受笔者采访时的谈话。
② 据马晓先的回忆说是"下午4点多"，显然马晓先的回忆有误。

络通道。毛泽东的"最新最高指示"靠毛远新来发布，政治局会议的情况靠毛远新向毛泽东传达。

毛远新的妻子全秀凤，当时在沈阳。笔者后来在上海采访毛远新时[①]，见过这位秀丽的纺织女工。

10月6日，吃过晚饭之后，毛远新给妻子打过一个长途电话。接着，便坐在那里看电视。就在这时候，李连庆突然走了进来。

汪东兴选派了李连庆前去执行拘捕毛远新，一方面因为李连庆在汪东兴手下工作多年，忠实可靠，另一方面李连庆跟毛远新也很熟，派他去执行任务比较方便。

毛远新见到李连庆，问道："老李，有什么事？来，一起看电视。"

李连庆答道："想给你换个地方。"

毛远新："换到哪里？我得收拾一下。"

李连庆说："不用了，现在就走。"

这时候，毛远新听出李连庆话里的意思。张耀祠等人就一拥而入。

一进去，张耀祠便向毛远新宣布：根据中央的决定，对他实行"保护审查"（张耀祠特别向笔者说明，对毛远新跟"四人帮"有所区别，不是"隔离审查"，而是"保护审查"），并要他当场交出手枪。

毛远新一听，当即大声说道："主席尸骨未寒，你们就……"

毛远新拒绝交出手枪。

张耀祠身后的警卫们当即上去，收缴了毛远新的手枪，干脆利落地把他押走了。

张耀祠将军说出"拘江"内幕

在解决了毛远新之后，张耀祠便和李鑫、武健华带着中央警卫局处长高云江、行动组员黄介元以及女警卫马盼秋前往中南海万字廊201号江青住处。

张耀祠先去找马晓先。马晓先是江青的护士。1962年马晓先毕业于护士学校，被分配到北京医院高干病房工作。1968年2月17日，中南海成立保健处，马晓先从北京医院调往那里。她先后担任朱德、董必武、李富春的护士。从1974年3月起，担任江青的护士。

那天晚上，马晓先已经下班，穿着拖鞋，正在洗衣服，张耀祠来找她，要她换一双鞋，一起到江青那去一趟。事后才知道，张耀祠在拘捕江青时，把马晓先带上，为的是万一江青晕倒或者发生急病，马晓先可以施行急救。

江青那里，由于工作关系，张耀祠常去，有时一天要去一两趟。正因为这样，张耀祠对那里很熟。在路上，张耀祠遇见江青的卫士周金铭（警卫科派去的警卫参谋）。周金铭已经事先得知要拘捕江青。这是因为江青打算翌日——10月7日去清华大学之后要去天津，所以在10月6日晚饭后周金铭去中南海南楼准备向汪东兴汇报，并为江青备车。在那里，

[①] 1991年7月4日，叶永烈在上海采访毛远新。

周金铭遇见汪东兴的秘书孙守明。孙守明说，汪东兴正好有事要找他。汪东兴把当晚要拘捕江青的决定告诉了周金铭，并要周金铭严守机密，监视江青，并配合行动。周金铭在见到张耀祠及第三行动小组之后，马上主动交出了武器。

张耀祠问周金铭："在不在？"不言而喻，这是在问江青在不在屋。

周金铭回答说："在。"

于是，张耀祠让周金铭带路，一伙人走向201院。张耀祠朝江青住处门口的警卫点点头，就进去了。

周金铭、马晓先带着张耀祠、武健华、李鑫以及第三行动小组进入201院。

当时，江青刚吃过晚饭，正在沙发上闲坐，腿上盖了一条小方毛毯，面前摆着一张桌子，桌上有文件、文具。

在张耀祠刚进来的时候，江青朝他点了点头，仍然端坐着。但是江青一看张耀祠身后还有那么多人，事先没有向她通报就进来了，生气了。她意识到情况异常，便对面前以半圆形队形围着她的张耀祠等人质问道："你们要干什么？"

今日非比往常，张耀祠在江青面前站定，以庄重、严肃的口气，向她作如下宣布：

"江青（往日，他总称之为'江青同志'，这一回忽地没有了'同志'两字，江青马上投来惊诧的目光），我接中共中央指示，决定将你隔离审查，到另一个地方去，马上执行！"

"你要老实向党坦白交待你的罪行，要遵守纪律。你把文件柜的钥匙交出来！"

张耀祠告诉笔者，他当时说的，就是这么两段话。内中"你要老实向党坦白交待你的罪行，要遵守纪律"一句，是他临时加上去的，其余全是汪东兴向他布置任务时口授的原话。

江青听罢，一言不发，仍然坐在沙发上。她沉着脸，双目怒视，但并没有发生传闻中所说的"大吵大闹"，更没有"在地上打滚"。张耀祠说，那大概是后来在审判江青时，江青在法庭上大吵大闹，通过电视转播，给人们留下很深印象，由此"推理"，以为拘捕她时，她也会如此"表演"。

张耀祠说，江青当时似乎已经意识到，她会有这样的下场。正因为这样，江青对张耀祠所宣布的中央命令，并没有过分地感到意外。

江青要求张耀祠把刚才宣布的隔离审查的决定，再讲一遍。张耀祠再一次当着江青的面讲了一遍。

江青听后，问道："中共中央是什么人决定的？"

武健华说："中共中央是什么人决定，你难道不明白？"

江青说："我是说是什么人指使你们来的？"

张耀祠当即理直气壮地说："我们是奉华总理、叶帅的命令，来执行中央决定的！"

江青恨恨地说："主席尸骨未寒，你们就对我这样。"

张耀祠要江青交出文件柜（也就是保险柜）的钥匙。江青起初不肯交。磨蹭了半天，说不能交给你们。

张耀祠说："我们会有人接管的，你把钥匙交出来。"

江青说："那不行，这里许多都是中央的机密，我要对党负责。钥匙，我只能交给华国锋。"

张耀祠说:"那好,你把它装在信封里由我转交。"

她慢慢站了起来,从腰间摘下了一串钥匙——她总是随身带着文件柜(保险柜)钥匙,并不交秘书保管。

她取了一个印有红框的牛皮纸信封,用铅笔写下了"华国锋同志亲启"七个字,下方写了"江青托"。

江青还写了一封信给华国锋[①]:

国锋同志:
  来人称,他们奉你之命,宣布对我隔离审查。不知是否为中央决定?随信将我这里文件柜上的钥匙转交于你。

江青,十月六日

然后江青把短信以及钥匙放入牛皮纸信封,再用密封签把信封两端封好,这才交给了张耀祠。

一切都很顺利,也很平静。有的报道曾经描述江青被捕时的场景:江青听完中共中央办公厅副主任张耀祠宣读的命令之后,忽地跳下床,手指向张耀祠,横眉瞪眼骂"滚!你给我滚出去!警卫员!来人哪!快来人哪!"接着江青又指责这是在"搞阴谋,搞政变",并反身抓起床头的一只瓷瓶,奋力朝张耀祠砸去。张耀祠闪身躲过,猛扑过去一把将她按住……

显然,那些报道纯属胡编。

江青对于她有一天被赶下台,早就有思想准备。马晓先说,她刚到江青那工作时,江青就对她说过这样一句话:"小马,你到我这工作,要有个思想准备。"我说什么准备,她说将来"我要不就上去,干一番大事业;要不就可能成为阶下囚"。

在准备押走江青的时候,江青提出来要上卫生间。马晓先知道江青有尿急尿频的毛病,就让她上卫生间。这时候,马晓先把江青随身要用的物品收拾好。似乎江青在卫生间磨蹭的时间长了点,生怕有什么意外,马晓先进去了一下,江青这才赶紧出来。

押走江青的时候,没有给她戴手铐。她请马晓先把她常穿的深灰色披风带上。

张耀祠吩咐江青的司机备车,把江青押上她平时乘坐的那辆专用红旗牌防弹轿车。武健华、马晓先上了车,第三行动小组的黄介元也上了车。轿车仍由江青的司机驾驶。江青轿车前、后的卫车是警备车。

张耀祠说,外界传闻给江青"咔嚓"一声戴上锃亮的手铐,然后用囚车押走等等,纯属"想象"。当时,并没有给江青戴手铐,也无"囚车"。他说,江青的司机,也是他的部下,当然执行他的命令。

[①] 据田炳信:《红墙内的护士长——访"文革"期间中南海保健组成员马晓先》,2005年4月27日《新快报》(田炳信于2005年1月2日在北京建国饭店9009房采访马晓先)。

在如此紧张、重要的时刻，居然也发生幽默的小插曲：江青在车上见到黄介元，误以为他是毛泽东身边的中央警卫团一大队一中队队长陈长江，就跟他套近乎说："你是长江啊？"黄介元没好气地回答说："我是黄河！"①

轿车驶往不远的地方——10月6日夜里，江青是在中南海丰泽园后面的地下室里度过的。

武健华重新回到怀仁堂，向华国锋、叶剑英、汪东兴报告："江青已被顺利拘押。"于是，华国锋给姚文元打电话，通知姚文元立即到怀仁堂"开会"。

"四人帮"顺利地被一网打尽。

当天夜里，王洪文、张春桥、江青、姚文元都押在中南海丰泽园后面的地下室，只是关在不同的房间中，由8341部队严密看管，并没有像传闻中所言"连夜押往秦城监狱"。

震惊中外的10月6日行动，兵不血刃，未发一弹，"四人帮"便被一网打尽！

晚上9时以后，华国锋、叶剑英、汪东兴三人离开中南海怀仁堂，前往玉泉山。

晚上10时，中共中央政治局会议就准时在玉泉山9号楼召开。

吴德回忆粉碎"四人帮"的内情

吴德是参与粉碎"四人帮"的重要当事人。2004年1月，当代中国出版社出版了吴德口述的《十年风雨纪事》一书，透露了粉碎"四人帮"的诸多内情。

吴德回忆说，在为毛泽东治丧期间，大约是9月十几号，华国锋、李先念、陈锡联、纪登奎和我，在国务院后边的会议室里议论过解决"四人帮"的问题。当时，华国锋对我们说："毛主席提出的'四人帮'的问题，怎么解决？"我记得纪登奎说，对这些人恐怕还是要区别对待。我们当时都没有说什么，没有再往下深谈。我想当时华国锋是在了解我们的态度，准备做粉碎"四人帮"的工作。后来，华国锋告诉我，他当时已经下了解决"四人帮"问题的决心了。

吴德说，9月26日或27日的晚上，华国锋约李先念和我谈话，交换对解决"四人帮"的意见。我表态支持华国锋的意见和所下的决心，并说解决的办法无非两种，一是抓起来，二是召开中央政治局会议用投票的办法解除他们担任的职务。我偏重主张用开会的办法来解决，说我们会有多数同志的支持，反正他们最多只有四张半的票。在政治局投票，我们是绝对多数，过去他们假借毛主席的名义压我们，现在他们没有这个条件了。

李先念插话说：你知道赫鲁晓夫是怎么上台的吗？②

我说：当然知道。

吴德回忆道，随后，我们分析了当时党中央委员会成员的情况。我们认识到：在政治局开会投票解决"四人帮"的问题，我们有把握；但在中央委员会投票解决"四人帮"，

---

① 《中央警卫：我们参与抓捕"四人帮"的全过程》（记录整理者辛恕翰、姜晓），2010年7月19日《北京日报》。

② 指赫鲁晓夫利用中央全会的多数，推翻了马林科夫、莫洛托夫等大多数苏共中央主席团（中央常委）委员将其部长会议主席撤职的决定，反而将马林科夫等打成了反党集团之事。

我们没有把握。十大选举中央委员时，"四人帮"利用他们手中的权力，把许多属于他们帮派的人和造反派头头塞进了中央委员会。如果召开中央委员会，在会上投票解决"四人帮"的问题是要冒风险的，采取隔离审查的办法才是上策。我们一直讨论到早晨5点，认识一致了。

吴德的回忆，澄清了一个重要问题。他回忆，有人说，抓"四人帮"是叶剑英给中央警卫团和北京卫戍区直接下达的命令。这是没有的。"我是卫戍区的第一政委，我不知道嘛。"

吴德说，10月2日，我还分别向倪志福、丁国钰（时均为北京市委书记）打了招呼，明确告诉他们，中央要解决"四人帮"的问题，对他们隔离审查。后来华国锋告诉我，他曾四次与陈锡联谈过解决"四人帮"的问题，陈支持解决"四人帮"问题。

吴德说，我到陈锡联那里时，他正与杨成武谈事。杨走后，我向他说明了华国锋让我找他的经过（要陈锡联安排卫戍区部队交吴德指挥的问题），陈说他已知道，随即就打电话向吴忠交代：卫戍区部队一切听从吴德指挥。

离那历史性的时刻越来越近。吴德说，10月4日下午，我又被华国锋找到他的住处。我们再一次全面检查、研究了准备工作是否就绪，解决问题的环节是否完善的问题。下午5点多，我回家了。可是刚刚到家，华国锋又来了电话，要我马上到他那里。我急忙赶过去，汪东兴也在华国锋家里。

吴德说，他们商定：

一、按华国锋、叶剑英、汪东兴已议定的方案，抓"四人帮"由汪东兴负责；
二、对迟群、谢静宜、金祖敏等人的隔离审查，由我与卫戍区吴忠负责；
三、中南海内如出现了意料不到的问题，由我组织卫戍区部队支援；
四、由北京卫戍区负责对人民日报社、新华社、广播电台、中央机关与清华、北大的戒备。

在10月6日那天，吴德与中共北京市委第二书记倪志福、常务书记丁国钰、卫戍区司令吴忠一起守在电话机旁。

不到9点钟，汪东兴来电话说一切顺利，张春桥、王洪文已解决，江青由张耀祠负责，让卫戍区派人抓姚文元。吴德当即要吴忠亲自去解决。"四人帮"这个恶贯满盈的反革命集团，就这样顺利地被一举粉碎了。

吴德说，当晚10点多，中央政治局在玉泉山叶剑英的住地召开了紧急会议，一是选举华国锋为党中央主席，二是讨论通过中央16号文件，即向全党全军全国通报中央对"四人帮"采取隔离审查与推选了华国锋为中央主席的决定。

华国锋谈粉碎"四人帮"

华国锋是粉碎"四人帮"的主角，我很想听听华国锋谈粉碎"四人帮"的经过。从1991年5月笔者采访了张耀祠将军之后，便与华国锋的曹秘书、于秘书多次联系，希望能够采访华国锋，请他回忆粉碎"四人帮"的经过。直至2006年5月12日，笔者在北京还与华国锋的曹秘书通了电话。秘书告知,由于众所周知的原因,华国锋一直没有公开谈论这一问题。

在2004年第7期《炎黄春秋》杂志上,我读到张根生的文章《华国锋谈粉碎"四人帮"》,其中有一段文字涉及这一内容。

张根生是吉林省原省长、国务院农村发展研究中心原副主任,与华国锋有着多年的交往。

据张根生回忆,1963年10月,任湖南省委书记处书记的华国锋和李瑞山,带领省有关部门负责人和各地委书记等33人到广东省来参观水利建设和农业生产。广东省委派当时任省委候补书记的他以及佛山地委副书记杨德元陪同参观,共有八九天的时间,在相互学习、相互交流中,大家就熟悉了。

1977年秋,张根生调到国家计委、农林部工作,此间华国锋先后担任了国务院副总理、总理等职务,因此张根生与华国锋接触比较多。

1982年5月,张根生因患胸壁结核到北京医院住院开刀治疗。华国锋因患高血压、糖尿病也在北京医院住院,因此在早晚散步时较多见面。他俩也曾进行过一些交谈。

此后华国锋到广东一次,张根生也去了北京两三次,见面比较多。

1999年3月9日上午,张根生问及当年粉碎"四人帮"的过程,由于是老朋友,华国锋详细向张根生介绍了当时的经过情况。

以下是张根生记述的华国锋的回忆,虽说缺乏细节,显得粗略,但毕竟是华国锋亲自谈粉碎"四人帮"的经过。

> 1976年是我们党和国家最困难的一年。"四人帮"在这一年里疯狂地进行篡党夺权的阴谋活动。
>
> 9月9日,毛主席逝世,"四人帮"认为时机到了,因此更加变本加厉。张春桥的弟弟(总政副宣传部长)亲自下到某坦克师活动,上海市再次给民兵发放了大批枪支弹药。

■ 华国锋在天安门城楼上(钱嗣杰 摄)

9月10日下午，我首先找李先念来家中密谈，指出"四人帮"阴谋篡党夺权的野心已急不可待，特请李先念亲赴西山找叶帅交流看法、沟通思想。我和叶帅比较熟悉，他是我们党德高望重的老帅，在部队有极重要影响，所以我对他非常信任。为提防"四人帮"察觉，李先念于13日借去北京市植物园的名义，然后突然转向前往西山。当时叶、李两人由于有一段时间没交谈了，互不摸底，相见时先是寒暄问好，又到院中走走，经过一段交谈之后，才转入正题。

为了稳妥执行这一事关党和国家命运的重大决策，我还亲自和叶帅直接取得联系，交换看法，做准备工作，我们两人一致认为要采取非常手段解决，并找了汪东兴谈话，思想也完全一致。

当一切准备就绪后，10月6日晚，我和叶帅在怀仁堂亲自坐镇指挥，由汪东兴具体实施行动。

在完成对"四人帮"一伙的逮捕任务之后，便立即通知政治局委员到玉泉山开会。我请叶帅主持，他要我主持先讲，我宣布了"四人帮"已被隔离审查，并着重讲了"四人帮"阴谋反党夺权，疯狂活动的罪行。叶帅介绍了对"四人帮"逮捕的经过，而且着重讲了全党全军都坚决反对他们一伙的反党罪行。在这种特殊情况下，对他们采取非常手段是非常必要的。经过讨论政治局一致表示拥护。

我先提议请叶帅担任党中央主席，他德高望重，两次挽救了党。叶帅则起来说提议要我担任中央主席、军委主席。他说，这是毛主席指定你当接班人的，我已经79岁了，你年纪比我小20多岁，你有实际工作经验，为人实在、讲民主、尊重老同志，你应该担起这个重任。经过大家认真讨论后，一致通过叶帅的提议。这也是临危受命吧。

邓小平说"可以安度晚年了"

曾经有过诸多报道宣称，当时因"批邓、反击右倾翻案风"而软禁在北京宽街邓宅的邓小平，在王震的"联络"之下，秘密会晤了叶剑英，商谈过关于解决"四人帮"的问题：

> 据王震回忆，一天吃过早饭，他去看望邓小平。邓小平正在院内散步。主人喜出望外，亲自迎接到门口。他照例恭恭敬敬地鞠上一躬，问候邓小平同志身体健康状况和生活起居。主人关切地问了问"外边"的情况之后，打听起叶剑英来。
> "叶帅那里，你最近去过吗？"
> "常去。"
> 邓小平稍微思索一下，接着提出了一连串的问题：
> "叶帅现在常住在什么地方？"
> "他每天的起居活动是怎样安排的？"
> "身体怎么样？"
> "什么时间精神最好？"

……

王震一一作答，告诉邓小平，主席逝世前后这一段，叶帅从西山下来，来往于小翔凤和二号楼之间。

邓小平点了点头，没有再说什么。王震事后知道，第二天邓小平连电话也没有打，竟单独去看望了叶剑英。他冒着极大风险，悄悄来到叶帅住地。

两位老革命家坐在元帅的书房里，悄悄地交谈着。邓小平嘱咐叶剑英，一定要多找老同志谈话，听听群众呼声。

他们对斗争形势的发展和如何解决"四人帮"问题，交换了看法。邓小平对叶剑英必能"收拾残局"，抱以极大的期望。①

但是，邓小平的女儿邓榕否认了在粉碎"四人帮"之前、在邓小平被软禁期间，曾经秘密会晤叶剑英。邓榕引述了有关书报上的描写：

关于邓小平1976年在被软禁时"失踪"去见叶剑英这一传说的由来，《邓小平在1976》中虽未说明，但该书提到，由范硕撰写的《叶剑英在1976》中写到过："这一天，邓小平选择了一个最佳时间，以'上街看看'为名，冒着极大风险，悄悄来到小翔凤叶帅的住所……对斗争形势的发展和如何解决'四人帮'问题交换了看法。"《邓小平在1976》一书中还提到："据多年跟随叶剑英的一位秘书在撰写的一篇回忆文章中说：'那天，邓小平离开小翔凤时，手中握着一张9月16日刊有两报一刊社论的《人民日报》。'"

邓榕指出：

那时小平同志正被软禁，完全没有行动自由，根本不可能偷偷出来去会晤叶剑英。邓小平与叶剑英的会晤，是在粉碎"四人帮"以后，1977年春节前后。②

处于软禁之中的邓小平，究竟是怎样获知粉碎"四人帮"这一至关重要的消息的呢？2012年10月9日，作者在北京采访了叶剑英元帅的侄子叶选基和吕正操将军的女儿吕彤岩。

叶选基说，他得知粉碎"四人帮"，是在1976年10月6日夜11时。那是叶剑英的警卫长马锡金奉叶剑英之命打电话把振奋人心的消息告诉了他。

吕彤岩说，她获知这一重要消息是在10月7日中午。那是当时担任铁道兵政委的父亲在上午出席了陈锡联主持召开的三总部各兵种领导紧急会议，回家之后显得异常兴奋。吕彤岩问他什么事情这样高兴？吕正操说"四人帮"已经被抓起来。

---

① 范硕、高屹：《肝胆相照，共解国难——叶剑英和邓小平在党和国家危难时刻》，《党的文献》1995年第1期。
②《邓榕同志致本报编辑部的一封信》，1997年6月20日《作家文摘》。

■ 叶剑英、华国锋、邓小平在一起（钱嗣杰 摄）

当天下午3时，叶选基来到岳父吕正操家。吕彤岩问叶选基，这一消息要不要告诉邓小平？叶选基说，你赶紧给邓家报信。由于邓小平处于软禁之中，他们担心邓家电话受到监听，于是吕彤岩乘公共汽车前往和平里，来到邓小平的女婿贺平家。（值得提到的是，吕彤岩对笔者称当时叶选基并不在场，是她自己决定去贺平那里，而叶选基则坚持是自己在红星胡同提议吕彤岩去贺平家。叶选基与吕彤岩两人当面对质，各持己见。考虑到叶选基通常对自己经历的细节记得比较清楚，所以笔者倾向于叶选基的回忆。）

叶选基为什么让吕彤岩给邓家报信，而不是自己去呢？那是因为吕彤岩跟邓榕以及邓榕的丈夫贺平有着非同一般的关系。

吕彤岩告诉我，她跟邓榕很早就认识。在"文革"中，邓榕在陕北插队落户，而她从中国医科大学毕业之后也被分配到陕北一个公社的卫生院工作。很巧，跟邓榕所住的村子只隔5里路，所以过从甚密。她甚至还为邓榕介绍对象，把卫生部副部长贺彪将军的儿子贺平介绍给邓榕，她成了邓榕的"媒人"。正因为这样，贺平听到吕彤岩告知的重大消息之后，一刻也不敢耽误，立即骑车飞快地从和平里赶往宽街邓府。

如同邓榕在《我的父亲邓小平（"文革"岁月）》一书中所记[1]：

> 他一进屋，就连声说："快来！快来！"全家人一看他满头大汗兴奋不已的样子，就知道一定有大事发生。在那个时候，我们怕家中装有窃听器，因此凡有重要的事情，都会用一些防窃听的方式悄悄地说。我们大家——父亲、母亲和当时在家的邓林、邓楠，还有我——一起走到厕所里面，关上门，再大大地开开洗澡盆的水龙头。在哗哗的流水声中，我们围着贺平，听他讲中央粉碎"四人帮"的经过。父亲耳朵不好，流水声音又太大，经常因为没听清而再问一句。……震惊、疑惑、紧张、狂喜，一时之间，喜怒哀乐之情全部涌上心头。父亲十分激动，他手中的烟火轻微地颤动着，我们全家人，就在这间厕所里面，在哗哗作响的流水声中，问着，说着，议论

---

[1] 邓榕：《我的父亲邓小平（"文革"岁月）》，中央文献出版社2000年版，第523页。

着，轻声地欢呼着，解气地怒骂着，好像用什么样的方式都无法表达心中的振奋和喜悦。

在《邓小平文选》中，邓小平在1980年8月，这样回答意大利女记者奥琳埃娜·法拉奇的关于拘捕"四人帮"的提问：

奥：很显然，只有在毛主席逝世以后才能逮捕"四人帮"，到底是谁组织的，是谁提出把"四人帮"抓起来的？

邓：这是集体的力量。我认为首先有四五运动的群众基础。"四人帮"这个词是毛主席在逝世前一两年提出来的。一九七四年、一九七五年，我们同"四人帮"进行了两年的斗争。"四人帮"的面貌，人们已看得很清楚。尽管毛主席指定了接班人，但"四人帮"是不服的。毛主席去世以后，"四人帮"利用这个时机拼命抢权，形势逼人。"四人帮"那时很厉害，要打倒新的领导。在这样的情况下，政治局大多数同志一致的意见是要对付"四人帮"。要干这件事，一个人、两个人的力量是办不到的。[①]

走笔至此，还要提一下，我在北京还采访了万里委员长的长子万伯翱、次子万仲翔以及小儿子万晓武[②]，得知发生在北京医院高干病房里的另一幕——

叶选基在10月7日早上7时多，赶往北京翠家湾王震家。王震得知这一重要消息，立即驱车前往陈云家报告，他又派儿子王军赶往北京医院高干病房。当时，作为邓小平的两员"黑干将"的胡耀邦和万里以及廖承志正在那里住院。自从"批邓、反击右倾翻案风"运动以来，万里便以患脉管炎为由，住进北京医院。当王军告诉他们特大喜讯，非常兴奋的胡耀邦拥抱了万里，还亲吻了一下！

当时，乔冠华也在那里住院，就住在万里病房对门。万里与乔冠华是老相识，但万里那时候是"批判对象"，不便去看望乔冠华，而乔冠华居然一次也未曾去拜访咫尺之内的万里。在粉碎"四人帮"的消息传开之后，乔冠华的病房门上贴了一张纸条："谢绝探视！"

郭沫若欢呼"大快人心事"

10月7日，《光明日报》按原计划发表了"梁效"的文章：《打着红旗反红旗的黑标本——批判〈论总纲〉篡改马克思主义的卑劣手法》。这是华国锋、叶剑英为了迷惑"四人帮"在上海的余党而故意刊登的。

10月7日，叶剑英派儿子叶选宁去看望胡耀邦。胡耀邦得知粉碎"四人帮"之后，对

---

① 《邓小平文选》第2卷，人民出版社1994年版，第349—350页。
② 2012年10月11日，叶永烈在北京采访万里委员长的长子万伯翱，10月14日采访万里次子万仲翔以及小儿子万晓武。

叶选宁说:"请帮我捎三句话给叶帅和华总理:一句是停止批邓,人心大顺;二句是冤案一理,人心大喜;三句是生产狠狠抓,人心乐开花。"

陈云得知"四人帮"被捕,连声说,剑英同志是一个真正的共产党员。

徐向前获知喜讯,高呼:"好得很,好得很!"

聂荣臻则激动地说:"中国得救了!"

10月10日,"两报一刊"发表社论《亿万人民的共同心愿》,第一次在报纸上公开出现"团结在以华国锋同志为首的党中央周围"的提法。

10月12日,英国《每日电讯报》就把《毛的遗孀被捕》,公诸于世。

16年之后,张耀祠在与笔者的长谈中,首次披露了他当年拘捕江青的详细情况。

笔者再三问张耀祠:"汪东兴对你所说的'中央决定,粉碎"四人帮"',这'中央决定'是怎么作出来的?是谁作出来的?"

张耀祠说:"我是军人。军人的天职是服从命令。当时,我服从中央的决定,执行命令,拘捕江青。我不会也不可能向汪东兴问中央的决定是怎么作出来的。当然,我去拘捕江青,除了执行中央的命令之外,我本人在毛泽东身边工作多年,也早就看不惯江青的所作所为。所以,我执行中央的命令非常坚决。在粉碎'四人帮'之后,我也没有向汪东兴问过'中央的决定是怎么作出来的'。我在中央机关工作多年,向来遵守纪律,不该知道的事情从来不问。所以,我至今不知道当时中央的决定是怎么作出来的。"

汪东兴后来这么回忆:

■ 首都人民载歌载舞庆祝粉碎"四人帮"

李鑫、张耀祠、武健华几位同志负责在江青、毛远新的住处采取行动，把这两个人也抓起来了。他们都没有抵抗。

这次行动从8点开始，到9点半以前就全部结束了。

因为准备工作做得比较细致，比较扎实，几个人都解决得很顺利。当时都是先向他们宣布中央决定：中央认为你犯了罪，决定对你进行隔离审查。

问题解决后，当晚10点，在京的政治局成员都集中到玉泉山叶帅住的9号楼去开政治局会议。华国锋、叶剑英宣布，在一小时前，没费一弹，没流一滴血，就清除了"四人帮"。

会议整整开了十几个小时，一直开到天明。

当时不在北京的韦国清、许世友、李德生、赛福鼎等同志，是由我打电话通知的，告诉他们政治局的决定，并征求了他们的意见。他们都表示坚决拥护中央的决定。

粉碎"四人帮"的斗争，是以华国锋、叶剑英同志为主进行的。我只做了一点具体工作。主要是华、叶当时决心下得透，也很果断。

粉碎"四人帮"的消息传出，全国振奋。

85岁高龄的郭沫若抑制不住内心的喜悦，激情满怀，作《水调歌头·粉碎"四人帮"》庆贺：

> 大快人心事，
> 揪出"四人帮"。
> 政治流氓、文痞，
> 狗头军师张，
> 还有精生白骨，
> 自比则天武后，
> 铁帚扫而光。
> 篡党夺权者，
> 一枕梦黄粱。
>
> 野心大，
> 阴谋毒，
> 诡计狂。
> 真是罪该万死，
> 迫害红太阳！
> 接班人是俊杰，
> 遗志继承果断，
> 功绩何辉煌！

拥护华主席，

拥护党中央。

"四人帮"的"地下生活"

"四人帮"在1976年10月6日那个难忘的夜晚，被押进神秘的地下工程之后，就被关押在那里，过着"地下生活"。

陪同江青进入地下工程的护士马晓先，很注意观察。她记得，红旗牌轿车在地面上行驶一段路，便进入地下。先是驶过一条地下通道，然后才进入地下室。也就是说，地下室离地下入口相当远，与外界完全隔开。

马晓先还注意到，地下工程里的走廊以及房子里墙的下半截，是用水曲柳护板装饰。她觉得眼熟，不由得记起，在毛泽东去世之后，在1976年9月18日结束群众瞻仰之后，9月20日凌晨3时50分，毛泽东遗体由华国锋、汪东兴等护送离开人民大会堂，被送到地下室里去保存，直到水晶棺做好、毛主席纪念堂在天安门广场建成，才移往那里。由于毛泽东在1976年9月去世，这个地下室的代号为"769"。

当毛泽东的遗体保存在"769"地下室的时候，马晓先曾跟随有关的人员到过那里看过毛泽东遗体。当时"769"地下室警卫与医务两套班子实行了24小时值班制。从大门口到"769"地下室设了四道岗哨，中央警卫局副局长毛维忠、张耀祠等领导轮流带班。为了确保"769"地下室环境不受污染，中央规定汽车不准进入。中央领导人来此，即使是华国锋，也必须在外面下车，步行进去，沿地下通道走100多米，才来到"769"地下室。"四人帮"中除姚文元之外，都来过"769"地下室。

她记得，"769"地下室的走廊以及房子里墙的下半截，也是用水曲柳护板装饰。她判定，如今关押"四人帮"的地下室，可能也就是"769"地下室。

不过，据1976年9月20日凌晨护送毛泽东遗体到"769"地下室的相关工作人员回忆，载着毛泽东遗体的车队当时从人民大会堂穿过长安街，朝西四方向的毛家湾驶去，进入一家医院。"769"地下室在北京某医院的地下，原本那里是一个地下手术室，是医院为备战而设立的。难道"四人帮"是关在那里？

很可能"769"地下室的装饰，与关押"四人帮"的地下室一样，所以"四人帮"未必是关押在"769"地下室，而是中南海的地下室。

这个地下工程，原本是战备工程，按照毛泽东"深挖洞"的指示挖的战备指挥部。由于是供领导人在发生战争时进行指挥的地方，所以地下工程里的房间都比较宽大。

在关押"四人帮"之后，地下工程外边有警卫，门口有警卫，屋里有警卫。

"四人帮"在地下工程里，名副其实地受到隔离审查。

说隔离，他们每一个人，都是单独监禁，由拘捕他们时的行动小组负责看管。"四人帮"被隔离在地下工程的不同区段。他们彼此都不知道有谁也关押在那里。地下世界一片寂静。他们不准看报纸，也不准看电视，完全切断了外界信息。

说审查,在那里"四人帮"确实受到审查。但是"四人帮"在刚刚被打倒的日子里,并不承认自己的失败,所以持顽抗的态度。

"四人帮"虽说处于"地下世界",但是住宿条件都还是不错的。他们每个人都拥有一个独立的套间,除了卧室之外,还有客厅以及卫生间。每个人都有桌椅,有纸、笔,另外也都有一套四卷本的《毛泽东选集》。每天都通风除湿,并且用紫外线照射消毒。"四人帮"在隔离室内不戴手铐,可以自由行动。当然,为了防止他们寻短见,他们一举一动24小时处于看管人员的监视之下。

不过,看管人员只对"四人帮"实行监视,对他们不虐待,不侮辱。为了防止他们自伤自残,对每个人都进行了搜身,收缴了尖利器具。上级明确指示,"四人帮"在地下关押期间,不能逃跑,不能死亡。

在地下室里,"四人帮"的伙食也还不错。他们的伙食跟看管人员一样。当然,饭菜不能在地下室里烧,而是由地面上的机关食堂做好,以专人、专车送到地下室。早餐有稀饭、馒头、牛奶、小菜。中餐、晚餐两菜一汤,一荤一素,肉、蛋、鱼不断,主食大米、馒头,经常变换花样。面食也有水饺、面条、大饼、油饼等花样。

江青吃了一段时间后,要求给她增加吃点粗粮以及带粗纤维的蔬菜,工作人员报告上级之后,满足了她的要求。

张春桥吃了几天突然不吃饭了,受到看管人员的批评。张春桥解释说:"我不是绝食。你们年轻,不知道,我吃多了身体不舒服,难受。"

姚文元在被隔离的第一周,态度比较差,摔东西,而且还骂人。他还总是打听,自己究竟被关押在什么地方。姚文元在受到批评教育之后,态度才逐渐好转。

江青在地下室很仔细阅读《毛泽东选集》。坐着累了,就躺着在床上看,看着看着就睡着了。

张春桥和姚文元也很认真阅读《毛泽东选集》,一边阅读,一边还用笔在书上画道道,有时还写下眉批。张春桥还要求给他《列宁选集》,看管人员满足了他的要求。姚文元看书看累了,会站起来甩甩手,弯弯腰。

只有王洪文显得差一些,不大看《毛泽东选集》。

张春桥一边看书,一边不停地抽烟。地下室里的通风条件毕竟比地面差,所以张春桥的烟瘾把地下室弄得乌烟瘴气。经过看管人员提醒之后,张春桥这才尽量少抽几根香烟。

江青在地下室里,曾经写了几封信给中共中央领导人。这些信件都由负责地下工程的工程防化科科长黄昌泰取走上交。看管人员记得,江青曾经在纸上写过两句话,一是"木秀于林,风必摧之",一句是"枪打出头鸟"[1]。

处于信息封闭状态的江青,不知道外面的情况。马晓先记得,江青曾经问她:"是不是邓小平上台了?""你们这样,是不是邓小平叫你们干的?"

可以看得出,江青心中是很不服气的。

---

[1] 《中央警卫:我们参与抓捕"四人帮"的全过程》(记录整理者辛恕翰、姜晓),2010年7月19日《北京日报》。

在关押期间，"四人帮"都是自己洗衣服，自己打扫房间，自己擦桌椅。

江青不知道怎么样用洗衣粉，把洗衣粉撒在衣服上。经过马晓先指点，江青才知道应当先把洗衣粉溶解在水里，再把衣服泡在水里，过些时候用手搓洗，就把衣服洗干净了。从那时候起，江青学会了用洗衣粉洗衣服，每一次都洗得很认真。

"四人帮"生活在"地下世界"，看管人员也陪同他们生活在"地下世界"，终日不见阳光。他们回忆说：

> 长期不见阳光，空气湿度大。晚上盖上被子一会儿一身汗，被子稍露缝隙就冷气刺骨。不少同志都烂裆了，有的患了高血压、关节炎。长期在地下，连夜宵一天四餐，又没有地方活动，有的发胖，觉得乏力。也不能洗澡，一个月后才用车拉到地上洗一次澡。但大家没一个叫苦的，顽强地坚守在各自的岗位上。再比如，长期少眠的考验。工作人员24小时在灯光下值班，"四人帮"的一举一动都要在值班人员的视线内，精力高度集中，精神高度紧张。开始时每组仅四个人，两人一班，每天两班倒，时间长了就严重少眠，困得不行。有的工作人员值班时困了，就用手拧大腿，有的咬舌头。一个多月后，上级又从警卫局和警卫团抽调了一些干部来帮助看押。这样人多了，两人一班，每天三班倒，就解决了睡觉的问题。①

在"地下世界"生活了半年，1977年4月9日，武健华通知各组，晚上执行重要任务。原来，那是中央决定把"四人帮"押送秦城监狱，交由公安司法机关拘捕关押。押送路程约一百多华里，必须保证一路安全。

"四人帮"是分开押送的。在4月10日凌晨，先是押送王洪文，然后押送张春桥。接着押送江青，最后押送姚文元。

押送"四人帮"时，都是用防弹红旗牌轿车，前有开道车，后有后卫车。上级指示，如果在途中遭遇武装拦截、劫车等意外情况，由前后卫车负责反击，载有"四人帮"的防弹红旗牌轿车不开枪反击，而是继续按照既定路线快速前进。

从1976年10月6日晚上"四人帮"进入"地下世界"，到1977年4月10日凌晨押送秦城监狱，"四人帮"在"地下世界"前后关押了六个月零四天。

负责拘捕"四人帮"的行动小组全体成员以及其他看管人员，"陪"着"四人帮"在地下生活了半年。为了保密，这半年之中，他们没有跟家人联系。随着"四人帮"被转移到秦城监狱，他们也"解放"了。

1977年4月12日，中共中央政治局全体成员在人民大会堂接见了这次参与解决"四人帮"反革命集团的全体人员，合影留念，并宴请他们。祝酒时，华国锋说："大家辛苦了，谢谢同志们！"叶剑英则说："你们为党做了一件大好事，党和人民是不会忘记你们的。"

综上所述，可以排出一张粉碎"四人帮"日程表如下：

---

① 《中央警卫：我们参与抓捕"四人帮"的全过程》（记录整理者辛恕翰、姜晓），2010年7月19日《北京日报》。

1976年9月9日：毛泽东去世。

1976年9月10日：华国锋通过李先念找叶剑英，征求叶剑英的意见，采取什么方式、什么时间解决"四人帮"的问题。同日，华国锋还找汪东兴密商，汪东兴坚决支持对"四人帮"采取断然措施。

1976年9月13日：李先念到北京西山看望叶剑英，转达华国锋的意见。

1976年9月21日：叶剑英前去看望华国锋，商讨解决"四人帮"的问题。华国锋与叶剑英初步确定对"四人帮"采取隔离审查的方案，并决定把这个方案在可靠的高层同盟者中秘密征询意见。

1976年9月26日晚：华国锋与李先念、吴德一起商议解决"四人帮"的实施方案。华国锋明确指出："早比晚好，越早越好。"他们商定，在国庆节之后，花十天时间做充分准备，然后伺机动手，把"四人帮"抓起来隔离审查。

1976年10月2日：下午3时左右，叶剑英来到汪东兴在中南海的家中，商议扫除"四人帮"的行动计划。紧接着，叶剑英又看望了华国锋，希望华国锋能够尽快联合汪东兴，解决"四人帮"。

当天晚上，汪东兴来到华国锋在东交民巷的住地。华国锋要求汪东兴尽快制定解决"四人帮"的行动计划。

华国锋还来到吴德住处。吴德提出在解决"四人帮"时，应同时解决"四人帮"在北京市的爪牙如迟群、谢静宜、金祖敏等人，华国锋表示同意，并委托吴德、吴忠对"四人帮"在北京市的爪牙采取行动。

1976年10月4日：当天下午，华国锋约了吴德商议行动计划。下午5时，吴德刚从华国锋那里回家，又接到华国锋的电话，要他马上再来一趟。吴德随即赶去，原来是汪东兴来到华国锋家。汪东兴转达了他与叶剑英商讨的拘捕"四人帮"的方案，然后与华国锋细细商讨。这样，10月6日的行动方案浮出水面——

按华国锋、叶剑英、汪东兴已议定的方案，抓"四人帮"由汪东兴负责；

对迟群、谢静宜、金祖敏等人的隔离审查，由吴德与北京卫戍区吴忠负责；

中南海内如出现了意料不到的问题，由吴德组织北京卫戍区部队支援；

由北京卫戍区负责对人民日报社、新华社、广播电台、中央机关与清华、北大的戒备。

汪东兴说，10月6日粉碎"四人帮""这件事是10月4号下午决定的"。

当天深夜，华国锋又悄然来到汪东兴家，密商10月6日行动方案的种种细节，谈了四小时之久。设想的行动方案，即：以在怀仁堂正厅召集政治局常委会的名义解决。姚文元不是常委，就在文件上特定写明请他来做会议的文字工作，把姚文元也从钓鱼台或住地调到怀仁堂。另外安排一个行动小组解决毛远新、江青。

1976年10月5日：上午，汪东兴来到华国锋家商谈，确定行动小姐的分组名单以及行动纪律等。下午4时，华国锋和汪东兴分别乘车前往西山叶剑英住处。

在极端秘密的气氛中，华国锋、叶剑英、汪东兴聚集在西山，作出了历史性的决定：在10月6日晚上8时动手，逮捕"四人帮"。

1976年10月6日：上午，经过华国锋签字同意，汪东兴用中央办公厅名义发出了中共中央政治局常委开会通知。

晚上，在中南海怀仁堂，从7点55分抓捕张春桥，到8点30分拘捕姚文元，前后只用了35分钟，就干脆利落地解决了"四人帮"中的三个。与此同时，第三行动小组在中南海拘捕了江青以及毛远新。

晚上9时以后，华国锋、叶剑英、汪东兴三人离开中南海怀仁堂，前往玉泉山。

晚上10时，中共中央政治局会议在玉泉山9号楼召开。

1977年4月10日：从1976年10月6日晚上"四人帮"进入地下工程隔离审查，到1977年4月10日凌晨押送秦城监狱，"四人帮"在地下前后关押了六个月零四天。

马天水满心狐疑飞往北京

1976年10月7日，当胜利的曙光照耀着华夏大地，人们从睡梦中苏醒，还不知道中国这艘巨轮已驶入新的航程。

叶剑英和他的战友们不露声色，因为在这个时候燃放庆贺的爆竹尚为时过早。

他们把目光投向上海——这座尚处于"四人帮"余党手中的中国最大的城市。

10月7日出版的《人民日报》，依然保持着"姚文元风格"，送往千家万户。头版头条登着：《继承毛主席遗志的最好实际行动——上海市掀起群众性学习毛泽东思想的高潮》，这是一篇吹捧"基地"的报道。二版的通栏标题为《深入批判邓小平授意炮制的〈论总纲〉》，刊出梁效的长文《〈论总纲〉和克己复礼》。"梁效"这一"帮秀才"写的"帮文"照登不误，似乎一切"正常"。……《人民日报》如此，全国所有的报纸、电台也如此，没有透露半点风声，谁都不知道6日午夜爆发的那桩惊天动地的壮举——尽管在逮捕"四人帮"之后，北京卫戍区部队已顺利地接管了新华社、人民日报社、中央人民广播电台、公安部。

当年"杨、罗、耿"兵团的那个"耿"，即耿飚，曾长期担任中共中央对外联络部部长，此刻奉命接管了姚文元那一摊子舆论机关，但在舆论上仍保持沉默。

在茫茫大上海，这天唯一行动反常的是"总管"马天水。

10月7日上午9点，当粗眉大眼的王秀珍刚刚步入康平路中共上海市委的党委学习室，发觉马天水穿得整整齐齐，早已坐在那里。马天水向来"朴素"，只有在接待外宾时才穿笔挺的中山装，扣得紧紧的衣领里露出一圈雪白的衬衫领。不过，他今天神态木然，呆呆地坐在那里。

"马老，今天有外宾？"王秀珍问道。

"不，去北京开会。"马天水低垂着硕大、光秃的脑袋，颓然地答道。

"去北京开会？"徐景贤也进来了。他向来是个非常敏感的人，马上插话道，"中央最近一段时间没有会议呀，也不会有人事变动。"

"是呀，每次去北京开会，春桥、文元和老王总是事先来电话关照。这一回，怎么突然叫你去开会？哪里来的通知？"王秀珍问道。

"中央办公厅一早打电话来，要我和周纯麟同志今天中午赶到北京。"马天水答道。

"你给春桥挂过电话吗？"徐景贤追问。

"我，我怕太早，他没起床，怕打扰他。"马天水支吾着。

其实，这个"马老"，乃是一匹识途"老马"，哪里还用得着徐景贤提醒？他在接到中央办公厅的电话之后，当即觉得这通知那么急，有点蹊跷。他在电话中问道，去北京干什么？开什么会？他想摸底。可是，对方只是重述中央的通知，未加任何说明。那口气完全是公事公办式的。马天水一听，便疑虑重重。

凭借着"老马"丰富的政治经验，他预料此行凶多吉少。特别是在国庆节前夕，王洪文先是派他的秘书萧木来沪，紧接着又派廖祖康来，已经把北京政局的底牌清清楚楚告诉了马天水。

然而，电话是中央办公厅打来的，马天水不能不立即去北京。

马天水与上海警备区司令员周纯麟同行。王秀珍、徐景贤送他们去机场，再三叮嘱马天水的秘书房佐庭，到了北京一定要打个电话回来报"平安"。

马天水的飞机刚刚抵达北京，就被接去出席中央的"打招呼"会议。

当马天水听说"四人帮"被捕，简直目瞪口呆！他解开了紧扣着的中山装的领子，那光秃的前额仍在不断冒汗。他闭口不语，不表态。

凌晨2时，当他驱车回到京西宾馆，他实在熬不住了，才对秘书说出了一句恼羞成怒的话："简直是突然袭击，宫廷政变！"

说罢，马天水似乎意识到自己失言，即便是在秘书面前也不该说出这样泄露内心秘密的话。他赶紧闭上了嘴。

辗转反侧，马天水无法入眠。

他无法抑制自己的心情。他毕竟又对秘书说出了心里的话："唉，今天还要去开会，会上不能不表态。表态难，不表态又不行。表示拥护吧，向上海怎么说？不表示拥护吧，恐怕就回不去了！"

在会上，马天水言不由衷，不得不虚掩几句拥护之类的话。紧接着，他就来了个"但是"："建议党中央正确处理和区分两类不同性质的矛盾，张春桥在'一月风暴'、'大联合'中是有影响的人物，中央要慎重对待。"他的言外之意，张春桥属"人民内部矛盾"，王洪文当然也属"人民内部矛盾"。

就在马天水吞吞吐吐、闪烁其词的时候，上海的徐景贤、王秀珍如热锅上的蚂蚁一般，急得团团转。

上海余党成了热锅上的蚂蚁

"四人帮"被捕之后，由于封锁消息，上海"四人帮"的余党们最初并不知道北京的真实情况。

尽管马天水和周纯麟突然奉命前往北京,曾引起徐景贤和王秀珍的怀疑,但是他们到达北京之后,并未发来异常的信息。

10月7日晚,王秀珍打电话给北京京西宾馆,找马天水。电话是马天水的秘书房佐庭接的。房佐庭告诉王秀珍,中央还没有开会,马天水正在待命,还不知道会议的内容。

其实,当时,马天水已经参加了中央"打招呼"会议。遵照中央规定,房佐庭对王秀珍说"中央还没有开会"。

当王秀珍要房佐庭找马天水直接通话时,房佐庭推说:"马老在洗澡。"

由于电话是马天水的秘书接的,所以没有引起王秀珍的怀疑。

10月7日晚上,徐景贤给当时的文化部部长于会泳打了个电话。当时,于会泳告诉徐景贤:"中国文化代表团不出国了,是华国锋决定的。"

接着,徐景贤又给卫生部部长刘湘屏打了电话。刘湘屏则告诉徐景贤:"没听说中央开什么会,王、张、姚的情况不知道。"

尽管于会泳和刘湘屏的答复隐含着异常情况,但是还不足以使徐景贤对于北京局势作出发生异常的决断。

这样,10月7日那天,上海在平静中度过。

10月8日,上海陡然紧张起来!

发现北京动向异常,是从10月8日清早开始的。

1980年12月13日上午,最高人民法院特别法庭第一审判庭在开庭审问王洪文、张春桥时,徐景贤作为证人出庭。徐景贤在证言中,详细叙述了当时发现北京动向异常的过程。

> 10月8日的大清早,(张春桥老婆)文静说,张春桥的儿子原定10月8日上北京的,结果文静给张春桥打了一夜电话没有打通,不知道出了什么事情。文静对王秀珍说了以后,王秀珍就亲自给王洪文那里打电话,想要问问情况,结果就是打不通……我们商量以后,决定把张春桥在上海的秘书何秀文以及当时正在上海的王洪文的秘书廖祖康和萧木都找来,让他们一起向北京打电话。这几个人到来以后,就通过各种渠道,用各种号码给张春桥、姚文元、王洪文那里打电话,结果一个都打不通(当时廖祖康判断说,"情况反常"!——引者注)……这个时候,我给《人民日报》的负责人鲁瑛打了电话,想要问问情况,结果鲁瑛的神态十分反常,没有讲两三句话就急忙把电话挂上(当时萧木说:"坏了,鲁瑛肯定给监视起来了!"——引者注)……在这个时候,我们又收到了中央军委关于加强战备的电话通知。上海警备区又向我们汇报说,原来总政决定在上海召开的全军图书工作现场会议现在通知停止召开。(这时,徐景贤又从上海人民广播电台负责人那里获知:"中央台通知停播《按既定方针办》等两首歌。"——引者注)这种种迹象就使得我们很忧虑。我就和王秀珍、王少庸、冯国柱、张敬标,以及张春桥的秘书何秀文,王洪文的秘书萧木、廖祖康一起在常委学习室分析形势。我说,毛主席逝世以后,一号战备刚刚通知撤销,怎么现在中央军委又通知加强战备了呢?而且这个通知里特别提到要防止内潜外逃,看来有

什么人出了事情……这个时候,市委常委张敬标通过上海警备区的军用电话接通了京西宾馆,找到了马天水的秘书房佐庭。王洪文的秘书廖祖康也赶去听电话了。房佐庭告诉他们说,会议不准往外打电话,又说这次他们到北京的时候是穿军装的人去接他们的。房佐庭在电话当中传回来一句暗语,说是"我的老胃病重患了"……这样我就在常委学习室跟他们几个人议论:房佐庭没有胃病,他说"我的老胃病重患了"究竟是什么意思呢?王洪文的秘书廖祖康这个时候说:几个老帅,像叶帅、徐帅他们还是有号召力。说到这里他不再说下去了,但是我们都明白了他的意思,他是说几个老帅可能已经发动军队对张春桥、姚文元、王洪文他们下手了。我心里是同意廖祖康这种分析的……①

廖祖康的这一估计②,显然因为他是长期在王洪文身边工作,从王洪文那里得知中国政界最高层的内部斗争形势,所以他的话不多,但很准确。

徐景贤听了,当即说:"极可能发生军事政变!"

王秀珍接着说:"老帅动手了,右派上台了。"

就这样,"四人帮"上海余党在10月8日上午作出了北京"极可能发生军事政变"的判断。

但是,这一判断,还只是"极可能"而已,尚未得到最终证实。

尽管尚未得到最终证实,徐景贤和王秀珍开始向中共上海市委常委们以及上海的重要部门负责人"打招呼",做好应付突变的种种准备。

原中共上海市委常委朱永嘉在1976年11月5日所写的一份材料中,描述了10月8日下午在上海康平路举行中共上海市委常委紧急"打招呼"会议的情形:

8日下午3点,我去康平路小礼堂开会,会议由徐景贤主持,参加会议的有王秀珍、冯国柱等常委和列席常委,徐说:给大家通一个气,马天水7日去北京开会,通不上消息,房佐庭(马的秘书)打电话回来,说是老胃病发了,估计中央可能出事,会议就散了。③

为了摸清北京的真实情况,王秀珍派出金祖敏的秘书缪文金在8日下午飞往北京,打听消息。王秀珍与他约定了暗号,如果北京果真发生"右派政变",就来电话说,"老娘心肌梗死"。

确证北京动向异常,是在10月8日晚上。

朱永嘉这么写道:

---

① 《中华人民共和国最高人民法院特别法庭审判林彪江青反革命集团案主犯纪实》,法律出版社1982年版,第355—356页。
② 1988年4月5日,叶永烈在上海的劳改工厂采访廖祖康。
③ 《王洪文、张春桥、江青、姚文元反党集团罪证(材料之一)》,1976年12月。

> 8日晚上,我又去康平路,在场的有徐景贤、王秀珍、冯国柱等,他们向北京打电话,探听消息,后来缪文进(金)打电话来讲老娘心脏病发了,是心肌梗死,这样大家认为是"右派"政变……①

当时,确证北京动向异常,除了缪文金的电话之外,还有两个电话。

一是王洪文的"小兄弟"祝家耀打来的。祝家耀是王洪文把他调入公安部,准备安排他当公安部副部长。祝家耀在电话中说了三句话:"人都集中了,门锁起来了,不能动了。"这三句话清楚表明,北京发生了"右派政变"!

紧接着,文化部刘庆棠来电话:"我们文化部的几个人也病了。"刘庆棠所说的"我们文化部几个人",无非是指于会泳、浩亮②等人。"病了",也就是失去了行动自由。

这三个电话,最终证实了北京发生了"天大的事"!

10月8日:上海疯狂之夜

由于已经确证北京的"右派政变",在上海康平路举行的中共上海市委常委会,便变成了一次策划反革命武装叛乱的会议。

后来,朱永嘉是这么描述的:

> 当时我跳出来说:我们得准备斗,搞成"巴黎公社",维持几天是可以的。我们可以发告全市全国人民书,或者先发一点语录,和赫鲁晓夫怎样上台的材料。王秀珍在会上说:民兵已经动员了,先动员二千五百人③,三万一千人待命,要发枪发子弹,连夜搞巡逻,还说舆论工作叫我去准备。徐景贤和冯国柱、张敬标商量后,宣布几项决定:一、现在开始作武装叛乱的准备;二、为了防止意外,他和王秀珍分住二地:王秀珍与冯国柱去民兵指挥部,徐和王少庸去丁香花园;三、部队方面要做一点工作;四、张敬标仍留在办公室值班。
>
> 散会以后,我立即到文汇报、解放日报、广播电台分别打招呼,告诉他们,"四人帮"可能出事了,如果市委决定,不发中央的消息,只发自己上海的消息,行吗?并要他们在少数骨干中个别打招呼,他们都同意了。回写作组也作了布置,要王知常准备语录和赫鲁晓夫如何上台的材料,至于告全市全国人民书还没有来得及讨论。④

1980年12月13日上午,徐景贤在最高人民法院特别法庭第一审判庭开庭审问王洪

---

① 《王洪文、张春桥、江青、姚文元反党集团罪证(材料之一)》,1976年12月。
② 浩亮在"文革"后受到审查,重新恢复原名钱浩梁登台。1992年在山东演出时,钱浩梁突然摔倒在舞台上,之后被诊断为脑溢血。此后无法再上舞台。
③ 据徐景贤当时的手令为3500人集中。
④ 《王洪文、张春桥、江青、姚文元反党集团罪证(材料之一)》,1976年12月。

文、张春桥时所作证人证言中说：

> 在策划会议上面，我们具体地讨论了设立指挥点的问题……我们就决定设立两个秘密指挥点，一号指挥点由我带领负责抓总和准备舆论，最后行动的命令由我这里发布，地点定在华山路丁香花园。二号指挥点由王秀珍带领，负责民兵和部队的军事行动指挥，地点定在市民兵指挥部……
>
> 我们在策划会议上确定了指挥点以及分工以后，我就当场执笔开列了一份进入两个指挥点的人员名单。一号指挥点名单有：我，市委常委王少庸，警备区副司令张宜爱，张敬标，朱永嘉，警备师师长李仁斋等人；二号指挥点的人员名单有：王秀珍，市委常委冯国柱，警备区副政委李彬山，副司令杨新亚，王洪文的秘书廖祖康，市委警卫处处长康宁一等人。我在会上当场宣读了这份名单，大家一致表示同意。在这两个指挥点的人员分手以前，我又按照王秀珍提供的民兵数字和情况，亲笔写下了第一个反革命手令。[①]

这时，法庭投影和宣读了这个手令。原文是："请民兵指挥部加强战备，三千五百人集中，三万一千民兵待命（即晚上集中值班）。请民兵指挥部立即派人加强对电台、报社的保卫。"

宣读后，审判员王战平问徐景贤："这是你写的吧？"

徐景贤答："是我亲笔写的。"

审判员王战平说："好，你说。"

徐景贤："写好以后，在分手以前，我把这个手令当面交给了王秀珍……"

接着法庭又投影和宣读了徐景贤写的第二个手令。内容是："电台由李仁斋同志告电台的连，注意警卫，听从刘象贤同志指挥。"

宣读后，审判员王战平问："是你写的吗？"

徐景贤答："这是我亲笔写的。"

审判员王战平说："你继续讲。"

徐景贤："……到了这个时候，我们所策划的反革命武装叛乱已经箭在弦上了，只要一声令下，上海就会陷入到一片血海之中。张春桥过去多次引用过《红楼梦》当中的一句话，就是'赤条条来去无牵挂'，用来开导我们，启发我们。他又多次说过'准备杀头'这样的话，用来对我们进行反革命的气节教育。当我在策划反革命武装叛乱的时候，我确实是准备为江青、张春桥、姚文元几个人豁出一条命去干的。我替'四人帮'卖命，与人民为敌达到了疯狂的程度。"[②]

[①]《中华人民共和国最高人民法院特别法庭审判林彪江青反革命集团案主犯纪实》，法律出版社1982年版，第359—360页。

[②]《中华人民共和国最高人民法院特别法庭审判林彪江青反革命集团案主犯纪实》，法律出版社1982年版，第361—362页。

10月8日午夜，上海的疯狂之夜。

关于一号指挥点，徐景贤已经写得清清楚楚。

王秀珍率领冯国柱、李彬山、杨新亚等来到上海市民兵指挥部二号指挥点。

10月9日凌晨1时，那里灯火通明。应召赶来的有王洪文的"小兄弟"陈阿大、戴立清、叶昌明、黄金海、马振龙。此外，还有先期到达那里的廖祖康[①]、施尚英、钟定栋、冯国柱。

王秀珍成了那里的首领。她满脸愠容，环视了与会者之后，用压低了的声音说出了一番富有煽动性的话："中央出了反革命政变，修正主义上台了！这是右派政变！我们要与他们对着干，血战到底。我们的民兵即使打两三天也好。枪声一响，全国都知道，全世界都知道！"

在这关键的时刻，王洪文手下的"五虎将"，个个嘴里喷射着复仇的烈焰。

陈阿大挥舞着拳头说："要大干，马上干！吴淞口只要沉一条万吨轮，就能把航道堵住。去几辆大卡车到机场，把钢锭甩在跑道上，就能把机场封住。"

叶昌明出了另外的主意："我们可以在上海发动大罢工。上海一罢工，就会产生国际影响。"

黄金海提醒道："最重要的是粮食！必要时可以动用金库去买粮食，万不得已可以到江苏去抢！"

戴立清讲："把民兵拉出来干。失败了，历史上会记上我们的功绩的！"

马振龙发出了同样的吼声："我们要对着干。大不了完蛋，大不了掉脑袋！"

倒是王洪文的秘书廖祖康没有说什么"豪言壮语"。他派人到城建局，连夜取来几套上海详图。他知道，一旦在上海打起仗来，没有上海详图难以指挥。

上海民兵指挥部领导小组副组长施尚英，则对10月8日午夜的密谋内幕，作过如下回忆：

> 在10月8日的晚上10点钟，我和李彬山、钟定栋策划制定了武装叛乱的方案，研究制定了战备值班的民兵、车辆、巡逻艇、设立秘密指挥点、开设电台和联络暗号等。在10月8日晚12点，王秀珍、冯国柱两个人又纠集了警备区和总工会的一大帮人到了民兵指挥机关，进一步策划反革命武装叛乱。
>
> 我和钟定栋两个人向王秀珍、冯国柱两个汇报我们拟定的方案。民兵第一批有3240人和摩托车100辆，卡车100辆，配正、副驾驶员；第二批有13000人，起用民兵一〇一号武装巡逻艇、十五瓦电台15部。秘密指挥点设在江南造船厂（施尚英原在上海造船厂工作——引者注）和国棉十七厂或国棉三十一厂，选择了我们信得过的人进驻各区当联络员，并且要求各个区的民兵指挥部的头头全部在位值班，还要求在9日18时以前，全部落实。
>
> 王秀珍提出国棉十七厂和国棉三十一厂这两个单位目标太大（即王洪文、黄金海原先所在的工厂——引者注），要我们在杨浦区另外再找一个工厂作秘密指挥点，其他都同意。

[①] 1988年4月5日，叶永烈在上海的劳改工厂采访廖祖康。

王秀珍并且告诉我们,她和冯国柱一帮人立即到东湖路7号,并要我们听他们那里指挥。

根据王秀珍和冯国柱的指使,我们就选择中国纺织机械厂为另一个秘密指挥点,并且在10月9日的上午9点钟,由我和吴立义、钟定栋召开了十个区民兵指挥部和五个直属民兵师的负责人会议,把我们拟定的方案作了布置。

之后,我们都带了手枪和文件等撤离民兵指挥部,到两个秘密指挥点上待命。

王秀珍所看中的东湖路七号,亦即东湖招待所,那是上海市委的一个招待所。王洪文回沪,总是住在那里。

在一号、二号指挥点,徐景贤、王秀珍分别指挥着一班"武将"。

朱永嘉呢?他则忙于指挥那班"秀才",作舆论准备。

10月8日之夜——"四人帮"被捕48小时之后,如姚文元所"预言"的那样,上海"基地""在复杂情况下独立作战"。

一场武装内战的阴云,笼罩着上海。尽管上海1000万市民对此还毫无所知,但是上海已堆满了干柴,只差一把火了。

马天水的电话解除了上海警报

10月9日,下起了细雨。

急匆匆,王洪文的妻子崔根娣拖儿带女,离开了康平路。没有坐小轿车,悄然登上公共汽车,从上海西南角斜穿整个市区,前往东北角杨树浦。

王洪文的"小兄弟"已经给她透露消息:"王洪文出事啦!"

她一次次给王洪文挂长途电话,总是没人接。

她给上海国棉十七厂厂医、她的一位好友陈玉芬[①]挂电话。在电话里没说几句,她就忍不住哭了起来:"我怎么办?孩子怎么办?"

"到我这里来吧,暂且躲一躲。"陈玉芬劝慰她。

她就带着儿女,借住到厂医陈玉芬家。

厂医陈玉芬与她的友情,倒并非"造反之交"。她的丈夫从部队复员到上海国棉十七厂,曾任厂党总支委员,"文革"前与王洪文有点来往。1966年,她的丈夫去世。1967年在与"联司"血战之时,她曾替崔根娣照料孩子。正因为这样,这一次崔根娣又想到了她,把孩子带到了她家。

她家不是个显眼的所在。金祖敏也把女儿托崔根娣一起带去。顿时,厂医陈玉芬家里挤了一屋子人。

不久,这小屋里又增加了一名"逃难者"。她叫张融融,张春桥的第三个女儿。

[①] 1986年10月27日,叶永烈采访上海国棉十七厂厂医陈玉芬。

张春桥的女儿怎么也躲到这儿来呢？原来，是崔根娣做的大媒，把上海国棉十七厂青年工人徐百丰介绍给张融融。听说崔根娣在厂医陈玉芬家避难，张融融也以为这里安全，便过来暂避风头。

虽然这儿是工人宿舍区，远不如康平路高干宿舍豪华、宽敞，崔根娣心中反而踏实了。她与厂医陈玉芬挤在一张床上，说出了心里话："不知道怎么搞的，这些年我的心总是悬着，担心洪文迟早会出事。现在，果真大祸临头……"

不过，就在这一天，上海民兵指挥部那紧张的战斗气氛，忽然缓和了。徐景贤、王秀珍这几天绷紧了的脸上，居然出现了笑容。

上海"基地"怎么一下子松弛了神经？

原来，10月9日上午10时，马天水从北京给王秀珍打来了电话。

"是马老吧？"王秀珍一听见马天水的声音，高兴得跳起来了。

"是我呀，我的声音你还听不出来？"真的，从电话耳机里传出来的，是马天水那熟悉的河北口音。

"你身体好吗？"王秀珍问。

"好，好，我在京西宾馆里一切都很好。"马天水答道。

"四位首长好吗？"王秀珍问了最关键的话。她所说的"四位首长"，不言而喻是指"四人帮"。

"他们都好，身体很好。"马天水居然这样答道。

"你见到他们了吗？"王秀珍紧紧追问。

"他们工作都很忙，我没敢打扰他们。他们在电话里托我向景贤和你问好！"马天水说得很流畅，很自然。

挂上电话，王秀珍急忙把好消息转告徐景贤。

徐景贤长长地松了一口气，顿时瘫在椅子上——连日的疲劳一下子袭了上来。

"小兄弟"们也飞快地得知"喜讯"。

叶昌明顿足道："唉，虚惊一场！"

当时担任中共上海市委的年轻的女委员、《朝霞》杂志总编辑陈冀德，在1977年5月27日受到审讯时，曾这么说：

> 9号上午，听朱永嘉说：徐景贤、王秀珍与在北京的马天水通了电话了。马天水说：他们三个（指王、张、姚）身体很好，工作很忙，中央正在筹备一个重要会议。我听后，心里的一块石头落了地。当时我对朱永嘉说：要是马天水说了谎，这个玩笑可是开得不大不小。王知常说：马老是老干部了，说谎不至于。因为听到了这样的消息，思想上不像8日那样紧张了。中午，萧木到我办公室来，对我讲他可能马上要走了。我说北京究竟发生什么事情还不清楚，不会马上叫你回去的。他说：不管出什么事，我都是要走的。小说我不想写了，也写不下去了，不管怎么样，人家都会说我写这部小说是为王洪文树碑立传的。我说：那也不能这么讲，文化大革命总归还是要反映的，

也总会有代表人物。萧木要我替他保存小说已经印出来的部分清样。在讲到当前形势的时候,我说不知会有什么变化,华国锋同志任主席的话,春桥同志可能会当总理。萧木情绪低沉地说:恐怕事与愿违。以后看起来中央是集体领导了,不可能像主席在时那样,一切都可以由主席仲裁、决定。现在还没有像主席那样可以仲裁一切的人……①

上海迅速地恢复了平静。

这天零点,先是由中央人民广播电台广播,紧接着上海各报与中央各报一样,都在头版头条刊登了重要新闻:中国共产党中央委员会、中华人民共和国全国人民代表大会常务委员会、中华人民共和国国务院、中国共产党中央军事委员会共同作出两项决定,即《关于建立伟大的领袖和导师毛泽东主席纪念堂的决定》和《中共中央关于出版〈毛泽东选集〉和筹备出版〈毛泽东全集〉的决定》。

这两项决定是以华国锋为首的中共中央在10月8日作出的。

另外,这天还同时下达中共中央文件,宣布中共中央政治局在10月7日作出决定,由华国锋担任中共中央主席、中央军委主席。

"一定是中央在开政治局会议!"看着报上刊登的两项决定,看着中共中央文件,上海的"四人帮"的同党们,作出了"合乎逻辑"的解释。

警报解除了!

10月12日:上海又要"大干"

其实,马天水是奉命向王秀珍打那个长途电话的。

马天水此人在宦海浮沉多年,曾总结出一句"名言":"第一把手不好得罪。"

他所说的第一把手,亦即顶头上司。

他总是举"顺风旗"。

在陈毅市长手下,他照陈毅指示去办;

在柯庆施手下,他听命于柯庆施;

在陈丕显、曹荻秋手下,他曾与造反派分庭抗礼;

在张春桥得势之后,他"痛改前非",成为"结合"干部。

10月7日,当他刚到北京,要他"急转弯",他一时转不过来。因为张春桥、王洪文已经给他许愿,让他做国务院副总理兼国家计委主任,何况他这几年在上海替"四人帮"看家,他的命运早已与"四人帮"紧紧连在一起,成为拴在一根绳子上的蚂蚱,所以他会骂出"宫廷政变"之类的话。

不过,他毕竟是"三朝元老",经历过许多次政治风云。他在北京开了两天会,知道

---

① 青野、方雷:《邓小平在1976》下卷,春风文艺出版社1993年版,第370页。

"四人帮"败局已定,无可挽回,他就不能不为自己拨小算盘了。他再一次以为,"第一把手不好得罪",只是此时他心目中的"第一把手"不再是张春桥,而是华国锋了。

马天水按照中央的意思,给王秀珍挂了电话。上海放松了戒备。

10月9日晚上,马天水又一次给上海挂电话,转达中共中央办公厅通知:徐景贤、王秀珍明天上午来京开会。

10月10日上午,徐景贤、王秀珍在临行前又通过各种途径向北京摸情况,得知"四人帮"真的被捕。不过,他俩又有点疑惑:"马老"的话,总不至于不可靠吧。

临行之际,徐景贤、王秀珍作了"一去不复返"的打算。他俩作了吩咐:"作最坏的打算!如果我们去了以后,两三天没有消息,你们就决一死战!"他俩委托王少庸、冯国柱、张敬标三人负责上海工作。

徐景贤、王秀珍腾空之后,上海"基地"失去了首领,陷入混乱之中。尽管上海市民兵指挥部下达了一级战备的状态,但已是群魔无首了,"马、徐、王"这"三驾马车"都离开了上海。

"一到北京,就给我们打电话!"冯国柱、张敬标、叶昌明曾再三关照徐景贤和王秀珍。

一到北京,徐景贤和王秀珍便明白了一切。他俩几次给上海"基地"打电话,那话是含含糊糊的:"家里怎么办,等一两天我们回来再说。"

后来,陈冀德这么记述:

> 10日下午3时。朱永嘉通知我到写作组开会。在场的有王绍玺、萧木、顾澄海。朱永嘉说:徐景贤、王秀珍两人已去北京了。他们临走时约定一到北京马上打电话给上海,好让在家留守的人放心。结果等到晚上9点多,还没有接到徐、王的电话。朱永嘉从市委回来说:徐、王在郑州被勒令下飞机接受检查,并说载他们的飞机不是专机,而是沿途把山东等省市书记放下再到上海接徐、王二人,起飞后也不是直飞北京,在中途又多次停顿。朱永嘉和留守上海的冯(冯国柱)、王(王知常)、张(张敬标)分析这种情况很反常,气氛又紧张起来。到半夜1时左右,朱永嘉又从大院里带来消息,说他已和徐景贤通了电话,徐景贤叫大家不要动,等他们回来再说。王知常马上说:时机又错过了。我的心又沉了下去,我想徐景贤一定是投降了。他们大家都投降,我也决不投降。[①]

10月11日,上海"基地"在不安中度过。

由于外电报道了"四人帮"被捕的消息,震撼了上海。

陈冀德这么记述:

> 11日下午。朱永嘉在他的办公室里一边整理东西,一边对在场的王知常和我说:

[①] 青野、方雷:《邓小平在1976》下卷,春风文艺出版社1993年版,第371页。

你们也收拾收拾准备坐牢吧。就这么束手就擒,实在不甘心,也对不起张、姚两位首长。我说:就是被抓去坐牢,也不做对不起他们的事。这时,徐景贤再次从北京打电话来,要上海不要动,一定等他们回来。我想:肯定是"四人帮"出问题了,但究竟情况如何,仍然是不清楚的。晚上,朱永嘉从大院里带来了确切的粉碎"四人帮"的消息。他说《美国之音》和英国BBC已经广播了。听他这么一讲,我的情绪很激动,讲了许多攻击党中央的话,我说:中央出了这么大的事情,与上海的关系又这么密切,我们这些共产党员、市委成员却都是从外电消息中知道的,这叫什么党内原则?事情早已发生,却一直把我们蒙在鼓里,这就叫马列主义?这就叫光明正大?反党情绪猖狂至极。①

10月12日,马、徐、王仍没有回上海。

"他们三个也肯定给扣起来了!"这样的猜测,使上海"基地"由不安转为焦躁,转为暴怒。

陈冀德这么记述:

> 12日上午。萧木在朱永嘉办公室对在场的王知常和我说:我们应该怎么办?见没人吭声,他指着椅子背说:喏,椅子就是椅子,桌子就是桌子。我当时的情绪是要顽抗到底的,因此并没有理解他讲这话的意思实际上是在搞攻守同盟。我说:我是连椅子、桌子都没有的,只有一条命,没什么好说的。下午,朱永嘉对我说:冯国柱(常委)已被他说服了,也准备干了。我因为平时听朱永嘉讲过冯国柱这个人待人处事比较圆滑,所以表示不大相信。不久,萧木到办公室来,说警备区的李宝奇已经回来,但另外两个司令员一点消息也没有。朱永嘉说:糟了,李宝奇是邓小平的人,看来问题肯定出在军队。当时,我们确像热锅上的蚂蚁,走投无路。我说:主席去世了,我们这些人也活不成,和主席一块去死吧。萧木说:主席是支持四位首长的,主席的人也是向着他们一边的。晚上,朱永嘉开完常委会回来,大叫上当了,现在干也坐牢,不干也坐牢,像巴黎公社那样干起来还能顶他几天,造成世界影响。我当时思想混乱,想干,又不知怎么干。这天深夜,我把5月份去北京时,张春桥、姚文元接见我的讲话记录本和照片全烧了。因为烧得比较慢,张春桥写给我的信件和我给他写信的草稿,是第二天上午拿到锅炉房去烧的……②

虽然后来得知马、徐、王在13日可以回沪,但朱永嘉等已经没有耐心再等待了。

于是,10月8日之夜的一幕在上海重演了。

施尚英关于10月12日夜晚的描述最为详细。下面引述了这位当事者的回忆:

---

① 青野、方雷:《邓小平在1976》下卷,春风文艺出版社1993年版,第371—372页。
② 青野、方雷:《邓小平在1976》下卷,春风文艺出版社1993年版,第372页。

10月12日晚上8点半钟，冯国柱等四个常委召集了总工会和写作班，以及张春桥、王洪文的秘书十余人，到康平路开会，进一步策划反革命武装叛乱。

　　会议气氛非常紧张，并且吵吵嚷嚷的。

　　在混乱的吵声中，朱永嘉突然站起来，两手把袖子卷起，态度十分嚣张地抛出了要在13日6点钟之前干的一整套反革命武装叛乱方案，口号是四个还我："还我江青，还我春桥，还我文元，还我洪文。"要民兵进驻电台，要电台广播告全市人民书。

　　王知常接着说，现在不能再等马天水、徐景贤、王秀珍回来做决定了，要么大干，要么不干，口号是四个还我。（这时朱永嘉写了一张"民气可用，决一死战！"的条子，在会场上传阅。——引者注）

　　萧木急急忙忙地说，现在不能再等下去了，等马天水他们回来，就来不及了。

　　王少庸态度极其嚣张地说，我提出把全市搞瘫痪了，请大家考虑。

　　陈阿大接着说，把上海搞瘫痪很方便，只要把电网一破坏就行了。

　　冯国柱态度积极地接着说，我补充一条，明天马天水、徐景贤、王秀珍从北京回到上海虹桥机场的时候，给扣起来。

　　我不理解，问冯国柱为什么要扣马、徐、王三人？

　　冯国柱说，你不懂，他们三个回来也可以代表市委下命令的。（指代表市委下命令投降。这时有人很明确地说："马天水是软骨头，徐景贤是动摇派，王秀珍是既得利益者，三个人都可能投降了！"——引者注）

　　会上还有人叫嚷，要封锁长江航道和机场。

　　马振龙的态度极其嚣张，又哭又闹，并且说，现在就要干，不能再等了。

　　朱永嘉说，上海带一个头，外省市也会跟上来的，这样就迫使他们放人（指迫使华国锋为首的党中央放"四人帮"——引者注）。朱永嘉并且极其反动地提出，如果被镇压，失败了，那么像巴黎公社一样，历史上也会记上我们的业绩的。我们这样干了，也对得起几位领导了，指"四人帮"。

　　（这时，"历史学家"朱永嘉来了个"古为今用"，讲起了秦汉之争，刘邦、项羽之争以及巴黎公社血战到底的历史典故。然后，他和王知常提出："民兵，你们工人干部去搞。报社、电台我们搞。我们和萧木一起起草宣言，天亮6时前派民兵占领电台，向全世界广播我们的宣言。要干就大干！现在不干，将来会在历史上留下惭愧！"——引者注）

　　在朱永嘉、王知常提出了一整套武装叛乱方案以后，冯国柱要每一个人表态，廖祖康接着让每个人，点着名的要表态同意朱、王两个人提出的方案。到会的人都表了同意干的态度……

当夜，他们制定了两个武装叛乱方案，其一曰"悍一"，其二曰"方二"。
夜深人静；在蒙蒙细雨中，一辆辆轿车驶出康平路。其中的几辆朝东径直驶向外滩。矗立在外滩的上海总工会大厦400室，灯光耀如白昼，空气中弥漫着呛人的烟草味。

廖祖康和上海市组织组负责人、王洪文心腹王日初在这里召集紧急会议。"五虎将"全部到齐——陈阿大、叶昌明、黄金海、戴立清、马振龙。这是一支"忠诚"于王洪文的力量，是"工总司"的老班底。他们要为援救"司令"而出力。他们研究了停水、停电的种种方案，主张"立即起事"。

毕竟马、徐、王不在，这伙"王家班"研究了许久，未能有一个头儿拍板。最后，只得决定：在工会系统（大体上也就是原"工总司"系统）向下"吹风"，使当年的那批"造反英雄"们起来第二次造反。他们拟定了20多条"起义"的标语，还组织人马以最快速度赶印进行"起义"的传单。如果马、徐、王不在10月13日回沪，他们就决定在10月13日晚大干！

10月13日凌晨1时，上海市总工会各级负责人匆匆赶到总工会大厦。这些负责人，大都是当年"工总司"的各级头头。他们紧急动员起来了。

根据廖祖康的意思[①]，叶昌明在这凌晨紧急大会上，"吹"起"风"来了。

以下是从当时的记录中查到的叶昌明的原话：

"现在我们和去北京开会的马老失去了联系。

"据外地传来的消息，还有外国电台的广播，都说中央高级领导中出了事情。王副主席处境危险。无产阶级文化大革命中上来的一些同志，都被打下去了。

"对这件事我们要独立思考，经受考验。

"上海正面临着大考验。我们正面临着大考验。……"

虽然朱永嘉力主10月13日早上6点开始"大干"，但是由于马、徐、王已定于上午11时飞抵上海，不少人主张还是等几个小时，等马、徐、王回来再定。这样，10月13日上午，上海没有响起枪声，仍保持平静。

"完蛋了，彻底完蛋了"

10月13日上午11时，马天水、王秀珍、徐景贤在上海机场上一出现，便陷入了王洪文那班"小兄弟"的包围之中。

马天水哼哼哈哈，王秀珍沉默不语，向来口若悬河的徐景贤此刻也变得舌僵口讷。

康平路，马天水、徐景贤、王秀珍拿出了从北京带来的关于批判"四人帮"的材料。虽说他们三个也声称自己"想不通"，毕竟他们在北京已亲眼看到"四人帮"大势已去，已向中央表了态，作了保证，表示回沪妥善处理。

毛泽东手迹影印件"你办事，我放心"，成了众人争睹的重要文件。

张敬标看了直摇头："就这么一些材料？我们当有什么重磅炸弹呢！毛主席的手迹没头没尾，'你办事，我放心'的'你'是谁没有写明，叫人怎么相信？"

[①] 1988年4月5日，叶永烈在上海的劳改工厂采访廖祖康。

无奈，落花流水，上海"基地"人心涣散，再想"大干一场"已经干不起来了。中央派出的工作组，也于这天抵达上海，直接控制了上海局面。

陈冀德记述道：

> 13日下午。朱永嘉通知我到锦江小礼堂开会。当我和王知常、王绍玺、萧木走到会场门口时，只见警卫森严，并且不准萧木进门。我感到很紧张，以为萧木要被抓了。马天水、徐景贤、王秀珍到场时，还与到会者逐个握手。我厌恶地想：你们还有什么面孔来见大家。马天水传达了中央打招呼会议的精神，徐景贤传达了主席对"四人帮"的一系列批评。
>
> 当时，许多人都哭了。市委常委黄涛指着马天水和徐景贤大骂：叛徒！叛徒！出卖了我们啦！陈阿大跳起来喊着：老子他妈的拼了！徐景贤劝阻说：你们不要再哭了，更不要乱闹，否则将会加重他们四人的罪行。暂时不通，慢慢会通的。马天水也扳着手指说：两条原则：第一，不通也得通；第二，要闹也不准闹。你们听清了没有？今天每个人都得表态，不然就别想回去。几个常委带头表示拥护中央的决定。别人也跟着说了类似的话。我没吭声。朱永嘉催我表态。我说：一是不相信，二是想不通。站起身就走了。我回到寝室关上门整整哭了一夜。

10月13日晚，上海市委常委及各群众团体负责人聚集在锦江饭店小礼堂。马天水、徐景贤、王秀珍在那里传达了中央打招呼会议的精神。这"三驾马车"言不由衷，也在会上作了自我检查——马天水这位"老运动员"，事先关照过徐景贤、王秀珍，检查时"帽子要大，内容要空"。

"完了，完蛋了，彻底完蛋了！"台下，一片唏嘘声，人人瞻念前途，不寒而栗——因为他们绝大多数是靠造反起家的。

开完会，马振龙回到总工会大厦，在403号办公室里抱头痛哭，如丧考妣。哭了一阵子，他拨通了马天水的电话，对着话筒把马天水骂了一通："叛徒！你出卖了上海，出卖了我们！"

骂已无济于事。

翌日——10月14日，新婚不过一周的廖祖康，接到中共中央办公厅的通知，与萧木一起坐飞机去北京。

据廖祖康告诉笔者："外面盛传我是在上海被捕。不是的。那天，我和萧木坐飞机到了北京之后，前往北京卫戍区报到，才被隔离审查的。我变得很忙，四面八方的人来外调，要我写关于王洪文的材料。我就整天地写呀，写呀……"

就在这一天，中央打招呼会议精神传达到上海基层。直至这时，上海老百姓才知道中国上空的四颗灾星已被一举扫落，欢愉之情难以自制。

当年"炮打张春桥"的核心力量——上海复旦大学、交通大学的师生，兴奋地高举"欢呼打倒'四人帮'！"的横幅，走上街头，举行自发的庆祝游行。上海多日的沉闷为之一扫而空。全城老幼男女笑逐颜开。人民明白了真相。就连许多受蒙蔽而集中待命的上海民兵,也加入了欢庆的队伍。

至此,上海的武装叛乱烟消云散。"四人帮"在中国的最后一道防线,土崩瓦解。上海,再不是"四人帮"的"基地"。上海,属于人民!

鉴于马天水、徐景贤、王秀珍回上海后,还是能够按照他们在北京许下的诺言行事,为了稳住上海,他们在那些日子里,仍是上海的"领导"。

10月18日,《人民日报》在头版刊登了新华社上海17日电讯:《上海二百万产业工人坚决拥护党中央两项重要决定,决心最紧密地团结在华国锋同志为首的党中央周围,同搞修正主义、搞分裂、搞阴谋诡计的人斗争到底》。电讯中提到的"搞修正主义、搞分裂、搞阴谋诡计的人",是当时对"四人帮"的特定的代名词。

10月21日,《人民日报》发表任平的长篇文章《一个地地道道的老投降派》,文章揭露了"狄克"的老底。"狄克"是张春桥在20世纪30年代用过的笔名。这是批判"四人帮"的第一篇有分量的文章,虽然文章只点"狄克",没有提到张春桥的名字。

10月22日,"四人帮"一词第一次公开见报。《人民日报》套红标题:《首都一百五十万军民举行声势浩大的庆祝游行,热烈庆祝华国锋同志任中共中央主席、中央军委主席,热烈庆祝粉碎"四人帮"反党集团篡党夺权阴谋的伟大胜利》。

10月24日,上海百万军民云集人民广场,大会横幅上的字是这样排列的:

热烈庆祝华国锋同志任中共中央主席、中央军委主席
热烈庆祝粉碎王张江姚反党集团篡党夺权阴谋的伟大胜利
上海军民大会

人民广场上空,居然响起马天水的声音——大会由他主持,头衔为"中共上海市委书记、市革会副主任"。

大会给"华主席、党中央"发去致敬电:

敬爱的华主席、党中央!

王张江姚反党集团篡党夺权的阴谋被彻底粉碎的特大喜讯传到上海,上海全市立即沸腾起来了!连日来,全市一千万军民涌上街头,结队游行,热烈庆祝华国锋同志任中共中央主席、中央军委主席,热烈庆祝粉碎"四人帮"篡党夺权阴谋的伟大胜利,愤怒声讨王张江姚反党集团的滔天罪行。上海的工人阶级、贫下中农、解放军指战员、民兵、革命干部、革命知识分子、红卫兵、红小兵和其他劳动人民,一致奋起。浩浩荡荡的队伍汇成了一股不可抗拒的革命洪流,奔腾不息;锣鼓声、鞭炮声和激昂的口号声,震荡百里浦江,响彻万里长空。千万张革命大字报铺天盖地,贴满街头,万炮齐轰"四人帮"反党集团;揭发、批判、声讨"四人帮"篡党夺权滔天罪行的怒潮,席卷全市,势不可挡,革命形势一片大好!

在念致敬电的时候,坐在主席台上的徐景贤、王秀珍也不时跟随着大家鼓掌。

直到三天之后——10月27日,上海的局势才又一次发生根本的变化:已从中共中央政治局候补委员升为中共中央政治局委员的苏振华,在中共上海市委召开的党员干部大会上,宣读了中共中央改组中共上海市委的决定——

> 苏振华兼任市委第一书记、市革委会主任;倪志福兼任市委第二书记、市革委会第一副主任;彭冲任市委第三书记、市革委会第二副主任。
> 撤销张春桥、姚文元、王洪文在上海的党内外一切职务。

在会上,马天水以中共上海市委书记的身份发言,表示"坚决拥护"。

这一消息在10月30日刊载于《人民日报》。

此后不久,马天水、徐景贤、王秀珍从上海的政治舞台上消失。他们也"忙"起来了,忙于写交待——光是"帽子要大,内容要空"已不行了,只得老老实实地交待在那十年中的种种倒行逆施。

这里顺便提一笔马天水的下场。1998年安徽《党员生活》杂志发表《马天水的暮年》一文,现照录于下:

> 一个寒冷的冬天,华北平原上最后一批庄稼已收割完毕,西风残照,衰草凄迷。一个孤独的老人毫无目的地踽踽独行,时而狂笑,时而嚎叫——他就是当年上海滩上不可一世的马天水。
>
> 马天水回到河北唐县老家已经一年了。1982年,上海司法机关审判江青反革命集团在上海的余党徐景贤、王秀珍等罪犯时,鉴于马天水患有反应性精神病,决定暂不提起公诉,取保候审。后来,由马天水的弟弟马登坡作保,把他领回原籍养病。马天水返回老家以后,病情时发,经常离家外出,在外胡言乱语。马登坡管束不了,向有关部门提出报告,要求解除担保,由政府处理。有关部门按照社会主义人道主义精神,决定派员前往唐县,带回马天水,替他治病。
>
> 1983年4月初,一行人来到河北省唐县一个村庄。没有料到,马天水一见到吉普车来到后,就像一匹受了惊的马,一味朝野外狂奔,不一会儿就消失在密密的树丛中了。经过两个多小时的寻找,最后才在一条水沟里找到了马天水。只见他趴在沟沿上,脑袋钻进了草丛,只一个屁股撅在外面。显然,他的精神病又发作了。在医生的帮助下,公安人员好不容易把马天水弄上车,离开他的老家。
>
> 吉普车在华北原野上奔驰。马天水安静下来了,他环顾着这熟悉的原野,向坐在身边的医务人员念叨起来:"我们在这个土坡上打过日本鬼子一个伏击,那儿原来有日本鬼子一个炮楼,后来被我们游击队炸飞了……"对抗日战斗历史的明晰回忆,看起来马天水的神智是正常的。可是,一接触到"文革",他就丧失了理智,一派胡言乱语。

马天水的精神病,属于偏执型。1988年12月,马天水病故,终年76岁。

后来,徐景贤被判处有期徒刑18年,剥夺政治权利4年;王秀珍被判处有期徒刑17年,剥夺政治权利4年。笔者曾在上海市监狱见到正在服刑的徐景贤和王秀珍。后来,笔者又在上海多次见到获释的徐景贤。年逾花甲的他,居然没有一根白发,他对笔者笑称是父亲的遗传基因好,因为他父亲上了年纪时一头乌发。他依然思维敏捷,谈吐逻辑严密。

第二十五章
押上历史审判台

原本是由王芳审江青

江青被捕,在地下工程关押之后,转往北京远郊昌平的秦城监狱。秦城监狱是由公安部直接管理的监狱。

江青的地位特殊,所以在秦城监狱里的待遇也特殊。

江青关押在秦城监狱内一幢单独的两层小楼。这幢楼只关押江青一人。江青住在底层的一间二十多平方米的房子,屋里有卫生间,也有书桌、椅子、床。她可以看书,也可以看报。房门上设有观察洞,狱警通过观察洞监视着江青的一举一动。

从1978年2月起,汪东兴组建了中华人民共和国公安部武警干部大队,从13个省抽调了近300名干部。这个干部大队,专门负责秦城监狱要犯的看管。

干部大队分成三个中队:

一个中队看管"刘少奇线上"和"文革线上"的人。所谓"刘少奇线上"的人,是由于当时刘少奇冤案尚未平反,有关刘少奇案的重要人物便被称之为"刘少奇线上"的人。所谓"文革线上"的人,是指戚本禹、王力这些人。

另一个中队看管"林彪线上"的人,如黄永胜、吴法宪、李作鹏、邱会作。

还有一个中队则看管"'四人帮'线上"的人,如张春桥、姚文元、王洪文。

此外,还成立了"女子分队",江青便属于这个分队看管。

江青在秦城监狱中的代号为"7604"。她在狱中住了一段时间,渐渐习惯。她焦躁的情绪慢慢安定下来,不再骂骂咧咧,不再咒骂"修正主义"。她喜欢看书。她的注意力渐渐被书所吸引。

江青的生活很有规律。每天上午9点到10点放风时,她常常打太极拳。

在批判"四人帮"的高潮过去之后，江青在外界也渐渐被人们所淡忘。

但是，到了1980年下半年，她在狱中的安静生活被打破了，她又一次成为万众关注的焦点——她被推上了历史的审判台。

笔者在2003年10月至2004年3月多次采访了参加审判"四人帮"工作的王芳，并协助整理了《王芳回忆录》。王芳长期担任浙江省公安厅厅长，当时担任浙江省委副书记、省人大常委会副主任，后来担任国务委员兼公安部部长。

据王芳回忆，在1980年3月底，中共浙江省委接到中共中央组织部的一封绝密电报，内容是中共中央书记处决定，指名要王芳去公安部参加预审江青、张春桥、王洪文、姚文元"四人帮"的工作，并可带五名助手。密电还规定，在预审期间，此事对外要绝对保密。

王芳在4月6日到京开会，彭真对他说，"文革"是一场浩劫，需要从两个方面作出总结：一是审判林彪、江青反革命集团，解决敌我性质的问题；一是全面总结经验教训，并解决党的领导上的是非功过问题。对组织审判的工作，正在研究，想从地方抽调一些同志参加，王芳也在考虑的人选之内。

4月19日，王芳带五名助手去北京，正式开始参加对"四人帮"的预审工作。王芳回忆说，林彪、江青"两案"原由中纪委二办牵头审查，中央决定公开审判，移交公安部和总政军保部门进行预审。考虑到这是一项极其严肃、极为复杂的工作，中央决定成立两案审判指导委员会，由彭真、彭冲、伍修权、王鹤寿、江华、黄火青、赵苍璧等七人组成。下设审判工作小组，由刘复之、凌云、洪沛霖、于桑、朱穆之、曾汉周、江文、冯基平、史进前、王芳、卫之民、姚伦、王汉斌、郝苏、王照华、陈卓、穆青、高富有等同志组成。刘复之、凌云，后又增加洪沛霖，为审判工作小组召集人。

王芳说，根据彭真的意见，公安部决定分六个预审组审讯"四人帮"集团主犯：

一组组长洪沛霖（时任江苏省副省长兼公安厅长）负责审江青；

二组组长王芳（时任浙江省委副书记、省人大常委会副主任）负责审张春桥；

三组组长卫之民（时任黑龙江省副省长兼公安厅长）负责审王洪文；

四组组长白钧（时任河南省公安厅长）负责审姚文元；

五组组长左昆（时任辽宁省公安厅长）负责审毛远新；

六组组长王文同（时任河北省公安厅副厅长）负责审陈伯达。

原本按照彭真的意见，要王芳审江青，王芳说自己跟江青太熟悉了，她耍起赖来不方便对付。于是改由江苏组洪沛霖审江青，王芳带领浙江组审张春桥。每个预审组都配有副组长，浙江组（二组）由黄荣波担任副组长。

当时，公安部把大院内东侧的5号楼作为审理"两案"的预审组办公室兼住所。那是一个单独的小院，在20世纪50年代初曾是英国驻华代办处。后来，由于当时北京交通状况不好，从公安部到秦城监狱乘车要一个多小时，有时还常常遇上堵车。为了方便工作，预审组工作人员迁往秦城监狱，住进监区的监舍，每人一间。他们在监狱的大伙房用餐，开始了与犯人同吃同住的办案生活。

王芳说，为利于弄清案情，对在押的毛远新、王力、关锋、戚本禹、迟群、谢静宜、金祖敏等七名嫌犯同时开展了侦查预审。另外还把上海的徐景贤、王秀珍二名嫌犯押来北京作证。对与案件有直接牵连的郭玉峰、萧木、廖祖康、缪文金四人也进行了审查。

王芳还说，在审判"两案"中，没有去纠缠历史问题。十名主犯当中，江青在历史上有自首变节行为，张春桥、陈伯达也有不光彩的历史，这些都放在一边，没有去查，因为即使查证核实，也是历史问题，不能追究刑事责任。

江青在被告席上依然演员本色

1980年11月20日下午，北京正义路一号人头攒动。中华人民共和国最高人民法院特别法庭在这里开庭，审判林彪、江青反革命集团。

主犯共16名，即林彪、江青、康生、张春桥、姚文元、王洪文、陈伯达、谢富治、叶群、黄永胜、吴法宪、李作鹏、邱会作、林立果、周宇驰、江腾蛟。内中林彪、康生、谢富治、叶群、林立果、周宇驰已死，出庭受审的是十名主犯，人称"十恶不赦"。

下午3时整，庭长江华宣布开庭。

3时15分，江华宣布"传被告人江青到庭"。

已经四年多没有公开露面的江青，在两名女法警的押送下，走出法庭的候审室，站到了被告席上。

江青是梳洗打扮了一番出庭的。她的目光是傲慢的。据云，在出庭前，她为自己下了

■ 江青被法警带进审判庭（孟昭瑞 摄）

三条"决心":一、永远保持英雄形象,保持革命者应有的志气;二、绝不向修正主义者低头;三、坚持真理,不认罪、不怕死。

据副庭长伍修权回忆:在开庭之前,"我们还到关押江青等人的秦城监狱,在不被他们知道的情况下,一一观察了这些即将受审的主犯。记得我那次看到江青时,她正坐在床铺上,用手不住地摩平自己裤子上的褶纹,看来她一方面是感到很无聊,一方面还是有点穷讲究,坐牢也不忘打扮。她每次出庭前都要梳梳头,衣服尽量穿得整齐些,时刻不失她的'戏子'本色。"①

据云,江青在关押期间,每日闻鸡起舞,锻炼身体,为的是上法庭"捍卫无产阶级文化大革命"。她说:"造反有理,坐牢;革命无罪,受刑;杀头坐牢,无上光荣。"

开庭之前,江青收到起诉书的副本,便提出:"我身体越来越坏了,不知还能不能支撑到宣判?如果身体不行,能不能缺席判决?"

不言而喻,江青在试探能不能躲过公开审判这一关。

当她的要求被明确地否定之后,她又提出:"在戏曲里,审讯皇太后的时候,皇太后是坐在那里的。我在法庭上能不能也坐在那里?"

江青在囹圄之中,还要摆"皇太后"的架子呢!

她得到的答复是:"在法庭上,叫你站,你就得站。允许你坐的时候,你可以坐。"

最后,江青又提出要请个"顾问"。

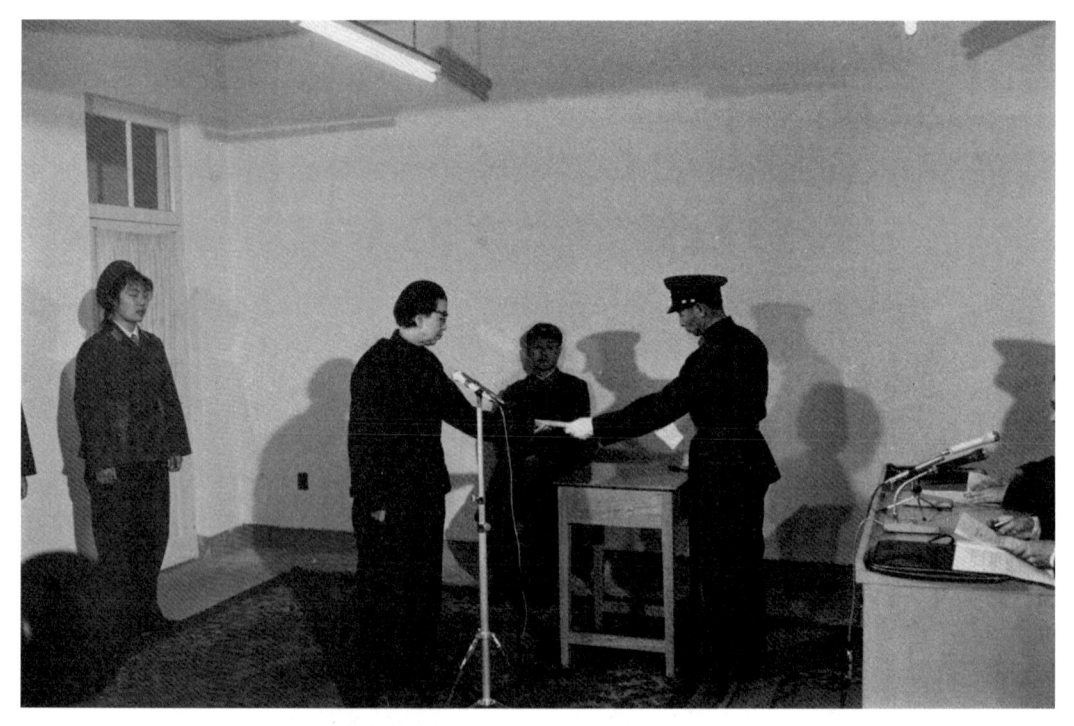

■ 1980年11月10日,最高人民检察院特别检察厅起诉书副本送达被告江青。(新华社记者刘少山 摄)

---

① 伍修权:《往事沧桑》,上海文艺出版社1986年版。

江青说："我身体不好，易忘，易激动；有时候感情一激动会说不出话来。因此想请个顾问，在法庭上好有人替我说话。我有不懂的问题，可以同顾问商量。"

她得到的答复是："无法替你请'顾问'，但是你可以请律师。作为辩护律师，对于委托辩护的被告人提出的问题，只要与案子有关，都会作出答复，这也可以说是起了'顾问'的作用。"

于是，江青要求请律师。

请谁当她的律师呢？

江青自己提出了三个人：

第一个是史良。江青说，史良是大律师，又是女的，比较合适。

江青得到这样的答复："史良现在不是律师，年事已高，她不可能出庭为你辩护。"

第二个是刘大坚。江青说，过去毛主席接见他时，她见过他。

其实，江青把他的名字记错了，他叫刘大杰，上海复旦大学教授。这时，刘大杰已经去世，无法担任江青的辩护律师。

第三个是周建人，鲁迅之弟。江青在提出周建人之后，马上又自己加以否定："哦，周建人年纪也大了，恐怕不行。"

江青无法自己指定律师，就要求特别法庭为她请律师。

特别法庭经过研究，决定为江青请两位律师：一位是北京律师协会副会长、特别法庭辩护组组长张思之，另一位是上海华东政法学院刑法专家朱华荣。

1980年11月13日，两位律师在司法部律师公证司司长王汝琪的陪同下，前往秦城监狱。到了秦城监狱，那里的贾政委向律师介绍了江青的近况，然后安排他们会见江青。

会见室就在秦城监狱江青所住的那幢小楼底层，在关押江青的房间的隔壁。

两位律师在会见室坐定后，政委从隔壁把江青带了进来。

江青穿了黑色棉大衣，戴了顶帽子。她见了两位律师，显出从未有过的"谦虚"，居然给两位律师鞠了一躬。

然而，江青一开口，就露出了她的"本色"："两位律师的简介，我都看了。两位都是很有名的律师，这很好。不过，我知道你们很可能是邓小平、叶剑英派来的。虽说这样，也没有什么可怕的，党内斗争嘛……"

张思之律师听到这里，不客气地打断了江青的话："现在不是'党内斗争'的问题，你是作为反革命集团的首犯被起诉！"

江青马上反驳："我是反革命？可笑！邓小平、叶剑英、华国锋才是反革命！他们要起诉我，我倒要起诉他们呢！他们在1976年10月6日，突然袭击，把我逮捕，把我扔进地下室，扔在地上六七个小时没人管我，这是非法绑架……"

这么一来，变成律师与江青进行"法庭辩论"了。

朱华荣律师一看，这样下去，双方会僵持，就转移了话题，问江青有什么不清楚的法律问题，需要他们帮助解答。

于是，江青向他们提出一连串问题：什么叫公诉？公诉她的法律依据是什么？

朱华荣律师一一作了答复。

江青听罢,说道:"按照宪法、国法、党纪,我都没有罪!我请你们,是要你们替我跟邓小平、叶剑英辩,不是让你们代表他们跟我辩。你们要好好学习《五一六通知》,好好学习'十六条',好好学习'九大政治报告'……"

张思之律师明确向她指出:"律师要看什么文件,律师自会安排。现在的问题是,你要不要请律师?"

江青说要考虑一下。这样,她结束了与两位律师的谈话。

过了一会儿,江青告诉监管人员:"那个姓张的律师,我不要;我先要那个姓朱的律师吧。"

后来,法庭加派了北京律师协会副会长傅志仁律师,和朱华荣律师一起,担任江青的辩护律师。

1980年11月22日,朱华荣律师和傅志仁律师去秦城监狱,与江青谈话。

这一回,江青见了两位律师,没有鞠躬,却亲自给两位律师沏了茶,表示敬意。

江青拿出起诉书,上面写满她的批语。江青说:"起诉书完全否定了毛泽东领导的无产阶级文化大革命,完全违背了毛泽东的革命路线。"

江青指着那些批语说:"你们要根据我的意见,批驳起诉书,为我进行辩护,作为我的代言人。"

朱律师向江青指出:"律师只能按照事实和法律维护被告人的合法利益,但是不能做代言人。"

她恼怒了:"你们也是那边的人!你们不敢做我的代言人,那就不能做我的律师!"

这样,江青拒聘了律师。

公审之前,江青被押往正义路法庭候审室。那候审室共十间,供十名主犯各居一间。屋里有一桌、一椅、一床和一个厕所。她提出要在床头挂一幅毛泽东像,遭到拒绝。不过,她要求在桌上放一套《毛泽东选集》,倒是被接受。

江青依然戴一副紫色秀郎架眼镜,总是穿一件黑色棉袄出庭,外套一件黑背心,棉袄的领子上打了一块补丁。比起其他九名主犯来,她坐在被告席上,表情要"丰富"得多:时而冷笑,时而蔑视,时而怒气冲冲,时而装聋作哑,依然演员本色。

她跟张春桥全然不同。张春桥在法庭上一言不发,耷拉着脑袋,如一段木头。她则喊喊喳喳,要辩解,要"反击"。

在受审的两个多月时间里,江青总共出庭十次:

第一次,1980年11月20日,和另九名被告一起出庭,法庭宣读起诉书。

第二次,11月26日,庭审"长沙告状"。

第三次,12月3日,庭审"直接控制'刘少奇、王光美专案组';非法逮捕无辜;诬陷王光美"。

第四次,12月5日,庭审"指挥'刘少奇、王光美专案组'搞刑讯逼供,制造伪证;诬陷刘少奇是'特务'、'反革命'"。

第五次,12月9日,庭审"查抄上海文艺界人士的家"。

第六次,12月12日,庭审"伙同康生诬陷迫害中共八届中央委员;诬陷迫害邓小平;诬陷陆定一"。

第七次,12月23日,庭审"诬陷迫害广大干部和群众"。

第八次,12月24日,法庭辩论。

第九次,12月29日,法庭辩论。

第十次,1981年1月25日,和另九名被告一起出庭,听取法庭宣判。

在最高人民法院特别法庭开庭审问过程中,对"四人帮"出示证据统计如下:

被告人	出示证据(件)	出庭证人(名)	合计
江青	86	16	102
张春桥	59	5	64
姚文元	35	4	39
王洪文	33	2	35

"我就是和尚打伞,无法无天"

在最高法庭对江青进行犯罪事实调查时,江青最常用的答复词是:"不记得了。"有时,进了一步:"可能有的,不记得了。"查一下庭审记录,江青回答"不记得",几乎占她答话的十之七八。偶然,她也答复:"是事实。"

1980年12月24日,法庭进行辩论。按照《刑事诉讼法》第一百一十八条规定,知道她作为被告人可以在法庭上为自己作辩护发言,江青早就作了准备。

江青声称,她要在法庭上宣读"宣言"!

她的"宣言"是什么样的呢?

起初,她想写一首长诗,一首比文天祥的《正气歌》更加"雄壮"、更加"磅礴"的长诗。她曾向监狱当局要了《文天祥集》,要了《辞海》。不知道是因为她已经没有"激情",还是本来就缺乏"诗才",折腾了三天,"新正气歌"没有写出来。

她又说要学屈原的《楚辞》,依然没写出什么"留存千古"、"映照青史"的"史诗"来!

1979年11月至1980年5月,江青写了份长达34页的"交待材料",题为《我的抗议与更正》,详尽描述了她在"文化大革命"中的"光辉斗争历程",如"我同刘少奇的斗争","我同林彪的斗争","我同邓小平的斗争",并历数了她的这些"斗争"如何得到毛泽东、周恩来的支持与赞许。

江青为自己辩护时宣读了这份"交待材料"。另外,她还"精心"写了《我的一点看法》。

1980年12月24日上午9时整,值庭法警拉响了开庭铃。

特别法庭庭长江华、副庭长兼第一审判长和17名审判员出庭。曾汉周主持法庭辩论。

出庭的检察人员有特别检察厅厅长黄火青、副厅长喻屏和五名检察员。

■ 江青在法庭上听公诉员发言（孟昭瑞 摄）

曾汉周："传被告人江青到庭。"

值庭法警将江青带至法庭被告席。

曾汉周宣布："最高人民检察院特别检察厅指控被告人江青的犯罪事实,本庭于11月26日、12月3日、5日、9日、12日和23日上午,先后六次开庭,现在进行法庭辩论。"

检察员江文："审判长、各位审判员、公诉人请求发言。"

曾汉周："公诉人可以发言。"

江文："被告人江青在'文化大革命'期间所犯的篡党篡国,推翻无产阶级专政政权的罪行,经过六次法庭调查,对被告人进行审问,出示和宣读了证据、证言,听取证人出庭作证,播放了江青的讲话录音,完全证实了特别检察厅对江青反革命罪行的控告是确凿无疑的。江青是林彪、江青反革命集团的主犯,是'四人帮'反革命集团的头子。现在,经过调查可以确定她的主要罪行是：第一,她伙同康生、谢富治等人诬陷迫害中华人民共和国主席刘少奇,制造了全国最大的冤案。第二,江青肆意点名诬陷大批党政军领导干部和群众。第三,在'文化大革命'期间江青勾结林彪进行了大量的反革命活动。大量的事实证明,在林彪反革命集团被粉碎以后,以江青为首的'四人帮'反革命集团继承了林彪的衣钵,继续进行篡党篡国,推翻无产阶级专政的反革命勾当……江青触犯了中华人民共和国刑法第九十二条、第九十八条、第一百四十四条,构成了组织领导反革命集团罪,阴谋颠覆政府罪,反革命宣传鼓动罪,非法拘禁罪。对国家和人民危害特别严重,情节特别恶劣,应该根据刑法第一百零三条从重判处。

"在这里还需特别指出的是,江青在法庭调查时拒不认罪,公然多次继续诬蔑国家领导人,攻击诬蔑法庭和法庭工作人员,肆意扰乱法庭秩序,已构成继续犯罪行为。请法庭在量刑时从严判处。我的发言完了。"

曾汉周:"被告人江青,根据《中华人民共和国刑事诉讼法》第一百一十八条的规定,你有陈述和辩护的权利,你还有最后陈述的权利。"

江青:"那就请你们按你们的那个根据去定罪吧,我听候你们的审判。有本事你们把我弄到天安门广场公审、枪毙!"

曾汉周:"是不是枪毙你,法庭将根据你的犯罪事实依照法律判决。"

江青:"你不要装腔作势演戏了。没有我这个道具,你这场戏就演不成呵!你要有胆量就把你的后台导演请出来。我要和他当面对质。"

曾汉周:"我警告你!不许你谩骂法律……"

江青:"我无法无天,我不怕你呀!刘少奇、林彪我都没怕过,我能怕你吗?"

曾汉周:"法庭调查了大量事实,给了你充分的辩护时间,你反而利用法庭进行反革命宣传。……"

江青:"你才是反革命哪!……"

曾汉周:"你侮辱法庭,这就构成了新的犯罪……"

江青:"大不了杀头。我是孙悟空,我能变几个脑袋,你多砍几个,我多长几个……"

曾汉周(按铃警告):"你再扰乱法庭,就取消你的辩护权利。"

江青:"对不起,我可以方便一下吗?"

曾汉周:"带被告人退庭方便。"

江青(站起身):"算了,我不去了,我要念一念《我的一点看法》,你不反对吧?"

曾汉周:"你可以念。"

于是,江青拿起了两页纸,站起来宣读《我的一点看法》。那标题,似乎还算"谦虚",只是"一点看法"而已。据说,那是因为她要学习毛泽东——在中共九届二中全会上,毛泽东只写了一篇八百多字的《我的一点意见》,就把陈伯达打倒了。如今,她写的《我的一点看法》,总共不到两页,用钢笔竖写,还没有八百字哩!不过,她的"诗一般的语言",充满火药味,是"浓缩的精品":

"项庄舞剑,意在沛公。"投降叛变,授人以柄。
要害问题,两个纲领:
以阶级斗争为纲,纲举目张,继续革命;
以三项指示为纲,以目混纲,修正反党。
穷凶极恶,大现原形。
掩盖罪恶,画皮美容。
树立威信,欺世盗名。
标新立异,妖言惑众。

弥天大谎,遮瞒真情。

偷天换日伎俩,上下其手劣行。

张冠李戴——强加,移花接木——暗中;

转移人民视线,栽赃嫁祸他人。无耻吹捧自己,妄图洗刷臭名;

罗织诬陷中央文革小组,迫害灭口有关知情;

双手难掩天下耳目,修正主义螳臂之辈。

创造世界历史的动力,乃是人民大众英雄。

江青

1979年10月26日稿

1979年11月8日交侦查审讯员（两页）

此稿略有修改,1980年10月9日于秦城监狱

江青读毕,接着说道:

要为真理斗争,我的声明如下:你们借助国家名义,拼凑了一个什么特别法庭,给我罗织了一大堆罪名,这些罪名一条也不能成立。我过去的一切都是根据中央的指示做的,我在工作中有错误,有偏差,但绝不是犯罪。……

古代有"项庄舞剑,意在沛公",你们搞的就是这个伎俩。

■ 1980年12月24日,江青在法庭上宣读《我的一点看法》,为自己辩护。（孟昭瑞 摄）

现在你们逮捕我、审判我,就是要丑化毛泽东主席,就是要把文化大革命中的红卫兵和红小兵压得抬不起头来,就是要为刘少奇翻案。

关于这个问题(刘少奇一案),我的意见已经说过多次了,你们爱怎么(定)罪就怎么定(罪)吧,这个我也没什么。你们现在翻刘少奇的案,翻彭真的案,都是反对周总理,反对康老,都是反对毛主席,反对文化大革命。全国人民能答应你们吗?……

我现在还有一个问题,就是要向毛主席负责。现在整的是毛主席。我的家乡有句老百姓的话:"打狗看主面",就是说打狗呵,还要看主人的面子。现在就是打主人。我就是毛主席的一条狗。为了毛主席,我不怕你们打。在毛主席的政治棋盘上,虽然我不过是一个卒子,不过,我是一个过了河的卒子。

我认为我是"造反有理","革命无罪"。

过去我经常说:革命要有"五不怕":一不怕杀头;二不怕坐牢;三不怕撤销党内外一切职务;四不怕开除党籍;五不怕老婆离婚。这第五条对于我不成问题了,二、三、四条已经三年多了,我经受了,第一条杀头,我久候了!……

江青的"看法"何止"一点"。她在法庭上滔滔不绝,作此生此世最后一次公开演讲:"我是执行捍卫毛主席的无产阶级革命路线的。""我现在是为捍卫无产阶级文化大革命尽我的所能。"

江青质问法庭:"怎么能把谋害人的和被谋害的搞在一起?说以江青为首的搞这个阴谋活动?""你们承认不承认九大和十大?如果不承认,就是离开重大历史背景,隐瞒重大历史事件!"

江青说起了自己当年跟毛泽东转战陕北,质问法庭:"战争的时候,唯一留在前方追随毛泽东主席的女同志只有我一个,你们躲在哪里去了?"

江青说:"党内有许多事只是你们这些人不知道罢了,你们清楚,在那个年代,共产党做了哪些让你们抱怨的事。你们把什么都推到我身上。天啊,我好像是个创造奇迹、三头六臂的巨人。我只是党的一个领导人。我是站在毛主席一边的!逮捕我,审判我,就是诋毁毛泽东主席!"

江青又说:

清君之侧,目的在"君"。
罗织陷害,血口喷人。
利用专政,搞法西斯。
精神虐待,一言难尽。
破坏政策,凶悍残暴。
造反有理,革命无罪。
杀我灭口,光荣之甚。

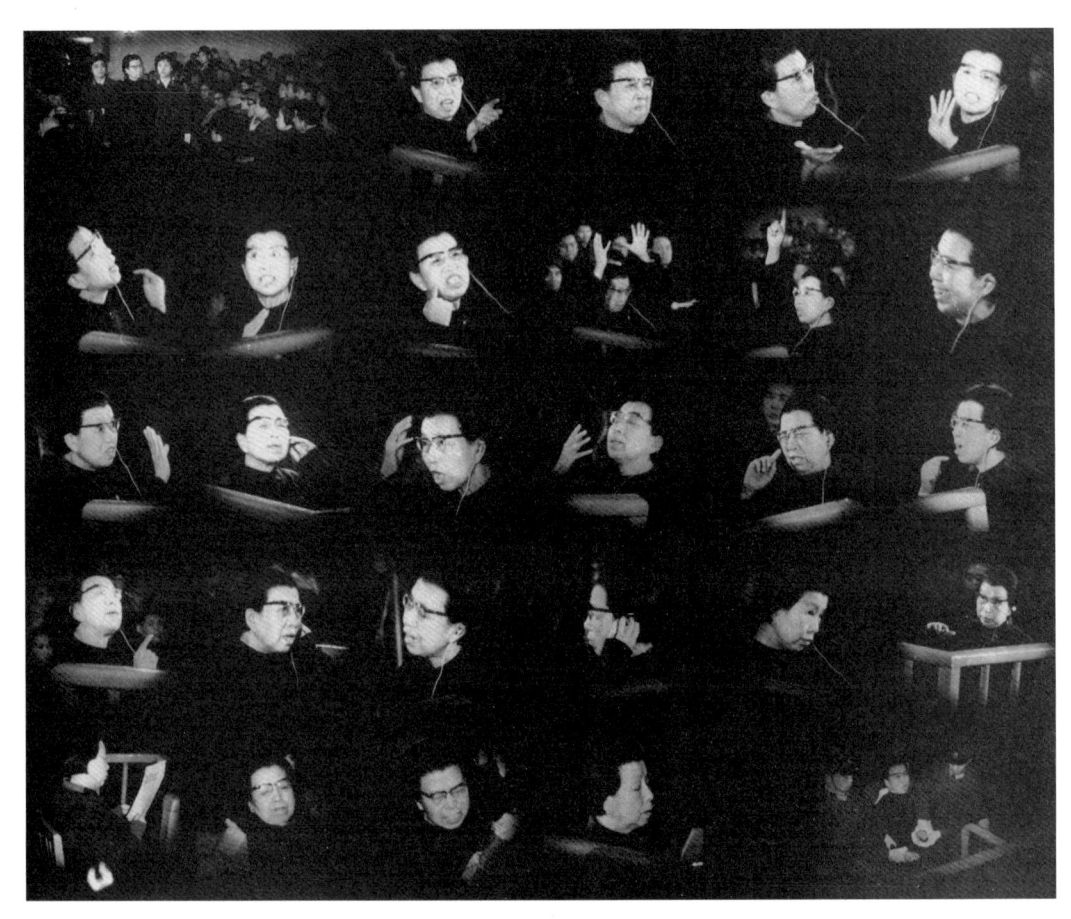

■ 法庭上江青表情丰富

最后,江青大声地说:"这就是我的回答!"

江青的最后陈述,历时近两个小时。

曾汉周:"被告人讲完了吗?"

江青:"讲完了。"

曾汉周:"请把你的原文交给法庭。"

江青:"可以。"(将原文交给值庭法警)

曾汉周:"你还有什么要说的?"

江青:"已经累了,到此为止吧。"

曾汉周:"把被告人江青带下去。现在休庭。"

此时已是上午11时38分。

12月29日上午9时,第一审判庭继续进行法庭辩论。

在庭长江华宣布开庭之后,检察员江文就江青24日上午的长篇辩护词,予以逐点批驳。

江文说:"江青在长达两小时的所谓辩护发言中,对本庭指控她所犯的严重反革命罪行,没有提出任何可以证明她无罪或者罪轻的证据,通篇不过是颠倒黑白、混淆视听、转移目标、掩盖罪责的谎言和诡辩……"

江文发言毕,审判长曾汉周问江青还有什么话要讲。

江青忽地提出要看中共九大和十大的政治报告。

审判长认为,被告人江青的要求,与本案无关,予以驳回。

江青发怒,说审判长剥夺了她的发言权。她谩骂法庭,审判长多次按铃制止,她大声说道:"我就是和尚打伞——无发(法)无天!"

这时审判长向江青宣布:"你在法庭辩论中,对特别检察厅指控你的犯罪事实不是进行陈述和辩护,而是利用法庭辩论的机会,进行诽谤、谩骂,法庭一再警告你,你不服从法庭的指挥,违犯法庭规则,现在宣布法庭辩论结束。你还有最后陈述的权利。"

江青又继续作"最后的陈述",咒骂法庭"包庇、减轻真正的罪犯"。她攻击邓小平,咒骂华国锋是"叛徒"。

在十名主犯之中,江青民愤最大。在进行判决前,曾听取各方意见,在部队代表中做过"测试":

> 被邱会作陷害打倒、复出后担任总后勤部副政委的李耀文将军发表意见:"江青和张春桥起码应判死刑,王洪文可判15年,姚文元和陈伯达应分别判处无期。黄、吴、李、邱、江应判13年至20年有期徒刑……"
>
> 接着,海军、空军等单位分别拿出判刑意见。普遍认为江青、张春桥应判死刑或死缓;黄、吴、李、邱、江在历史上还做了点贡献,他们是革命出身的,且认罪态度比"四人帮"好,因此判的最高刑应比"四人帮"低。"四人帮"是靠"打、砸、抢"起家的。
>
> 正在这时,全军几百万名指战员的代表在京西宾馆对十名主犯量刑进行了投票表决。参加投票的88名代表,有近10种意见。
>
> 江青:死刑立即执行33人,死缓48人;
>
> 张春桥:死刑立即执行36人,死缓46人;
>
> 姚文元:无期徒刑65人,20年11人;
>
> 王洪文:无期徒刑17人,20年49人;
>
> 陈伯达:无期徒刑32人,20年27人,死缓15人;
>
> 黄永胜:无期徒刑43人,20年22人,死缓11人;
>
> 吴法宪:无期徒刑15人,20年35人,15年24人;
>
> 李作鹏:无期徒刑10人,有期徒刑11人,20年38人,15年11人,7年1人;
>
> 邱会作:死缓13人,无期徒刑11人,有期徒刑12人,20年28人,15年21人;
>
> 江腾蛟:死缓25人,20年39人,15年13人。[1]

---

[1] 萧思科:《超级审判》,济南出版社1992年版。

江青在宣判时的闹剧

1981年1月25日上午9时,北京正义路一号特别法庭爆满。对十名主犯公开宣告判决,在这里进行。

这天,江青是十名主犯中起得最早的一个。显然,出于对最后判决的关注,她一夜没有睡好。

开庭之后,由庭长江华宣读判决书。判决书很长,达1.6万多字,江华读完"集团罪"部分,然后由副庭长伍修权宣读十名主犯"个人罪"部分,再由江华接下去,直至全部读毕。

在"个人罪"这一部分,江青名列第一位。关于江青的犯罪事实和应负的刑事责任,判决书上是这么写的:

> 被告人江青,以推翻人民民主专政的目的,为首组织、领导反革命集团,是反革命集团的主犯。江青诬陷迫害中华人民共和国主席刘少奇。1967年7月,江青伙同康生、陈伯达作出决定,对刘少奇进行人身迫害,从此剥夺了他的行动自由。自1967年5月开始,江青直接控制"刘少奇、王光美专案组",伙同康生、谢富治指挥专案组对被逮捕关押的人员进行逼供,制造诬陷刘少奇是"叛徒"、"特务"、"反革命"的伪证。1967年,江青为了制造迫害刘少奇的伪证,决定逮捕关押杨一辰、杨承祚、王广恩和郝苗等十一人。在杨承祚病危期间,江青决定对他"突击审讯",使杨承祚被迫害致

■林彪、江青集团十名主犯在被告席上听候判决。(孟昭瑞 摄)

死。江青指挥的专案组也使得王广恩被迫害致死。江青伙同谢富治指使对病势危重的张重一多次进行逼供，致使他在一次逼供后仅二小时即死去。江青伙同康生、谢富治等人指使专案组对丁觉群、孟用潜进行逼供，制造伪证，诬陷刘少奇是"叛徒"。由于江青等人的诬陷，致使刘少奇遭受监禁，被迫害致死。

1968年7月21日，江青伙同康生密谋诬陷中共第八届中央委员会委员和候补委员88人是"叛徒"、"特务"、"里通外国分子"。

1966年至1970年，江青在各种会议上，点名诬陷中共第八届中央委员会委员、候补委员24人，使他们一一受到迫害。

1966年12月14日，江青点名诬陷张霖之，使他被非法关押，并被打成重伤致死。同年12月27日，江青诬陷全国劳动模范、北京市清洁工人时传祥是"工贼"，使时传祥遭受严重摧残，被折磨致死。

1966年10月，江青勾结叶群，指使江腾蛟在上海非法搜查了郑君里等五人的家，致使他们受到人身迫害。

1976年，江青伙同张春桥、姚文元、王洪文在全国制造新的动乱。同年3月，江青在对12个省、自治区负责人的一次谈话中，点名诬陷中央和地方的一批领导干部。

江青是林彪、江青反革命集团的首要分子。江青对她所组织、领导的反革命集团在十年动乱中危害中华人民共和国、颠覆政府、残害人民的罪行，都负有直接或间接的责任。

被告人江青犯有《中华人民共和国刑法》第九十八条组织、领导反革命集团罪，第九十二条阴谋颠覆政府罪，第一百零二条反革命宣传煽动罪，第一百三十八条诬告陷害罪，对国家和人民危害特别严重、情节特别恶劣。

江青戴着耳机，侧着脑袋，很仔细地听着伍修权宣读的关于她的"个人罪"的部分。

最后，由庭长江华宣布判决，他以极其严肃的口气念道："本庭根据江青等十名被告人犯罪的事实、性质、情节和对于社会的危害程度，分别依照《中华人民共和国刑法》第九十条、第九十二条、第九十三条、第九十八条、第一百零一条、第一百零二条、第一百零三条、第一百三十八条和第二十条、第四十三条、第五十二条、第五十三条、第六十四条，判决如下——"

顿时，全场寂静无声。江青伸长了脖子，屏息敛气，侧过了耳朵——她预料，排在第一名的，一定是她。

果真，江华提高了声调，放慢了速度，每一个字都念得清清楚楚："判处被告人江青死刑……"

江青一听，顿时歇斯底里大发作，乱喊乱叫起来：

"打倒反革命修正主义分子！"

"坚决不承认反革命的法庭判决！"

"革命无罪，造反有理！"

■ 1981年1月25日，江青被最高人民法院特别法庭判处死刑，缓期两年执行。图为法警为其戴上手铐。（孟昭瑞 摄）

"毛主席的革命路线胜利万岁！"
……

江青在"文革"中，曾出席各种群众集会，领呼过各种口号。所以，她对于喊口号颇为"熟练"。

此时，看到江青这般狼狈，万众欢呼，人心大快。

随着伍修权的命令："把死刑犯江青押下去！"身穿蓝色制服、腰佩手枪的法警，将耍赖的江青，拉出了法庭。

到了外边，法警一松手，江青干脆倒在地上打滚，大哭、大吵、大闹，口中还不断念念有词："革命无罪，造反有理"、"打倒反革命修正主义"、"打倒党内死不改悔的走资本主义道路的当权派"、"战无不胜的毛泽东思想万岁"……

这时一位法警对她猛喝一声："江青，你听清楚了没有——判处你死刑，缓期二年执行！"

就像吃了"止哭剂"似的，江青一听，不哭、不吵、不闹了，马上乖乖地从地上爬起来。

原来她太沉不住气了，刚才她在法庭上只听见"判处被告人江青死刑"就闹了起来，没听见后面的一句话——"缓期二年执行"。

江青，在历史舞台上演出了精彩的一幕闹剧——她太沉不住气了！

在这里，顺便提一下，在本书初稿中，是写成伍修权宣读对江青的判决。这是依据伍修权的回忆:"后半部分由我接着宣读。这一部分的最后,就是对这批罪犯的判决了。江青这个人尽管平时装腔作势,这时也沉不住气了,当我刚念到'判处被告人江青死刑'时,还没等我念出'缓期二年',她就慌忙叫喊起来……"[1]

根据伍修权的回忆,对于江青的判决,是他宣布的。

当本书初稿《蓝苹在上海》在1988年第七期《法制文学选刊》发表后,收到江华秘书张维1988年8月16日的来信。他提出相反的意见。他指出:

《法制文学选刊》编辑部:

看了贵刊1988年第七期上登载的报告文学《蓝苹在上海》,觉得此文结尾部分"精彩的最后一幕闹剧"中,关于最高人民法院特别法庭对江青的宣判情况,与事实不大相符,我向江华同志作了了解,并查阅了审判记录。现将事实真相寄上,请予登载,以正视听;并请转告此文原载刊物《青春丛刊》以及作者叶永烈同志。

1981年1月25日,特别法庭对江青等十名被告公开宣告判决,判决书的开头和结尾部分都由江华庭长宣读,伍修权副庭长只宣读了判决书中属于个人罪的部分。对十名主犯的判决是由江华庭长而不是由伍修权副庭长宣读的。

在宣判时,江华庭长有意地放慢速度,想使这举世瞩目的严正判决更加凝重。当念到"判决被告人江青死刑……"时,作了一个停顿,此时法警准备给江青戴手铐。但江青一听到死刑两个字,便歇斯底里地发作了,她边喊叫边往下溜,法警好不容易把她拉起来铐上手铐。

江华庭长继续宣读:"……缓期二年执行,剥夺政治权利终身。"江青这时什么都听不进了,她继续哭闹,并喊口号,扰乱法庭。

为了不影响整个判决,副庭长伍修权责令江青退出法庭。由两名法警将江青押出法庭,带到候审室。

在押解过程中,江青作了最后的表演,她边走边喊"革命无罪,造反有理"、"打倒反革命修正主义"等口号。

到候审室后,她还赖在地上耍泼。直到法警告诉她"缓期二年执行"时,才安静下来。原来江青听到"死刑"二字后,乱了方寸,处于高度紧张和疯狂状态,根本没有听到最后的判决,当她知道并不立即执行时,便老实了。

叶永烈同志的报告文学,说对江青的判决是伍修权同志宣读的。当然,他是根据郑君里夫人黄晨的回忆,但黄晨的回忆是不准确的。去年,我在《大千世界》的一篇文章里也看到了这样的错误的说法。如不纠正,将来还会进一步流传。

关于特别法庭的审判,中央新闻电影制片厂拍摄了新闻纪录片,中央电视台作了录像,还有许多新闻单位进行了录音记录,有案可查。而且这一案件的判决到现在还不到八年的时间,大部分当事人还健在,照说是不应该以讹传讹的。

---

[1] 伍修权:《往事沧桑》,上海文艺出版社1986年版,第326页。

希望贵刊依照事实对错误的说法予以澄清。请回信。

此致

敬礼

江华同志秘书　张维
1988年8月16日

关于江青的判决,伍修权回忆特别法庭反复研究的情况:

这次判决,在国内是大快人心,国际上的反应基本上也是风平浪静,各方都认为我们判得还是合理的,没有发生什么异议。在宣判以前,国际上的反应是比较强烈的,当时我们已经看出苗头,如果立即杀了江青,反映可能很坏,有的国际组织呼吁要援救江青,有的外国人到我国驻外使馆去请愿保护江青,并且国际上曾经有过这么一条,即对妇女一般不采取死刑。虽然我们是独立审判,不应受外国的影响,但这些情况在判刑时也不能不予考虑。根据判决后的国际舆论来看,我们做得是正确的。原来估计国内可能会有人不满,现在看来也都被大家理解和接受了。

在判决后的第二天——1月27日,特别法庭派出司法警察,向江青送达了判决书。

在判决后一星期,全国人民代表大会常务委员会副委员长彭真在正义路一号,逐一会见十名主犯。江青见到彭真时,骂他是"邓小平的走卒",她要"见华国锋问个明白",并要求"见邓小平一面"。彭真见她毫无认罪的表示,谈话也就不了了之了。

唐纳的后来

走笔行文至此,顺便交代一下本书前文提及的、与江青关系颇为密切的几个人物后来的命运。

幸亏唐纳在"文革"岁月,身居海外,"旗手"鞭长莫及,他才免遭毒手。

虽然由于他跟蓝苹有过那么一段关系,他的名字是人们熟知的,但是他与蓝苹离异之后的经历,他怎样来到海外,他的后来情况如何,却是鲜为人们所知。抗日战争胜利后,他回到了上海。

前《文汇报》总编辑徐铸成,在1981年出版的《报海旧闻》中,这样提及唐纳:"……正好这时(指1945年——引者注),英国大使寇尔从重庆来到上海。原在《大公报》编过副刊的马季良(唐纳)兄,那时在英国新闻处[①]工作,我们找他商量,他对我们的打算,极表赞成。于是,我们写好了一份'请帖'请他代为递交寇尔。"

[①] 据唐纳夫人陈润琼1995年2月28日巴黎来信称,"1945年抗战胜利,唐纳从重庆回沪,即任《时事新报》主笔;根本未去英国新闻处工作。"见1995年3月24日《南方周末》。

唐纳受徐铸成之邀,在上海出任《文汇报》总编辑。

后来,唐纳来到香港,担任香港《文汇报》总编辑①。

1948年12月,唐纳以香港《文汇报》驻联合国特派员的名义,离港赴美②。

1951年他来到巴黎,定居那里。

他的挚友笑着告诉我,唐纳为什么会离沪前往海外?原来,这是与他对妻子陈润琼的一片痴情有关。

当唐纳与陈璐离异,他一直独身,忙于写作。

1946年,唐纳在上海记者协会的活动中,见到一位女记者操流利英语,谈吐非凡,举止端庄,才貌双全,顿时引起唐纳的爱慕,居然一见钟情。

■ 唐纳与蓝苹离婚之后与陈璐结合

这位女记者,乃国民党政府前驻法大使陈籙的三女儿陈润琼,福州人,不仅英语娴熟,而且法语纯正。

唐纳有意,陈润琼却并未首肯。

陈小姐后来到美国在联合国工作,所以唐纳亦随往美国。

陈小姐发觉,唐纳为人善良,富有才华,富有人情味。据云,唐纳每天给陈女士献上一束花,送上一封用蝇头小楷端端正正写成的情书。

陈小姐终于为他的痴情所感动。1951年,他们在巴黎举行婚礼。婚后直至唐纳去世,漫长37年,夫妻白头,恩爱如初。

唐纳终于有了幸福的家庭。

在巴黎,这两位记者弃文从商,开起饭店来了。从最初的明明饭店,后来的京华饭店,到后来的天桥饭店,生意日益兴隆。

陈小姐为人能干,善于经营,成为唐纳的贤内助。自1979年起,唐纳退休,饭店交给夫人经营。

陈小姐生一女儿,唐纳为之取名马忆华,想念祖国之意。马忆华大学毕业,亭亭玉立,成为唐纳夫妇的掌上明珠。

远在异国他乡,唐纳过着小康生活。

据说,那位为江青立传的美国露克珊·维特克女士得知唐纳隐姓埋名于巴黎,曾两次前去找他,愿以20万至30万美金为酬,与他合作写江青。唐纳坚决拒绝。

也有的海外报纸曾载唐纳在饭店二楼举办江青照片展览,以招徕顾客。唐纳断然否

---

① 本书作者曾误写为副总编辑,现据唐纳夫人陈润琼1995年2月28日巴黎来信更正。
② 本书作者曾误为1947年8月,现据唐纳夫人陈润琼1995年2月28日巴黎来信更正。

认。唐纳坦诚地说:"我这个人,不但不念旧恶,而且一旦绝交,也是不出恶声的!"

直至粉碎"四人帮"之后,唐纳才得以几度返回中国大陆,重游上海,感慨万千。他热爱祖国,在海外做了许多有益的工作。

不过,他几度回来,行踪保密,没有在公开场合露面。笔者看过他在各地旅游时所拍的照片,他的交际圈仅限于几个当年的亲密朋友而已。

唐纳虽然身在海外,仍挂牵着红儿。每年5月1日,唐纳总是给红儿寄来或者托朋友带来生日礼物。红儿记得,有一回生日,父亲寄来一套小西装,使他兴奋了好多天,逢人就说:"这是爸爸给我的生日礼物!"他还给红儿寄来钙针。

最初,唐纳是从香港给红儿写信。后来,红儿收到父亲从美国寄来的信。父亲在信中鼓励红儿好好学习,将来成为"新中国的英雄"。

1953年,红儿收到父亲从法国寄来的480万法郎(旧法郎),给他买自行车。

唐纳托他在上海的老朋友们照料红儿。夏其言、许怀沙等老朋友,共同负担红儿的生活费。后来,叶露茜自告奋勇,挑起照料红儿的担子。当时,叶露茜照料着她和赵丹所生的两个孩子以及她和杜宣所生的七个孩子,加上红儿,总共有十个孩子。红儿在上海长宁中学上学。叶露茜担心他年纪小,不会管理自己的生活,每月把30元生活费交给学校的教导主任。红儿要钱用,写"条子"向教导主任领取。

红儿成人后,到上海文汇报社工作。唐纳曾担任《文汇报》总编辑。所以,红儿在文汇报社,得到唐纳的老朋友们的多方照料。红儿说,在《文汇报》,上从总编辑,下至排字工人,一说起唐纳,都很尊敬。后来,红儿转到安徽工作。

陈璐与唐纳分手后,仍活跃于银幕与舞台。1948年,陈璐曾在《国魂》一片中担任角色。《国魂》由上海永华公司出品,吴祖光编剧,卜万苍导演。解放后,她在天津演出《千年冰河开了冻》、《乌鸦告状》等话剧。后来,她回到故乡武汉,在武汉"歌话二队"担任演员。在1965年,陈璐演出《送肥记》之后,结束了演员生涯。

在"文革"中,陈璐被打成"现行反革命",罪名是"攻击中央首长"——所谓"中央首长"便是江青。其实,那是因为一些文艺界朋友知道她是唐纳的前妻,问起唐纳与蓝苹的往事,这就成"攻击中央首长"了。在武汉人民剧场,曾召开了两场"批斗"陈璐的大会。陈璐被下放到湖北襄樊农村达十年之久。在这十年之中,陈璐没有工资,却带着两个孩子——红儿同母异父的两个弟弟,在农村过着非常艰难的生活。

粉碎"四人帮"之后的1978年,陈璐才从襄樊农村回到了武汉。红儿也从安徽调到武汉。从此,陈璐和红儿在武汉开始安定的生活。

■ 叶永烈与唐纳之子红儿合影于武汉

如今，红儿在武汉一家公司担任副董事长、总经理。他的两个同母异父的弟弟也事业有成。

1988年8月23日，唐纳因肺癌病逝于巴黎，终年74岁。

据云，他晚年曾计划写一部自传。他曾找人寻找当年他在济南写给江青的长信，以及江青当时写给他的两封信，寻找当年各报的报道。只是他未曾写出这部自传，便病重了。

徐明清为江青吃冤枉官司

徐明清也是与江青有过密切关系的人物。

新中国成立后，徐明清担任中央某部人事司副司长，跟江青没有什么来往。毛泽东的地位不同了，江青的地位不同了。他们住在中南海，门卫森严，再不像在延安时那样可以串门似的步入毛泽东的窑洞。

黄敬在新中国成立后成为天津市第一任市长。他遇见徐明清，还是亲热地喊她"阿徐"。

在"文革"中，江青一跃而为中央文革小组的副组长，在政治舞台上"露峥嵘"。林彪、江青一伙为了打倒刘少奇等一大批老干部，在全国掀起了抓"叛徒"恶风。于是那些过去曾被捕、坐过牢的老干部，一下子都成了"抓叛徒专案组"审查对象。徐明清在1935年4月曾被国民党特务抓捕，成了"审查对象"。1972年，徐明清被定为"叛徒"，开除出党。

徐明清在无可奈何的情况下，于1973年6月2日、6月19日、11月16日，三度写信给江青，希望得到申辩，推倒不实之词。徐明清在信中写道："30年代我在上海参加革命活动总的情况，想您是有印象的。我的一生所作所为，想您大体上是了解的。"徐明清本来以为，江青会如实为她作证。不料，江青不予理会。那些日子，徐明清过着挨斗、受批的生活。

王观澜在"文革"中被打成"死不改悔的走资派"，受到几十次的批斗。1972年4月13日，他参加陈正人追悼会，遇见周恩来总理。周恩来握着他的手，上上下下打量，说道："身体不错，没有浮肿。能工作！能工作！"紧接着，周恩来便安排王观澜为国务院业务组列席成员。

粉碎"四人帮"之后，王观澜当选为第五届全国人大常委，担任农业部顾问组组长。

然而就在刚刚粉碎"四人帮"之际，徐明清却蒙受了一场历史的误会。

1976年10月6日，"四人帮"被捕。

审查江青的历史和罪行立即开始了。

一查江青的档案，马上查到徐明清在延安时所写关于江青历史情况的材料。那份材料清楚地表明，在30年代，徐明清与江青有过密切的工作关系——诚如所有的江青传记都要提到徐明清。

于是，就在江青被捕的第四天——10月10日，中央专案人员便来敲徐明清家的门了。

在作了审讯式的谈话之后，便要徐明清写材料。徐明清所谈、所写，大致上跟在延安时所写的材料差不多。专案人员看了以后，认为徐明清写的是"客观主义"，"不深刻"。

何况,她当时头上还戴着"叛徒"的帽子,专案人员认为她在"包庇"江青。

于是,她失去了自由。她被关押在一个至今不知地点的房子里,四五个女看守一直看管着她,要她交待,要她写材料,弄得她的神经有点错乱了。

1976年底,徐明清被押往秦城监狱。在那里,徐明清受到更加严厉的审问。当时,就连王观澜都不知道她在什么地方。她的户口也被撤消了!

在"逼供信"的情况下,徐明清于1977年1月8日写了一份交待。徐明清说,这份交待是由审问者口授,由她执笔写成的。

她万万没有想到,她被逼而写的这份交待,在两个月后——1977年3月6日,被影印收入一份"红头"文件之中,印发全国。文件中所加按语说:

> 1933年秋,江青在上海晨更工学团当教员时,就与当时"晨更"的负责人徐明清关系非常密切。后来两人先后被捕,自首叛变。她们1937年混入延安前就订立了攻守同盟,长期互相包庇。……同年10月,她(指江青)隐瞒了自首叛变的历史,由徐明清出面作假证明,钻进党内。

这份"红头"文件,富有权威性。种种江青传记差不多都是依据这一文件中的材料,写了徐明清和江青的"攻守同盟"关系。

在中共十一届三中全会以后,一部分了解徐明清历史真实情况的老同志开始自觉反映,中共中央纪律检查委员会着手调查。第一次透露徐明清冤案可能平反的信息,是从胡耀邦的一次报告中发出的。那时,胡耀邦担任中共中央组织部部长,着手清理冤假错案。他在一次报告中尖锐批评了乱抓人的问题,一口气点了二十多个遭到乱抓人的名字,内中提及了徐明清。这表明中共中央组织部已经注意到徐明清冤案。

不过,徐明清一案直接涉及江青的历史问题,事关重大,需要一定的时间。

1978年12月,中共十一届三中全会公报鲜明地提出"坚决地平反假案,纠正错案,昭雪冤案","解决历史遗留问题必须遵循毛泽东同志一贯倡导的实事求是、有错必纠的原则",给徐明清带来了平反的希望。

中共中央组织部着手认真调查徐明清的历史情况。

1979年4月,秦城监狱的看守忽然通知徐明清,说是要她进城看病。她觉得奇怪,说自己没有生什么病。看守说反正有车进城,你随车去检查检查身体也好嘛。既然如此,徐明清答应了,准备进城检查身体。可是看守又通知她,把东西收拾一下,全部带走!

徐明清心中纳闷,不知究竟,只得照办。

进城之后,她被安排住在一家监狱系统的医院里,住了一个多月。原本憔悴如鬼的她,经过一个多月休养,算是有点人样了。

一天,她正躺在床上,监狱长忽然进来,通知她:"赶紧起来,回家去!"

"回家?"徐明清一下子懵了!

"快,快,王观澜同志派车来接你啦!"监狱长说,"他和孩子们在外边等你呢!"

真是喜从天降,徐明清连忙翻身下床。不过她细细一想,又站住了,问道:"你们说我是'现行反革命',说我是'叛徒'。一定要把问题讲清楚,我才能离开这里!我在监狱里写的材料,是你们逼我写的,我不承认!"

于是,请来了中共中央组织部、公安部和徐明清所在单位的代表,向她明确宣布:"你先回家休息,组织上正在调查了解,不久就会对你的问题作出正式结论,请你放心。"

就这样,徐明清和王观澜以及孩子们一起,回到了家中。

不过,她的案子"通天"。被逼所写的材料,上了"红头"文件的。正因为这样,她的冤案的平反,不仅仅要由中共中央组织部进行仔细调查,而且要报送中共中央书记处讨论。

这一切,都在一步一步地进行。"实事求是、有错必纠"的原则,得到了认真、坚决的贯彻。她的"通天"案子终于有了明确的结论。

1982年7月7日,中共中央组织部发出的《案件复查通报》第一号上,刊载了《关于徐明清同志是否包庇江青问题的复查结果》一文,指出:

> 徐明清同志在延安给江青写的证明材料并未证明江青在上海北新泾有党的关系,与其他同志所写的证明是一致的,是实事求是的;徐明清同志在关押审查中被迫写的交代材料在宣布自由的同时,即申明推翻了。……徐明清同志没有包庇江青的问题,中共中央组织部于1981年7月报告中央上述各项报告,已于1981年9月1日经中共中央书记处讨论同意。

这样从"文革"中抓"叛徒"开始,直到后来因江青问题蒙尘,风风雨雨14年,徐明清终于度过了漫长的艰难的日子。

她与笔者长谈。最后,她谈及了自己对江青的看法:"人是会变的。江青有一个演变的过程。最初,她在俞启威的影响下,加入中国共产党,走过一段革命的道路。她到了上海以后,在晨更工学团里工作,表现也还是可以的。但是,她后来进入上海戏剧界、电影界,明显地表现出争名夺利、爱出风头等等问题……后来,随着地位的变化,她越走越远,以至篡党夺权,成了'四人帮'的头子,成了反革命集团的头子,成了历史的罪人。"

徐明清于1990年1月12日给笔者来信,感慨万千地写道:"十四年,对一个人来说,太长了!""路线偏差造成对革命同志的精神、肉体的摧残、折磨是一种非常可怕的内耗!"

刘志坚和秦桂贞"翻身"

中央文革小组副组长刘志坚是被江青打倒的,遭到了长期监禁。

那是1974年9月28日,毛泽东主席正聚精会神地听着秘书念着长长的名单。他从这年春天起,患老年性白内障,视力渐衰,不能亲自阅批文件,要靠秘书念文件。

中华人民共和国成立25周年庆典即将举行,有关部门报来了出席国庆招待会并拟见报的2000多人名单。

毛泽东主席听毕，提出要增加萧华、李力群、侯宝林三人，又问及商震是否列入。当晚，中共中央政治局对名单进行讨论，"遵照主席精神，又加刘志坚一人"。（见周恩来1974年9月29日致中共中央政治局的信）

北京东城，一条行人稀疏的小胡同——拐棒胡同，那里的一座四合院在沉寂了七个春秋之后，忽地热闹起来。

29日那天，一辆轿车停在四合院门口。来人奉中央之命，正式通知软禁在那里的刘志坚[1]："从今天开始，你自由了。明天，你出席在人民大会堂举行的国庆25周年招待会。"

喜讯来得那么突兀，刘志坚几乎不相信自己的耳朵了！

急急如律令：洗澡，理发，赶制新军装……裁缝在给他量了身材之后，当天就做好一套崭新的军装送来，以便他翌日能出席国宴。望着那红的帽徽和领章，刘志坚百感交集，泪水模糊了视线。

奉命监禁他达七年的部队撤走了，换上了原来的警卫员为他警卫。炊事员回来了。久别的那辆吉姆牌轿车，又回到他的身边。夫人刘莱瑛，也和他团聚了。一夜之间，他从"囚犯"跃为首长，可谓天渊之别。

翌日傍晚，吉姆车送他来到熟悉的人民大会堂。年逾花甲的他，穿着一身新军装，步入宴会厅，见到抱病前来主持国庆招待会的周恩来总理，屏息聆听周恩来致祝酒词。许多人对于曾被"打倒"的刘志坚突然"亮相"公众场合，投来惊讶的目光。

10月1日清晨，中央人民广播电台新闻节目在报道昨晚国庆招待会的消息时，提到了刘志坚的大名。全国各大报所载国庆招待会出席者的名单中，也都印着"刘志坚"——这位中国人民解放军总政治部原第一副主任的名字。

"哦，刘志坚出来了！"这，成了当时全国关注的新闻。

10月3日，叶剑英元帅召见了刘志坚中将，详细询问了他的种种情况，特别问及了他的身体状况。

四个多月后——1975年1月13日至18日，作为全国人民代表，刘志坚出席了第四届全国人民代表大会。

1975年3月，刘志坚被任命为中国人民解放军军事科学院政治委员。当时的院长为宋时轮上将。

5月，中共中央副主席、中共中央军委副主席兼中国人民解放军总参谋长邓小平召见刘志坚。不久，刘志坚被任命为中国人民解放军昆明军区第一政委。从此，他在西南边陲这一重要的军事岗位上，干了七年多。

直至中共十一届三中全会之后，1980年，刘志坚冤案才得以正式平反。在正式平反后，年已古稀的刘志坚，被从昆明调回北京。

他的三个子女，在"文革"中曾受他牵连，天各一方：

长女原在中央美术学院学国画，被调离北京，到兰州那山沟里的"五七"干校劳动；

---

[1] 1990年7月22日叶永烈在北京采访原中央文革小组副组长刘志坚将军。

二女儿在中国人民大学学习文学理论,被分配到东北一所中学教书;

小儿子在北京大学西语系德语专业毕业,被分配到山西阳泉煤矿当工人。

随着刘志坚正式平反,一家五口人分处五个地方的局面总算结束。

年近八旬的刘志坚将军,住在北京西城。在宽敞的客厅里,我与他以及他的夫人刘莱瑛长谈着。客厅里,挂着舒同题赠的李白的诗。他的记忆力仍很不错,往事历历在心头。

回顾"文革"初期的往事,他感叹道:"当时,虽然自己对一些问题有看法,想不通,但是也并不很清楚。我主管军队的宣传工作,一方面身不由己,另一方面我当时对毛泽东主席处于迷信状态,所以对'文革'的错误也不是一开始就看出来的。对于'文革',我也有一个认识的过程……"

秦桂贞受江青迫害,也吃尽苦头。她骂江青是"妖怪精"。她恨透了江青。

终于,1976年10月,她听到了"妖怪精"给抓起来的消息,兴奋得失眠了!

终于,她请人代笔所写的关于她受江青迫害的材料,上了揭发江青罪行的中共中央文件,印发全国。

终于,1980年11月,她登上中国民航班机,飞往北京。中华人民共和国最高人民法院特别法庭邀请这位普通的妇女,作为被害人,出庭控诉江青罪行。

她住在北京当时第一流的京西宾馆。

一天,法官忽然来到她的房间,郑重其事地对她说:"秦桂贞同志,在公审江青之前,我们请你协助完成一项任务。"

"什么事?"她连忙问。

"关于对你的残酷迫害,我们提审了吴法宪,他承认了,作了交待。可是,江青矢口否认,态度非常恶劣!"法官说道。

秦桂贞一听,怒火顿起,说:"这妖怪精……"

"我们想请你辛苦一趟,到监狱去,去看一看江青。"法官说,"我们估计,她以为你早就不在人世了,所以想赖账!"

法官还拿出一本旧相册,上面贴着蓝苹的许多剧照,秦桂贞一眼就认出,这是她当年送给蓝苹的。法官还拿出从秦桂贞家抄去的那些蓝苹照片。

秦桂贞马上站了起来,跟着公安人员离开京西宾馆。

汽车驶出北京城。大约两个小时以后,她看见一片熟悉的景象:高墙,铁门,到处是岗哨。这不就是秦城监狱吗?

秦桂贞兴奋起来:"哈,妖怪精,我们'对调'啦——那时候我住的地方,今天你来住!"

随着公安人员步入秦城监狱,秦桂贞见到一个女人裹着一件蓝色的棉大衣,翻起海虎绒衣领,倚墙坐着,在那里晒太阳。此人面色白里透红,戴着一副紫色秀郎架眼镜,睁一只眼,闭一只眼,在养神哩。

秦桂贞细细一瞧,不是别人,正是"妖怪精"!

秦桂贞怒不可遏,对着"妖怪精"大声喊道:"蓝小姐,我来了!"

江青一听这熟悉的声音,立即站了起来,瞪大了眼睛,吃惊地望着她,终于喊了出来:

"阿桂！"

江青居然伸出了手,想跟她握手哩。

秦桂贞才不会跟"妖怪精"握手。她义正词严地对江青说："我对你那样好,你对我那样狠！你是一条毒蛇！"

这位普通的妇女,用这样一句朴素而深刻的话,回敬了"旗手"。

江青顿时脸色煞白。

秦桂贞一扭头,理都不理,走了。

秦桂贞大约走了十几步,忽然听得背后传来一声狼一样的尖叫,令人毛骨悚然："阿桂——"

那是江青拖长声调,在那里喊她。江青的声音中,仿佛闪现了一丝负疚、羞愧之意。

秦桂贞连头也不回,上车去了。

过了几天,法官又来到京西宾馆,笑着对秦桂贞说："那天你去了以后,江青承认了对你的迫害,态度也不像以前那样嚣张了……"

秦桂贞笑了,笑得那么得意。她说出了那句话："善有善报,恶有恶报,今天,终于时候到了！"

在我访问秦桂贞的时候,她伸出双腕,上面还留着当年手铐的凹印。她说这是蓝小姐留给她的"纪念"。

今日的秦桂贞,依然一人独居。她已搬到一幢花园洋房的底楼居住。她告诉我,这是老东家许慕贞小姐的房产,免费给她居住。

她说,许慕贞小姐和丈夫郑汝顺先生对她极好。她指着屋里的电话对我说,这电话就是他们给我装的。许小姐、郑先生现在香港,每隔些日子,总是给她打电话,问寒问暖。她生病,他们汇钱来给她。她指着屋里的微波炉说,那是许小姐和郑先生的孩子宝宝送的。宝宝,如今的大名叫郑丽波。她在美国学有成就,很有出息。她感叹地说："这才叫好有好报！"

她还说及,北京的中共高干夫人们也很关心她。内中特别是陈云夫人于若木的妹妹于璐琳,对她最为关心,曾帮助她解决了医疗转院等问题。

当我跟她作了长谈,回到家中,又接到她的电话。她说要补充一句："我跟'妖怪精'同岁,我看到她死在我的前面,我好开心！"

1998年8月20日,我去看秦桂贞,开门的是一位20多岁的姑娘。我以为姑娘是秦桂贞的亲戚,一问,才知道是秦桂贞的保姆。当了几十年保姆的秦桂贞,如今也有保姆照料她！

她前些日子因糖尿病住院。她说,幸亏有保姆照料。不然,她这样的孤老太婆,真不知怎样生活下去。

她告诉我,当时正在香港的宝宝,专程赶往上海,看望她,使她非常感动。

如今,每天清早6时,她就由保姆陪着前往花园走走,到8时回家吃饭。身体还可以。

她从冰箱里取出冰西瓜、冰淇淋招待我,看得出,她的晚年生活过得不错。

她拿出当天中午收到的从美国寄来的宝宝的信。信中有十几张照片,既有宝宝半个多月前看望她时的合影，也有重新放大的宝宝小时候和她一起拍的照片，还有宝宝作为"票友"演出京剧《宇宙锋》的剧照。

我回到家中，接到郑汝顺先生从香港给我打来的电话。郑先生说，秦桂贞刚刚给他去电话，说是我去看她。我说，郑先生一家这样多年无微不至照料秦桂贞，真是难能可贵。郑先生马上说，秦桂贞在他们家多年，已是他们家庭的一员。所以，关心她、照料她，是他们应该做的事。可惜的是，他们夫妇远在香港，女儿又在美国，只能在经济上帮助秦桂贞，不能亲自照料秦桂贞，所以拜托我有空常去看看她。

在这里，顺便提一下那位与秦桂贞同机被秘密押往北京的作家峻青。

峻青被江青投入监狱达五年半，精神受到极大的损伤。经过他的妻子和女儿的多方奔走，1973年7月的最后一天，峻青在北京突然接到通知，说是经过"审查"，他"按人民内部矛盾处理"。

当天，全身浮肿的他，来到北京平安里中央直属机关招待所，见到专程从上海赶来的妻子于康，以及上海作家协会"工人毛泽东思想宣传队"的丁师傅，还有他在北京的弟弟孙海峰。

翌日下午，他在妻子和"工宣队"丁师傅的陪同下，乘坐火车回上海。

然而，江青为什么要下令逮捕他，他却始终不清楚。

1980年12月10日，峻青从电视中看到最高人民法院特别法庭审讯吴法宪的情形，内中涉及他在"文革"中无端被捕。

据吴法宪交待：

1968年2月，江青在人民大会堂四川厅开会。散会时，手里拿一本书，问吴法宪："吴胖子，这个人你知道不知道？"

吴法宪见到书名《黎明的河边》，作者峻青。吴法宪对江青说："我不知道。"

江青指着书的作者说："这人在上海，是上海作家协会的负责人，你给我到上海把他捉到北京来。"

吴法宪有点为难："我不认识他，怎么捉来？"

江青声色俱厉道："怎么捉来，你自己想办法嘛！"

吴法宪不敢再问了。

就这样，吴法宪在上海抓了峻青，并押送到北京，但是连吴法宪也不知道江青为什么要抓峻青！

峻青说，他与江青从未见过面，素不相识，无怨无仇。他至今还没有弄明白，江青为什么要抓他！

江青的铁窗生涯

江青在1981年1月25日被特别法庭判处"死刑，缓期二年执行"。

到了1983年1月25日，她被改刑为"无期徒刑"。那是根据《中华人民共和国刑法》

第四十六条:"死刑缓刑期间如有悔改表现,可改刑为无期徒刑。"江青谈不上"悔改表现",但是以这样用词讲究而巧妙的理由为她改刑:"无抗拒改造恶劣情节"。

其实,在1981年1月,当特别法庭决定判处江青"死刑,缓期二年执行"时,就已考虑了二年期满时怎么处理。

伍修权曾这么谈及:"至于'死缓'二年以后怎么办,我们也有个初步设想。在《关于建国以来党的若干历史问题的决议》公布和十二大开过以后,我国人民对这类重大问题有了进一步的认识,通过一个特别决议,对这次判决予以减刑,将江青、张春桥死刑变为无期徒刑,其他的无期和有期徒刑,是否也相应地减刑,到时候再酌情处理,以此体现我们政权的稳固和政策的正确。……"

1983年1月25日,《中华人民共和国最高人民法院刑事裁定书》送达江青,上面写着:

> 罪犯江青,女,现年六十九岁,山东省诸城县人,现在押。
> 罪犯张春桥,男,现年六十五岁,山东省巨野县人,现在押。
> 上列罪犯江青、张春桥,经最高人民法院特别法庭于1981年1月25日特法字第一号判决,认定了林彪、江青反革命集团案的主犯,都犯有《中华人民共和国刑法》第九十八条组织、领导反革命集团罪,第九十二条阴谋颠覆政府罪,第一零二条反革命宣传煽动罪,第一三八条诬蔑陷害罪,罪犯张春桥并犯有第九十三条策动武装叛乱罪,对国家和人民危害特别严重,情节特别恶劣,分别判处江青、张春桥死刑,缓期二年执行,剥夺政治权利终身。
> 罪犯江青、张春桥的死刑缓期执行期,到1983年1月25日,二年期满。
> 本院依照《中华人民共和国刑事诉讼法》规定,组成合议庭,对罪犯江青、张春桥在死刑缓期执行间的表现,进行了调查。现已查明,罪犯江青、张春桥在死刑缓期期间,无抗拒改造恶劣情节。本庭依照《中华人民共和国刑法》第四十六条的规定,并经本院审判委员会第一七二次会议决定,裁定如下:
> 对原判处罪犯江青、张春桥死刑缓刑两年执行减为无期徒刑;原判处剥夺政治权利终身不变。

不过,当江青接到改刑判决书时,她半点也没有欣慰之感,反而大喊:"你们杀了我吧!你们为什么不杀了我呢?"

从江青的呼喊中,可以清楚看出她的内心世界:她已经穷途末路,希望早一点结束这种死不死、活不活的囚徒生活!

江青的铁窗生涯,虽说因为秦城监狱门卫森严而几乎无法为外界所知,但笔者访问了公安部有关人士,还是得知了一些情况:

江青单独关押。她的牢房大约20平方米。窗玻璃是透光的,不过,外面可以看见她在里头的情景,她在里头看不见外面。

她的伙食还可以,因为毛泽东过去说过,对于犯了严重错误以至罪行的高级干部,在生活上还是给予照顾。她的伙食，比北京城里普通百姓要好。特别是在审判期间，伙食更好一些。

她在狱中可以看《人民日报》《北京日报》，她可以听广播，或到电视室里看电视。只是在最高法庭审判期间，不准她看报纸、电视，不准听广播，因为那一段时间，不断发表有关审判十名主犯的报道，有些内容涉及别的主犯的态度、交代，不便于让她知道。

当她从电视上见到邓小平阅兵的镜头，不由得叹道："想不到，邓小平的身体还这么好！"

最令她兴奋的是，有几次她从电视上看到播送"样板戏"，脸上露出"旗手"的笑容！她甚至得意地哼起了"样板戏"。

江青的情绪不稳定，喜怒无常。考虑到她已上了年纪，狱中没有安排她参加劳动。只是她素来喜欢打毛线，如今又闲得无聊，有时靠织毛线衣打发日子。然而，当她织完一件之后又拆了，然后再另织一件。就这样拆了织，织了拆，消磨着她的时光。

另外，她喜欢看书。她自己拥有一万来册藏书。她获得允许，从她的藏书中，选择她要看的书，在狱中阅读。江青曾说，在她一生中这一时期看书是最多的。

江青读了这样一些书：《鲁迅书简》、《且介亭杂文》、《李长吉集》、《词综》、《李白与杜甫》、《楚辞》、《重订唐诗别裁集》、《阿登纳回忆录》、《李文山诗集》、《增广诗韵全璧》、《怀素草书四十二章经真迹》、《史记》、《王临川全集》、《容斋诗话》、《重订老子正话》、《宋张择端清明上河图卷》、《敦煌壁画集》等。

应当说，江青在毛泽东身边多年，她的阅读兴趣受毛泽东影响，读的书大都是高雅之书。江青在秦城监狱还记日记。她的字近乎"毛体"。1981年5月21日，江青在日记中写道：

……秦城监狱只有"关"和"管"。我住在一所三层楼的底层，这里只管我一个人。楼的四周土地甚多，管理人员业余生产蔬菜。**（字迹不清）他们学习一点生产蔬菜的知识，也有利于改造世界观。除看守我的人员以外，别人是不能接近我的周围的。西边的"风场"也空了两排，"风场"外边也是大片的土地，我刚来时就在那儿放风；土地外面是数丈高的带电（网）的围墙，围墙外边还是监狱的楼房，犯人的窗子是看不见外边的。

我能参加劳动的时间不多了，身体衰老了，两三年来我总是说：一年之计在于春，既然是1981年的春天，请发还我改造世界观的权力！

江青毕竟是"四人帮"之首，虽然身在狱中，但仍为中外新闻界所关注。海外报刊上，不时登出关于江青狱中动静的报道，内中有不少只是猜想、传闻而已。

关于江青，中国官方每隔一两年，要通过新闻传媒，予以报道。

以下是笔者所搜集的历年来关于江青狱中情况的报道：

1984年9月12日日本《朝日新闻》刊出该社北京特派员横崛走访中国司法部发

言人、办公室主任鲁贤的报道。

  鲁主任说:"江青关押在北京监狱的单独牢房里。我们根据革命的人道主义给她一定的待遇,保障她的生活。并不是每天都有鱼有肉,但与其他犯人吃得一样。由于年龄关系(七十岁),几乎不要她参加劳动了。她的身体原先就不好,但监狱里有医生,现在健康状况良好。"

1986年7月,公安部部长阮崇武答复了外国记者的提问:

  合众社记者问:江青、张春桥的身体怎么样?张春桥能下床走动吗?
  答:两人身体都还可以。年纪都大了。没有听说张春桥不能下床走动。有病都可以治疗的。
  问:什么病?
  答:年纪大了,多少都有点老年病。
  问:江青现在的态度怎么样?有无悔改之意?
  答:江青的态度怎么样,现在已经没有什么用了。她这样的人很难说有什么悔改之心。
  问:我们听说江青在监狱里被强迫做布娃娃?
  答:(摇摇头)你是不是听信了一个意大利记者的报道。他怎么知道江青在做布娃娃,是不是从门缝里看到的。(众笑)

1988年3月24日新华社北京电,报道新闻发言人曾涛在七届人大第一次中外记者招待会上的讲话:

  曾涛说,王洪文、张春桥、江青、姚文元这四人在继续服刑。他们当中,张春桥、江青患有老年性疾病,已得到正常治疗。
  曾涛还提及,陈伯达、吴法宪、李作鹏、江腾蛟四人因年老有病,均已保外就医。邱会作于1987年9月刑满释放。黄永胜于1983年因肝癌病亡。因此,在十名主犯之中,只有"四人帮"那四人仍在狱中。

1988年12月,香港《文汇报》、《明报》报道了中国司法部官员答记者问。
这位官员说,现年74岁的江青,最近因患严重的老年性疾病,目前正在狱中接受治疗。他否认了某青年杂志所说江青已被放出治疗喉癌的报道。
从以上逐年的关于江青的报道,大致可以勾画出江青晚年的概况。
据云,江青在公安部的医院里住院时,用的是"李润青"这化名。"李"是她的本姓,"润"是毛润之的"润","青"不言而喻是江青的"青"。

女儿李讷一次次前去探监

江青晚年，她的唯一的直系亲属是女儿李讷——毛泽东和她所生的女儿。李讷获准一次次前去探望江青。

李讷在1953年考入北京师范大学附属女子中学，读了六年，于1959年毕业，考进北大历史系。当时，笔者也在北京大学上学，有人指着在大饭厅外自来水龙头那里洗碗的一位女同学说，她就是毛主席的女儿。

当时正处于经济困难时期，李讷也跟大家一样，在北京大学吃着普通的饭菜。在1960年，李讷由于营养不良，全身浮肿，病倒了，不得不在1961年休学一年。

1965年，李讷从北京大学历史系毕业[1]，没有分配工作，就去参加"四清"运动了。

1966年，父亲毛泽东发动了"文革"，母亲江青一马当先，成了"文革先锋"。那大浪大潮，把李讷也卷了进去。从1966年7月，开始参加中央文革小组办公室的工作。此时，她化名"萧力"，亦即"小李"的谐音。

后来，她担任父亲毛泽东的"观察员"、"联络员"，去各大专院校了解"文革"运动情况。确实，她当联络员倒是最为恰巧。她的年岁，跟红卫兵相仿。穿一身军装，可以随便进出各大学，"摸"来准确的、第一手情况，向父亲汇报，使毛泽东了解"文革"的脉搏。

1966年11月份李讷到《解放军报》工作，成为军报的编辑和记者。当时《解放军报》代总编辑是胡痴，后来曾回忆说：

> 那是1966年10月下旬的中午，杨成武打来电话，说江青通知，要我俩下午3时到钓鱼台15号楼陈伯达处，去接受一个任务。我们分别按时间到那里，江青、陈伯达已在等候。江青讲了很多，大意是：请你们来，是想把我女儿李讷送到军队去，让她到军报锻炼锻炼，并说主席也同意。她还说：这孩子才出大学门不久，她学的是历史，肯用脑子，也能写点东西，我看比林豆豆（林彪的女儿）要强些。你们放心，她在政治上是跟我们走的。她的缺点是看问题有些片面，有点固执，要多帮助她。她又叮嘱，为了保密，给她改名萧力，你们俩知道就行啦，否则，她的活动和安全都会有问题。[2]

不久，《解放军报》代总编辑胡痴、党委书记赵易亚先后被打倒，凭着李讷那"响当当"的背景，才26岁的她，擢为《解放军报》总编领导小组组长[3]。

---

[1] 当时北京大学的文科学制为五年，理科为六年。
[2] 胡痴：《萧力与解放军报夺权风暴》，《百年潮》1999年第2期。
[3] 总编领导小组组长是"文革"期间特殊的职称，相当于总编辑。

据阎长贵回忆[1]，李讷曾经告诉他，林彪为此还接见并鼓励她："你都27岁了，还没信心搞好一个军报吗？我25岁就当军团长了，29岁担任军政大学校长。"

1968年3月，江青又调回李讷，担任中央文革小组办事组组长。

"萧力"不堪工作重负，患上严重的神经衰弱症。1970年初，经毛泽东和江青的同意，让"萧力"到江西进贤县的中共中央办公厅"五七"干校锻炼，使她从繁重的工作中解脱出来。

在江西，发生了一桩意想不到的事：年已30的李讷，跟"五七"干校中的小徐相爱了。小徐是在北戴河管理处当服务员，父亲是山海关车站的扳道工。李讷会爱上这样一位普普通通的小伙子，却不是"门当户对"的高干子弟，消息传出，人们颇为震惊。

江青坚决反对这门亲事。1970年8月，江青上庐山参加中共九届二中全会，还特地把李讷叫上山，劝说李讷，结果无效。后来，江青对人说："这几天我的头痛病又犯了，头痛得像要裂开来一样。我把李讷叫上山来，她和我闹别扭，我们两个都坚持自己的意见，结果吵了一架，搞得两个人都很烦恼。"

李讷知道无法说服母亲江青，就写了一份要求与小徐结婚的报告给父亲毛泽东。

毛泽东并不计较小徐的"身份"，应允这门亲事，在报告上写下批示[2]："孩子的婚姻由孩子自己决定，我们不宜干涉。同意，转江青阅。"

这下子，江青无可奈何，只得同意。

李讷和小徐在"五七"干校举行了简朴的婚礼。毛泽东送了一套《马克思恩格斯全集》作为结婚礼物。

不过，婚后不久，由于李讷和小徐性格不合，志趣也不同，感情产生裂痕，彼此分居。但李讷已怀孕，生下一子，取名李小宇。

李讷回到北京。从1973年起，她先是担任中共平谷县委书记，后来成为中共北京市委书记（第一书记是吴德）。不过她身体欠佳，她的母亲没有派她当毛泽东联络员，而是从辽宁调来了毛远新。这么一来，她倒没有卷入"四人帮"的政治阴谋。

毛泽东去世，江青被捕，李讷那特殊背景一下子消失了，中共北京市委书记当不成了。她跟儿子默默地在北京西郊的一座小院里过着平常人的普通生活。

1985年，经毛泽东卫士长李银桥介绍，她和王景清结婚。王景清在20世纪40年代，曾在延安中央警卫团工作。后来他担任怒江军区参谋长，跟妻子离异。王景清为人憨厚、善良，细心地照料李讷，使她在孤寂中得到了安慰。

李讷把儿子改名王效芝。芝，即毛润之之意。她要儿子效仿外公毛泽东。

李讷和王景清一起去秦城监狱探望，江青对新女婿表示满意。尤其是王景清也喜欢书法，跟江青有着共同的爱好，江青跟他见面时往往探讨起书法艺术来，反而把李讷撂在一边。

---

[1] 阎长贵、王广宇：《李讷在"文革"初期》，2012年7月19日《南方周末》第23版。
[2] 据杨银禄：《江青的亲情世界》，《同舟共进》2010年第6—7期。

江青是从1984年5月4日起保外就医。但是她在1988年12月企图吞50多片安眠药自杀,被发现之后,于1989年3月30日重新送回秦城监狱看管。

李讷和王景清每次去北京远郊昌平的秦城监狱,是坐公共汽车去的。一往一返便是一整天。

江青见到女儿、女婿,还是高兴的。江青的腿脚不大灵便,往往要扶着墙壁走路,但气色还不错。最使李讷感到不快的是,江青极易发怒,无法控制自己的情绪,常常为一两句无关紧要的话,为芝麻绿豆小事发火。

尽管来去那么劳累,见面又往往不愉快,李讷和王景清还是一次次去看望江青。

李讷很少跟朋友们谈起江青在狱中的情况。偶尔,在一般朋友面前,李讷提到江青,总是称之为"我们家的那一位"、"家里的大人";在很熟悉的朋友面前,她才称江青为"我母亲"、"我妈妈"、"我家老太太"。

王洪文死于肝病

1977年7月中旬,中共十届三中全会在北京举行。会议通过了《关于恢复邓小平同志职务的决议》,邓小平重新出任中共中央副主席、中共中央军委副主席、国务院副总理、中国人民解放军总参谋长这样"三副一长"职务。会议还通过了《关于王洪文、张春桥、江青、姚文元反党集团的决议》,指出:

> 永远开除资产阶级野心家、阴谋家、反革命两面派、新生资产阶级分子王洪文,国民党特务分子张春桥、叛徒江青、阶级异己分子姚文元的党籍,撤销'四人帮'的党内外一切职务。

在1980年,王洪文的弟妹们曾经获准前往秦城监狱,探望王洪文。

王洪文有三个弟弟和一个妹妹,即王洪武,王洪双,王洪全、王桂兰。

王洪文的弟妹们,在王洪文飞黄腾达的时候,仍过着平常的生活,并没有沾大哥的光。正因为这样,在王洪文倒台之后,他们也依然过着平常的日子,没有受到牵连。

王洪武、王洪全在长春老家农村务农:王洪武在长春绿园区西新乡开源村,王洪全在西新乡百家屯。王桂兰在吉林市,家庭妇女。王洪双在1958年参军,1962年转业到陕西省武功县飞机修配厂工作。

王洪文的弟妹们接到通知,赶往北京。他们在秦城监狱见到了长兄王洪文。见面的时间总共四小时——上午两小时,下午两小时。这是多年以来弟妹们与王洪文唯一的一次见面。王洪文叮嘱弟妹们好好劳动,好好照料母亲。

1980年底,"四人帮"终于被押上历史的审判台。

数亿中国人聚精会神,从电视荧光屏上观看了中华人民共和国最高人民法院特别法庭审判"四人帮"的实况。

对于王洪文的审判，大致如下：

最高人民法院特别法庭开庭审判王洪文概况

日期	被告人	庭审主要内容
1980年11月20日	"四人帮"	宣读起诉书。
1980年11月24日	王洪文	"长沙告状"。
1980年12月6日	王洪文	诬陷陈毅；指使鲁瑛派记者搜集诬陷党政军领导干部的材料；策划、指挥"上柴联司"武斗事件；组织指挥上海康平路事件。
1980年12月13日	王洪文	组织第二武装；策动上海武装叛乱。
1980年12月20日	王洪文	法庭辩论。
1981年1月25日	"四人帮"	法庭宣判。

平心而论，在"四人帮"之中，认罪态度最好的要算王洪文；张春桥一言不发，瞪着三角眼，以沉默相抗；姚文元总是咬文嚼字，避重就轻，至多承认犯了"错误"，不承认犯罪；江青则"和尚打伞——无法无天"，大闹法庭，以至写下《我的一点看法》相抗；倒是王洪文问一答一，问二答二，对自己的罪行供认不讳，早已没有"造反司令"那副不可一世的神气。

中华人民共和国最高人民检察院特别检察厅起诉书对王洪文的起诉如下：

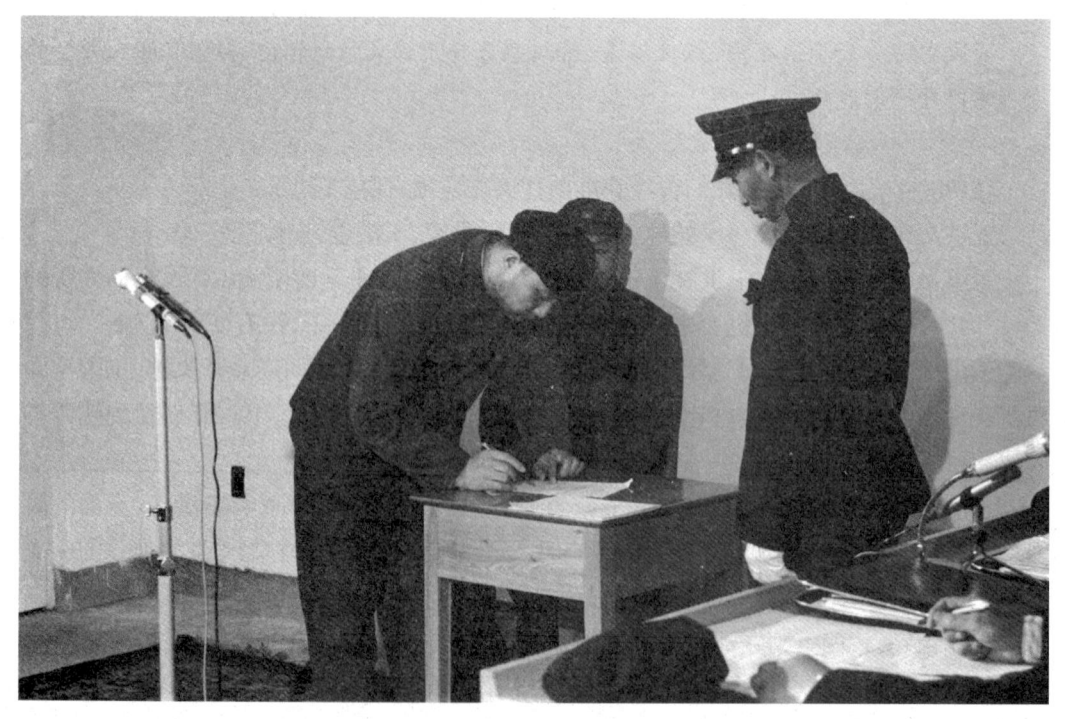

■ 王洪文在最高人民检察院特别检察厅起诉书副本送达书上签字。（新华社记者齐铁砚 摄）

被告人王洪文，以推翻人民民主专政为目的，组织、领导反革命集团，是反革命集团案的主犯。王洪文积极参与江青夺取最高权力的活动。

1966年12月28日，王洪文参与制造了上海康平路武斗事件，打伤91人。1967年8月4日，王洪文组织、指挥了围攻上海柴油机厂的武斗，关押和伤残650人。

1976年，王洪文伙同江青、张春桥、姚文元在全国制造新的动乱。王洪文指使鲁瑛派人到一些省，按照他们的意图编造诬陷重新出来工作的领导干部的材料。

王洪文伙同张春桥，以上海为基地，建立由他们直接控制的"民兵武装"，多次指示马天水、徐景贤、王秀珍加紧发展"民兵武装"，策动上海武装叛乱。

被告人王洪文犯有《中华人民共和国刑法》第九十八条组织、领导反革命集团罪，第九十二条阴谋颠覆政府罪，第九十三条策动武装叛乱罪，第一百零一条反革命伤人罪，第一百三十八条诬告陷害罪。

1980年12月20日上午，王洪文在最高人民法院特别法庭第一审判庭作最后陈述（摘自《林彪、江青反革命集团案卷》），承认了自己的罪行：

我认为最高人民检察院特别检察厅在起诉书中所指控我的犯罪事实，以及大量证据，都是事实。在法庭调查过程中，我已经如实作了回答。就今天这个机会，我向法庭表个态。"文化大革命"运动中，我参与了林彪、江青反革命集团的反革命活动，成了这个集团的主要成员，犯下了严重的罪行。经过几年来的反省和交代，特别是在公安预审和检察院的调查过程中，我逐步认识到了林彪、江青反革命集团，以及我个人在这个集团里面所犯罪行的严重性。最高人民检察院特别检察厅在起诉书中以大量的事实，确凿的证据，充分说明林彪、江青反革命集团的反革命罪行是极其严重的，给我们党和国家造成了不可估量的损失。真是罪行累累，罪恶滔天。我是这个集团里的一个重要成员，我的罪行是大量的，严重的，同样给党和国家造成了重大损失。特别是我犯下了参与诬陷周恩来总理、陈毅同志等中央一些领导人的严重罪行，犯下了镇压群众的严重罪行，犯下了组织帮派武装，煽动民兵武装叛乱等严重罪行。我在这里向全党、全军和全国人民认罪。我自己感到，由于陷在林彪、江青反革命集团里边很深，罪行严重，完全转变立场还要有个过程。但是我有决心转变立场，改造自己。衷心地希望政府能给我一个改造自己重新作人的机会。

1981年1月23日，中华人民共和国最高人民法院特别法庭对王洪文作如下判决："判处被告人王洪文无期徒刑，剥夺政治权利终身。"

王洪文表示服从特别法庭的判决，并在最后陈述中申明了自己的态度。

关于王洪文为什么被判处无期徒刑，《国际新闻界》1996年第5期，发表伍修权撰写的长篇回忆录《回忆与怀念》中，透露了对林彪、江青反革命集团主犯的量刑和宣判的

■ 王洪文在被告席上（孟昭瑞 摄）

内情，其中涉及王洪文：

  1980年，中国政治生活中的一件大事，就是对林彪、江青反革命集团十名主犯的公开审判。6月中央成立一个由彭真同志主持的审判工作指导委员会（也叫领导小组），作为中央对审判工作的党内指导机构。我被推选入这个领导小组。

  审判"四人帮"和林彪反革命集团，是党和人民的一致要求。1980年9月，全国人大常委会通过特别决定，宣布成立审判林彪、江青反革命集团案的最高人民检察院特别检察厅和最高人民法院特别法庭。

  在如何判刑的问题上，是经过不少的争论的。有人主张轻些，说将这些人养起来算了；有人主张重些，提出一定要判处死刑；也有人提出不轻不重的判法。可当时到处都是一片杀声，这对我们也是一种压力。在全体审判员会议时，大家同样认为江青、张春桥等人死有余辜，不杀不足以平民愤。开始都准备判决杀，但反复考虑以后还是不行，一要顾及国内外的影响；二要设想后代人怎么看，不能以一种义愤情绪来决定。

  我们充分陈述了自己意见后，很快得到了各审判员的支持，最后又得到了中央的同意，即将江青、张春桥判处死刑，缓期二年执行。别的主犯则分别判以无期或有期徒刑。王洪文还年轻，他自己就曾说过，十年以后再看分晓。对他判轻了可能还会出来起作用,他的地位也最高,罪行及影响仅次于江青和张春桥,所以将他判为无期徒刑。姚文元本来也应该重判,后来考虑到他搞的宣传活动许多都是上面指示了叫他办的,对他判重了就不大公道了,所以判了个20年徒刑。

1981年1月25日上午,第一庭和第二庭的十名主犯全部押到一起,听取对他们的判决。十名被告显得十分紧张,他们也急于想知道自己将受到什么样的惩处。江青尽管平时装腔作势,这时也沉不住气了,当我念到"判处被告人江青死刑"时,还没等我念出"缓刑二年执行",她就慌忙叫喊起来。待我宣读完对江青的判决,法警立即给她戴上手铐,这时全场破例地爆发出了一阵热烈的掌声和欢呼声。由于江青企图挣扎和还想喊反动口号,头发也散乱了。我看到江青正想捣乱,立即下令道:"把死刑犯江青押下去!"当时我太兴奋了,竟少说了一句话,应该在下令前,先说由于江青违犯法庭规则、破坏法庭秩序依法将她赶下场的。当全部宣判完毕,并由江华庭长宣布将十名罪犯押下去交付执行时,全场洋溢起欢庆胜利的声浪。

历时两个月零七天,开庭42次的对林彪、江青反革命集团主犯的公开审判胜利结束了!根据判决后的国际舆论来看,我们做得是正确的。

"死缓"二年以后怎么办?当时我们也有个初步设想。于1983年1月25日,对两案主犯宣判整两年以后,最高人民法院刑事审判庭发表了一项"裁定",宣布"对林彪、江青反革命集团的主犯江青、张春桥,依法减为无期徒刑。原判处剥夺政治权利终身不变",并说他们在"死缓"期间"无抗拒改造恶劣情节",其实,还应该说"也无接受改造实际表现",但为了给他们减刑,也只能那么说。

在1980年,王洪文的弟弟、妹妹曾经获准赴京看望王洪文[①]:

1980年的一天,王洪武和他的弟弟妹妹突然接到可去北京看望大哥王洪文的通知。王洪武兄妹四人马上打点行装上路了。许多年来,王洪文很少和家里联系,也很少给家里写信,王洪文在北京的情况,王洪武和弟弟妹妹们基本上不知道。"四人帮"垮台时,听人传说,逮捕"四人帮"时开枪了,王洪文的胳膊被打断了,家人心里很害怕。因此,一路上,王洪武兄妹4人的心空悬着,谁也不说话。到北京后,他们和等在北京的大嫂见了面,然后一起去秦城监狱探望王洪文。

那次,他们和王洪文在一起待了一天,上午两个小时,下午两个小时,总共四个小时。那天,他们早早就等在秦城监狱的接见室里。王洪文被叫出来,坐在他们对面。王洪武初见王洪文时曾有一阵感到陌生,但觉得眼前的大哥和电影、电视里出现的没什么两样,只是瘦了些,脸色苍白,有些浮肿。后来,王洪武看见大嫂流泪了,心里也涌起了酸楚。他拉了一下王洪文的胳膊,说:"大哥,听说抓你时开枪了,你的胳膊给打断了,是真的吗?"王洪文举了举胳膊,让他们看看自己的胳膊并没受伤,然后

---

① 峻宏:《王洪文胞弟谈家事》,《家庭》1998年第12期。

告诉他们,抓他时并没开枪,只是说开秘密会,不让带警卫员,去到会场就给抓起来了。王洪文叮嘱弟弟妹妹们要好好劳动,不要背包袱;叮嘱他们好好过日子,照顾好自己的身体,照顾好母亲的身体。他说过这些后,话就很少了。

1981年,在王洪文被判处无期徒刑不久,他的母亲王杨氏因脑溢血在长春去世。

在"四人帮"之中,王洪文最为年轻,也是身体最好的一个。但是,可能由于在"四人帮"中他的阅历最浅,心理承受力也最差,所以他在狱中显得非常苦闷,长吁短叹,愁眉苦脸。沉重的心理压力,使王洪文病倒了。

据王洪文弟弟王洪双说,王洪文自1986年起,离开秦城监狱,住入公安部所属北京复兴医院。他与张春桥住在同一幢病房大楼里,医疗条件不错。

1992年8月5日,《人民日报》刊登王洪文病逝电讯,全文如下:

新华社北京8月4日电

林彪、江青反革命集团主犯王洪文因患肝病,于1992年8月3日在北京病亡。

王洪文58岁,于1981年1月经最高人民法院特别法庭判处无期徒刑,剥夺政治权利终身。

王洪文于1986年患病后即被送医院治疗。

据北京八宝山殡仪馆火化工段月忠说,王洪文死后,被送往八宝山火化。为王洪文送行的有王洪文的妻子和王洪文的兄弟。段月忠回忆说:"他兄弟跟他长得真像!"

至此,王洪文结束了他的一生。

如今,王洪文的妻子和三个子女在上海过着普通市民的生活。王洪文的妻子崔根娣与王洪文的弟妹们常通信,而且还多次从上海前往东北老家看望他们。

张春桥的狱中生活

对于张春桥的审判,大致如下:

最高人民法院特别法庭开庭审判张春桥概况

日期	被告人	庭审主要内容
1980年11月20日	"四人帮"	宣读起诉书。
1980年11月27日	张春桥	"长沙告状";诬陷朱德、陈毅;提出"改朝换代";指使、煽动"打倒刘少奇"。
1980年12月4日	张春桥	指挥"游雪涛小组"从事特务活动;制造上海康平路事件;支持济南"五·七"武斗事件。

续表

日期	被告人	庭审主要内容
1980年12月13日 1981年1月25日	张春桥 "四人帮"	张春桥 组织第二武装;策动上海武装叛乱。 法庭宣判。

在被告席上,江青依然"和尚打伞——无发(法)无天"。

王洪文倒是对自己的罪行供认不讳。

姚文元胸前依然别着一支钢笔,金鱼眼睛仍朝着天花板,一般尚能认罪,但往往要咬文嚼字,掂斤播两。

唯有张春桥胡子拉碴,双唇紧闭,从头至尾一言不发,以沉默相抗。他松弛了的眼睑低垂,一双眼睛更显得成了三角形。

张春桥在审判中实行"三不主义":面对提问,不答;送达文件,不看;要他签字,不签!

王芳是张春桥预审组组长,他回忆说:

> 对张春桥的提审,我们在充分准备的基础上,于6月2日开始。这天上午9时,我、黄荣波、王汝良和担任记录的陈若林、周诗裳等在预审室坐定后,即由警卫把张春桥带入。我让他面对面坐下,我首先向他宣布中央决定,讲明他的案件由公安部依法受理;同时向他原文宣读《刑事诉讼法》第三十二、三十四、三十五条和第六十四条,特别强调《刑事诉讼法》中,被告人"可以陈述有罪的情节或作无罪的辩解","只有被告人的供述,没有其他证据的,不能认定被告人有罪和处以刑罚;没有被告人供述,证据充分确实的,可以认定被告人有罪和处以刑罚。"

■ 1980年11月10日,司法人员向张春桥宣读最高人民检察院特别检察厅起诉书副本。(新华社记者齐铁砚 摄)

我向他宣读后,问他听清楚了没有?

这时张春桥有气无力地说:"我不是反革命。"

停了一下,张春桥又说:"你讲的我都不接受,我没有违反你这个法。"

此后,张春桥便不说话,不回答我们提出的问题。期间,我反复阐明政策和法律,也驳斥他所谓"不是反革命"的言论,他也一声不响。这次预审僵持了一个小时,在宣布将他带下去前,要他在预审笔录上签字,他说"不签"。

张春桥在预审中可能不开口、不交代问题、不签字等,我们是有准备的。因为张春桥从隔离审查那天起,就不说话,但他曾表示"不到说话的时候"。

1977年3月1日,张春桥写给中央的信中曾申明:"未经我签字的材料,我不能承认对处理我被审查的案件有效性。"

1978年5月,中纪委二办审问张春桥时,他说:"我不说,以后再说。"

1979年9月,中纪委的张启龙、刘顺元、李士英等几位老人曾集体找张春桥谈话,张表示"没有必要说"一句以外,即不吭声。

我们曾多次分析过张春桥的思想活动。张说"不到时候",那么什么阶段才算"到时候"?这个"以后再说"又是什么时候?我们当时认为公安预审可能是一个时候,因此做了两手准备,准备他不说话,争取他说话,即使他反扑、狡辩,我们都不怕,只希望他开口说话!

第一次提审他后,大约隔了半个月又第二次提审,他还是那副样子,闭口不言。我们就估计他在预审中不会开口了。

张春桥拒不回答问题,以沉默对抗预审,我们的对策是:"以事实为根据,以法律为准绳",着重调查取证,掌握确凿的证据;采取揭露性的预审方法,即在审问过程中揭露其所犯下的罪行和阴谋手段,完整地记入预审笔录,构成法律文书。

我们从调查掌握的材料,经过多次讨论、筛选,抓住张春桥多次鼓吹"文化大革命"就是"改朝换代",组织策划上海反革命夺权;制造上海康平路武斗、打伤91人事件;诬陷党和国家领导人,秘密接见蒯大富,指使他首先在社会上煽动"打倒刘少奇";操纵、指挥"游雪涛小组"进行特务活动,制造冤案,迫害大批干部和群众;在济南支持王效禹制造武斗事件,拘押干部群众388人;1976年,伙同江青、姚文元、王洪文在全国制造新的动乱;伙同王洪文等人,以上海为基地,建立他们直接控制的民兵武装,策动上海武装叛乱,等等罪行,具体而又符合法律的要求。

我们事先写出审问提纲,包括在审问过程中,什么时候宣读证词,什么时候出示证据,什么时候证人出证等等,都作了充分的准备,完整地记入预审笔录。

对于证据的要求是非常严格的,必须有多个经查验确凿的证据方可,对原始书证、笔记,要经过技术鉴定,以证明确凿无误;对证人的证言,要一人一证,一事一证。

从6月2日到9月中旬结束对张春桥的侦查预审,一共进行了11次。每次预审,张春桥除表示"不看"预审记录、"不签字"外,始终耷拉着脑袋坐着,紧闭着嘴。连他的同伙王洪文、徐景贤面对面对质时，仍是那副样子。

香港黄河浪先生当时为审判台上的张春桥，写了一首诗，颇为传神：

> 当年舌尖分叉，
> 喷吐谎言的瀑布，
> 每一星唾沫，
> 都是杀人的蛇毒；
> 而今哑口无言，
> 滔滔雄辩已冰封，
> 你的心冷到零度。

正因为张春桥"而今哑口无言"，问他不答，所以审讯张春桥比审讯江青、姚文元、王洪文要快得多。

1981年1月23日，张春桥被中华人民共和国最高人民法院特别法庭判处死刑，缓期二年执行，剥夺政治权利终身。他的罪名是：犯有《中华人民共和国刑法》第九十八条组织、领导反革命集团罪，第九十二条阴谋颠覆政府罪，第九十三条发动武装叛乱罪，第一百零二条反革命宣传煽动罪，第一百三十八条诬告陷害罪，对国家和人民危害特别严重、情节特别恶劣。

■ 法庭上的张春桥（孟昭瑞 摄）

张春桥被关押于北京远郊的秦城监狱。差不多每隔一两年，从那高墙深处，总要传出一点关于张春桥的消息。

在"四人帮"之中，只有江青与张春桥被判处死刑，缓期二年执行——姚文元为有期徒刑20年，剥夺政治权利6年；王洪文为无期徒刑，剥夺政治权利终身。

到了1983年1月，张春桥与江青缓期二年已满。根据刑法第四十六条规定，"死刑缓刑期间如有悔改表现，可改刑为无期徒刑"。张春桥与江青均被改判为无期徒刑，理由是："无抗拒改造恶劣情节。"

1983年1月25日，《中华人民共和国最高人民法院刑事裁定书》送达张春桥，上面写着：

> 对原判处罪犯江青、张春桥死刑缓刑两年执行减为无期徒刑；原判处剥夺政治权利终身不变。

1984年9月12日日本《朝日新闻》，刊载了该报驻北京特派员横崛的电讯，报道他走访中国司法部发言人、办公室主任鲁贤所得到的信息。

横崛在询问江青近况之后,问道:"另外三个人张春桥、姚文元和王洪文,他们的情况怎样?据说张春桥患癌症死了?"

鲁贤答道:"要这三个人接受改造谈何容易。王洪文在审判期间曾认罪,但这种认识远远不够。张春桥还活着,三个人都还健康。北京监狱的牢房有一号、二号等许多,'四人帮'当然是分别关押在各处。如果关押在一起的话,他们就会交谈商量,那不行。"(笑声)

1986年7月,公安部部长阮崇武在与外国记者谈话时,透露了张春桥的情况——

美联社记者问:"四人帮"近况如何?他们在监狱里能否读书看报?

阮崇武答:"四人帮"在服刑。在监狱里可以看书、看报、看电视。我们对他们照顾得不错,比他们当初对我们要好得多。

问:每月给他们多少钱?

答:犯人不给钱。每月有生活费。他们吃得好,住得好,生活得不错。

日本《朝日新闻》记者问:我国记者能否去采访他们?

答:我估计外国人去采访的希望不大。

合众社记者问:江青、张春桥的身体怎么样?张春桥能下床走动吗?

答:两人的身体都还可以。年纪都大了。没有听说张春桥不能下床走动。有病都可以治疗的。

问:什么病?

答:年纪大了,多少都有一点老年病。

1988年1月15日,新华社北京英文电,又透露张春桥的一点消息:

下星期一出版的英文《北京周报》报道,以江青为首的"四人帮"成员现时仍然活着,他们仍在狱中服刑。

这四人是江青、张春桥、王洪文和姚文元。

该周刊援引公安部一名发言人说,有关他们中间有人因健康问题已获暂停执行刑罚或已获假释的谣言,是毫无根据的。

该官员说,除了前解放军总参谋长黄永胜1983年72岁时在狱中病死外,所有的人都活着,并在狱中服刑。

该发言人说,其中一些人年老体弱,如果他们患病,会得到正常的治疗。

江青现年74岁,张春桥现年71岁。

在劳改医院,张春桥可以看电视,也可以看报纸。他仍然保持着对政治的高度关心,看报纸极为认真、仔细。在中共十一届六中全会通过的《关于建国以来若干历史问题的决议》发表的时候,张春桥反反复复看了好多遍。

张春桥极少与监管人员说话。

据云,当他得知江青自杀的消息,那一天,他的脸一直阴沉着。

尽管张春桥的母亲宋蕙卿得知他倒台而在1977年4月1日自杀,尽管他的同伙江青也选择了自杀,但是,张春桥声称:"我是绝对不会自杀的!"

江青在法庭上大吵大闹,张春桥则自始至终一言不发。

张春桥改刑后判的是无期徒刑,因此他不会像姚文元那样有刑满释放的一天。

江青以自杀告终

江青最后以自杀告终,有点出人意料。

关于江青自杀的消息,是由新华社发布的,全文如下:

新华社北京6月4日电

本社记者获悉,林彪、江青反革命集团案主犯江青,在保外就医期间于1991年5月14日凌晨,在北京她的居住地自杀身亡。江青在1981年1月被最高人民法院特别法庭判处死刑,缓期二年执行,剥夺政治权利终身;1983年1月改判无期徒刑,1984年5月4日保外就医。

6月5日《人民日报》在第四版的一个角落刊载了这一消息。

江青终年77岁。

最早报道江青自杀身亡的是1991年6月1日的美国《时代》周刊,说来自北京的消息,"江青上吊自杀"。《时代》没有透露消息的来源。消息还说,江青自杀是因为"不愿忍受咽喉癌的痛苦折磨"。

日本《文艺春秋》周刊发表了江青的所谓"绝命书":

毛主席领导人民经过二十多年打倒国民党反动派,取得革命胜利。现在被邓小平、彭真、杨尚昆一伙反革命修正主义吞并了领导权。主席除刘未除邓,后患无穷,国祸民殃。主席,你的学生和战友来见你了!

由于日本《周刊文春》没有刊出江青"绝命书"的手迹,所以这一"绝命书"的真伪难以判定

■《人民日报》刊登江青自杀身亡的报道

——只能说那口气有几分像江青。

江青的自杀,使人感到意外,是因为似乎没有什么特殊的原因促成她自杀:罪已经定了,刑已经判了,不存在"畏罪自杀"。何况,当法庭宣判她"死刑",她未及听清"缓期二年执行",就大叫大闹起来,表明她是怕死的。

然而,在漫长的监禁中,江青已经看不到"胜利"的希望,加上疾病的折磨,她不想再活下去了!

生不如死。江青曾经三度自杀未遂:

1984年9月9日,毛泽东逝世8周年,江青要求去毛泽东纪念堂遭到拒绝,便把一根筷子插进喉咙,企图自杀;

1986年5月,江青曾经用几只袜子结成绳套,打算上吊,被人发现;

1988年12月,在毛泽东诞辰95周年即将到来之际,江青提出在26日全家聚会纪念毛泽东,没有获准。江青一气之下,吞下多粒安眠药片自杀,被看守及时发现,抢救脱险。从那以后,医生不再给江青安眠药片。

原本江青已经监外就医,但是1988年12月的这次自杀使她重新回到秦城监狱。不过,毕竟江青年事已高,而且又患咽喉癌。1989年11月,中央领导决定还是让江青监外就医。

江青偏又是一个纠缠不清的人,竟然提出要回到中南海毛泽东旧居丰泽园去住,或者回到当年中央文革小组的大本营——钓鱼台去住。她的不切实际的要求,理所当然遭到否定。江青把右手往脖子上一抹,做了个自杀的姿态。

中共中央办公厅最终为江青在北京市区酒仙桥附近找了一栋独门独院的两层小楼,作为江青监外居所。在那里,配备了护士,照料病中的江青,并定期陪她到公安医院治疗癌症。

1991年2月15日,由于江青高烧不退,公安部决定送江青到公安医院住院治疗。江青在办理住院手续时,用了"李润青"这样的名字。

经过治疗,江青的高烧在3月18日退了,医生建议给她做咽喉癌切除手术,江青坚决反对。她担心手术会影响声带,手术之后她不会讲话了。

江青在病床旁的床头柜上,放了一张她和毛泽东在中南海晨起散步的照片,表示对于毛泽东的怀念。她在衣服上别着毛泽东像章。每天清晨,当新的一天开始时,她都要背诵毛的诗词或阅读《毛泽东选集》。

4月5日清明节,江青要求到天安门广场毛泽东纪念堂瞻仰毛泽东,并要求李讷带一卷白纸给她,她要亲手做一个花圈献给毛泽东。她的这两项要求都未能得到满足。

江青埋头写自己的回忆录,书名叫《毛主席的忠诚战士》。

5月10日,江青突然撕掉她的回忆录手稿,这表明她的行动已经开始异常。

为了安定江青的情绪,而且考虑到她的病情已经稳定,监护人员陪同江青回到北京酒仙桥住所。

5月13日,江青在当天的《人民日报》一角,写了"历史上值得纪念的一天"。江青以为这天值得纪念,是因为25年前她被提名为中央文化革命小组第一副组长。

据云,江青还念念不忘在25年前——1966年5月16日,是"文革"的纲领性文件

《五一六通知》通过的日子,是"文革"开始的日子。

江青还在5月13日的《人民日报》上写道:"主席,我爱你!您的学生和战士来看您来了。江青字"。这是她在生前留下的最后一句话。

5月14日凌晨1时30分,护士离开江青卧室。3时30分,护士发现江青趁她离开之际,自杀身亡。江青把几条手帕结成一个绳圈,套在卫生间浴盆上方的铁架上,把一个枕头放在浴盆里,她踩在枕头上把头钻进绳圈,然后用脚踢掉枕头自缢。

护士急忙报告上级,医生迅即赶到,江青已经没有任何生命迹象。江青被送往公安医院。

当天下午,李讷接到江青死亡通知书,前往公安医院探视母亲遗体。

5月18日,江青的遗体火化。李讷没有到场,江青的亲属也都没有到场。火化之后,江青的骨灰盒由李讷保存,存放在家中。

当然,如果细细"考证"起来,早在她当年与唐纳吵翻了的时候,1937年5月31日写了《一封公开信》,内中谈到自己当时有过自杀的念头:

> ……我像一个瘫子,呆呆的坐在地上,望着窗外的树枝在风里急遽的颤抖,那蔚蓝天上的云朵,啊!我永不忘记那一片片匆匆的掠过的白云,我想自杀了!因为我没有再出走一次的勇气和能力,我的身体坏到极点了。同时又没有一个人可以叫我诉说一下心中的痛苦。这个自杀的念头在我的日记上是写着的。可是我已经答应蔡楚生先生拍《王老五》,一种责任心,同时也是一线希望使我活下去,可是我却陷在一种很厉害的郁闷躁狂里!我时常捶自己的头,打自己,无故的发疯一样的闹脾气……[①]

在54年前,23岁的蓝苹没有自杀,是因为"一线希望使我活下去";
54年后,77岁的江青再也没有"一线希望"了,她自杀了。

江青也曾对她的护士马晓先多次说过:"将来我是准备杀头的、坐牢的,这个我不怕。也可能不死不活地养着,这个难些。"

她厌倦了"不死不活的养着"的日子,终于横下心来,早点结束这样的日子。

对于江青的死,当时中国报刊除了发表新华社消息之外,没有再说什么。笔者注意到,唯一例外的是上海的《解放日报》,发表了杂文家何满子的《江青为何自杀》一文,指出:

> 江青自杀当然应该成为一条新闻,布告天下咸知这个十年灾难的祸首终于恶贯满盈,下地狱去了。
>
> 这妖婆是自杀的。自杀有种种动机,种种情况:有被迫害悲愤而自杀的,在江青的淫威下,当年有不少人走了以死作抗议的路。江青当然不属此类。她本死有余辜,还只判了个死缓转无期徒刑,后又让她保外就医,可谓宽大之至,谈不上迫害;有畏

[①] 上海《联华画报》1937年6月5日9卷4期。

罪自杀的，江青也不属此类。如果畏罪自杀，她早该在公审前就自去地狱了；有绝望而自杀的，大势已去，往昔天堂梦已彻底破灭，等了十年，没指望了，于是了此残生，江青自杀庶几属于此类。

十一届三中全会以后，中共毅然宣布"文革"要彻底否定，但百脚之虫，死而不僵，失去天堂之徒并不彻底死心，妄图还潮者有之；化身变色，忍辱图存者有之；变个法儿，新瓶子卖旧药者有之；不能登大雅，于是搞小动作者有之；风风雨雨，花样繁多。幸亏拨乱反正、改革开放的大局铁定，人心不可侮，恋恋于老调子，终于不能成气候而已。

江青自杀的新闻昭天下，连"女皇"本身也已彻底绝望，回天无术了。但也必须警惕，希特勒自杀了四十多年之后，德国还有老式纳粹的孑遗和新式纳粹的余孽。江青自杀的新闻也有这样一点反面教员的作用。提醒人们彻底否定"文革"的教育不能放松，要永以为鉴，方能有助于维持社会的稳定。

远在澳大利亚的郁风，曾经是蓝苹在20世纪30年代的好友，后来又遭受江青迫害、投入秦城监狱达7年之久。她听到江青自杀的消息，心境芜杂，以冷峻的笔调写下对于"蓝苹·江青"的中肯评价：

她当时的出名，与其说是由于作为一个明星的地位，不如说更多的是由于这些闹得不可开交的绯闻。自然，绯闻也不是她为出名而有意制造的。她确实想用功演好戏，甚至对电影兴趣也不大，只是一心一意要在舞台上大显身手。

虽然她是属于那种底子不厚却心比天高的女子，但我敢说她绝对没有想到日后会把整个中国当作大舞台，叱咤风云，演出惊天动地、遗臭万年的大戏。许多从30年代知道蓝苹的人，后来谈到或写到江青，都是谈虎色变，说她从早就是个野心勃勃、阴险狠毒、自私无情、虐待狂玩弄男子的女人，说实话，我可没有看出来。然而，江青毕竟就是蓝苹。即使她后来忌讳，最好不承认这个名字。也许作为一个女人的原始性格的某些特点，如虚荣、泼辣、逞强、嫉恨、叛逆……始终存在于她的血液中。但是，蓝苹远远还不是江青。从蓝苹到江青，从1939年（应为1938年——引者注）成为毛夫人直到成为"文革小组"组长、旗手，是有个复杂的渐变过程的。[1]

江青的遗体火化之后，骨灰盒老是放在女儿李讷家中，终非长久之计。江青在狱中曾经说及自己的后事，希望故后归葬故里。在江青去世之后，山东诸城方面也表示妥为安排江青的安葬之事。然而李讷觉得江青葬在诸城有诸多不便，因为江青的墓在诸城将非常显眼，而江青生前树敌太多，万一有人在诸城砸江青的墓，那等于自取其辱，不如低调葬在北京公墓之中。

2002年3月，李讷和丈夫商议把江青骨灰安葬在北京石景山区西黄村乡的福田公墓。

---

[1] 郁风：《蓝苹与江青》，收入《巴黎都暗淡了》一书，湖北人民出版社2004年版。

墓碑上刻着江青的本名："先母李云鹤之墓，一九一四年至一九九一年，女儿、女婿、外孙敬立。"女儿、女婿、外孙不具名，为的使墓碑不引人注意。

就这样，江青经过大起大落、大喧大闹，终于归于平静，归于平凡，她的墓与普通百姓并无二致。

纵观江青的一生，我以为我的文友、中共党史专家、中国人民解放军国防大学教授王年一对江青的评价，颇为中肯：

> 她出身贫寒，年轻时还是奋斗向上的，她到延安，不可否认是进步之举，她在上海"失足"，是无心之过。她对老人家，显然有过不少的关心和照顾。她是一个特殊的人物，也因此养成了她暴戾的性格。她心中有太多的怨恨，她受过几个男人的欺侮，她要报复，她有变态心理，她怕人害她，疑神疑鬼。她也有近人情的一面，如她同意了李讷晚年的婚姻。她自知不容于这个时代和这个社会，断然了却自己的生命。①

戚本禹对于江青的评价则是：

> 她就是小心眼，好报复，当党和国家领导人，远不够格，但没有现今人们普遍所说的那么坏。毛、江的关系一直很好，感情甚笃，直到晚年，尚为如此。说毛对江没有感情，那是骗人的话。②

姚文元刑满出狱

1980年，作为林彪、江青反革命集团案主犯之一，姚文元被押上了历史的审判台。在十名主犯之中，唯独姚文元不忘在胸前别了一支自来水笔——他依然保持着"笔杆子"的形象。

对于姚文元的审判，大致如下：

最高人民法院特别法庭开庭审判姚文元概况

日期	被告人	庭审主要内容
1980年11月20日	"四人帮"	宣读起诉书。
1980年11月24日	姚文元	"长沙告状"。姚文元污蔑邓小平是天安门"反革命政治事件的总后台"。
1980年12月8日	姚文元	进行反革命宣传；诬陷中共上海市委和陈丕显、曹荻秋；支持济南"五·七"武斗事件。

---

① 王年一2005年10月15日致阎长贵信。
② 据余汝信：《与戚本禹面对面》，《枫华园》第432期（2004年1月9日）。

续表

日期	被告人	庭审主要内容
1980年12月10日	姚文元	指使鲁瑛派记者搜集诬陷党政军领导干部的材料；诬陷南京人民群众，指使鲁瑛派人到天安门广场搜集革命群众的言行，诬陷群众是"反革命"。
1980年12月19日	姚文元	法庭辩论。
1981年1月25日	"四人帮"	法庭宣判。

严肃的法庭，偶然也有令人忍俊不禁的幽默。

法官审问姚文元："1974年10月18日，王洪文到长沙，向正在那里养病的毛主席诬告邓小平同志。在王洪文离开北京前一天晚上，你和江青、张春桥一起，跟王洪文商量怎样诬告邓小平。姚文元你交代，当时说过哪些诬陷邓小平同志的话？"

姚文元思索了一下，答道："我说过攻击邓小平同志的话，我现在认识到这些话是错了。"这位"舆论总管"出于职业习惯，很注意咬文嚼字，特意把"诬陷"换成了"攻击"："诬陷"，乃捏造罪状陷害人，自然要比"攻击"严重得多。

法官又问："姚文元，你具体交待讲了哪些诬陷邓小平同志的话？"

姚文元欲言又止，抬起头来问法官："我现在可以把这些话说出来吗？"

看着姚文元这番"秀才"本色表演，旁听席上差一点爆发出笑声。

他，终于罪有应得，被判处有期徒刑20年，剥夺政治权利5年。他，45岁入狱；1996年他刑满时，65岁。

他的妻子金英仍住在上海。征得有关部门的同意，我访问了金英。

姚家不再住在康平路中共上海市委机关宿舍里了。在上海东南方一条稍微偏僻的街道，我按地址找到一幢普普通通的居民楼。姚家住在二楼的一间。夏日的中午，2时半，我敲响了房门。姚文元的三女儿给我开门。她是个中学生，正准备去上学。听说我要访问她的母亲，便带我走过小小的灶间，步入卧室。灶间里放着一大碗烧熟的梭子蟹。

听见敲门声之后，金英刚从午睡中醒来，脸颊上有着枕席的深深的痕印。

她与二女儿、三女儿住在一起。大女儿已经出嫁了。

她，一头短发，脸色白皙，右眉尖有一颗痣，穿一件短袖细咖啡条子上衣。

她家共两间屋。书橱里堆满书，床上铺着竹席，家具很简单。我和金英坐在小方桌旁谈着，桌上正放着一份当天的上海《文汇报》。

她不断地唉声叹气，几度想哭。她的手，不断地摸着方桌玻璃台板的边缘。

她早已不在原单位工作，已经调到一个很不起眼的工作单位，只是挂名而已，从未上班。她长期请病假在家。

她很少外出。在姚文元宣判之后，她获准前往北京秦城监狱探监，见到了姚文元。

姚文元的母亲周修文也健在。1986年，周修文向有关部门提出，她能否继承姚蓬子的遗产？

■ 姚文元被押上法庭（孟昭瑞 摄）

■ 姚文元在法庭上（孟昭瑞 摄）

姚蓬子原本在上海陕西南路的中国人民银行里，存了一笔钱。"文革"前，姚蓬子作为上海师院代课教师，每月有100元工资。"文革"开始之后，"停课闹革命"，姚蓬子也就无课可教，代课工资没有了，靠这笔存款维持生活。1968年6月，当周修文到银行取款时，营业员风闻姚蓬子是叛徒，见到周修文所持户口册上姚蓬子的身份乃上海师院代课教师，即打电话给上海师院革委会。师院答复说，姚蓬子确系叛徒。按照"文革"中的"规定"，凡"牛鬼蛇神"的存款一律冻结。叛徒当在"牛鬼蛇神"之列，姚蓬子的存款被冻结了。

姚蓬子急了，让妻子到上海师院交涉。师院总算开了证明，准许姚蓬子每月领取30元存款。

30元怎够一家子的生活开销？何况，姚蓬子正生病。这事情闹到上海市革命委员会专家办公室。市里倒好说话，因为姚文元乃上海市革命委员会的第一副主任。看在姚文元的面上，市里下达了姚蓬子存款解冻的指示，于是姚蓬子一家总算有了生活来源。

姚蓬子死后，这笔存款便供周修文维持生活。

周修文提出要继承的姚蓬子遗产，则是另一笔款子：姚蓬子的作家书屋在接受资本主义改造之后，姚蓬子作为资本家，每年领取定息。但是，从1958年下半年开始至1966年9月，他没有领取。在去世前，姚蓬子曾对家人说过，这笔定息上交国家。

姚蓬子只是口头说说而已，并未办理过正式上交手续。根据现行政策，原工商业者本人死亡，倘若家属要求领取定息，可予发还。于是，周修文提出了继承遗产的要求。

根据继承法规，除周修文及女儿姚文华之外，姚文元也是姚蓬子遗产的法定继承人。

在秦城监狱，姚文元谈了关于姚蓬子遗产的三点意见：

一、在"文革"的历史条件下，父亲上交定息是对的。现在母亲和妹妹对父亲的遗产提出继承要求，请依照继承法给予满足；

二、我个人对父亲遗产没有想过继承问题。对于母亲，我长期未尽赡养义务；

三、我接受父亲遗产中属于我的部分。在我服刑期间，我应继承的份额由妻子代管，作为家属去探望的费用、妻子治病和子女学习的费用。

上海的司法部门按照继承法，把姚蓬子遗产交由周修文及其子女姚文元、姚文华继承。这，原本是身处囹圄的姚文元，连做梦也想不到的。

姚文元在狱中的时候——1985年，虽然他的父亲姚蓬子已经在1969年因癌症去世，但是他在上海林村的房子的产权，曾经打过一场官司。那里原是哈同花园，哈同是英籍犹太人，当年是上海赫赫有名的房地产商。解放前，姚蓬子以及李斯棣向哈同公司租赁土地，建造房屋。按照与哈同公司签订的合同，到1954年12月31日，房子应归哈同公司所有。姚蓬子、李斯棣等认为原合同不合理。经上海市人民法院判决，认为原合同"不符合当时处理外侨不动产政策，应认为无效"。但是所建房屋，应归国家所有。因此姚蓬子、李斯棣等必须向国家缴纳房租。

李斯棣等人借"文革"之机拒付租金，进而在1981年提出房屋产权应当归属他们。

为此，上海市高级人民法院于1985年7月26日向最高人民法院递交（83）沪高民字第49号《关于李斯棣等人为房屋产权申诉请予批复的报告》。最高人民法院于1986年4月3日作出批复：

> 经研究认为：上海市人民法院1950年度民字28205号判决，虽然认定双方订立租地建房期满移转房屋无效，但并未将该地建房判归姚、李等人所有。1958年上海市房地局根据国家有关政策规定和该房产的实际情况，宣布归国家所有。这是在28205号判决后，根据国家不准许外国人在中国境内有土地所有权的政策决定的，与28205号判决的内容并不抵触。因此，李斯棣等人以28205号判决主张产权的申诉无理，应通知驳回。

这样，李斯棣、姚蓬子等提出的房屋产权应当归属他们的要求以败诉告终。

姚文元在监狱里，每天都仔仔细细看报纸，从头版看到副刊，只是再也用不着拿起铅笔写"批示"了。他也爱看电视，尤其是每晚的中央电视台的新闻联播节目，他是必看的。据告知，他在狱中完成了论文《论自然科学与哲学》。

姚文元曾"评"过这，"评"过那。如今，如果要评一下姚文元，最妥切的，莫过于他自己在评论中写过的一句话："野心会随得志的程度而膨胀，正同资产阶级的贪欲会随着资本积累的增长而发展一样，永不会有止境……"[①]

姚文元的结局，如同他在1976年2月11日中所写的"精辟之言"："我手无寸铁，就一支笔，且是铅笔，'打倒'除杀头坐牢之外，就是把我这支笔剥夺掉。"

时光如逝水。转眼之间，到了1996年10月6日。这是逮捕"四人帮"20周年的纪念日。已经沉默多年的姚文元，一下子就成了海外传媒所关注的新闻人物——因为姚文元被判处20年有期徒刑，正好这天刑满。

由于我写过《姚文元传》，于是，许多记者便打电话向我询问有关情况。

先是在5日傍晚，香港《明报》记者徐景辉打来长途电话，采访了一个多小时。他详细询问了姚文元的经历。我逐一作了答复。

《明报》在6日报道了我的谈话。

接着，6日傍晚，日本《读卖新闻》记者中津先生从北京打来电话，也是关于姚文元，问了一些类似的问题。

7日下午3时许，接到法国新闻社驻上海记者刘秀英小姐的电话，很急，要求马上赶到我家采访姚文元情况。

她留着长长的披发，小个子，讲一口不很流利的普通话。我的谈话，她用英文作记录。我拿出《姚文元传》给她看，她说她看不懂中文。

翌日——10月8日早上，她又来，作一次补充采访。

记者们的采访，主要是询问姚文元的生平、经历，也问及他的近况。我只能尽我所知，

[①] 姚文元：《论林彪反党集团的社会基础》，上海人民出版社1975年3月版，第14页。

作了答复。

问:"姚文元在10月6日会获释吗?"

答:"理所当然。"

又问:"会回上海吗?"

答:"有可能。"

还问:"他会完全自由吗?"

答:"我只能以我所了解的陈伯达获释的情况,告诉你:陈伯达刑满的当天,由公安部一位副部长主持,举行了一个小小的获释仪式。当时,陈伯达住院,仪式就在医院里举行。副部长讲了话,陈伯达也讲了话,还有接收单位负责人讲了话。所谓接收单位,也就是陈伯达出狱后分配工作的单位——此后由那个单位发给工资。这仪式不公开报道,但是有人摄影,有人摄像、录音。陈伯达获释后,在家安度晚年。不过,他毕竟是曾任要职,曾是中共第四号人物,所以他家的'邻居'便是一位公安人员,以保证他的安全。没有得到允许,不许外人接触他。我得到允许,在陈伯达晚年,多次采访了他。我想,姚文元这次获释,大体上会跟陈伯达差不多。"

■ 陈伯达最后的照片(叶永烈摄于陈伯达去世前七天)

再问:"你如何评价姚文元获释?"

我答:"姚文元是'四人帮'之中,唯一一个活着走出监狱的人。王洪文、江青已经先后死于狱中。张春桥虽然仍活着,但是他不可能像姚文元那样获释。张春桥最初判的是死刑,改判缓期二年执行。两年后又改判为无期徒刑。既然是无期徒刑,那也就没有刑满之日。姚文元本是'秀才',他在狱中仍坚持写日记。他出狱后,会写作回忆录。尽管他仍处于被剥夺政治权利的状态,在被剥夺政治权利期间,不能出版,但是他会坚持写下去的。"

张春桥因癌症病故

张春桥终于走到了他的人生终点。

2005年5月10日,新华社北京电讯《林彪、江青反革命集团案主犯张春桥病亡》,全文如下:

> 林彪、江青反革命集团案主犯张春桥因患癌症,于2005年4月21日病亡。张春桥,88岁,于1981年1月被最高人民法院特别法庭判处死刑,缓期二年执行。1983年1月减为无期徒刑,剥夺政治权利终身。1997年12月减为有期徒刑18年,剥夺政治权利10年。1998年1月保外就医。

新华社的这一消息，是在张春桥死后19天才发表的，而且中国大陆各报都在很不醒目的地位刊登这一简短的新闻。

此前，据各种海外消息，张春桥曾经"死"过几次：

最早是1984年，日本《朝日新闻》宣称，"据说张春桥死了"。

过了十年，一位当年参加过审判张春桥的人士称，"张春桥于1994年病死，死因系胃癌，终年77岁"。这消息曾经广为传播，以至某些介绍张春桥的条目写成"张春桥（1917—1994）"。作为《张春桥传》的作者，我不断接到方方面面的媒体的询问："张春桥死了吗？"我的答复一直是否定的，因为我从公安部获悉，张春桥仍健在。

在"四人帮"之中，张春桥算是最长寿的了。张春桥能够长寿，从某种角度来看，得益于他的心理承受能力。在审判"四人帮"的时候，可以清楚看出"四人帮"四种不同的表现：

江青显得浮躁，坐立不安，她是那么的沉不住气，一触即跳，不时在法庭上尖叫以至破口大骂。她后来以自杀身亡，正是她的这种焦躁性格的必然结局。

王洪文则资历太浅，经受不住沉重的一击。他是"四人帮"中认罪态度最好的一个。然而，他也是"四人帮"中心理承受能力最差的一个。过度的郁闷，导致他壮年而逝。

姚文元在法庭上承认一部分的罪行，但总是力图大事化小，为自己开脱。他不会像江青那样去寻短见，也不会像王洪文那样想不开。

张春桥是最特殊的一个，他城府很深。他居然从头到尾保持沉默，一言不发，一副藐视法庭的神态，显示了他的超乎常人的心理承受能力。正因为他丝毫不在乎，所以他能够在多年的铁窗生涯之中活得好好的。

1998年1月保外就医之后，张春桥与文静及三女一子生活在一起。虽然张春桥曾经与文静正式离婚，并经中央同意。那时候，张春桥身为中共中央政治局常委，生怕文静连累了他的政治前途。然而在张春桥倒台之后，已经无所顾忌，所以也就与文静共度晚年，直至离世。

纵观张春桥的发迹史，他能够从一介书生平步青云进入中共中央政治局常委之列，靠的是三把梯子：

第一把梯子是柯庆施。

靠着柯庆施的提拔，张春桥成为中共中央上海市委书记处书记、市委宣传部部长。

第二把梯子是江青。

江青为了抓"样板戏"，中共上海市委书记柯庆施派出中共上海市委宣传部部长张春桥协助，于是江青与张春桥开始共同工作。

为了批判《海瑞罢官》，江青要在上海寻找"笔杆子"，张春桥推荐了姚文元，于是江、张、姚在极其秘密的状态下开始写《评新编历史剧〈海瑞罢官〉》。此后，江、张、姚都进入中央文革小组，江青任第一副组长，张春桥为副组长，姚文元为组员。

第三把梯子是毛泽东。

张春桥的看家本事是揣测毛泽东的思想动向。自从成为柯庆施的政治秘书之后，张春桥从柯庆施那里得知毛泽东在思考什么。1958年9月15日张春桥在上海《解放》半月刊所发表的《破除资产阶级的法权思想》，正是张春桥得知毛泽东几度在会议中谈及这一话题而写成，当然深得毛泽东的欣赏，嘱令《人民日报》全文转载，并亲自写了编者按。从此张春桥引起毛泽东注意。张春桥曾说，他一生的最大愿望是写一本《毛泽东传》，足以看出他对于毛泽东的研究非同一般。

先是依靠柯庆施，接着依靠第一夫人，最后博得毛泽东的信任，张春桥终于在中国政坛显山露水。

张春桥去世之际，我应香港《凤凰周刊》之约，发表了《"四人帮"的灵魂——张春桥》一文，内中写及：

"赤条条，来去无牵挂。"张春桥早就意识到自己的覆灭，反复吟诵《红楼梦》中诗句。正因为这样，1976年10月6日他沦为阶下囚，没有像毛远新那样打算拔出手枪，也没有像王洪文那样进行挣扎，而是束手就擒。

对张春桥进行预审时，预审组的组长是王芳。王芳后来担任国务委员兼公安部部长。我采访了王芳。据王芳说，原本是要他担任江青组组长，他推辞了，因为他跟江青太熟。他曾多年担任浙江省公安厅厅长，毛泽东30多次来到杭州，江青常常随行，由他负责安全保卫工作，来往颇多。他主动要求改任张春桥预审组组长。

在预审过程中，王芳提审张春桥11次。王芳说，张春桥与众不同，采取"三不主义"，即不说话，不看文件，不签字。在当时，并未从法律上认识张春桥的"三缄其口"叫做"沉默权"。在西方，早在古罗马的司法原则中，就已经有了"沉默权"。在17世纪之后，西方的法律规定被告人有阐述己见的权利，也有保持沉默的自由。后者就是被告人所拥有的"沉默权"。张春桥在特别法庭上"零口供"，其实就是使用他的"沉默权"。如今，中国法律界许多学者也建议应该确认被告人的"沉默权"。

虽然张春桥在法庭上保持沉默，但是据王芳回忆，在1980年6月2日他提审张春桥时，张春桥还是开过口。当时，王芳向张春桥宣布，根据中央决定，他的案件由公安部依法受理，同时向他宣读《刑事诉讼法》中有关规定，指出被告人"可以陈述有罪的情节或作无罪的辩解"。这时，张春桥说话了！张春桥说："我不是反革命，你讲的我都不接受，我没有违反你这个法。"这是张春桥在预审中难得的一次开口。

在此之前，1977年3月1日，张春桥写给中央的信中申明："未经我签字的材料，我不能承认对处理我被审查的案件有效性。"这就是后来张春桥在特别法庭审查时拒绝在任何文件上签字的理由。

据王芳的助手告诉笔者，张春桥虽说坚持"三不"，在接到起诉书时连看也不看，也不签收，但是回到监房之后，还是悄悄地翻看了一下。

在当时接受审判的林彪、江青集团十名主犯之中，张春桥是惟一保持沉默的人。

张春桥走了。"四人帮"这四颗灾星，早已被钉在历史的耻辱柱上。然而，给中国人民带来深重灾难的"文革",永远值得反思;"文革"的深刻教训,值得我们永远记取。

张春桥之死,在中国大陆没有引起太多的关注。经历过"文革"的中老年人得知这一消息,只是说:"哦,张春桥死了!"年轻人则不知道张春桥是谁,他们甚至弄不清楚"四人帮"是哪四个人。

笔者读到当时已经80多岁的俄罗斯汉学家杰柳辛回忆张春桥的文章,杰柳辛曾经与张春桥有过多次接触。杰柳辛这样评价张春桥:"张春桥是一名教条主义者,思想极左,比较古板。但与此同时,张春桥又是一个学识很渊博的人,他对马克思、列宁等人的理论都非常了解。"

杰柳辛回忆起这样一个细节:"陪同中国新闻代表团访问列宁格勒(即今圣彼得堡——引者注),参观在十月革命时炮轰过沙皇冬宫的阿芙乐尔号巡洋舰。当我们登上阿芙乐尔号巡洋舰时,张春桥立刻跪了下来亲吻阿芙乐尔的甲板,他是唯一的一个亲吻甲板的人,中国新闻代表团的其他成员都没有这样做。"

对于张春桥的死,徐景贤则发出感叹说:"张春桥没有留下任何回忆录或任何回忆文字。"在徐景贤看来,张春桥作为"笔杆子",没有留下回忆录是一件遗憾之事。

《荀子·大略》云:"口言善,身行恶,国妖也。"纵观张春桥浮沉的历史,借用"国妖"两字为张春桥勾画形象,倒是颇为传神。

姚文元的离去

在"四人帮"之中,最后一个离开人世的是姚文元。那是在2005年12月23日,姚文元因糖尿病去世,终年74岁。

姚文元去世的消息,是在姚文元病故之后半个月,由新华社披露的。2006年1月6日,新华社用简短的篇幅报道姚文元之死:

> 林彪、江青反革命集团案主犯姚文元因患糖尿病,于2005年12月23日病亡。姚文元,男,74岁,于1981年被最高人民法院特别法庭判处有期徒刑20年,剥夺政治权利5年。1996年10月刑满释放。

香港媒体披露说:

> 新华社的此条消息是姚惟一的官方讣闻,不过港台报刊和国外媒体却多有报道。曾为"四人帮"成员逐一撰写传记的某上海作家说:"新华社消息出来后,美国《洛杉矶时报》等七八家媒体都有打电话来,我没有接到国内媒体的一个采访电话。"他认为,官方讣闻的发布是特意选择了周五的下午时间,因为接下来是双休日,以此避开海内外媒体的注意力。

不言而喻，内中提及的"曾为'四人帮'成员逐一撰写传记的某上海作家"，显然是指在下。

姚文元从1996年10月刑满释放之后，住在浙江湖州、上海，后来住在离上海甚近的江苏省昆山市。不过，姚文元毕竟是"四人帮"之一，他出狱之后的行动仍受上海市公安局的监视和限制。笔者曾经多次与出狱之后的徐景贤见面，并向上海市公安局负责管理姚文元出狱生活的戚先生申请采访姚文元。戚先生虽然与我熟，但是无奈地说，可否采访姚文元不在他们的权限之内，必须向公安部申请并办理相关手续，而这种申请通常难以批准。

在1998年6月，姚文元曾提出有生之年的两个愿望：出版回忆录，重新入党。

对于姚文元的"重新入党"，理所当然遭到拒绝。然而他要求出版回忆录，有关部门倒是认为可以考虑。于是，姚文元送交了42万字的回忆录，由于内中涉及尚未解密的党、政、国家机密，至今未能出版。

跟张春桥之死一样，姚文元的离去也引起海外的一阵议论。我在2006年香港《开放》杂志发表文章指出：

> 姚文元死得不早不晚，"挑选"了一个最敏感的时刻：在姚文元病逝前不久——2005年11月10日，是姚文元在上海《文汇报》上发表《评新编历史剧〈海瑞罢官〉》40周年的日子。正是这篇"宏文"，揭开了"文化大革命"的序幕。在姚文元去世之后不久，迎来了2006年——"文革"40周年祭，粉碎"四人帮"30周年庆。姚文元之死，唤醒了众多中国人对于"文革"的记忆。
>
> 然而，2005年12月23日，姚文元病亡，中国诸多年轻人竟然不知姚文元为何许人，问"姚文元是谁"？也有的年轻人听说姚文元是"四人帮"中的一个，便问："'四人帮'是哪四个人？"在网上，还可以见到年轻人的种种奇谈怪论："姚老走好！""成者为王，败者为寇，死得默默无闻啊！"甚至有人在网上我的一篇关于姚文元的文章上留言："我党伟大出人才！"
>
> 姚文元之死引发的一系列怪现象，凸现了中国也有"教科书问题"：尽管1981年6月中共十一届六中全会通过的《关于建国以来若干历史问题的决议》彻底地否定了"文革"，但是进入20世纪90年代之后，有人对"文革"讳莫如深，有人甚至主张"淡化文革"，使年轻一代不知"文革"。
>
> 其实，记住"文革"，研究"文革"，如同巴金所言，是为了防止这样的浩劫在中国重演，是为了中国不再产生"张春桥第二"、"姚文元第二"以及各种各样的"小张春桥"、"小姚文元"。时至今日，中国并没有彻底铲除"文革"重演的"左"的土壤。1983年那极左的"清除精神污染"运动席卷中国大地之时，连巴金都惊呼"文革"又来了！幸亏胡耀邦及时制止，才使这场"后文革"运动半途而终。

香港《亚洲周刊》也报道了我关于姚文元之死的谈话：

传记作家叶永烈对《亚洲周刊》说，年轻人不了解中共史，这是个十分严重的问题。姚文元去世后，作为具体的个人，"四人帮"可以说是全部消失了，但"四人帮"的历史是不能抹去的。

我在上海郊区寻访了姚文元的墓。

姚文元的墓，坐落在一群普通的墓之中。墓碑上并没有署姚文元的名字，而只是写着他的妻子金英的名字。

金英是在1996年8月19日病逝的。由于同名同姓叫金英的人颇多，所以金英安葬在那里时并没有引起人们的注意，谁都没有想到这个金英就是姚文元的妻子。

金英病逝时，姚文元尚在服刑期间——虽说离姚文元刑满只有一个多月。

金英出生于1933年4月28日，终年63岁。她的墓是在姚文元出狱之后的1997年7月建造的。她的墓上刻着"慈母金英之墓"，下面署繁体汉字："女金虹 丽群 继红 婿浩岐 殷伟圭章 孙颖婷 沐春 冰聪 金星"。不言而喻，为了避人耳目，女儿只写名字，没有写"姚"姓。

墓碑是一块黑色大理石，正面刻着四个金字："真理真情"。背面用金字刻着一首词《蝶恋花》，虽然没有标明作者的姓名，从词的内容可以判定出自姚文元之手：

遥送忠魂回大地，真理真情，把我心涛寄。碑影悠悠日月里，此生永系长相忆。

碧草沉沉水寂寂，漫漫辛酸，谁解其中意。不改初衷常历历，年年化作同心祭。

从词意可以看出，这是姚文元专为妻子的墓碑而写的。

从这首词中也可以看出，墓碑正面刻着的"真理真情"，出自这首词。

姚文元过去写过类似于顺口溜式的诗。这首《蝶恋花》倒是他的晚年精心之作。词中一连用了"悠悠"、"沉沉"、"寂寂"、"漫漫"、"历历"、"年年"六个迭词。词意隐晦，"漫漫辛酸，谁解其中意"，而点睛之笔在于"不改初衷"、"真理真情"。

据公墓负责人告诉笔者，他们当时并不知道这是姚文元妻子之墓，更不知道姚文元病逝之后，也安葬在这个墓中。他们后来才得知，在姚文元生前，曾经几次到这里凭吊妻子。

姚文元之死，为《"四人帮"兴亡》画上了句点。"四人帮"俱亡，这四颗灾星，永远被钉在历史的耻辱柱上。给中国人民带来深重灾难的"文革"，永远值得反思；"文革"的深刻教训，永远值得记取。

附 录

一　江青著作及报道目录

江青著作目录

1.《宝宝的爸爸》（张淑贞），《新社会》半月刊七卷三期，1934年8月1日。

2.《王秘书的病》（张淑贞），《新社会》七卷四期，1934年8月16日。

3.《催命符》（张淑贞），《新社会》七卷六期，1934年9月15日。

4.《拜金丈夫》（张淑贞），《新社会》七卷八期，1934年10月16日。

5.《还我和珊》（淑贞），《新社会》七卷十期，1934年11月16日。

6.《读书杂记》（云鹤），《中学生》五十五期，1935年5月。

7.《为自由而战牺牲》（蓝苹），《电通》半月画报六期，1935年8月1日。

8.《我与娜拉》（蓝苹），《中国艺坛画报》，1935年9月13日。

9.《垃圾堆上》（蓝苹），《大晚报》1935年10月19日。

10.《我的职业经验》（淑贞），《青年界》九卷一期，1936年1月1日。

11.《随笔之类》（蓝苹），《大晚报》1936年1月1日。

12.《农村演剧生活》（蓝苹），共16篇，连载于《时事新报》1936年5月20日—6月6日。

13.《儿呀，快长快大吧》（蓝苹，抄录任钧的诗），《大公报》1936年10月10日。

14.《悼鲁迅先生》（蓝苹），《大公报》1936年10月25日。

15.《再睁一下眼睛吧，鲁迅！》（蓝苹），《绸缪》月刊三卷三期，1936年11月15日。

16.《家庭里的事》（蓝苹），《大沪晚报》1936年11月17日。

17.《三八妇女节——要求于中国的剧作者》（蓝苹），《时事新报》1937年3月8日。

18.《关心于白薇者的提议》（蓝苹），《妇女生活》四卷六期，1937年4月1日。

19.《从〈娜拉〉到〈大雷雨〉》(蓝苹),《新学论》一卷五期,1937年4月5日。

20.《〈大雷雨〉中的卡嘉邻娜》(蓝苹),《妇女生活》四卷七期,1937年4月17日。

21.《我们的生活》(蓝苹),《光明》二卷十二期,1937年5月25日。

22.《一封公开信》(蓝苹),《联华画报》九卷四期,1937年6月5日。

23.《收获的季节》(江青),《东南日报》1946年9月7日。

24.《新时代的彩车——赠日本松山芭蕾舞团》(李进),《新华日报》1964年11月19日。

25.《向反党反社会主义的黑线开火》(高炬),《解放军报》1966年5月8日。

26.《首都举行文艺界无产阶级文化大革命大会上的讲话》(江青),《红旗》1966年十五期。

27.《谈京剧革命——1964年7月在京剧现代戏观摩演出人员的座谈会上的讲话》(江青),《红旗》1967年六期。

28.《在北京市革命委员会成立和庆祝大会上的讲话》(江青),《红旗》1967年六期。

29.《江青讲话选编》,人民出版社1968年8月出版。包括——

《在文艺界大会上的讲话》,1966年11月28日。

《为人民立新功——在军委扩大会议上的讲话》,1967年4月12日。

《在北京市革命委员会成立和庆祝大会上的讲话》,1967年4月20日。

《在安徽来京代表会议上的讲话》,1967年9月5日。

《在接见河南、湖北来京参加学习班的军队干部、地方干部和红卫兵会议上的讲话》,1967年6月26日。

《在北京文艺座谈会上的讲话》,1967年11月9、10日。

《在北京工人座谈会上的讲话》,1967年11月27日。

30.《林彪(整版照片)》(峻岭),《人民画报》1971年七至八期及《解放军画报》1971年七至八期合刊。

31.《数风流人物还看今朝——峻岭摄影》,《人民日报》1971年8月9日(又载《人民画报》1971年七至八期合刊及《解放军画报》1971年七至八期合刊)。

有关江青的报道目录

1. 李云鹤演出《玉堂春》广告(王泊生昆剧团),《北平晨报》1931年1月22日。

2.《中宣会召集电影谈话会》,《中央日报》1934年3月23日。

3.《中宣会昨召开电影座谈会》,《中央日报》1934年3月24日。

4.《郑正秋先生在人夏大学讲中国电影教育之各方面观察》,《民报》1934年3月24、31日。

5.《电影谈话会昨日闭幕》,《中央日报》1934年3月25日。

6.《费穆打圈的温,凑成两打》,《影迷周报》1934年10月17日。

7.《费穆为联合导演辞职后贺孟斧将任联华导演》,《影迷周报》一卷十二期,1934年12月12日。

8.《西席地米尔与电影清洁运动》(费穆),《电影画报》十七期,1934年12月23日。

9.《中国教育电影协会本届年会在杭举行》,《晨报》1935年3月16日。

10.《中国教电协会年会在京等会谈话》,《晨报》1935年3月23日。

11.《中宣会在沪召集国产电影二次谈话会》,《晨报》1935年4月15日。

12.《为自由而战自由神之剧照》三期,《电影半月画刊》1935年6月15日。

13.《娜拉的演员》,《民报》1935年6月21日。

14.《业余"雷雨"散记》,《民报》1935年6月11日。

15.《王莹与蓝苹在〈自由神〉中》(剧照),《中华日报》1935年6月21日。

16.《娜拉剧照》,《申报》(增刊)1935年6月26日。

17.《看过"娜拉"以后》(海士),《民报》1935年6月28日。

18.《随笔——看"娜拉"后》(白康),《中华日报》(上海)1935年6月30日。

19.《观"娜拉"演出》,《晨报》1935年7月2日。

20.《业余剧人公演"娜拉"》(剧照),《申报图画特刊》一百三十三期,1935年7月11日。

21.《蓝苹剧照》,《申报图画特刊》1935年7月11日。

22.《电通演员蓝苹》,《电影漫画》一卷四期,1935年7月15日。

23.《论〈娜拉〉的演技》(尤娜),《申报·自由谈》1935年7月22日。

24.《电通》,《大美晚报》(影剧特刊)1935年7月24日。

25.《"娜拉"剧照二张》,《中华图画杂志》三十六期,1935年8月。

26.《"自由神"中之要角蓝苹剧照》(自由神特辑),《电通半月画报》六期,1935年8月1日。

27.《演技变化的程序》(剧照),《时事新报》1935年8月9日。

28.《蓝苹便照一张》,《电影新闻》一卷七期,1935年8月18日。

29.《舞台上的"娜拉"银幕上的自由神》,《民报》1935年8月20日。

30.《自由神》(附剧照),《时事新报》1935年8月25日。

31.《都会风光之肖态》(蓝苹三帧剧照),《电通半月画报》八期,1935年9月1日。

32.《都市风光中之蓝苹等剧照二张》,《良友》一卷九期,1935年9月。

33.《自由神》(广告),《中央日报》(南京)1935年9月4日。

34.《自由神最后的一页》,《电通半月画报》九期,1935年9月16日。

35.《被缴械的女兵》,《电通半月画报》九期,1935年9月16日。

36.《我们的女明星》(照片一帧),《电影漫画》一卷五期,1935年9月20日。

37.《"都市风光"中蓝苹剧照》,《申报本埠增刊》,1935年10月10日。

38.《陈波儿、蓝苹合影,唐纳、蓝苹、金山合影》。

39.《"都市风光中"之蓝苹》(剧照),《民报》1935年10月15日。

40.《都市风光之最后一幕——糖》,《电通半月画报》十一期,1935年10月16日。

41.《钦差大臣》(蓝苹剧照),《中华图画杂志》三十九期,1935年10月。

42.《台上的娜拉——银幕上的蓝苹》,《时代电影》复刊号1935年10月25日。

43.《蓝苹与唐纳同居,在北平的丈夫怎样表示》(三友),《娱乐周报》一卷二十三期,1935年12月7日。

44.《求婚》(凤鲎),《国闻周报》十二卷四十八期,1935年12月9日。

45.《〈艺人随笔〉执笔者签名》,《大晚报》1936年1月1日。

46.《〈大雷雨〉中的赵丹和蓝苹》(剧照),《时事新报·新上海》1936年1月28日。

47.《电通舞台人排演柴霍夫三大名剧》,《民报·影谭》1936年1月14日。

48.《蓝苹便照五帧》,《时代电影》二期,1936年2月25日。

49.《蓝苹与陈波儿》(照片),《申报》(本埠增刊)1936年3月2日。

50.《影人集影》(附蓝苹照二张),《电声》五卷九期,1936年3月6日。

51.《青年妇女俱乐部游艺大会著名电影明星亲自参加》(消息),《时事新报·新上海》1936年3月7日。

52.《青年妇女俱乐部游艺大会花样繁多热闹得很》(丁洁),《时事新报·新上海》1936年3月8日。

53.《蓝苹等三对夫妇结婚》(照片),《大公报》(上海)1936年3月29日。

54.《星光灿烂》(附蓝苹照一张),《电影画报》四十期,1936年4月1日。

55.《费穆拒做参议员》(米子),《东南风》四期,1936年4月11日。

56.《见闻偶记》(么哥),《时事新报·新上海》1936年4月23日。

57.《见闻偶记》(么哥),《时事新报·新上海》1936年4月25日。

58.《电影界话剧界三对艺人去杭州结婚》(么哥),《时事新报·新上海》1936年4月26日。

59.《见闻偶记——蓝苹将演〈赛金花〉》(消息)(么哥),《时事新报·新上海》1936年4月29日。

60.《艺坛漫笔》(么哥),《时事新报》1936年5月3日。

61.《艺坛漫笔》(么哥),《时事新报》1936年5月5日。

62.《艺坛近事》(黑白),《时事新报》1936年5月5日。

63.《八仙桥青年会的狂欢之夜三对艺人招待亲友详记》(丁洁),《时事新报》1936年5月7日。

64.《艺坛漫笔》(么哥),《时事新报》1936年5月17日。

65.《六艺人集婚散记》(附婚照)(黄莺),《电影画报》三十期,1936年6月1日。

66.《六和塔下三对艺人新婚丽影》,《中华画报》四十三期,1936年6月。

67.《黄金荣、李大超昨招待电影界商讨推进购机祝寿运动》(消息),《大公报》(上海)1936年6月15日。

68.《银色杂笔》(之尔),《时事新报》1936年6月17日。

69.《在济南,蓝苹和王泊生》(张牛),《辛报》十七期,1936年6月17日。

70.《影星唐纳自杀》(消息),《华北新闻》1936年6月28日。

71.《唐纳旅济服毒》(消息),《大晚报》(上海)1936年6月28日。

72.《明星失恋自杀——唐纳访蓝苹不遇愤而自杀后遇救》(济南二十八日上午零时专电),《大公报》(天津)1936年6月28日。

73.《唐纳自杀有感》(孟公威),《大晚报》1936年6月28日。

74.《〈都市风光〉中一幕惨剧——唐纳复演于济南幸遇得庆》(更生),《大公报》(上海)1936年6月29日。

75.《唐纳服毒之原因系蓝苹重谒旧欢》(消息),《大晚报》1936年6月29日。

76.《唐纳遇救后留济南候佳音》,《时报》三至五版,1936年6月30日。

77.《唐纳来电:"蓝苹已来会"》(消息),《大晚报》1936年6月30日。

78.《一对艺人的婚变》(消息),《大公报》(上海)1936年6月30日。

79.《唐纳在济静养对记者谈自杀原因》(消息),《大公报》(上海)1936年7月1日。又见《大公报》(天津)1936年7月1日。

80.《轰动济南之——唐纳自杀事件》(长篇消息),《中央日报》(南京)1936年7月1日。

81.《已与在济南自杀之唐纳晤面的女电影演员蓝苹》(报头漫画),《立报》(上海)1936年7月1日。

82.《唐纳、蓝苹合离记》(屠雨),《辛报》三十一期,1936年7月1日。

83.《唐纳、蓝苹昨日到沪》(子彬),《时事新报》1936年7月2日。

84.《唐纳、蓝苹昨已携手回沪》,《大公报》1936年7月2日。

85.《表演一幕悲喜剧后唐纳蓝苹昨晨抵沪》,《立报》1936年7月2日。

86.《唐蓝珍闻?》(乔琳),《大公报》(本市增刊)1936年7月4日。

87.《唐纳在济南自杀原因》,《娱乐周报》二卷二十六期,1936年7月4日。

88.《自杀案两主角身世》,《娱乐周报》二卷二十六期,1936年7月4日。

89.《唐纳、蓝苹专页》,《电声》五卷二十七期,1936年7月10日。

90.《蓝苹回乡探母,"两度嫁人行踪飘忽"》,《沪光》四期,1936年7月10日。

91.《唐纳和蓝苹回沪以后》,《娱乐周报》二卷二十七期,1936年7月11日。

92.《蓝苹被除名》,《电声》五卷二十六期,1936年7月17日。

93.《影坛情报》(附蓝苹照一张),《电影画报》三十二期,1936年8月1日。

94.《联华通讯》(消息),《时事新报》(上海),1936年8月9日。

95.《谈谈费穆》(艾影),《新人周刊》二卷五十期,1936年8月15日。

96.《艺坛漫笔》(么哥),《时事新报》1936年8月19日。

97.《联华花絮》(消息),《时事新报》(上海)1936年8月23日。

98.《关于〈王老五〉》,《时事新报》(上海)1936年8月28日。

99.《艺坛漫笔》,《时事新报》(上海)1936年8月29日。

100.《银花·花絮》,《时事新报》(上海)1936年6月12日。

101.《业余剧人与四十年代不日将同时公演〈赛金花〉》,《电声周刊》五卷四十期,1936年10月9日。

102.《游艺会开幕时,由全体导演演员等合唱党歌》,《良友》一百二十一期,1936年10月。

103.《艺坛漫笔》(么哥),《时事新报》(上海)1936年10月16日。

104.《蓝苹在〈狼山喋血记〉中的剧照》,《民报》1936年10月30日。

105.《为献机庆祝蒋委员长五旬寿辰告国人书》(国民党)中央宣传部,《大公报》(上海)1936年10月31日。

106.《费穆〈狼山喋血记〉摄取外景时之艰苦》,《时事新报》(上海)1936年11月1日。

107.《明星演员蓝苹和女友陈宗娥》,《中华画报》四十八期,1936年11月。

108.《蓝苹在济南大明湖畔》,《申报图画特刊》二百二十六期,1936年11月5日。

109.《〈赛金花〉四十年代剧社公演特刊》,《时事新报》(上海)1936年11月12日。

110.《〈狼山喋血记〉广告》,《申报》(上海)1936年11月15日。

111.《唐纳夫妇巧克力茶会,蛋糕清茶制造笑料无数》,《电声周刊》五卷四十五期,1936年11月13日。

112.《〈狼山喋血记〉一景》(剧照),《时事新报》1936年11月16日。

113.《剧坛的不幸——谁破坏了戏剧统一战线?业余剧人发表真相书,报告〈赛金花〉纠纷经过》,《民报》1936年11月19日。

114.《艺坛漫笔》(么哥),《时事新报》(上海)1936年11月21日。

115.《〈狼山喋血记〉的制作》(费穆),《时事新报》1936年11月21日。

116.《我们的态度——推荐〈狼山喋血记〉》消息,《时事新报》1939年11月2日。

117.《业余剧人的阵容》,《民报》1936年11月19日。

118.《推荐〈狼山喋血记〉》,《民报》1936年11月21日。

119.《〈狼山喋血记〉演出广告》,《申报本埠增刊》1936年11月22日。

120.《卡尔登映:〈狼山喋血记〉》,《时事新报》1936年11月22日。

121.《艺坛漫笔》(么哥),《时事新报》1936年11月27日。

122.《四十年代与业余剧人赛金花纠纷的经过》,《电声周刊》五卷四十七期,1936年11月27日。

123.《〈狼山喋血记〉评》(未名,弃扬),《大公报》(上海)1936年11月22日。

124.《推荐两部国产电影——〈生死同志〉与〈狼山喋血记〉》(蒲文),《现世界》一卷八期,1936年12月1日。

125.《"联华交响曲"花絮司徒慧敏的〈两毛钱〉——由梅熹,蓝苹主演》(消息),《申报本埠增刊》1936年12月2日。

126.《〈狼山喋血记〉被罚六百元》,《影与戏》创刊号,1936年12月10日。

127.《费穆提出辞职书》,《影与戏》创刊号,1936年12月10日。

128.《联华交响曲》(剧照),《联华画报》八卷三期,1936年12月16日。

129.《蔡楚生选用蓝苹为〈王老五〉主角的原因》,《影与戏》二期,1936年12月17日。

130.《狼山喋血记》广告,《时事新报》1936年12月18—21日。

131.《艺坛漫笔》(么哥),《时事新报》1936年12月19日。

132.《赛金花》(蒋醒若),上海演剧出版社1936年。

133.《蓝苹在〈狼山喋血记〉中》(费穆),《联华画报》八卷四期,1937年1月1日。

134.《主角蓝苹饰卡德林》(剧照),《中华画报》五十期,1937年7月1日。

135.《两毛钱》(剧照),《联华画报》八卷四期,1937年1月1日。

136.《典型的北国女性——蓝苹》(附近影一张)(白彦),《大晚报》1937年1月7日。

137.《传称费穆辞职的真相》,《影与戏》一卷五期,1937年1月7日。

138.《联华交响曲演出广告》,《申报本埠增刊》1937年1月8日。

139.《小消息》,《现世界》(上海)一卷十一期,1937年1月16日。

140.《艺坛漫笔》(么哥),《时事新报·新上海》1937年1月19日。

141.《业余风光》,《民报》1937年1月16日。

142.《蓝苹赵丹在〈大雷雨〉中剧照一张》,《大晚报》1937年1月19日。

143.《业余花絮一束》,《民报》1936年1月21日。

144.《蓝苹封面照片一帧》,《电声》六卷四期,1937年1月22日。

145.《伟大的良心》(丽尼),《申报·文艺专刊》1937年1月22日。

146.《〈大雷雨〉今日公演》(消息),《时事新报·新上海》1937年1月27日。

147.《艺坛漫笔》(么哥),《时事新报·新上海》1937年1月24日。

148.《艺坛漫笔》(么哥),《时事新报·新上海》1937年1月25日。

149.《〈大雷雨〉业余剧人第三次公演》(莫思),《时事新报·新上海》1937年1月29日。

150.《〈大雷雨〉观感》(附剧照)(叶蒂),《大晚报》1937年1月28日。

151.《蓝苹在〈大雷雨〉中》(剧照),《民报》1937年1月28日。

152.《〈雷雨〉中之饰卡嘉邻娜》,《天津商报》(每日画刊)二十二卷三十五期,1937年1月29日。

153.《〈醉生梦死〉今日公演》,《民报》1937年1月30日。

154.《〈醉生梦死〉业余剧人第三次公演》(莫思),《时事新报·新上海》1937年1月31日。

155.《业余剧人第三次公演的批评〈欲魔〉和〈大雷雨〉》(尹子契),《大公报》(上海)1937年1月31日。

156.《联华新闻》(剧照),《联华画刊》八卷五、六合期,1937年2月1日。

157.《艺坛漫笔》(么哥),《时事新报·新上海》1937年2月2日。

158.《业余剧人旅京公演之前》(子彬),《时事新报·新上海》1937年2月6日。

159.《〈醉生梦死〉今日起公演》(消息),《大公报》(上海)1937年2月3日。

160.《业余社决定进京演出》,《影与戏》一卷九期,1937年2月4日。

161.《业余剧人公演节目之三——〈醉生梦死〉评》(尹子契),《大公报》(上海),《戏剧与电影》二十五期,1937年2月7日。

162.《蓝苹——卡德林剧照》,《影与戏》1937年2月18日。

163.《业余剧人在南京》,《影与戏》1937年2月18日。

164.《业余剧人在卡尔登的演出》,《影与戏》一卷十一期,1937年2月18日。

165.《上海文艺、电影、戏剧、音乐界同人为反对美国水兵暴行宣言》,《民报》1937年2月27日。

166.《蔡楚生访问船户》(消息),《民报·影谭》1937年2月27日。

167.《蓝苹封面照》,《中华画报》五十一期,1937年2月。

168.《蓝苹照片三帧》,《时代电影》二卷四期,1937年4月。

169.《蓝苹便照三帧》,《电声》六卷十三期,1937年4月2日。

170.《蓝苹受伤因〈王老五〉拍失火》(消息),《民报·影谭》1937年4月23日。

171.《蓝苹照片》,《大公报》,《星期影画》,1937年4月25日。

172.《生活与性欲,一个沉痛的暗示》,《民报》1937年4月29日。

173.《艺苑衡才录》(中)(唐汶),《大公报》本市增刊1937年4月26日。

174.《蓝苹照片》,《大公报》(星期影画)1937年5月2日。

175.《中国教育电影协会第六届年会特刊》,《新民报》(第三版)1937年5月4日。

176.《中国教育电影协会第六届年会特刊》,《中央日报》1937年5月4日。

177.《教育协会年会今晨举行开幕礼》,《新民报》(第七版)1937年5月4日。

178.《中国教电协会年会今日在京开会》,《新闻报》1937年5月5日。

179.《中国教电协会年会开幕》,《电影时报》1937年5月5日。

180.《第六届年会开幕,大批明星抵南京》,《大美晚报》1937年5月5日。

181.《组织和阵容——介绍业余实验剧团》,《民报》1937年5月11日。

182.《〈王老五〉草棚失火蓝苹灼伤面部》(消息),《时事新报·市声》1937年5月12日。

183.《大公报戏剧电影读者征求会员》,《民报·影谭》1937年5月16日。

184.《上海各话剧团春季联合公演文献辑要——三〈大雷雨〉》(阿英),《戏剧时代》(上海)一卷一期,1937年5月16日。

185.《业余实验剧团宣言》,《民报》1937年5月24日。

186.《业余实验剧团》(林垦),《时代电影》二卷六期,1937年5月25日。

187.《蓝苹婚变之自白》(冰冰),《晶报》1937年6月3日。

188.《影评人唐纳二度自杀蹈海获救》,《影与戏》一卷二十六期,1937年6月3日。

189.《唐纳二度自杀的我观谈》(涵涵),《影与戏》一卷二十七期,1937年6月10日。

190.《唐纳蓝苹交恶原因》,《时代报》1937年6月15日。

191.《联华当局召蔡楚生费穆谈话》,《影与戏》一卷二十九期,1937年6月24日。

192.《蓝苹、章泯蜜月旅行》,《电声》六卷二十五期,1937年6月25日。

193.《蓝苹在〈王老五〉中》,《中国电影》一卷三期,1937年6月26日。

194.《费穆——怎样在电影界生长起来,苦难的环境逼着他迈进》(克丁),《中国电影》一卷三期,1937年6月26日。

195.《钱千里发现新大陆,唐纳将作若何感想》,《影与戏》一卷三十期,1937年7月1日。

196.《喜讯——〈王老五〉将完成》,《民报》1937年7月5日。

197.《济南历下亭旁的蓝苹》(便照),《中华图画杂志》五十六期,1937年7月。

198.《影星我闻录——蓝苹》(附照)(子系),《青春电影半月刊》三卷七期,1937年7月10日。

199.《(王老五)——主题歌》,《民报》1937年7月13日。

200.《电通四演员,而今各自东西》(照片),《民报》1937年7月16日。

201.《蔡楚生最新创作——〈王老五〉全部完成》,《民报》1937年7月20日。

202.《蔡楚生〈王老五〉全部完成》(消息),《时事新报·青光》1937年7月20日。

203.《蒋委员长嘉许精忠报国》,《中国电影》一卷四期,1937年7月30日。

204.《一个天才的演员蓝苹》(丽泉),《中国电影》一卷八期,1937年7月31日。

205.《费穆提议救亡组织原稿》,《中国电影》一卷九期,1937年8月7日。

206.《业余剧人在南京》,《影与戏》1937年10月。

207.《男女明星近况如何——唐纳在战地,蓝苹在陕北》,《创刊号》1938年1月1日。

208.《费穆北战场摄影归来》(李作民),《电星》一卷四期,1938年1月22日。

209.《艺人在陕北》(附剧照),《申报》(增刊)1938年10月15日。

210.《时代的女儿——蓝苹在延安活跃得很》,《香港画报》七十一号,1939年5月5日。

211.《蓝苹在延安颇为活跃》,《电声》八卷二十三期,1939年5月19日。

212.《蓝苹在电通时代的五角恋爱》,《电影新闻》二十八卷十一期,1939年5月19日。

213.《唐纳楚材晋用》,《电声周刊》八卷三十期,1939年7月7日。

214.《文明人的玩意儿》(费穆),《影剧》二期,1943年8月10日。

215.《蓝苹的往事》(吾心),《大光明周刊》十期,1946年5月7日。

216.《女明星时代的蓝苹》(雷雨),《海星周报》二十三期,1946年8月6日。

217.《关于梅兰芳五彩电影〈生死恨〉的通讯》(费穆),《影剧丛刊》一期,1948年9月30日。

218.《蔡楚生主编导演的〈迷途的羔羊〉和〈王老五〉》,见程季华等《中国电影发展史》(初稿)第一卷466页,1963年2月第一版,中国电影出版社出版。

219.《国防影片〈狼山喋血记〉的摄制及意义》,同上第一卷47—473页,有剧照3张。

220.《沈西苓最后的电影创作〈中华女儿〉》,同上第二卷59—60页,有剧照。

江青传记目录

1. 钟华敏:《江青正传》,香港友联研究所,1967。(1967年由同机构出版英译本;Chung Huamin & Author C.Miller: *Madame Mao: A profile of Chiang Ching*, 1968, Union Research Institute, HongKong)

2. 张赣萍:《江青的丑史与艳闻》,香港宇宙出版社1969年版。

3. 老龙:《江青外传》,台湾金兰出版社1974年版。

4. Roxane Witke: *Comrade ChiangChing*, 1975, Stanford University Press, U.S. A.(露克珊·维特克:《江青同志》)

5. 陈绥民:《毛泽东与江青》,台湾新亚出版社1976年版。

6. Ross Terrill: *A Biography of Madame Mao Zedong*, 1984, william Morrow & Co.New York.(罗斯·特里尔:《江青正传》,世界知识出版社1988年版)

7. 乐欣:《红都女皇事件之谜》,北京作家出版社1986年版。

8. 珠珊(朱仲丽):《江青秘传》,香港星辰出版社1987年版。(1988年,东方出版社出版简体字版,书名改为《女皇梦》)

9. 魏绍昌:《江青外史》,香港中华书局1987年版。

10. 崔万秋:《江青前传》,香港天地图书有限公司1988年版。

11. 叶永烈:《蓝苹外传》,大连出版社1988年版。

12. 叶永烈:《江青在上海滩》,香港明星出版社1988年版。

13. 珠珊(朱仲丽):《无冕女皇》,中国民间文艺出版社1988年版。

14. 林青山:《江青沉浮录》,中国新闻出版社、广州文化出版社1988年版。

15. 林青山:《江青和她的机要秘书》,甘肃人民出版社1988年版。
16. 泥土:《赵丹与江青》,台声出版社1989年版。
17. 叶永烈:《江青传》,作家出版社1993年版。
18. 叶永烈:《江青实录》,香港利文出版社1993年版。
19. 叶永烈:《末代女皇》(上、下卷),台湾风云时代出版公司1993年版。
20. R.特里尔著,刘路新译:《江青全传》,河北人民出版社1996年版。
21. 旅美青年作曲家盛宗亮根据江青生平改编的歌剧《江青》,在新墨西哥州的圣塔菲露天歌剧院首演,2003年7月。
22. 叶永烈:《江青画传》,香港时代国际出版公司2005年版。
23. 露克珊·维特克著,范思译:《红都女皇——江青同志》,香港星克尔出版社2006年版。
24. 叶永烈:《"四人帮"兴亡》,人民日报出版社2009年版。
25. 沙叶新话剧《江青和她的丈夫们》在香港上演,2010年1月。

其他

1. 《大沪晚报》1936年10月29日刊出署名"蓝苹"的《期待》一文。但1936年11月8日《大公报》刊出《蓝苹启事》,如下:"10月29日本埠大沪晚报副刊载有署名'蓝苹'之《期待》一文,并非拙作,未敢掠美,特此声明。"

2. 《大公报》1937年1月24日《业余剧人们的三言两语》一文,刊载蓝苹之语:"我希望我做一个黛沙而不是卡嘉邻娜。"

3. 上海《大公报》1936年7月4日发表乔琳《唐蓝珍闻》一文。文提及蓝苹"时常有稿子在报上发表","她到济南去的前后几天,还有好几篇稿子在《时事新报》——《青光》(副刊)上发表。《南行车中》、《农村演剧杂写》是其中的两篇"。经查核,《农村演剧杂写》即《农村演剧生活》,署名蓝苹。阅其文章,确系蓝苹所作。《南行车中》则署名"蓝喷"。在《时事新报》上以"蓝喷"署名而发表的散文、小说甚多,难以确定是否系蓝苹所作,故未列入以下目录。

蓝喷发表于《时事新报》上的文章有:

《松江之鲈》,1936年2月19日。
《小酒店》,1936年3月16日。
《登记》,1936年3月25日。
《香市小景》,1936年4月1日。
《余山行》,1936年4月22日。
《渤海之夜》,1936年4月30日。
《探监》,1936年5月6日。
《施医局》,1936年5月14日。
《小轮船上》,1936年5月16日。
《渔汛》,1936年5月25日。
《枫泾布》,1936年6月15日。

《南行车中》，1936年6月18日。

《公墓之夕》，1936年8月2日。

《我做了肉票了》（上、下），1936年8月18、19日。

《在轮埠上》，1936年9月5日。

《旧照》，1936年9月11日。

《生路》（短篇小说连载六天），1936年9月12—17日。

《新谷》，1936年9月23日。

《粉笔字》，1936年9月24日。

《残余的人类》，1936年10月2日。

《小猪的市场》，1936年10月31日。

《秋夜》，1936年11月3日。

《六婆婆上全节堂》，1936年11月7日。

《某晨记事》，1936年11月23日。

《忧郁的调子》，1936年12月20日。

《雨天的旅行》，1936年12月25日。

《余山之行》，1937年2月17日。

《房东的故事》，1937年3月20日。

4. 以下目录，收入江青公开发表的文章。在"文革"中，各地造反派、红卫兵组织曾印行各种版本《江青文选》，收入的江青文章主要有两部分：一是关于"革命样板戏"的一次讲话；二是在"文革"中在各种群众集会上发表的讲话。

综合各种版本《江青文选》，篇目如下：

《在"电影指导委员会"第三次会议上的讲话》，1950年9月8日。

《在"一般故事片题材规划座谈会上"的讲话》，1950年10月14日。

《对几个话剧的批评意见》，1963—1964年。

《对京剧〈沙家浜〉的指示》，1963—1965年。

《谈京剧革命》，1964年7月。

《对〈红灯记〉〈革命自有后来人〉演出人员的讲话》，1964年7月13日。

《同美术学院教员的谈话》，1964年10月25日。

《参观美术展览时的谈话》，1964年冬。

《对沪剧〈红灯记〉的修改指示》，1964年11月5日。

《关于音乐工作的一次谈话》，1964年11月18日。

《审查〈烈火中永生〉样片时的指示》，1964年12月27日。

《对电影〈海鹰〉的指示》，1964年12月—1965年5月5日。

《对京剧〈奇袭白虎团〉的指示》，1964—1965年。

《对芭蕾舞剧〈红色娘子军〉的指示》，1964—1965年。

《对〈南海长城〉的创作和拍摄问题的指示》，1964—1965年。

《对京剧改编工作的指示》，1965年1月。

《对改编京剧〈红岩〉的指示》，1965年1月。

《对于音乐工作的指示》，1965年1月14日。

《给钱浩梁同志的信》，1965年3月。

《关于〈奇袭白虎团〉给张春桥同志的一封信》，1965年5月27日。

《江青同志就京剧革命问题给云南省京剧团的指示》，1965年6月1日。

《对京剧〈海港〉的指示》，1965年6月11日。

《对京剧〈智取威虎山〉演出人员的谈话》，1965—1966年。

《对京剧〈平原游击队〉的指示》，1965—1966年。

《对交响音乐〈沙家浜〉的指示》，1965年。

《关于部分影片的批判意见》，1965年。

《林彪同志委托江青同志召开的部队文艺工作座谈会纪要》，1966年2月2日—2月20日。

《江青同志给林彪同志的信》，1966年3月19日。

《关于电影的问题》，1966年5月。

《在北京大学的讲话》，1966年7月22日。

《在北京大学对部分同学的讲话》，1966年7月23日。

《在北京广播学院的讲话》，1966年7月25日。

《在北京大学的讲话》，1966年7月25日。

《在北京大学的讲话》，1966年7月26日。

《在北京师范大学的讲话》，1966年7月27日。

《在北京展览馆海淀区中学革命学生会上的讲话》，1966年7月28日。

《在北京大学师生员工大会上的讲话》，1966年8月4日。

《对"红旗战斗小组"的讲话》，1966年8月6日。

《在北京工人体育场的讲话》，1966年8月16日。

《在首都红卫兵司令部成立大会上的讲话》，1966年8月27日。

《向资反路线猛烈开火誓师大会的讲话》，1966年10月6日。

《在北京市中学批判资反路线誓师大会上的讲话》，1966年12月16日。

《在全国在京革命誓师大会上的讲话》，1966年12月17日。

《在人民大会堂接见一司、二司造反联络站、三司等代表的座谈会纪要》，1966年12月18日。

《在人民大会堂讲话》，1966年12月23日。

《接见来京上访职工大会上的讲话》，1966年12月26日。

《在接见徒步串连来京红卫兵大会上的讲话》，1966年12月28日。

《接见赴广州专揪王任重革命造反团的讲话》，1967年1月4日。

《在新华社革命群众大会上的讲话》，1967年1月7日。

《在人民大会堂接见北航红旗代表谈话纪要》，1967年1月10日。

《接见北京工人革命造反派时的讲话》，1967年1月19日。

《接见全国革命造反派出版毛主席著作委员会筹委会座谈会纪要》，1967年1月。

《接见中央新闻纪录电影制片厂群众代表的谈话》，1967年2月1日。

《关于新闻片的谈话》，1967年2月4日。

《接见青海八·一八联络站纪要》，1967年3月23日。

《在总后机关干部大会上的讲话》，1967年3月30日。

《在四川汇报会上的讲话》，1967年3月31日。

《同芭蕾舞剧〈白毛女〉演出人员的谈话》，1967年4月25日。

《毛主席和江青同志"五一"节在中南海晚会上的谈话》，1967年5月1日。

《江青同志等接见三军创作人员的谈话》，1967年7月29日。

《对〈红灯记〉的指示》，1967年8月2日。

《对中国京剧院〈智取威虎山〉演出人员的谈话》，1967年8月7日。

《对工农兵芭蕾舞剧团演出〈白毛女〉的指示》，1967年10月22日。

《在北京文艺座谈会上的讲话》，1967年11月9—12日。

《在接见天津市革命委员会委员和天津市革命群众代表时的讲话》，1968年2月21日。

《接见浙江省革命委员会张永生、杜英信同志讲话纪要》，1968年5月19日。

《对交响音乐伴奏京剧样板戏〈红灯记〉的指示》，1968年9月19日。

二　张春桥著作目录

（凡署笔名，在括号内注明）

1.《春雨之夜》，山东《民国日报·中学生之部》1932年4月17日。

2.《为国捐躯》(3—5)（春桥），山东《民国日报·潮水》1932年4月22日，4月29日，5月6日，5月27日。

3.《这一天》，山东《民国日报》1932年5月9日。

4.《爱痕之一》（春桥），山东《民国日报·中学生之部》1932年5月15日。

5.《漫谈》（春桥），山东《民国日报》1932年9月22日。

6.《学校生活素描——宿舍速写》（春桥），山东《民国日报》1932年12月1日至23日。

7.《学校生活素描——早操》（春桥），山东《民国日报》1932年12月5日，

8.《学校生活素描——代数班》（春桥），山东《民国日报》1932年12月26日~27日。

9.《学校生活素描——放假之前》（春桥），山东《民国日报》1932年12月8日。

10.《学校生活素描——离别之夜》（春桥），山东《民国日报》1932年12月29日。

11.《银铃》，《华蒂》1933年创刊号。又载于《妇人书报》六十期，1934年3月5日。

12.《秋》，《华蒂》1933年第二期。

13.《失业的人》（春桥），上海《新诗歌》二卷二期，1934年7月6日。

14.《另一个问题》，上海《中华日报》1934年7月16日。

15.《济南文艺简报》,上海《中华日报》1934年7月2日。

16.《相声》,上海《中华日报》1934年8月2日,

17.《济南底报纸副刊一览》,上海《中华日报》1934年8月7日。

18.《关于拉丁中文》,上海《中华日报》1934年9月15日。

19.《论诗意》,上海《中华日报》1934年9月28日。

20.《答复》,上海《中华日报》1934年9月29日。

21.《印象帖》,上海《中华日报》1934年10月1日。

22.《山东底方言》,上海《中华日报》1934年10月8日。

23.《回读屋跟文学青年》,上海《中华日报》1934年10月13日。

24.《我怎样答复他们》,上海《中华日报》1934年11月6日。

25.《关于臧克家》,上海《中华日报》1934年11月29日。

26.《折扣的说话》,上海《中华日报》1934年12月10日。

27.《俺们的春天》,上海《文学季刊》一卷四期,1934年12月16日。又见《新文学大系》续编,第八集《诗集》(香港版)。

28.《布的交易——用济南话写作的实验》,上海《太白》一卷八期,1935年1月5日。

29.《济南》,《中学生》一期,1935年1月。

30.《济南话剧界欢迎熊佛西先生记》,南京《中央日报》1935年3月31日。

31.《明湖春色》,南京《中央日报》1935年4月6日。

32.《俺们山东人》,上海《漫画与生活》一卷二期,1935年5月。

33.《女性的悲剧》(春桥),上海,《新艺》二卷十三期,1935年4月20日。

34.《半瓶子醋》,上海《漫画漫话》一卷三期,1935年6月。

35.《行之端》,上海《大晚报》1935年6月6日。

36.《林相士》,上海《创作》一卷一期,1935年7月15日。

37.《土枪射手》,上海《大晚报》1935年7月18日。

38.《驱逐》,上海《太白》二卷九期,1935年7月20日。

39.《我控诉》,上海《大晚报》1935年8月15日。

40.《讲故事》,上海《时事新报》1935年9月7日。

41.《明星》,上海《申报》1935年9月18日。

42.《乡愁》,上海《时事新报》1935年9月24日。

43.《诉》,上海《时事新报》1935年10月7日。

44.《晚秋》,上海《时事新报》1935年10月16日。

45.《窘》,上海《时事新报》1935年10月25日。

46.《金线泉边》,上海《申报》1935年10月31日。

47.《老人样的少年》,上海《申报月刊》四卷十一期,1935年11月15日。

48.《作家的生活》,上海《立报》1935年12月17日。

49.《老鸦与胡适》(狄克),上海《知识》一卷五期,1936年2月1日。

50.《八月的乡村》(书评)(水晶),上海《书报展望》一卷四期,1936年2月10日。

51.《漫画是图画的武装》(狄克),上海《漫画与生活》一卷四期,1936年2月20日。

52.《我还有一双眼睛》,上海《申报》1936年2月7日。

53.《草原之歌》,上海《申报·每周增刊》一卷八期,1936年3月1日。

54.《我们要执行自我批判》(狄克),上海《大晚报》1936年3月15日。

55.《革命的诗歌》(狄克),上海《立报》1926年4月8日。

56.《也是文学的管见》(狄克),上海《立报》1936年4月11日。

57.《读者想不到的》,上海《漫画与生活》十二卷一期,1936年5月。

58.《把孩子领向哪里》(狄克),上海《文学青年》一卷二期,1936年5月5日。

59.《〈光明〉——文艺新刊集评》,上海《东方文艺》一卷三期,1936年6月25日。

60.《纪念高尔基》,上海《生活知识》二卷四期,1936年7月5日。

61.《吃饭之外》(狄克),上海《立报》1936年7月15日。

62.《潮》,上海《今代文艺》创刊号,1936年7月20日。

63.《加速度,列车!》,上海《现实文学》一卷二期,1936年8月1日。

64.《海燕》,上海《文学界》一卷三期,1936年8月19日。

65.《自己与群众——评臧克家的诗》(狄克),上海《立报》1936年8月19日。

66.《一个关里人的纪念辞》,上海《立报》1936年9月18日。

67.《纪念九一八》,上海《文学大众》一卷一期,1936年9月。

68.《一个土匪》,上海《文学大众》一卷一期,1936年9月。

69.《多作些连续图画吧!》,上海《漫画世界》二期,1939年10月。

70.《鲁迅先生断片——我的悼念》(春桥),上海《大晚报》1926年11月9日。

71.《从洋人打死人力车夫说起——"骄子"和"下等人"》(春桥),上海《大晚报》1936年11月10日。

72.《论通讯员运动》,上海《时论》一卷二期,1936年11月20日。

73.《小说家座谈会第二次记录》,张春桥记录并发言,上海《小说家》一卷二期,1936年12月1日。

74.《要求作品的通俗化》,上海《大晚报》1936年12月8日。

75.《雨》,上海《申报》1936年12月25日。

76.《先行者,你安息吧》,上海《热风》一卷一期,1937年1月。

77.《炮台》(狄克),上海《民族文艺》一卷一期,1937年1月。

78.《明天的太阳》(狄克),上海《民族文艺》一卷二期,1937年2月15日。

79.《速写红萝卜》(春桥),上海《热风》终刊号,1937年3月。

80.《关于语言》(春桥),上海《语文》一卷三期,1937年3月。

81.《生活吧迎着春光——写给你跟我自己》,上海《申报周刊》二卷十期,1937年3月14日。

82.《要有计划地工作》,《通俗化问题讨论集》第二集,1937年7月。

83.《用武力回答武力——纪念八一反战节》,上海《立报》1937年8月1日。

84.《7月8日晚上》,上海《中流》二卷十期,1937年8月5日。

85.《枪毙间谍》,上海《立报》1937年8月10日。

86.《别动队来了》,上海《立报》1937年8月20日。

87.《怎样对付汉奸》,上海《立报》1937年8月21日。

88.《武装民众》,上海《立报》1937年9月3日。

89.《中国为什么胜利的?》(报告文学),上海《国闻周报》战时特刊第十六期,1937年10月4日。

90.《血火中的上海》,山东《民国日报》1937年10月12日。

91.《韩复榘》,汉口《战地》一卷一期,1938年4月5日。

92.《汉奸吉恩恭(延安通讯)》,汉口《抗战文艺》一卷五期,1938年5月。

93.《在巩固和扩大中的陕北公学》,78页,1938年延安出版。

94.《秋天在平原上》,《晋察冀日报》1942年11月3日。

95.《对目前边区文艺工作的意见》,《晋察冀日报》1943年3月24日。

96.《为王老栓全家复仇》,《晋察冀日报》1946年9月30日。

97.《我所领会的〈真理报〉进行批评和自我批评的精神》,《人民日报》1954年4月19日。又见《新华月报》1954年五期。

98.《报纸是作家接触生活的一个基地》,《文艺月报》,1954年六期。

99.《访苏见闻杂记》,张春桥著,华东人民出版社1954年版。

100.《在红星照耀着的地方》,《文艺月报》1955年二期。

101.《我们的期望》,《文艺月报》1956年一期。

102.《掌握自己命运的人们——上海南京路印象》,《人民文学》1956年二期。

103.《数字的诗》,《新民晚报》1958年4月1日。

104.《半夜鼓声》,《处女地》1958年九期。

105.《破除资产阶级的法权思想》,上海《解放》1958年六期;又转载于《人民日报》1958年10月13日,毛泽东为之加了按语。

106.《今朝集》,张春桥著,上海新文艺出版社1958年版,178页,共收杂文33篇。这些杂文散见于各报刊,主要是在《解放日报》上发表。

107.《新时代的新谚语》,《读书》1959年十期;又见《解放日报》1959年5月1日。

108.《在苏联"造船城市"作客》,《长江文艺》1960年三期。

109.《龙华集》,张春桥著,上海文艺出版社1960年版,182页,共收杂文40篇。

110.《赞"南京路上好八连"》,《光明日报》1963年4月5日。

111.《在向资反路线猛烈开火誓师大会上的讲话》,见《无产阶级文化大革命参考资料》第一集,1966年10月6日。

112.《在接见部分革命师生时的讲话》,见《无产阶级文化大革命参考资料》第一集,1966年10月7日。

113.《接见清华大学红卫兵谈话纪要》,见《无产阶级文化大革命参考资料》第一集,1966年10月9日。

114.《在西安地区批资大会上的讲话》，见《无产阶级文化大革命参考资料》第一集，1966年10月14日。

115.《在政协礼堂的讲话》，见《无产阶级文化大革命参考资料》第一集，1966年10月28日。

116.《接见北航红旗的谈话》，见《无产阶级文化大革命参考资料》第二集，1966年11月8日。

117.《对上海工人造反总司令部工人代表的谈话》，见《无产阶级文化大革命参考资料》第二集，1966年11月21日。

118.《接见上海革命造反派代表的讲话》，见《无产阶级文化大革命参考资料》第二集，1966年12月6日。

119.《在革命委员会扩大会议上的讲话》，《中央首长讲话》第三集，1967年3月12日。

120.《接见上海市革命委员会工作人员、学生群众组织的讲话》，《中央首长讲话》第三集，1967年3月20日。

121.《在上海整风运动大会上的讲话》，《中央首长讲话》第三集，1967年3月26日。

122.《代表五省市革委会代表团的讲话》，见《毛主席革命路线的伟大胜利》，北京出版社1967年版。

123.《论对资产阶级的全面专政》，《红旗》1975年四期。

三 姚文元著作目录

姚文元书目

1.《细流集》（杂文集），姚文元著，上海新文艺出版社1956年6月初版。

2.《在革命的烈火中》（杂文集），姚文元著，作家出版社1958年4月初版。

3.《论文学上的修正主义思潮》（文学评论集），姚文元著，上海新文艺出版社1958年7月初版。

4.《革命的军队 无敌的战士——谈谈〈保卫延安〉的几个特点》（读书运动辅导丛书），姚文元著，上海文艺出版社1958年10月初版。

5.《兴灭集》（杂文集），姚文元著，新文艺出版社1959年3月初版。

6.《鲁迅——中国文化革命的巨人》（上海文艺丛书），姚文元著，上海文艺出版社1959年9月初版。1964年第5次印刷。

7.《冲霄集》（杂文集），姚文元著，作家出版社1960年5月初版。

8.《新松集》（文艺评论集），姚文元著，上海文艺出版社1962年5月初版。

9.《想起了国歌》（杂文集），姚文元著，上海文艺出版社1963年7月初版。

10.《文艺思想论争集》，姚文元著，作家出版社上海编辑所，1964年9月新一版。

11.《在前进的道路上》（文艺评论集），姚文元著，人民文学出版社上海分社1965年9月初版。

12.《为革命而生活》（杂文集），姚文元著，人民文学出版社上海分社于1966年4月排出校样本，未出版。

13.《评新编历史剧〈海瑞罢官〉》，姚文元著，上海人民出版社1965年11月版。

14.《评"三家村"——〈燕山夜话〉〈三家村札记〉的反动本质》,姚文元著,上海人民出版社1966年4月版。

15.《纪念鲁迅,革命到底》,姚文元著,上海人民出版社1966年7月版。

16.《评反革命两面派周扬》,姚文元著,人民出版社1967年1月版。

17.《评陶铸的两本书》,姚文元著,人民出版社1967年7月版。

18.《工人阶级必须领导一切》,姚文元著,人民出版社1968年8月版。

19.《论林彪反党集团的社会基础》,姚文元著,上海人民出版社1975年3月版。

姚文元文章目录

(凡署笔名的,在括号内注明)

1.《革命的意义——〈青年近卫军〉读后感》(志毅),1949年4月收入《细流集》。

2.《揭穿帝国主义的阴谋!》,《青年报》1949年6月22日。

3.《要求音乐界创作镇压反革命歌曲》,《解放日报》1951年4月12日。

4.《一个值得严重注意的数字》,《文艺报》五卷二期,1951年11月。

5.《注意反动的资产阶级的文艺理论》,《文艺报》五期,1952年3月。

6.《错误的了解》,《文艺报》十期,1953年5月。

7.《应改进歌曲出版工作》,《文艺报》十六期,1953年8月。

8.《路是人走出来的!》(志毅),《展望》四十二期,1954年10月。

9.《分清是非,划清界限!》,《文艺报》一、二期,1955年1月。

10.《马克思主义还是反马克思主义?——评胡风给党中央报告中关于文艺问题的几个主要论点》,《解放日报》十五期,1955年3月。

11.《胡风歪曲马克思主义的三套手段》,《文艺报》三期,1955年3月3日。

12.《胡风文艺思想的反动本质》,《文汇报》三期,1955年3月3日。

13.《胡风否认历史发展的客观规律性——批判胡风唯心主义历史观之一》,《解放日报》1955年5月7日。

14.《胡风污蔑劳动人民的反动观点——批判胡风唯心主义历史观之二》,《解放日报》1955年5月9日。

15.《胡风反对有组织有领导的阶级斗争——批判胡风唯心主义历史观之三》,《解放日报》1955年5月11日。

16.《给胡风的两面派手腕以十倍还击!》,《解放日报》1955年5月17日。

17.《用最大的决心粉碎胡风反党集团》,《新闻日报》1955年5月24日。

18.《认清敌人,把胡风反党反革命的毒巢彻底捣毁》,《文汇报》1955年5月29日。

19.《胡风反革命两面派是党的死敌》,《人民日报》1955年6月1日。

20.《彻底清除隐藏的两面派反革命分子》,《青年报》1955年6月14日。

21.《要用铁的心肠消灭敌人》,《新闻日报》1955年6月18日。

22.《百家争鸣,健康地开展自由讨论》,《解放日报》1956年6月30日。

23.《请简单明确的讲话（党员来信）》，《解放日报》1956年7月13日。

24.《和徐中玉先生商榷几个问题》，《解放日报》1956年7月15日。

25.《理论家和墙头草》，《新闻日报》1956年7月24日。

26.《在酷热中战斗的上海》，《解放日报》1956年7月28日。

27.《江水和葡萄酒》，《解放日报》1956年8月19日。

28.《对生活冷淡的人》，《解放日报》，1956年8月25日。

29.《坚持"真理"的火鸡》，《新闻日报》1956年8月28日。

30.《学习鲁迅反八股和反教条主义的精神——纪念鲁迅逝世二十周年》，1956年8月22日作，收入《细流集》。

31.《僮族青年的歌声——读龙金册的两首诗》，《萌芽》六期，1956年。

32.《刻苦学习,永远前进！——介绍鲁迅的学习精神》，《萌芽》七期，1956年。

33.《"扶得东来西又倒"》，《人民日报》1956年9月14日。

34.《从拒绝放映〈天仙配〉想起的》，《劳动报》1956年9月23日。

35.《不要拒绝李白游秦岭——对宋禾同志一文的意见》，1956年9月24日作，《细流集》。

36.《谈猎奇心理》，《新闻日报》1956年9月25日。

37.《锋芒篇》，《解放日报》1956年10月30日。

38.《关于"名单学"及其他》，《文艺月报》十一期，1956年11月。

39.《致埃及兄弟》，《解放日报》1956年11月6日。

40.《电车上的杂感》，《新闻日报》1956年11月1日。

41.《也谈庸俗社会学》，《人民日报》1956年11月15日。

42.《馆子里的杂感》，《新闻日报》1956年11月18日。

43.《算命摊旁的杂感》，《人民日报》1956年11月26日。

44.《碎贝集》，《文汇报》1956年11月29日。

45.《让理想的火焰照耀着你！》，《展望》四十八期，1956年12月。

46.《论对句》，《文艺月报》十二期，1956年12月。

47.《人和钱》，《解放日报》1956年12月4日。

48.《谦虚和圆滑》，《新闻日报》1956年12月4日。

49.《回忆》，《文汇报》1956年12月6日。

50.《漫谈"同"与"异"——读书杂感》，《人民日报》1956年12月7日。

51.《论"为政策去写作"》，《解放日报》1959年12月18日。

52.《"针尖"不要刺错了对象》，《新闻日报》1956年12月20日。

53.《时代的歌手在哪里？》，《文汇报》1956年12月27日。

54.《幸福和享受》，《青年报》1957年1月4日。

55.《未来集——答杜勒斯"1957年幻想曲"》，《文汇报》1957年1月16日。

56.《也谈感情》，《解放日报》1957年1月17日。

57.《谈"一窝蜂主义"》，《新闻日报》1957年1月30日。

58.《量衣台边的杂感》,《大公报》1957年1月30日。

59.《论诗歌创作中的一种倾向》,《文艺月报》二期,1957年2月。

60.《论"知音"》,《文艺月报》二期,1957年2月。

61.《艰苦和磨炼》,《青年报》1957年2月5日。

62.《杂谈风格、领导和规格》,《解放日报》1957年2月6日。

63.《教条和原则——与姚雪垠先生讨论》,《文汇报》1957年2月6日。

64.《〈细流集〉前记》,1957年2月14日作,收入《细流集》。

65.《影评家和英雄》,《中国青年》四期,1957年2月。

66.《奇怪的"逻辑"——仿鲁迅〈论辩的魂灵〉》,《萌芽》四期,1957年2月。

67.《在"奇案"的背后》,《人民日报》1957年3月7日。

68.《拍卖行中的声音》,《解放日报》1957年4月2日。

69.《英国人民的愤怒》,1957年4月3日作,收入《在革命的烈火中》。

70.《望洋集》,《文汇报》1957年4月12日。

71.《论辩出真理》,《解放日报》1957年4月18日。

72.《顺流和逆流》,1957年4月25日作,收入《在革命的烈火中》。

73.《三则广告》,《大公报》1957年4月27日。

74.《谈称呼》,《解放日报》1957年5月3日。

75.《一点补充——与若望同志交换一点意见》,《文汇报》1957年5月7日、8日。

76.《放下架子》,《解放日报》1957年5月13日。

77.《人的价值》,《解放日报》1957年6月7日。

78.《录以备考——读报偶感》,《文汇报》1957年6月10日。

79.《关于青年的杂感》,《劳动报》1957年6月10日。

80.《敌友之间》,《解放日报》1957年6月10日。

81.《我们要反对的是什么?——关于"硬骨头"及其他》,《新闻日报》1957年6月11日。

82.《坚定地站在党的立场上》,《解放日报》1957年6月14日。

83.《法国人民的觉醒——介绍苏联电影〈第六纵队〉》,《大众电影》十一期,1957年6月。

84.《右派野心分子往何处去》,《文汇报》1957年6月15日。

85.《从恐吓信中所窥见的》,《新闻日报》1957年6月18日。

86.《在剧烈的阶级斗争中考验自己》,《解放日报》1957年6月21日。

87.《"过去是有功劳的"》,《解放日报》1957年6月24日。

88.《揭露谜底》,《新闻日报》1957年6月27日。

89.《对党的领导的态度是辨别右派分子的试金石》,《文汇报》1957年6月28日。

90.《鲁莽耍的是什么把戏?》,《解放日报》1957年6月29日。

91.《这场"戏"的确"好看"》(文潮),《解放日报》1957年6月29日。

92.《党颂》(尖兵),《文汇报》1957年7月3日。

93.《谈阶级仇恨与阶级斗争》,《萌芽》十三期,1957年7月。

94. 《读〈文艺报〉上的一篇翻案文章》,《人民日报》1957年7月6日。

95. 《乘胜追击》,《新闻日报》1957年7月7日。

96. 《一种右派人物的灵魂》,《解放日报》1957年7月7日。

97. 《从"来函照登"说起——对〈文艺报〉上的几篇文章的一些意见》,《文汇报》1957年7月9日。

98. 《流沙河与〈草木篇〉》,《展望》二十七期,1957年7月。

99. 《温情主义及其他》,《解放日报》1957年7月14日。

100. 《丑相》,《劳动报》1957年7月15日。

101. 《驳施蛰存的谬论》,《文艺月报》七期,1957年7月。

102. 《〈新观察〉放出的一支毒箭》,《人民日报》1957年7月19日。

103. 《鲁莽被什么人"利用"?》,《解放日报》1957年7月21日。

104. 《辟谣三则——答徐中玉〈积疑三问〉》,《解放日报》1957年7月4日。

105. 《走哪一条路——批判王若望几篇文章中的反党反社会主义言论》,《文艺月报》八期,1957年8月。

106. 《不要同时代脱节》一,《学术月刊》八期,1957年8月。

107. 《反党野心家的四个手段——揭露右派分子王若望的阴谋活动》,《解放日报》1957年8月2日。

108. 《再谈教条和原则——与刘绍棠等同志讨论》,《文艺报》十八期,1957年8月。

109. 《驳徐中玉向党进攻的六个论点》,收入《在革命的烈火中》。

110. 《从"这是一场革命"来看问题》,《解放日报》1957年8月15日。

111. 《重视工农知识分子——支持一个读者的建议》,《文汇报》1957年8月20日。

112. 《十个"客观上"》,《解放日报》1957年8月25日。

113. 《社会主义现实主义文学是无产阶级革命时代的新文学——同何直、周勃辩论》,《人民文学》九期,1957年9月。

114. 《在斗争的风暴中所想到的》,《萌芽》十七期,1957年9月。

115. 《摄影也是阶级斗争的武器》,《文汇报》1957年9月11日。

116. 《平凡的新闻,伟大的道德》,《人民日报》1957年9月12日。

117. 《丁玲的才华何怜之有》,《展望》八十五期,1957年9月。

118. 《论陈涌在鲁迅研究中的反马克思主义的修正主义思想》,《文艺月报》十期,1957年10月。

119. 《人类的骄傲》,1957年10月6日作,收入《在革命的烈火中》。

120. 《〈在革命的烈火中〉前记》,1957年10月27日作,收入《在革命的烈火中》。

121. 《文学上的修正主义思潮和创作倾向》,《人民文学》十一期,1957年11月。

122. 《静夜杂感》,《文汇报》1957年11月12日。

123. 《新的时代、新的美和新的文学——庆祝伟大的10月社会主义革命四十周年》,《文艺学习》十一期,1957年11月。

124. 《聋哑人的幸福》,《萌芽》二十二期,1957年11月。

125.《"真理归于谁家"?——批判徐懋庸杂文之一》,《文汇报》1957年11月26日。

126.《"联系实际"的魔术——批判徐懋庸杂文之二》,《文汇报》1957年11月26日。

127.《术语·花巧·杀气——批判徐懋庸杂文之三》,《文汇报》1957年11月29日。

128.《"独一无二"的逻辑——批判徐懋庸杂文之四》,《文汇报》1957年12月6日。

129.《无产阶级人性最合情理——批判徐懋庸杂文之五》,《文汇报》1957年12月17日。

130.《徐懋庸提倡的是什么"小品文"?——批判徐懋庸杂文之七》,《文汇报》1957年12月27日。

131.《几句结束的话——批判徐懋庸杂文之八》,《文汇报》1957年12月30日。

132.《论"探求者"集团的反社会主义纲领》,《文艺月报》十二期,1957年12月。

133.《一种应当抛弃的坏作风》,《新民晚报》1958年1月4日。

134.《两条值得注意的消息》,《解放日报》1958年1月21日。

135.《"梦魇般的生活"》,《文艺月报》二期,1958年2月。

136.《从一套照片引起的感想》,《新闻日报》1958年2月6日。

137.《展望未来》,《文汇报》1958年2月25日。

138.《冯雪峰的资产阶级文艺路线的思想基础》,《文艺报》四期,1958年2月。

139.《莎菲女士们的自由王国——丁玲部分早期作品批判,并论丁玲创作思想和创作倾向发展的一个线索》,《收获》二期,1958年3月。

140.《我永远坚持自己的信念——答一封没有地址的信》,《文汇报》1958年3月3日。

141.《反对懒惰,发扬干劲》,《解放日报》1958年3月6日。

142.《以革命者姿态写的反革命小说——批判丁玲的〈在医院中〉》,《文艺月报》三期,1958年3月。

143.《战斗生活的颂歌——读〈在和平的日子里〉》,《延河》三期,1958年3月。

144.《辨毒篇——批判王实味的〈野百合花〉》,《萌芽》六期,1958年3月。

145.《健康·明朗·朝气——介绍〈爱情的开始〉》,《文汇报》1958年3月10日。

146.《亲切而引人上进的书——读〈回忆马克思恩格斯〉》,1958年3月9日作,收入《兴灭集》。

147.《略谈"系统派"和"当前派"》,1958年3月21日作,收入《兴灭集》。

148.《文艺上的修正主义表现在哪几个方面?》,《文艺月报》四期,1958年4月。

149.《批判文学中的人性论》,《跃进文学研究丛刊》第一辑,1958年4月。

150.《谈谈看小说》,《青年报》1958年4月4日。

151.《漫谈大学文学理论课》,《文汇报》1958年4月7日。

152.《略谈"存真"》,《解放日报》1958年4月17日。

153.《并非"偏见"》,《文汇报》1958年4月19日。

154.《鼓掌欢迎》,《新闻日报》1958年4月20日。

155.《为什么人写作》,《劳动报》1958年4月23日。

156.《不要怕》,《北京日报》1958年4月24日。

157.《艾青的道路——从民主主义到反社会主义》,《学术月刊》五期,1958年5月。

158.《不健康的趣味——评〈球场风波〉》,《中国电影》五期,1958年5月。

159.《照相馆里出美学——建议美学界来一场马克思主义的革命》,《文汇报》1958年5月3日。

160.《何必害怕》,《解放日报》1958年5月6日。

161.《雄心惊得专家叹!》,《北京日报》1958年5月10日。

162.《"李崴事件"的感想》,《新闻日报》1958年5月18日。

163.《介绍〈大跃进〉之歌》,《劳动报》1958年5月19日。

164.《毒草及锄毒草》,《解放日报》1958年5月29日。

165.《〈论文学上的修正主义思潮〉序言》,1958年5月29日作,收入《论文学上的修正主义思潮》。

166.《评〈早霞短笛〉》,《文艺月报》六期,1958年6月。

167.《怎样看待西欧古典文学作品中的爱情描写——从〈红与黑〉谈起》,《中国青年》十一期,1958年6月。

168.《如何认识约翰·克利斯朵夫这个人物》,《文学青年》六期,1958年6月。

169.《狗丢,你真是好样的!——从张狗丢的创造看劳动人民伟大的创造力量》,《文汇报》1958年6月7日。

170.《让诗传单飞遍全市》,《解放日报》1958年6月10日。

171.《我们工人骨头硬》(诗),《街头文艺》第一期,1958年6月。

172.《贯彻总路线,发展社会主义的文学艺术》,《萌芽》十二期,1958年6月。

173.《打倒"假洋鬼子"的派头》,《新闻日报》1958年6月17日。

174.《杂感四则》,《文汇报》1958年6月19日。

175.《英国佬有啥了不起!》,《展望》二十六期,1958年6月。

176.《鲜明、乐观、战斗的文学——推荐〈文艺月报·上海工人创作专号〉》,《文汇报》1958年7月9日。

177.《漫谈杂文》,《新闻战线》七期,1958年7月。

178.《和平出在斗争里》(诗),《文汇报》1958年7月20日。

179.《上游有止境吗?》,1958年7月作,收入《兴灭集》。

180.《我们不怕战争》,《解放日报》1958年7月29日。

181.《提高警惕》,《新闻日报》1958年8月10日。

182.《无耻的骗局》,《解放日报》1958年8月12日。

183.《"爱和美"的人生观》,《文汇报》1958年8月20日。

184.《论〈来访者〉的思想倾向》,《文艺报》十六期,1958年8月。

185.《在跃进再跃进的号角下——记诚孚铁工厂的再跃进》,《解放》五期,1958年9月。

186.《伟大的史诗——论新民歌》,《跃进文学研究丛刊》二辑,1958年9月。

187.《最新最美的图画——为邳县农民的画欢呼,并谈革命的浪漫主义的重要性》,《文汇报》1958年9月4日。

188.《自套绞索,自掘坟墓,自我死路》,《文汇报》1958年9月10日。

189.《论〈林海雪原〉》,《新文化报》1958年9月16日、21日、26日。

190.《向工人阶级的共产主义精神学习》,《解放日报》1958年9月27日。

191.《论稿费》,《文汇报》1958年2月27日。

192.《革命的军队,无敌的战士——谈谈〈保卫延安〉几个特点》,上海文艺出版社1958年10月出版(单行本)。

193.《论巴金小说〈灭亡〉中的无政府主义思想》,《中国青年》十九期,1958年10月。

194.《向广大群众推荐什么东西——简评〈欧阳修词选译〉》,《读书》十六期,1958年10月。

195.《歌颂工人阶级共产主义精神的作品——简评胡万春同志最近的创作》,《文艺月报》十期,1958年10月。

196.《五星红旗射出万道金光——国庆前夕杂谈思想战线二、三事》,《文汇报》1958年10月1日。

197.《一部闪耀着共产主义思想光辉的小说——论〈青春之歌〉在思想上和艺术上的特色》,《语文教学》1958年10月。

198.《水兵的心,水兵的歌——读〈水兵生活速写〉》,《萌芽》十九期,1958年10月。

199.《驳秦兆阳为资产阶级政治服务的理论》,《文学研究》三期,1958年10月。

200.《驳"共产主义必出懒汉"论》,《文汇报》1958年10月23日。

201.《写在影片〈红与黑〉上映的时候》,《大众电影》二十期,1958年10月。

202.《丑事奇闻》,《新闻日报》1958年10月28日。

203.《文艺界的又一反面教材》(向红),《新民晚报》1958年10月30日。

204.《我们在创造着胜利的欢乐——驳对于全民炼钢的"怀疑论"》,1958年11月4日作,收入《冲霄集》。

205.《兴灭集》前记,1958年11月11日作,收入《兴灭集》。

206.《这些"豪客"是什么人?》,《新闻日报》1958年11月16日。

207.《论巴金小说〈家〉在历史上的积极作用和它的消极作用——并该怎样认识觉慧这个人物》,《解放日报》二十二期,1958年11月。

208.《小饭店里的杂感》,《解放日报》1958年11月26日。

209.《再驳"共产主义必出懒汉"论——下乡劳动的杂感》,《文汇报》1958年11月27日。

210.《大家动手写文艺评论》,《解放日报》1958年12月20日。

211.《杂谈文学中的共产主义思想性》,《文艺月报》十二期,1958年12月。

212.《一幅优秀的照片剪贴》,《文汇报》1958年12月25日。

213.《从什么标准来评价作品的思想性——对〈布谷鸟又叫了〉一剧的一些不同的意见》,《剧本》十二期,1958年12月。

214.《介绍刘白羽的〈政治委员〉》,《文学书籍评论丛刊》三期,1958年12月。

215.《利用科学规律一例——鸡也在嘲笑杜勒斯》,《北京日报》1958年12月26日。

216.《巴金作品的讨论,分歧的实质在哪里?》,《读书》二期,1959年1月。

217.《更深入地学习毛泽东的文艺思想——介绍〈毛泽东论文艺〉》,《文汇报》1959年1月22日。

218.《他们为什么狂吠?》,《中国青年报》1959年1月29日。

219.《无产阶级的英雄花——论革命传记文学》,《文艺月报》二期,1959年2月。

220.《略论辩证法、片面性和折衷主义——和巴人同志讨论两个问题》。

221.《三种人的三种"冷"》,《中国青年报》1959年2月27日。

222.《永远要发扬敢想敢说敢做的共产主义风格》,《解放》四期,1959年2月。

223.《发扬"闲不住"的精神》,《解放日报》1959年2月27日。

224.《百折不回》,《新闻日报》1959年3月2日。

225.《"蛇足"与"议论"——为诗中的"议论"一辩》,《文汇报》1959年3月9日。

226.《论〈白兰花〉和〈丁佑君〉——一个思想上和艺术上的对比》,收入《新松集》。

227.《重读鲁迅的〈拿来主义〉》(金兆文),《解放》第七期,1959年4月。

228.《漫谈读书》,《文汇报》1959年4月8日。

229.《"罪不在书本"的提法不确切》,《文汇报》1959年4月17日。

230.《点滴集》(六则),《解放日报》1959年4月18日。

231.《外行读报谈"心理"》,《新闻日报》1959年4月28日。

232.《心心相印,息息相通》(萧尧),《解放》八期,1959年4月。

233.《春风桃李花开日——谈谈群众业余创作中反映工人生活的一些优秀的小说和特写》,《文艺月报》五期,1959年5月。

234.《一个深刻的悲剧——论鲁迅的〈伤逝〉》,《萌芽》九期,1959年5月。

235.《多读点理论书还是多读点文艺书?》,《文汇报》1959年5月5日。

236.《这是什么"人道主义"?》,《解放日报》1959年5月6日。

237.《从古人谈读书中得到的"借鉴"》,《文汇报》1959年5月9日。

238.《写声音》(文艺漫谈),《萌芽》十一期,1959年6月。

239.《学而思小札》,《文汇报》1959年6月5日。

240.《歌颂劳动的诗篇是不朽的》,《新闻日报》1959年6月7日。

241.《略谈"命题作文"——和徐鳌先生商榷》,《解放日报》1959年6月7日。

242.《鼓劲集》,《解放》十一期,1959年6月。

243.《点滴集》,1959年6月5日作,收入《冲霄集》。

244.《千秋浩气入诗篇——读〈革命烈士诗抄〉》,《解放》十二期,1959年6月。

245.《长江中的一个小片断——读〈虚惊〉有感》,1959年6月19日作,收入《冲霄集》。

246.《论〈风雪之夜〉》,《延河》七期,1959年7月。

247.《"废物"中有奇珍异宝——读书札记》,《解放日报》1959年7月2日。

248.《"想"作用》,《新闻日报》1959年7月9日。

249.《点滴集》,《文汇报》1959年7月11日。

250.《读〈谁是奇迹的创造者〉——给胡万春同志的一封信》。

251.《需要什么样的业余生活》,《支部生活》十四期,1959年7月。

252.《鲁迅论文学——〈鲁迅——中国文化革命的巨人〉第七、九两章》,《收获》四期,

1959年7月。

253.《尼克松的"拿着吧"》,《新闻日报》1959年7月9日。

254.《全》,《解放日报》1959年7月30日。

255.《钢人颂》(向红),《解放日报》1959年8月5日。

256.《特殊性格的人》序言,1959年8月作,收入《新松集》。

257.《从一个演员的下乡体会谈起》,《解放》十六期,1959年8月。

258.《一点余文》,《文汇报》1959年8月22日。

259.《人民公社颂》,《解放日报》1959年8月23日。

260.《还有一点余文》,《文汇报》1959年8月26日。

261.《惊回首,喜欲狂》(向红),《解放日报》1959年8月30日。

262.《倒霉的诽谤家》(向红),《解放日报》1959年9月4日。

263.《是满腔热情,还是泼群众冷水?》,《解放》十八期,1959年9月17日。

264.《是谁最热心大跃进?》,《解放日报》1959年9月9日。

265.《童话中的真理——读〈宝葫芦的秘密〉》,《红旗手》九期,1959年9月。

266.《鲁迅对资产阶级反动文人和反动文艺的批判》,《语文教学》九、十期,1959年9月、10月。

267.《论动摇》,《解放日报》1959年10月10日。

268.《这是原则和立场上的分歧》,《文汇报》1959年10月11日。

269.《英雄的梦》(向红),《解放日报》1959年10月16日。

270.《江边断想》,《北京日报》1959年10月18日。

271.《鼓足干劲,乘风前进——从鲁迅先生对培养新生力量的意见谈起》,《解放日报》1959年10月18日。

272.《读列宁给高尔基的三封信》,《解放日报》1959年11月18日。

273.《〈冲霄集〉前记》,1959年10月22日作,收入《冲霄集》。

274.《总路线上群英会》(向红),《解放日报》1959年10月23日。

275.《论辩和推荐——杂感二则》,《上海文学》二期,1959年11月。

276.《不让一个同伴掉队》(向红),《解放日报》1959年11月8日。

277.《老话》,《文汇报》1959年11月23日。

278.《谈标准》,《解放日报》1959年12月7日。

279.《胡万春的〈特殊性格的人〉》,《语文学习》十二期,1959年12月。

280.《评〈草原烽火〉》,《文艺报》二十四期,1959年12月。

281.《响彻云霄的赞歌——读〈红旗歌谣〉》,《安徽文学》一期,1960年1月。

282.《批判巴人的"人性论"》,《文艺报》二期,1960年1月。

283.《用什么态度去读文艺作品?》,《青年报》1960年2月19日。

284.《在斗争中发展——学习〈关于正确处理人民内部矛盾的问题〉的一点体会》,《上海文学》三期,1960年3月。

285.《用共产主义精神教育人民》,《萌芽》六期,1960年3月。

286.《伟大的"公"字》,《解放日报》1960年3月26日。

287.《马克思主义的战斗的批评——读列宁论托尔斯泰的论文》,《上海文学》四期,1960年4月。

288.《彻底批判资产阶级人道主义——驳钱谷融的修正主义的观点》,《上海文学》五期,1960年5月。

289.《冰块挡不住奔流》(向红),《解放日报》1960年5月1日。

290.《前进的"脚印"》,《文汇报》1960年5月8日。

291.《我们绝不能"忘掉"》(向红),《解放日报》1960年5月23日。

292.《走狗显原形》,《解放日报》1960年5月23日。

293.《群众创作的新花——评上海电机厂职工群众创作选集〈大风暴中的故事〉》。

294.《论陈恭敏同志的"思想原则"和"美学原则"——答陈恭敏同志》,《剧本》六期,1960年6月。

295.《天下无废物》(金兆文),《解放》十一期,1960年6月。

296.《肮脏的自白——斥美国现代反动堕落的"垮掉文学"》,《新民晚报》1960年6月8日。

297.《为人民的幸福而思索》,《解放日报》1960年6月12日。

298.《一个大阴谋——杜勒斯的几笔黑帐》,1960年6月11日作,收入《想起了国歌》。

299.《介绍〈萧三诗选〉》,《文汇报》1960年6月15日。

300.《粉碎美帝国主义这个大阴谋》,《解放日报》1960年6月16日。

301.《迅速反映新事物,热情歌颂新事物》,《萌芽》十三期,1960年7月。

302.《奴才哲学——现代修正主义者为什么要鼓吹资产阶级人道主义?》,《解放》十三期,1960年7月。

303.《艾森豪威尔的"非暴力论"》,《解放日报》1960年7月21日。

304.《革命文艺的战斗纲领》,《上海文学》八期,1960年8月。

305.《掌握思想斗争的规律,把兴无灭资的斗争进行到底》,《解放日报》1960年8月13日。

306.《中国农村的社会主义革命史——读〈创业史〉》,《文艺报》第十七、十八期,1960年9月。

307.《努力反映农村生活中的新事物——谈李准短篇小说的几个特点》,《人民日报》1960年11月30日。

308.《这就是主人翁的态度》,1960年12月作,收入《想起了国歌》。

309.《列宁和列宁主义的颂歌——评〈以革命的名义〉》,《上海电影》二期,1960年12月。

310.《从阿Q到梁生宝——从文学作品中的人物看中国农民的历史道路》,《上海文学》一期,1961年1月。

311.《论生活中的美与丑——美学笔记之一》,《文汇报》1961年1月17日。

312.《用阶级斗争的历史经验教育人民》,《解放日报》1961年3月24日。

313.《关于美学讨论的几个问题——答朱光潜先生·美学笔记之二》,《文汇报》1961年5月2日。

314.《"红色娘子军"的思想意义》(金兆文),《解放》七、八期,1961年。

315.《艺术的辩证法——祖国美学遗产初探·美学笔记之三》,《学术月刊》六期,1961年6月。

316.《古今谈》,《解放日报》1961年7月22日。

317.《〈鲁迅——中国文化革命的巨人〉改版后记》,1961年8月作,收入《鲁迅——中国文化革命的巨人》。

318.《艺术的辩证法——美学笔记之四》,《上海戏剧》第七、八期,1961年8月。

319.《"烂桃"和"萌芽"》,《文汇报》1961年8月22日。

320.《学习鲁迅的文风——纪念鲁迅诞生八十周年》,《解放》十一期,1961年10月。

321.《关于"锥刺股"》,《文汇报》1961年10月13日。

322.《蟹的杂感》,《文汇报》1961年10月12日。

323.《天才与勤奋》(金文),《解放》二十二期,1961年11月。

324.《大跃进的果实》,《文汇报》1961年11月9日。

325.《另一种毒药》,《文汇报》1961年11月14日。

326.《诗的警语》,《文汇报》1961年12月12日。

327.《论艺术品对人民的作用——美学笔记之五》,《上海文学》十二期,1961年12月11日。

328.《夜读偶感》,《解放日报》1962年1月15日。

329.《〈新松集〉前记》,1962年1月25日作,收入《新松集》。

330.《在前进的道路上——评胡万春短篇小说集〈红光普照大地〉》,《解放日报》1962年2月16日。

331.《看花漫笔》,《解放日报》1962年2月26日。

332.《评〈摇鼓集〉》,《上海文学》三期,1962年3月。

333.《论建筑和建筑艺术的美学特征——美学笔记之六》,《新建设》三期,1962年3月。

334.《革命志气和踏实作风的力量——1961年短篇小说选评之一》,《文汇报》1962年3月3日。

335.《社会主义建设中的新人形象——1961年短篇小说选评之二》,《文汇报》1962年3月17日。

336.《想起了国歌》,《解放日报》1969年4月9日。

337.《并非"挨批"》(尖兵),《解放日报》1962年4月11日。

338.《第一位的工作——纪念〈在延安文艺座谈会上的讲话〉发表二十周年》,《山东文学》五期,1962年5月。

339.《黑牢中的红鹰——赞〈红岩〉》,《四川文学》五期,1962年5月。

340.《须要总结文艺工作者成长道路上的经验》,《中国青年》九、十期,1962年5月。

341.《两个编辑同志的想法》,《文汇报》1962年5月13日。

342.《关于郑板桥的"狂"》,1962年5月作,收入《想起了国歌》。

343.《郑板桥家庭教育一事》,1962年5月作,收入《想起了国歌》。

344.《咏物杂感(江河、红绿灯、像片)》,《解放日报》1962年5月28日。

345.《一点辩证》,《解放日报》1962年6月8日。

346.《从播种到收获》,《解放日报》1962年6月18日。

347.《"七一"抒情》(顽石),《解放日报》1962年7月1日。

348.《革命的传统力量》(顽石),《解放日报》1962年7月31日。

349.《手表和挂表》(何自),《解放日报》1962年8月20日。

350.《找》(顽石),《解放日报》1962年9月13日。

351.《赌棍的自白》(针锋),《解放日报》1962年9月17日。

352.《躲不开,赖不掉,骗不了!》(针锋),《解放日报》1962年9月21日。

353.《读报偶感》,1962年9月20日作,收入《想起了国歌》。

354.《蕴藏着无穷潜力的人——谈唐克新小说中的人物形象》,《上海文学》九期,1962年9月。

355.《不可征服的人——谈杜鹏程短篇小说集〈年青的朋友〉中的人物形象》。

356.《草原在歌唱——读短篇小说集〈遥远的戈壁〉》,《文汇报》1962年9月22日。

357.《"大道理"的力量》(顽石),《解放日报》1962年10月13日。

358.《〈想起了国歌〉后记》,1962年10月18日作,收入《想起了国歌》。

359.《生气勃勃的农村图画——读浩然近年来的短篇小说》,《人民日报》1962年10月28日。

360.《革命的"红玫瑰花"——读〈甘蔗田〉》,《上海戏剧》十一期,1962年11月。

361.《垂死阶级的心理》(顽石),《解放日报》1962年11月26日。

362.《反映人民伟大的革命英雄主义——读〈傲霜篇〉和〈壮志录〉有感》,《解放日报》1962年12月12日。

363.《垂死的阶级心理》(之二)(顽石),《解放日报》1962年12月15日。

364.《"有这样一个党!"》,《解放日报》1962年12月21日。

365.《新年买鬼》(向红),《文汇报》1963年1月5日。

366.《提倡多写一点热气腾腾的短文》,《解放日报》1963年1月5日。

367.《奋发图强、自力更生的人们一定胜利——论〈第二个春天〉主题思想的现实意义》,《解放日报》1963年1月21日。

368.《颂"三宝"》(顽石),《解放日报》1963年3月17日。

369.《传播科学 破除迷信》(顽石),《解放日报》1963年3月20日。

370.《〈母亲〉的思想意义——重读〈母亲〉,并以纪念高尔基诞生九十五周年》,收入《在前进的道路上》。

371.《论艺术分类问题——美学笔记之七》,《新建设》四期,1963年4月。

372.《光辉的"灵魂工程师"——推荐〈红色宣传员〉》,《上海戏剧》四期,1963年4月。

373.《不能忽视任何一个思想阵地》(顽石),《解放日报》1963年4月7日。

374.《手的解放》(顽石),《解放日报》1963年5月8日。

375.《这不仅是家庭问题——读〈家庭问题〉》,《人民日报》1963年5月12日。

376.《为革命而读书》,《中国青年》十一期,1963年5月10日。

377.《请看一种"新颖而独到的见解"》,《文汇报》1963年5月20日。

378.《"和群众一起革命"》(金人),《解放日报》1963年5月22日。

379.《奇解一则》,《文汇报》1963年6月7日。

380.《宣传唯物主义 破除迷信思想》,《解放日报》1963年6月11日。

381.《关于加强文艺批评的战斗性》,《文学评论》1963年6月三期。

382.《辩"义气"》(葛铭人),《文汇报》1963年7月3日。

383.《析"苦学"》(葛铭人),《文汇报》1963年7月10日。

384.《"谁该掩鼻?"》,1963年,收入《为革命而生活》。

385.《谈"化装"》(葛铭人),《文汇报》1963年7月29日。

386.《几句补充的话》,1963年,收入《为革命而生活》。

387.《无产阶级的父子情》(顽石),《解放日报》1963年8月4日。

388.《防"落井"》(葛铭人),《文汇报》1963年8月11日。

389.《从德彪西讨论想起的》(群山),《文汇报》1963年8月19日。

390.《从德彪西想到星海》(铭人),《文汇报》1963年9月9日。

391.《略论时代精神问题——与周谷城先生商榷》,《光明日报》1963年9月24日。

392.《社会主义革命时代的青春之歌——评〈年青的一代〉》,《文艺报》十九期,1963年10月。

393.《文艺作品反映社会主义革命时期阶级斗争的一些问题》。

394.《为革命而生活,还是为爱情而生活?》,《中国青年》十九期,1963年10月。

395.《爱"未来"》(葛铭人),《文汇报》1963年10月19日。

396.《破"而已"》(葛铭人),《文汇报》1963年10月16日。

397.《〈文艺思想论争集〉再版序言》,1963年,收入《文艺思想论争集》。

398.《这股风和那股风》(闻潮),《解放日报》1964年1月5日。

399.《歌颂为主》(闻潮),《解放日报》1964年1月19日。

400.《破"陈腐旧套"——也算纪念曹雪芹》(葛铭人),1964年2月作,收入《为革命而生活》。

401.《首先做革命派》(同期),《解放日报》1964年2月11日。

402.《反映最新最美的生活,创造最新最美的图画——关于现代剧若干问题的研究》,《收获》二期,1964年3月。

403.《革命的青年一代在成长——谈话剧〈年青的一代〉》,《红旗》六期,1964年3月。

404.《评周谷城先生的矛盾观》,《光明日报》1964年5月10日。

405.《冰山雪岭奏新歌——推荐短篇小说〈迎冰曲〉》一,《人民日报》1964年5月16日。

406.《革命的歌声是千百万群众的歌声》(闻潮),《解放日报》1964年5月28日。

407.《两种"境界"》(闻潮),收入《为革命而生活》。

408.《青年人的"生活教科书"——分析几个反映青年生活道路的优秀作品的思想意义》,1964年5、6月,收入《在前进的道路上》。

409.《韧》(闻潮),《解放日报》1964年7月9日。

410.《读〈故事会〉》(金向红),《文汇报》1964年8月22日。

411.《创作更多优秀的革命故事——读〈故事会〉》(金向红),《故事会》九辑,1964年9月。

412.《使社会主义蜕化变质的理论——提倡写"中间人物"的反动实质》,《解放日报》1964年12月14日。

413.《新事物的灿烂光辉——赞越剧〈春风送暖〉》(闻潮),《解放日报》1965年2月28日。

414.《名词小议》(葛铭人),收入《为革命而生活》。

415.《驳"写普通人"——对于一种"写中间人物"论点的批判》,《萌芽》四期,1965年4月。

416.《〈在前进的道路上〉前记》,1965年4月作,收入《在前进的道路上》。

417.《向革命故事学习》,《文艺报》九期,1965年5月。

418.《化仇恨为力量》(闻潮),《解放日报》1965年5月3日。

419.《叛徒的逻辑——看戏有感》(永红),1965年作,收入《为革命而生活》。

420.《革命辩证法的胜利》(闻潮),《解放日报》1965年5月23日。

421.《赞"走在世界冠军前面的人"》(葛铭人),《文汇报》1965年7月4日。

422.《有革命远见的英雄们——谈谈两本短篇小说集中的几个英雄人物的特色》(葛铭人),《文汇报》1965年7月13日。

423.《敢教日月换新天——影片〈人民战争胜利万岁〉观后》,《解放日报》1965年9月8日。

424.《写出劳动人民的斗争史——从一位老贫农的批评中得到的启发》(葛铭人),《文汇报》1965年9月26日。

425.《团体操中的真理》(金向红),《人民日报》1965年9月28日。

426.《"君子国"的幻想和共产主义风格》(顽石),《解放日报》1965年10月10日。

427.《这是什么样的"爱"——批判电影中"人性论"之一》(闻潮),《解放日报》1965年10月11日。

428.《虚伪的"良心转变论"——批判电影中"人性论"之二》(闻潮),《解放日报》1965年10月20日。

429.《这是研究心理学的科学方法和正确方向吗?——向心理学家请教一个问题》(葛铭人),《光明日报》1965年10月28日。

430.《高潮后的高峰》(葛铭人),《文汇报》1965年11月3日。

431.《轻装前进》(金向红),《人民日报》1965年11月4日。

432.《评新编历史剧〈海瑞罢官〉》,《文汇报》1965年11月10日。

433.《谁是历史的创造者》(闻潮),《学术月刊》十二期,1965年12月。

434.《欢迎"破门而出"》(劲松),《文汇报》1965年12月15日。

435.《为革命而生活》后记,1965年12月24日作,收入《为革命而生活》。

436.《哪个阶级的立场》(牛子明),《文汇报》1966年1月28日。

437.《"吃人"的"光明面"》(牛子明),《文汇报》1966年2月1日。

438.《"似曾相识"的论调》(牛子明),《文汇报》1966年2月8日。

439.《为谁化装》(伍丁),《文汇报》1966年3月22日。

440.《奇妙的逻辑——录以待考》(伍丁),《文汇报》1966年3月21日。

441.《自己跳出来的反面教员》(伍丁),《文汇报》1966年4月25日。

442.《评"三家村"——〈燕山夜话〉、〈三家村札记〉的反动本质》,《解放日报》1966年5月10日。

443.《"三家村"里的坏家伙是民族败类》(劲松),《解放日报》1966年6月2日。

444.《纪念鲁迅 革命到底》,《解放日报》1966年11月1日,《文汇报》,1966年十四期《红旗》。

445.《评反革命两面派周扬》,《红旗》1967年1月。

446.《〈讲话〉是进行无产阶级文化大革命的革命纲领——在上海纪念〈讲话〉发表二十五周年大会上的讲话》,《文汇报》1967年5月24日。

447.《在阿尔巴尼亚共青团"五大"的贺词》,《人民日报》1967年6月29日。

448.《评陶铸的两本书》,《红旗》1967年十四期。

449.《工人阶级必须领导一切》,《人民日报》1968年8月26日。

450.《在首都庆祝越南南方民族解放阵线成立十周年大会上的讲话》,《人民日报》1970年12月21日。

451.《论林彪反党集团的社会基础》,《红旗》1975年三期。

四 王洪文著作目录

1.《上海市委把炮口对准无产阶级司令部的滔天罪行》,《工人造反报》1967年1月7日。

2.《把中国的赫鲁晓夫彻底批臭》,《人民日报》1967年4月7日。

3.《彻底打倒中国的赫鲁晓夫是当前我们头等的大事》,《文汇报》1967年7月3日。

4.《向首都的革命战友致敬》,《工人造反报》1967年4月22日(又见于同日《解放日报》)。

5.《"五一"国际劳动节对外广播讲话》,《工人造反报》1967年5月1日。

6.《念念不忘阶级斗争,念念不忘无产阶级专政》,《文汇报》1967年5月21日(又见于《工人造反报》1967年5月23日)。

7.《大长革命人民志气,大灭敌人威风》,《人民日报》1967年6月18日。

8.《整掉不良的作风》,《人民日报》1967年7月12日。

9.《正确处理两类矛盾,坚决反对武斗,牢牢掌握斗争的大方向》,《文汇报》1967年8月13日(又见于《解放日报》1967年8月15日)。

10.《坚决执行毛主席的最新指示 促进革命大联合新飞跃》,《工人造反报》1967年9月17日。

11.《来一个革命大联合的新飞跃》,《人民日报》1967年9月20日。

12.《坚决贯彻"斗私,批修"的战斗号令》,《人民日报》1967年10月3日。

13.《坚决响应毛主席"斗私,批修"的伟大号召 进一步掀起活学活用毛主席著作的新高潮》,《工人造反报》1967年10月7日。

14.《排除干扰,紧跟毛主席伟大战略部署,把无产阶级文化大革命进行到底!》,《工人造反报》1967年10月27日。

15.《高举毛泽东思想伟大红旗,誓将无产阶级文化大革命进行到底》,《工人造反报》1967年12月4日。

16.《紧跟毛主席伟大战略部署 夺取无产阶级文化大革命新胜利》,《工人造反报》1967年12月25日。

17.《向解放军学习无限忠于、永远忠于毛主席》,《工人造反报》1968年1月25日。

18.《誓死保卫毛主席,粉碎右倾翻案风》,《解放日报》1968年4月12日。

19.《高举毛泽东思想伟大红旗　乘风破浪　把无产阶级文化大革命进行到底》,《工人造反报》1968年5月7日。

20.《向门合同志学习,攀登"忠"字的高峰》,《解放日报》1968年6月5日（又见于《文汇报》1968年6月6日）。

21.《永远相信和依靠人民解放军》,《文汇报》1968年7月31日（又见于《工人造反报》1968年8月1日）。

22.《台湾一定要重归祖国怀抱》,香港《大公报》1968年10月11日。

23.《发扬一月革命精神将革命进行到底》,上海《支部生活》杂志,1969年1期。

24.《关于修改党章的报告》,《人民日报》1973年9月2日。